畜牧兽医专业中高职衔接系列教材

动物普通病

邱伟海 邹振兴 主编

中国林业出版社

内 容 简 介

本书根据中职和高职学生的教学和学习特点,以就业为导向,对岗位工作任务和职业能力进行分析,注重职业能力培养;本着实用性和适应性,发展学生智力和培养学生能力相统一的原则编写。全书分为动物内科和动物外科两大模块,动物内科模块包括消化系统疾病、呼吸系统疾病、心血管系统及造血器官疾病、其他内科疾病、营养代谢疾病和中毒性疾病;动物外科包括损伤、外科感染,以及头、颈、胸、腹部疾病。

图书在版编目(CIP)数据

动物普通病 / 邱伟海,邹振兴主编. —北京:中国林业出版社,2019.12(2024.8重印)
畜牧兽医专业中高职衔接系列教材
ISBN 978-7-5219-0396-6

Ⅰ.①动… Ⅱ.①邱…②邹… Ⅲ.①动物疾病-诊疗-职业教育-教材 Ⅳ.①S85

中国版本图书馆 CIP 数据核字(2019)第 274120 号

中国林业出版社教育分社

策划、责任编辑:高红岩 李树梅　　　责任校对:苏 梅
电话:(010)83143554　　　　　　　　传真:(010)83143516

出版发行	中国林业出版社(100009　北京市西城区德内大街刘海胡同7号)
	E-mail:jiaocaipublic@163.com　电话:(010)83143500
	http://www.forestry.gov.cn/lycb.html
经　销	新华书店
印　刷	北京中科印刷有限公司
版　次	2019年12月第1版
印　次	2024年8月第4次印刷
开　本	787mm×1092mm　1/16
印　张	17.5
字　数	415千字
定　价	45.00元

未经许可,不得以任何方式复制或抄袭本书之部分或全部内容。

版权所有　侵权必究

《动物普通病》编写人员

主　编　邱伟海　邹振兴
副主编　孟可爱　曾纪军　刘增再
编　者　（按姓氏拼音排序）
　　　　　刘增再（湖南省长沙市动物疫病预防控制中心）
　　　　　罗清平（湖南省安化县职业中专）
　　　　　孟可爱（湖南环境生物职业技术学院）
　　　　　邱伟海（湖南环境生物职业技术学院）
　　　　　曾纪军（湖南省洞口县职业中专学校）
　　　　　邹振兴（湖南环境生物职业技术学院）

序
FOREWORD

国务院《关于加快发展现代职业教育的决定》明确提出，要推进中等和高等职业教育紧密衔接，要加快构建现代职业教育体系。中高职衔接就是落实国家部署要求，推动中等和高等职业教育协调发展，系统培养适应经济社会发展需要的技术技能人才的关键环节。2015年，湖南省教育厅公布了一批职业教育省级重点建设项目，确定湖南环境生物职业技术学院作为高职牵头单位，联合省内两所以农林牧渔大类为重点建设专业类的中等职业学校（安化县职业中专、湘潭生物机电学校），共同开展湖南省畜牧兽医专业中高职衔接试点。

2015年10月，湖南环境生物职业技术学院召集省内外11所开设有畜牧兽医专业的职业院校和6家行业龙头企业的专家代表，对建设项目进行研究论证，提出了专业课程衔接、教学资源共享等实施方案。同时，考虑到教材作为教学模式和教学方法的基本载体，是所有教学改革的落脚点，对中高职衔接及中高职衔接一体化人才培养改革的成败起着关键的作用。因此，项目试点启动之初，即研究形成了畜牧兽医专业中高职衔接系列教材建设方案。历经三年多时间，项目组形成了"畜牧兽医专业中高职衔接人才培养方案""畜牧兽医专业中高职衔接一体化教学标准""畜牧兽医专业中高职衔接9门专业课程教学标准""畜牧兽医专业中高职衔接5门核心专业课程建设标准与编写方案"等建设成果，并组织编写了《动物临床诊疗技术》《家畜生产技术》《家禽生产技术》《动物普通病》《动物传染病防治技术》5本系列教材。

在本系列教材编写中，项目主持人胡永灵教授组织项目组主要成员深入职业院校、行业协会、生产企业，对畜牧兽医的职业岗位、工作任务与职业能力进行了分析，按照一般技能人才和高级技能人才的培养规格要求，系统构建中高职衔接课程体系，确定中高职不同层次课程教学内容。依据职业岗位活动规律，以工作过程为主导，以项目为载体，以任务为驱动，以学生为主体，适应"理实一体、教学做合一"理念组织教学素材，体现职业教育特色。在内容编写上中等职业教育以"必需、够用"为度，着重突出"实践性、应用性和职业性"，高等职业教育以能力拓展为主，突出"高素质、技能型、应用复合型"人才培养的需要，既体现了中高职衔接的特点，又做到了中高职教学知识内容的连贯性。重要的是避免了中、高职教材很多内容的重复。

相信本系列教材出版，对畜牧兽医专业中高职衔接一体化人才培养能发挥一定作用，对其他专业中高职衔接课程改革和教材开发也有一定的参考价值。

陈拥贤

2019年12月

前言
PREFACE

根据中职和高职学生的教学和学习特点，以适应时代要求，以就业为导向，对岗位工作任务和职业能力进行分析，并以工作任务为引领确定本书的结构，以职业能力培养为重点，本着实用性和适应性，发展学生智力和培养学生能力相统一的原则，将中高职的教学内容有机结合起来，形成一个完整的体系。

动物普通病课程是五年制中、高职畜牧兽医专业的一门专业核心课程。本书分为动物内科和动物外科两大模块，动物内科模块包括消化系统疾病、呼吸系统疾病、心血管系统及造血器官疾病、其他内科疾病、营养代谢疾病和中毒性疾病；动物外科模块包括损伤、外科感染，以及头、颈、胸、腹部疾病。在编写过程中，注重实践性操作和实际生产需要；内容简明扼要，文字通俗易懂，以够用的理论知识和实用的实践技能相结合。

本书由邱伟海、邹振兴任主编，曾纪军、孟可爱、刘增再任副主编。编写分工如下：邱伟海编写项目一、项目三、项目四、项目八，邹振兴编写项目六，曾纪军编写项目二，孟可爱编写项目五，刘增再编写项目九，罗清平编写项目七，全书由邱伟海统稿。

本书参考和引用了国内外相关作者的观点和资料，在此表示由衷的谢意。本书在编写过程中，得到了中国林业出版社的各位领导和同行专家的关心、指导、帮助，在此一并表示感谢。

由于作者水平有限，难免有些不足甚至不妥之处，恳请广大读者、同行、专家、学者批评赐教。

编 者

2019 年 11 月

目录
CONTENTS

序

前　言

模块一　动物内科

项目一　消化系统疾病 3
　任务一　口、咽、食管疾病 3
　任务二　反刍动物胃肠疾病 8
　任务三　禽胃肠疾病 24
　任务四　幼畜胃肠疾病 27
　任务五　其他胃肠疾病 30
　任务六　马属动物胃肠疾病 36
　任务七　腹膜疾病 51
　做一做 55

项目二　呼吸系统疾病 60
　任务一　支气管、上呼吸道疾病 60
　任务二　肺脏疾病 65
　任务三　胸膜疾病 74
　做一做 77

项目三　心血管系统及造血器官疾病 80
　任务一　心力衰竭 80
　任务二　心包心肌疾病 83
　任务三　贫血 88
　做一做 95

项目四　其他内科疾病 ……………………………………………… 97
任务一　肾脏及尿道疾病 …………………………………………… 97
任务二　脑膜脑炎 …………………………………………………… 107
任务三　日射病及热射病 …………………………………………… 110
任务四　应激性综合征 ……………………………………………… 112
任务五　变应性胃肠溃疡 …………………………………………… 114
任务六　肉鸡猝死综合征 …………………………………………… 115
任务七　湿疹 ………………………………………………………… 117

项目五　营养代谢疾病 …………………………………………… 121
任务一　概述 ………………………………………………………… 121
任务二　糖、脂肪、蛋白质代谢障碍疾病 ………………………… 122
任务三　矿物质代谢障碍疾病 ……………………………………… 128
任务四　微量元素缺乏性疾病 ……………………………………… 136
任务五　维生素缺乏症 ……………………………………………… 148
做一做 ………………………………………………………………… 154

项目六　中毒性疾病 ……………………………………………… 156
任务一　概述 ………………………………………………………… 156
任务二　饲料中毒 …………………………………………………… 159
任务三　霉变饲料中毒 ……………………………………………… 171
任务四　有毒植物中毒 ……………………………………………… 181
任务五　农药化肥中毒 ……………………………………………… 189
任务六　矿物质中毒 ………………………………………………… 199
任务七　兽药及添加剂中毒 ………………………………………… 203
做一做 ………………………………………………………………… 208

模块二　动物外科

项目七　损　伤 …………………………………………………… 213
任务一　开放性损伤——创伤 ……………………………………… 214
任务二　软组织的非开放性损伤 …………………………………… 221
任务三　损伤并发症 ………………………………………………… 223

项目八　外科感染 …… 229
　任务一　概述 …… 229
　任务二　外科局部感染 …… 233
　任务三　全身化脓性感染——败血症 …… 237
项目九　头、颈、胸、腹部疾病 …… 240
　任务一　眼部疾病 …… 240
　任务二　头部疾病 …… 243
　任务三　腹部疾病 …… 248
　做一做 …… 262
参考文献 …… 268

模块一

动物内科

项目一
消化系统疾病

【知识目标】
- 了解口、咽、食管疾病的病因、治疗和预防。
- 掌握反刍动物胃肠疾病的病因、症状、诊断、治疗和预防。
- 掌握幼畜消化不良的发病特点、预防和治疗。
- 掌握马腹痛的病因、症状、诊断、治疗和预防。
- 了解禽胃肠疾病的病因、诊断、治疗和预防。

【技能目标】
- 熟练地进行幼畜消化不良的诊断、治疗。
- 熟练地进行胃肠炎的诊断、治疗。
- 熟练地进行反刍动物胃肠疾病的诊断、治疗。
- 熟练地进行马腹痛的诊断、治疗。

任务一 口、咽、食管疾病

一、口炎

口炎是口腔黏膜炎症总称,包括舌炎、腭炎和齿龈炎。按其炎症的性质可分为卡他性口炎、化脓性口炎、水疱性口炎、溃疡性口炎、真菌性口炎、中毒性口炎等类型。按病因分两类:一类为非传染性病因,如机械性、物理性和化学性损伤及核黄素、维生素C、烟酸、锌等营养物质缺乏;另一类为传染性病因,如口蹄疫、坏死杆菌病、牛恶性卡他热、猪水疱病、牛传染性口炎、痘病等,其炎症性质以卡他性、水疱性、溃疡性和真菌性多见。病初多为卡他性口炎,有些传染性口炎多伴有全身症状,如口蹄疫等。牛、马多为卡他性炎和水疱性口炎,如口蹄疫、牛传染性口炎等。犬多为溃疡性口炎,尖锐异物、强酸或强碱、某些病原微生物(如螺旋体、白色念球菌和多种病毒)以及免疫介导性疾病(如红斑狼疮)等所致。

(一)病因

口炎的类型不同,病因也不一样。主要是受到机械性的、物理性的、化学性的和病原微生物等因素刺激、侵害引起。机械性的如采食过多有芒刺的饲草，饲料中混有尖锐物（如玻璃片、钉子等）和剪牙方法不正确等；物理性的如采食过热的饲料；化学性的如误食高浓度的刺激性化学药物（主要有消毒药水、酸、碱等）和一些中毒性疾病；病原微生物性的主要有口蹄疫、猪水疱病、牛传染性口炎、痘病等。

(二)症状

任何类型的口炎，初期都表现口腔黏膜红肿、热痛、敏感、口腔流涎、口温增高、咀嚼障碍，拒绝口腔检查等症状。但由于口炎的性质不一样，临床症状也不一样。

(1)卡他性口炎　口腔黏膜有弥漫性的或斑点(块)状的潮红。硬腭肿胀，口温增高，舌面常有灰黄色或黄白色的舌苔，采食和咀嚼小心、缓慢，流涎，唇部有散在小结节或烂斑，或鼻镜干燥等。

(2)水疱性口炎　唇的内侧面、硬腭、口角、舌面和牙龈黏膜上有散在米粒大小或蚕豆大小透明水疱。3~4d破溃形成红色烂斑，口腔流涎明显、咀嚼困难，有的5~6d后痊愈，有的发展为表现全身症状。

(3)溃疡性口炎　多见于肉食性家畜，犬最为常见。病畜口腔黏膜和齿龈部分肿胀，呈暗红色，易出血。1~2d后形成淡黄色糜烂、坏死或溃疡面，散发出腐败性腥臭味，流涎中带有血丝，多伴有全身症状。

(4)真菌性口炎　口腔黏膜上柔软、灰白色稍隆起的斑点，主要见于猫和家禽口炎的初期，口腔黏膜白色或灰白色小斑点逐渐扩大为黄色或灰白色假膜。剥离假膜，现红色烂斑，而且容易出血，末期假膜脱落后自然康复。

(三)诊断

根据症状，通过发病过程调查、实验室诊断，结合病因及特征分析进行诊断。但应注意与牛传染性水疱性口炎、口蹄疫、牛恶性卡他热、牛瘟、猪水疱病等传染病鉴别诊断。

(四)治疗

治疗原则：清除病因，净化口腔，收敛消炎，加强护理。首先确定病因，继发性口炎应先治疗原发病，细菌性口炎应选择抗生素治疗，霉菌性口炎用制霉素。

口炎初期，可用弱酸消毒收敛液冲洗口腔，每日3~4次。炎症轻时，可用1%食盐水或2%硼酸水洗涤口腔；炎症严重而有口臭时，用0.1%高锰酸钾或0.1%雷夫奴尔溶液；唾液分泌旺盛时可用2%~4%硼酸溶液，1%~2%明矾或鞣酸溶液，或涂2%甲紫溶液。口服溶菌酶10万IU/次，每日3~4次。

慢性口炎时，可涂1%~2%蛋白银溶液或0.2%~0.5%硝酸银溶液。

水疱性口炎、溃疡性口炎、真菌性口炎时，先用上述药液洗涤口腔，溃疡面上涂碘甘油或者1%磺胺甘油乳剂。

病情严重者，应用抗生素及磺胺类药物，同时用维生素配合治疗。

(五)预防

加强饲养管理，供给质软而营养丰富的饲料和清洁饮水，平时注意除去饲料中尖锐异物，严防误食有刺激性和腐蚀性的物质。乳猪剪牙时注意要剪平，不要伤其牙龈，牛牙齿磨面不整齐时，应及时修整。

二、咽炎

咽炎是指咽部黏膜、软腭、扁桃体（淋巴结）及深层组织炎症的总称。按病程分为急性型和慢性型；按炎症性质分为卡他性咽炎、蜂窝组织性咽炎和鲁布氏性咽炎。临床上常把咽炎视为一种临床症状，出现在马腺疫、口蹄疫、犬瘟热等疾病的发病过程中。

(一) 病因

1. 原发性病因

由于饲料中的芒刺、异物等机械性刺激；气候突变、寒潮、受凉、饮用冰水导致感冒后发生；黏膜受酸、碱等化学性刺激；应激、机体抵抗力下降；链球菌、大肠杆菌、巴氏杆菌、坏死杆菌等条件性致病菌感染所致。

2. 继发性病因

继发于传染性胸膜肺炎、恶性卡他热、犊白喉、结核及血斑病的过程中。还可能由邻近器官炎症蔓延所致。

(二) 症状

主要表现为咽部肿痛，头颈伸展、转动不灵活，触诊咽部敏感，吞咽障碍和流涎，一般病畜不愿意采食，勉强采食后咀嚼缓慢，吞咽时表现痛苦状，不安、摇头缩颈、流涎，甚至呻吟。当硬腭肿胀或机能障碍时，吞咽时常伴有食物、饮水从鼻腔流出，有的两侧鼻孔被混有饲料的鼻涕所污染。口腔有黏稠的唾液，流涎呈牵丝状或开口时有多量唾液流出，软腭红肿，有的覆以脓性分泌物或假膜。触诊咽部（沿第一颈椎两侧横突下缘向下颌间隙后侧舌根部向上触诊）时，病畜表现敏感、疼痛不安并有痛性咳嗽。

当蜂窝组织炎性和鲁布氏性咽炎或继发性细菌感染等严重病例，多伴有全身症状，表现发热、脉搏和呼吸增数，咽喉部淋巴结肿大，甚至呼吸急促，频繁咳嗽，鼻孔内有脓性分泌物。

慢性咽炎，症状轻微（偶发性咳嗽）或不表现症状。

(三) 诊断

根据头颈伸展，口鼻流涎，吞咽困难，触诊咽部敏感、疼痛，咽部淋巴结和下颌淋巴结肿胀，咽部黏膜潮红、肿胀等临床症状可以诊断。但要与咽内异物、咽部肿瘤、食道阻塞等鉴别诊断。

(1) 咽内异物　出现吞咽困难、口鼻流涎等症状，但咽内有异物可在咽腔内发现异物。以犬和牛多见。

(2) 咽部肿瘤　其特点是咽部无明显炎症变化，触诊无疼痛感。

(3) 喉卡他　临床表现为流鼻涕、流涎、咳嗽等症状，但无吞咽异常。

(4) 食道阻塞　虽然有吞咽障碍、口鼻流涎等症状，但是咽部触诊无疼痛感，突然发生。多发生于反刍动物，常继发瘤胃臌气。

(四) 治疗

治疗原则：抗菌消炎，加强护理。对吞咽困难的病畜，要及时输液和补充营养物质。

根据不同类型的咽炎和病情选择不同的治疗方法。初期，先冷敷后热敷，每日3次，每次30min。也可以用樟脑酊、复方醋酸铅散、鱼石脂软膏、消炎止痛膏涂抹。小动物可把碘甘油直接涂在黏膜上。病情较严重的可用10%水杨酸钠溶液，牛、马100mL，猪、犬10~20mL，静脉注射。消除炎症：可用普鲁卡因青霉素，牛、马200万~300万U，猪、犬20万~30万U，肌肉注射，每日1次。蜂窝组织性咽炎宜用10%盐酸土霉素，牛、马30~50mL，猪、羊、犬5~20mL，肌肉注射或静脉注射，每日2次。也可用先锋5号，牛、马10~20g，猪、羊、犬3~8g，肌肉注射，每日2次。牛、马用20%磺胺嘧啶钠50mL、10%水杨酸钠100mL，分别静脉注射，每日2次。

三、食道阻塞

食道阻塞（也叫食管阻塞）是由吞咽食物时异物过大、过粗或（和）吞咽机能障碍，导致食道被梗阻的一种疾病。各种动物都可发生，以牛、马、犬多见。其临床特征是吞咽障碍、流涎。按阻塞的程度可分为完全阻塞和不完全阻塞。按阻塞的部位可分为咽部食道阻塞、颈部食道阻塞和胸部食道阻塞。

(一)病因

(1)饲料加工调制不当　块根饲料如胡萝卜、甜菜、白薯、马铃薯等；棉籽饼、豆饼、花生饼、稻草、甘薯藤等粗硬饲料；骨头、木块、棉线团、纤维丝等异物。

(2)原发性阻塞　多因饥饿、抢食、采食时受到惊吓等应激状态下，或因匆忙吞咽而阻塞于食道。

(3)继发性阻塞　常伴有异食癖、脑肿瘤、脑水肿和食道炎症、狭窄、痉挛、麻痹等疾病。牛贪食而吞食急促，饲料中混入砖、石、玻璃片及金属异物也可引起。

(二)症状

共同症状是发病前一切正常，突然发生阻塞，采食停止，不安，呈用力吞咽动作。随后食物回流，口腔和鼻腔大量流涎。频频出现吞咽动作，低头呻吟，常伴有痉挛和咳嗽。饮水和唾液从口鼻流出。反刍动物马上出现瘤胃臌气，张口伸颈，呼吸困难。病牛流涎，兴奋不安，空嚼，咳嗽，逆呕运动，瘤胃臌气。颈部食道阻塞时（图1-1），颈部食道上部可触摸到梗塞物，压迫病畜梗阻部位敏感疼痛。颈部直伸，头高抬。胸部食道阻塞时，患牛不安，呼吸困难，口腔张开，哮喘，瘤胃臌气严重；摸不到阻塞部物体，阻塞部膨大，但插入胃管时可以感知有阻塞物。食道不完全阻塞时，可部分咽下唾液和嗳气，当食道完全阻塞时，饮水及采食后即从口腔流出，流涎，瘤胃臌气及呼吸困难严重（图1-2）。马则频频用力吞咽和干呕，不断起卧、不安等。

(三)诊断

根据发病突然，临床表现流涎，吞咽障碍，伸颈抬头，瘤胃臌气可以做出诊断。触诊咽部、颈部食道阻塞时，可触摸到阻塞物。胃管探测咽部、颈部食道阻塞时，胃管插入困难，胸部食道阻塞时，胃管插到阻塞部时，推进受阻。

食管完全阻塞时，瘤胃臌气穿刺排气后病程缓和，随后不久再次发生瘤胃臌气。

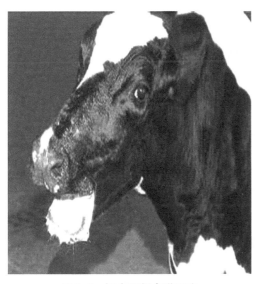
图 1-1　奶牛颈部食道阻塞

图 1-2　奶牛食道完全阻塞

(四)治疗

反刍动物继发瘤胃臌气时,先穿刺排气,缓解呼吸困难,使病程缓和,然后进行治疗。为了镇痛和缓解食道痉挛,可用水合氯醛,牛、马 10～20g/次,猪、羊 2～4g/次,犬 0.3～1g/次,配成 2%～5%溶液灌肠。

(1)掏取法　先用胃管灌入植物油 100～200mL(如阻塞上方有多量的液体或颗粒性饲料,可先用胃管将其抽出,后灌入植物油),将牛头保定好,装开口器,用毛巾包盖切齿,助手用双手将阻塞物自下而上推送到咽部固定,术者用左手将牛舌拉出口外,右手伸入咽部取出阻塞物。

(2)胃管插入法　先灌服 2%普鲁卡因 20～30mL,经 10min 后,灌服液体石蜡或植物油 100～200mL,用胃管小心地将阻塞物向胃内推送。或在胃管上连接打气筒,有节奏地打气,趁食管扩张时,将胃管缓缓推进,有时可将阻塞物送入胃内。

(3)疏导法　将缰绳系于左前肢系部在坡道上来回驱赶(适用于马、牛),同时皮下注射新斯的明,马和牛 3～10mg/次、猪和羊 2～5mg/次、犬 0.3～1mg/次,借助运动将阻塞物疏导下去。

(4)挤出法　用手抵住阻塞物的下端,对侧颈部垫一块木板,用掌用力将阻塞物向咽部挤压。

(5)手术疗法　当上述方法无效的情况下,可切开食管,取出阻塞物。

(五)预防

(1)加强饲养管理,合理调制饲料。块根类饲料应切碎,饼类饲料要泡软或粉碎,饲喂要定时定量。

(2)块根类饲料要集中堆放,料房门要关严,以防偷吃。

(3)饲养时,先给青贮料、精料,后给块根饲料,减少应激,防寒保暖,增强机体抵抗力。

任务二 反刍动物胃肠疾病

一、前胃弛缓

前胃弛缓是指前胃机能紊乱而表现出兴奋性降低和收缩减弱或缺乏，胃内容物运转缓慢，菌群失调，产生大量腐败和酵解的有毒物质，引起消化障碍，食欲、反刍减退以及全身机能紊乱的一种疾病。前胃弛缓是耕牛、奶牛的一种常见内科病，特别是舍饲牛群更易发生本病。本病的特征是食欲、反刍减弱，瘤胃蠕动减弱或异常。

(一)病因

前胃弛缓的病因比较复杂，一般分为原发性前胃弛缓和继发性前胃弛缓两种。

1. 原发性前胃弛缓

原发性前胃弛缓也称单纯性消化不良，病因多与饲养管理不良和气温变化频繁或幅度较大有关。

(1)饲料过于单一、品质低劣　长期饲喂纤维多、营养较少的稻草、麦秆、豆秸、甘薯藤、花生蔓等饲草，导致消化机能负担加重，一旦变换饲料，容易引起消化不良。还有饲草缺乏的地区，因采食一些粗硬、刺激性强、难以消化的棉杆、小树枝等引起本病。

(2)饲料变质　冻烂的块根，霉变的饲料、饼粕(豆粕、棉粕、糠粕等)、粉渣和被霉菌污染的青贮料，导致消化机能障碍而引起本病。

(3)长期饲喂精料过多或过细　由于长期饲喂精料，导致消化器官得不到有效锻炼，引起消化机能减退，一旦饲喂粗饲料就容易引起本病。

(4)缺乏某些维生素、矿物质或某些维生素和矿物质过多而引起不平衡　冬末、春初，青绿饲料不足或日粮配合不合理，容易引起矿物质和维生素的缺乏，特别是钙缺乏引起低血钙症，影响神经和体液调节机能，引起前胃弛缓。

(5)饲养管理不当　牛舍阴冷、潮湿，过于拥挤，通风不畅，环境卫生不良；农忙季节过于劳累或冬季运动不足；阳光照射时间不足，神经反射性降低。特别是耕牛无统一的饲养标准，不按时饲喂，造成过饱或饥饿，尤其是在农忙季节过度使役，精料过多。奶牛突然转变饲料或任其采食，扰乱消化功能而引发本病。

(6)应激反应　特别是奶牛、奶山羊由于受到饥饿、疲劳、断奶、离群、手术、创伤、疼痛、感染等应激因素，引起一系列复杂应激反应而引发前胃弛缓。

2. 继发性前胃弛缓

通常是一种临床综合征，其病因比较复杂，一般有以下几种：

(1)牛的胃肠疾病　常见有创伤性网胃腹膜炎，迷走神经的胸支和腹支受损，瘤胃积食、瓣胃阻塞、皱胃溃疡、皱胃阻塞或变位，多伴有消化障碍，发生前胃弛缓。

(2)某些营养代谢病　如骨软病、产后瘫痪、酮病；牛产后血红蛋白尿及某些中毒性疾病，由消化机能障碍而伴发前胃弛缓。

(3)某些传染病　如牛肺疫、牛流行热等急性病，牛结核病、牛布鲁氏菌病、前后盘吸虫病、肝片吸虫病、细颈囊尾蚴等慢性消耗性疾病。

此外还有用药不当，长期使用一些磺胺药和抗生素，使瘤胃菌群失衡，引起消化不良和前胃弛缓。

(二)症状

前胃弛缓根据病程的发展过程可以分为急性型和慢性型。

1. 急性型

多为急性消化不良，精神不振。食欲减退或消失，被毛粗乱，喜卧不站，反刍缓慢或停止。体温、脉搏、呼吸及全身机能无明显变化。奶牛泌乳量下降，便秘，粪便干燥呈深褐色。瘤胃收缩力减弱，瘤胃蠕动次数减少或正常，瓣胃蠕动音低沉，瘤胃内容物变黏，如果是饲料变质引起的，瘤胃的收缩力下降，呈轻度臌胀，下痢。如果是由应激引起的，瘤胃内容物黏硬，无臌胀现象。一般病情较轻，容易康复。如果伴有瘤胃炎或酸中毒，病情会急剧恶化，表现呻吟，磨牙，食欲、反刍停止，排棕褐色糊样粪便，恶臭。鼻镜干燥，眼球下陷，黏膜发绀，皮温不整或体温下降。

2. 慢性型

多由急性型转变而来，食欲有时减退，有时正常，有的磨牙、异食(舐食砖瓦或采食尿粪、污物)，反刍不规则，间断无力或停止，嗳气次数减少，嗳出的气体有臭味。病情时好时坏，有时相互转化，行走无力，被毛粗乱，皮肤干燥、缺乏弹性，日渐消瘦，有周期性腹泻，体质衰弱。瘤胃蠕动减弱或消失，内容物停滞，黏软或干硬。多数病例伴发瓣胃蠕动减弱，瘤胃轻度臌胀。肠蠕动音减弱，便秘，粪便干燥呈深褐色，有的有黏液附着，下痢，粪便呈稀糊样，腥臭，或下痢与便秘交替出现。后期随着病情的发展，出现精神沉郁，鼻镜干裂，不愿行走或卧地不起，食欲、反刍停止，瘤胃蠕动音消失、瘤胃阻塞。脉搏细数，呼吸浅表和困难，眼球下陷，黏膜发绀，全身衰竭。

(三)诊断

根据发病原因，临床表现反刍障碍，食欲不振，瘤胃听诊和触诊情况，结合患畜全身状况可以做出初步诊断。另外，检测瘤胃内容物的性质，可以作为诊断和治疗的依据。

瘤胃内容物 pH 值检测：瘤胃内容物 pH 值一般为 6.5～7.0，前胃弛缓时，pH 值下降至 5.5 或更低。也有少数病例 pH 值升至 8.0 或更高。随着 pH 值的变化，直接影响瘤胃中的纤毛虫和菌群的共生关系。瘤胃液沉淀物活性试验：瘤胃液中微粒物质漂浮时间超过 9s，说明有前胃弛缓。纤维素消化试验：将棉线浸于瘤胃消化液中，进行厌气温水浴(36℃)5h，如果棉线没有断，证明消化不良，说明是前胃弛缓。确诊前胃弛缓时应与酮血症、创伤性网胃腹膜炎、皱胃变位、瘤胃积食进行鉴别诊断。

(1)酮血症　主要发生于产后 1～2 个月的奶牛，尿中酮明显增加，呼出的气体带有烂苹果味。

(2)创伤性网胃腹膜炎　泌乳量下降，姿势异常，体温中度增高，腹壁触诊时有疼痛感。

(3)皱胃变位　奶牛通常于分娩后突然发生，左侧肋下听诊可以听到特殊的金属音。

(4)瘤胃积食　瘤胃被内容物充满，坚硬，瘤胃扩张，腹部膨大。

(四)治疗

治疗原则：加强饲养管理，排除病因，增强瘤胃机能，健脾补胃，防腐止酵，消导，强心补液，防止脱水和酸中毒等综合措施。

1. 加强饲养管理

原发性前胃弛缓，病初禁食1~2d，饲喂一些营养丰富、容易消化的优质干草(饲料)，适当运动，增强消化机能。同时用氨甲酰胆碱，牛1~2mg、羊0.3~0.5mg；新斯的明，牛10~20mg、羊2~4mg；毛果芸香碱，牛30~50mg、羊5~10mg，皮下注射，以促进胃肠蠕动。但要注意病情危急、心脏衰竭、妊娠母牛，必须禁止使用，以防止虚脱和流产。

2. 防腐止酵

牛用稀盐酸15~30mL、乙醇100mL、煤酚皂溶液10~20mL、温水500mL，或用鱼石脂15~20g、乙醇50mL、温水1 000mL，一次性内服，每日1次。在病的初期，用硫酸镁300~500g、鱼石脂10~20g、温水600~1 000mL，或用液体石蜡1 000mL、苦味酊20~30mL，一次性内服，以促进瘤胃内容物运转和排出。也可用硫酸镁500g、松节油30~40mL、乙醇80~100mL、温水4~5L，一次性内服。再用兴奋瘤胃蠕动药，如用苦味酊60mL，稀盐酸30mL，番木鳖酊15~52mL，乙醇20~30mL，温水500mL，一次性内服，促进胃肠蠕动。应用缓冲剂调节胃内容物的酸碱平衡，以恢复瘤胃内的微生物菌群的活性和纤毛虫的共生关系，增强消化功能。当瘤胃pH值下降时，用硫酸镁200~400g配成乳剂，并用碳酸氢钠50g，一次性内服；pH值升高时，用稀盐酸或白醋适量内服，效果较好。同时可用10％氯化钠溶液100mL，5％氯化钙溶液200mL，10％樟脑40~50mL，静脉注射，以促进瘤胃蠕动，提高疗效。

伴发瓣胃阻塞时，可先用液体石蜡1 000mL，同时用新斯的明或氨甲酰胆碱，以促进瘤胃蠕动，促进内容物的排出。

晚期病例，瘤胃积液，伴随脱水和自体酸中毒时，用25％葡萄糖溶液500~1 000mL静脉注射；或用葡萄糖生理盐水1 000~2 000mL，40％乌洛托品10~20mL静脉注射，同时注射10％樟脑溶液40~50mL，内服适量碳酸氢钠溶液。

3. 中药治疗

按照中兽医辨证施治原则，脾胃虚弱，水草迟细，消化不良，着重健脾和胃，补中益气为主，牛宜用四君子汤加味：党参100g、白术75g、茯苓75g、炙甘草25g、陈皮40g、黄芪50g、当归50g、大枣200g，煎水去渣内服，每日1剂，连用2~3剂。

牛久病虚弱，气血双亏，应以补中益气，养气益血为主，可用八珍散加味：党参50g、白术50g、茯苓40g、甘草25g、当归50g、熟地黄50g、白芍40g、川芎40g、黄芪50g、升麻25g、山药50g、陈皮50g、干姜25g、大枣200g，煎水去渣内服，每日1剂，连服数剂。

病牛口色淡白，耳鼻具冷，口流清涎，水泻，应以温中散寒补脾燥湿为主，可用厚朴温中汤加味：厚朴50g、甘草25g、陈皮50g、茯苓50g、草豆蔻40g、广木香25g、干姜40g、桂心40g、苍术40g、当归50g、茴香50g、砂仁25g，煎水去渣内服，每日1剂，连用数剂。

此外，也可以用红糖250g、生姜200g(捣碎)，开水冲调，内服，具有和脾暖胃，温中散寒的功效。

(五)预防

前胃弛缓多因饲料变质，饲养管理不当而引起。因此，应注意饲料选择、保管和调理，防止霉败变质，改进饲养方法。奶牛依据饲料日粮标准，不可突然变更饲料或任意加料。耕牛在农忙季节，不能劳役过度；冬季休闲，注意适当运动。并须保持安静，避免奇异声、光、音、色等不利因素的刺激和干扰，引起应激反应。注意牛舍清洁卫生和通风保暖。提高牛群健康水平，防止本病的发生。

(1)护理　病初宜禁食1～2d，以后喂给优质干草和易消化的饲料，要少量多次，多饮清水，适当运动。

(2)增强瘤胃机能　先用清水反复洗胃，将瘤胃内大部分内容物洗出之后，灌服缓泻、制酵剂，如新斯的明20～60mg，皮下注射，最好用其最低剂量，每隔2～3h注射1次(妊娠母牛应用时要慎重)。

为了改善瘤胃生物学环境，提高纤毛虫的活力：可用胃管先给健康牛灌服温水8 000～12 000mL，而后采取其瘤胃内容物3 000mL左右，加适量水混合后，速给病牛灌服，效果良好。

病牛食欲废绝时：可静脉注射25%葡萄糖液500～1 000mL。发生酸中毒时，可静脉注射5%碳酸氢钠溶液1 000～2 000mL。

二、瘤胃积食(中)

瘤胃积食是因前胃收缩力减弱，采食大量难于消化的饲草或容易膨胀的饲料所致。本病引起急性瘤胃扩张，胃容积增大，内容物停滞和阻塞，瘤胃运动和消化机能障碍，形成脱水和毒血症。本病是牛、羊常见的多发病之一，特别是舍饲的耕牛更为常见。

(一)病因

瘤胃积食的病因，主要见于贪食大量的青草、红花草(紫云英)或甘薯、胡萝卜、马铃薯等饲料；或因饥饿采食了大量稻草、豆秸、花生秧、甘薯蔓等，而饮水不足，难于消化；也有因过食大麦、玉米、豌豆、大豆、燕麦等谷物后，又饮大量水，饲料膨胀，从而导致本病发生。当然，过食新鲜麦麸、豆饼、花生饼、棉籽饼以及酒糟、豆渣和粉渣等糟粕，也能引起瘤胃积食。

长期舍饲的牛、羊，突然变换可口的饲料，采食过多；或由放牧转变为舍饲，采食干枯饲料而不适应。耕牛可因采食后即犁田耙地，或因使役后，喂草加料，影响消化功能。也可因体质衰弱，产后失调以及长途输送，机体疲劳，神经反应性降低，促使本病发生。饲料保管不严，牛、羊闯入采食过多精料也会发病。当然，饲养管理不善和环境卫生条件不良，特别是奶牛，容易受到各种不利因素的刺激和影响。神情恐惧不安，妊娠后期运动不足、过肥、中毒与感染，发生应激现象，也能引起瘤胃积食。在前胃弛缓、创伤性网胃腹膜炎、瓣胃秘结以及皱胃阻塞等病程中，也常常继发本病。

(二)发病机理

一般而言,瘤胃积食,其病因是在前胃弛缓的基础上发生发展的。这是由于神经体液调节紊乱,瘤胃收缩力减弱,陷于弛缓、扩张乃至麻痹,反射性地引起皱胃幽门部痉挛,瘤胃内容物停滞,导致瘤胃积食的病理演变过程。

由于瘤胃积食,其中的内容物浸渍、浸出、溶解以及合成和吸收的全部消化程序遭到严重的破坏,并因菌群失调、腐败分解旺盛,产生大量有毒物质。革兰阳性菌,特别是牛链球菌大量增殖,产生多量乳酸,pH值下降,瘤胃内纤维分解菌和纤毛虫活性降低或被杀灭,菌群共生关系出现失调,腐解产物增多,引起瘤胃炎,渗透性增强,发生脱水。又因影响到血液中二氧化碳结合力,酸碱平衡失调,碱贮下降,神经体液调节机能更加紊乱。病情急剧发展,呼吸困难,血液循环障碍,肝脏解毒机能降低,腐解产物被吸收,引起自体中毒,发生兴奋,痉挛,血管扩张,血压下降以及循环虚脱的严重现象。

(三)症状

瘤胃积食病情发展迅速,通常在采食后数小时内发病,临床症状明显。

(1)初期,病牛神情不安,目光凝视,回顾腹部,间或后肢踢腹,有腹痛表现。

(2)食欲、反刍消失,不吃草,不反刍,拱背,虚嚼,不断起卧,每当起卧时,往往呻吟。

(3)嗳气、流涎。有时作呕或呕吐,瘤胃蠕动音减弱或消失,触诊瘤胃,病畜不安,内容物黏硬,用拳按压,遗留压痕。有的病例瘤胃内容物坚硬如石。

(4)腹部膨胀,瘤胃背囊有一层气体,进行穿刺,可排出少量气体和带有腐败酸臭气味的泡沫状液体。

(5)腹部听诊,肠音微弱或沉寂,便秘,粪便干硬呈饼状,间或发生下痢。

(6)直肠检查发现瘤胃扩张,容积增大,充满黏硬内容物。有的病例,瘤胃内容物呈粥状,但瘤胃显著扩张。

(7)晚期病例,病情急剧恶化,奶牛泌乳量减少或停止。肚腹膨隆,瘤胃积液,呼吸急促而困难。心悸,脉搏急速,皮温不整,四肢角根和耳冰凉,全身战栗,眼球下陷,黏膜发绀,全身衰弱,卧地不起,陷于昏迷状态。发生脱水与自体中毒,呈现循环虚脱。病情反复,有的暂时好转,而后又加重,病程达一周以上,多因瘤胃陷于高度弛缓,内容物膨胀,呼吸困难,血液循环障碍,发生窒息和心力衰竭,预后不良。

由于采食过多的精料而引起的,病情发展急剧。特别是含淀粉丰富的谷物,容易膨胀和酵解,呈现酸中毒症状,往往在2~3d死亡。一般病例,常常伴发胃肠炎,发生下痢。如果瘤胃开始蠕动,食欲与反刍有所恢复,不断嗳气,病情逐渐好转,预后佳良。

(四)诊断

瘤胃积食根据其发生原因,过食后发病,瘤胃内容物充满而硬实,食欲、反刍停止等症状,可以确诊。但是也易与下列疾病混淆,应鉴别诊断。

(1)前胃弛缓 食欲反刍减退,瘤胃内容物呈粥状,不断嗳气,并呈现间歇性瘤胃臌胀。

(2)急性瘤胃臌气 病情发展急剧,腹部显著膨大,瘤胃壁紧张而有弹性,叩诊呈鼓音，血液循环障碍，呼吸困难。

（3）创伤性网胃炎　网胃区疼痛，姿势异常，神情沉郁，伸头伸张，不愿运动，周期性瘤胃臌胀，应用副交感神经兴奋药物，病情显著恶化。

（4）皱胃阻塞　瘤胃积液，左下腹部显著膨胀，皱胃冲击式触诊时，疼痛、躲避，右肷部听诊和倒数第1～2肋骨弓部叩诊，呈金属音。

（5）牛黑斑病甘薯中毒　症状与瘤胃积食很相似，但呼吸用力而困难，鼻翼煽动，喘粗气，皮下气肿。

此外，还须注意与皱胃变位、肠套叠、肠毒血症、生产瘫痪、子宫扭转等疾病进行鉴别，以免误诊。

（五）治疗

治疗原则：恢复前胃运动机能，促进瘤胃内容物运转，消食化积，防止脱水与自体中毒。

（1）一般病例　首先应禁食，并进行瘤胃按摩，每次5～10min，每隔30min按摩1次。或先灌服大量温水，再按摩，效果会更好，也可用酵母粉500～1 000g，一天内分2次内服，具有化食作用。

（2）清肠消滞　用硫酸镁或硫酸钠300～500g，液体石蜡或植物油500～1 000mL，鱼石脂15～20g，75％乙醇50～100mL，温水6 000～10 000mL，一次性内服。应用泻剂后，也可用毛果芸香碱0.05～0.2g，或新斯的明0.01～0.02g，皮下注射，兴奋前胃神经，促进瘤胃内容物运转与排出。但心脏功能不全与孕牛忌用。

（3）病因疗法　用10％氯化钠溶液100～200mL，静脉注射；或先用1％温食盐水洗涤瘤胃，再促进反刍液分泌，用10％氯化钠溶液100mL，10％氯化钙溶液100mL，20％安钠咖注射液10～20mL，静脉注射。改善中枢神经系统调节机能，增强心脏活动，促进血液循环和胃肠蠕动，解除自体中毒现象。

（4）晚期病例　除了反复洗涤瘤胃外，宜用5％葡萄糖生理盐水2 000～3 000mL，20％安钠咖注射液10mL，维生素C 0.5～1g，静脉注射，每日2次。强心补液，保护肝功能，促进新陈代谢，防止脱水。当血液碱贮下降，酸碱平衡失调时，宜用5％碳酸氢钠溶液300～500mL，或11.2％乳酸钠溶液200～400mL，静脉注射。必要时，可用维生素B_1 2～3g，静脉注射。促进丙酮酸氧化脱羧，解除酸中毒。如果反复注射碱性药物，出现碱中毒症状，呼吸急促，全身抽搐时，宜用稀盐酸15～30mL，内服。

在病程中，为了抑制乳酸的产生，应及时用青霉素或土霉素内服，间隔12h，再投药1次。继发瘤胃臌气时，应及时穿刺放气，以缓和病情。如重危病例，药物治疗无效时，立即进行瘤胃切开术，取出内容物，并用1％温食盐水洗涤。必要时，接种健康牛瘤胃液。加强饲养和护理，促进康复过程。

（六）预防

预防在于加强日常饲养管理，防止突然变换饲料或过食。奶牛和肉牛应按饲料日粮标准饲养；加喂精料，须适应其消化机能。耕牛不要劳役过度，避免外界各种不良因素的刺激和影响，保持其健康状态。

三、瘤胃臌气

瘤胃臌气是因前胃神经反应性降低，收缩力减弱，采食了容易发酵的饲料，在瘤胃内菌群作用下，异常发酵，产生大量气体，引起瘤胃和网胃急剧臌胀，肠与胸腔脏器受到压迫，呼吸与血液循环障碍，发生窒息现象的一种疾病。

瘤胃臌气按病因分有原发性病因和继发性病因；按其经过分急性瘤胃臌气和慢性瘤胃臌气；按发病性质分为泡沫性瘤胃臌气和非泡沫性瘤胃臌气。

本病多发于牛和绵羊，山羊少见。夏季草原上放牧的牛、羊，可能有成群发生瘤胃臌气的情况。

(一)病因

1. 原发性瘤胃臌气

通常多发于牧草茂盛的夏季，每年于清明之后、夏至之前，最为常见。发病原因主要是采食了大量易发酵的青绿饲料(红花草籽)，特别是舍饲转为放牧的牛、羊群，最容易导致急性瘤胃臌气的发生。

(1)采食开花前的幼嫩多汁的豆科植物，如紫云英、金花菜(江南各地生长的野黄花苜蓿)、三叶草、野豌豆等；或鲜甘薯蔓、萝卜缨、白菜叶、再生草等。因采食过多，迅速发酵，产生大量气体而引起。

(2)采食堆积发热的青草，或经霜、雪、冰冻的牧草，霉变的干草以及多汁易发酵的青贮料，特别是舍饲的牛、羊，突然饲喂这类饲料，往往引起本病。

(3)奶牛和肉牛饲喂的饲料配合或调理不当，谷物饲料过多，而粗饲料不足，或饲喂未经浸泡和调理黄豆、豆饼、花生饼、酒糟等；或饲喂胡萝卜、甘薯、马铃薯等块根饲料过多；或因矿物质不足，钙、磷比例失调等。

(4)舍饲的耕牛，长期饲喂干草，突然改喂青草或到草场、田埂、路边放牧，采食过多，或误食毒芹、乌头、白葵芦、佩兰、白苏以及毛茛科等有毒植物，或桃、李、梅、杏等的幼枝嫩叶，均可导致急性瘤胃臌气的发生。

2. 继发性瘤胃臌气

最常见于前胃弛缓，其他如创伤性网胃腹膜炎、食管阻塞、痉挛和麻痹、迷走神经胸支或腹支损伤、纵隔淋巴结肿胀或肿瘤、瘤胃与腹膜粘连、瓣胃阻塞以及前胃内存有泥沙、结石或毛球等，都可引起排气障碍，致使瘤胃壁扩张而发病。

(二)发病机理

内容物在瘤胃发酵和消化的过程中所产生的气体，主要是二氧化碳和甲烷，以及少量氢、氧、氮和硫化氢等。这些气体可以通过嗳气排出，并随同瘤胃内容物运送到皱胃进入肠道和被血液吸收，保持着产气与排气相对平衡。在病理条件下，由于采食易发酵的饲料，产生大量的气体，既不能通过嗳气排出，又不能随同内容物通过消化道排出和吸收，因而导致瘤胃急剧的扩张和臌胀。瘤胃臌气还与神经反应性、唾液的分泌及成分、瘤胃运动、瘤胃液的表面张力、气体的性状、嗳气的反射、食糜运转的速度以及内容物 pH 值和菌群关系的变化等有着密切的关联。因此，瘤胃臌气发生的主要因素，是由于机体的神经反应性、饲料的性质和瘤胃内菌群共生关系三者之间变化及其动态平衡失调而引起。

泡沫性臌胀的病理机制较为复杂，病情发展也更为急剧。实际上，泡沫的形成，主要取决于瘤胃液的表面张力、黏稠度以及内容物 pH 值和菌群关系的变化等。因此，瘤胃臌气发生的主要原因是采食豆科植物，含有多量的蛋白质、皂苷、果胶等物质，都可产生气泡。瘤胃内容物发酵过程所产生的有机酸（特别是柠檬酸、丙二酸、琥珀酸等非挥发性酸）致使瘤胃液 pH 值下降至 5.2～6.0，泡沫的稳定性显著增高。显而易见，瘤胃内所产生的大量气体，与其中表面张力、黏稠度高的内容物互相混合而形成的稳定性泡沫，既不能融汇成较大的气泡，又阻塞贲门、妨碍嗳气，迅速地导致泡沫性臌胀的发生和发展，病情急剧，最为危险。

(三) 症状

1. 急性瘤胃臌气

通常在采食大量易发酵性饲料后迅速发病，甚至有的在采食中突然呆立，停止采食，食欲消失，临床症状急剧发展。

(1) 病的初期　举止不安，神情忧郁，结膜充血，角膜周围血管扩张。不断起卧，回头望腹，腹围迅速膨大。瘤胃收缩先增强，后减弱或消失，左肷部突出。腹壁紧张而有弹性，叩诊呈鼓音。

(2) 呼吸困难　随着瘤胃扩张和臌胀，膈肌受压迫，呼吸急促而用力；甚至头颈伸展、张口伸舌呼吸，呼吸数增至 60 次/min 以上。心悸，脉搏急速，脉搏数可达 100～120 次/min。后期心力衰竭，脉不感手，病情危急。

(3) 泡沫性臌胀　常有泡沫状唾液从口腔中逆出或喷出。瘤胃穿刺时，只能断断续续地排出少量气体。瘤胃液随着瘤胃壁紧张收缩向上涌出，阻塞穿刺针孔，排气困难。

(4) 病的后期　心力衰竭，血液循环障碍，静脉怒张，呼吸困难，黏膜发绀，目光恐惧，出汗，间或肩背部皮下气肿，站立不稳，步态蹒跚，往往突然倒地、痉挛、抽搐，陷于窒息和心脏麻痹状态。

2. 慢性瘤胃臌气

多为继发性因素引起，病情弛张，瘤胃中度臌胀，时而消长，常在采食或饮水后反复发生。通常是非泡沫性臌胀，穿刺排气后，继而又臌胀起来，瘤胃收缩运动正常或减弱，穿刺针随同瘤胃收缩而转动。犊牛排出的气体，具有显著的酸臭味。病情发展缓慢，食欲、反刍减退，水草迟细，逐渐消瘦。生产性能降低，奶牛泌乳量显著降低。病程急促，如不及时抢救，数小时内窒息死亡。病情轻的病例，治疗及时，可迅速痊愈，预后良好。慢性瘤胃臌气，病程可持续数周至数月。预后不一。

(四) 诊断

急性瘤胃臌气，病情急剧，根据病史，采食大量易发酵性饲料发病，腹部膨胀，左肷部凸出，血液循环障碍，呼吸极度困难，确诊不难。慢性瘤胃臌气，病情弛张，反复产生气体，随原发病而异。通过病因分析，也能确诊。但在临床诊断时，应注意与前胃弛缓、瘤胃积食、创伤性网胃腹膜炎、食管阻塞以及白苏中毒和破伤风等疾病进行鉴别。至于膈疝，于左侧第 6 肋间前方出现网胃音，心脏移位，间歇性臌胀，伴发呼吸困难，注意检查，也可判定。

(五)治疗

急剧病情，应及时抢救病畜，采取有效的措施排气。治疗原则为排出气体、防止酵解、理气消胀、强心补液、健胃消导。

病的初期，使病畜头颈抬举，用草把适度地按摩腹部，促进瘤胃内气体排出，同时应用松节油20～30mL，鱼石脂10～15g，乙醇30～50mL，加适量温水，或8%氧化镁溶液600～1 000mL，一次性内服，具有消胀作用。

严重病例，当发生窒息危险时，首先应用套管针进行瘤胃穿刺放气，防止窒息。非泡沫性臌胀，放气后应用稀盐酸10～30mL，或鱼石脂15～25g，乙醇100mL，温水1 000mL，也可用生石灰水1 000～3 000mL。放气后借助套管针用25%普鲁卡因溶液50～100mL、青霉素100万U，注入瘤胃，效果更佳。

泡沫性臌胀，以灭沫消胀为目的，宜用表面活性药物，如二甲基硅油，牛2～2.5g、羊0.5～1g；或用消胀片(二甲基硅油15mg/片)，牛30～60片，内服，能迅速奏效。实际上，应用菜籽油、豆油、花生油或香油300mL，温水500mL，制成油乳剂，内服，也可以用松节油30～40mL，液体石蜡500～1 000mL，温水适量，一次性内服，都具有消灭泡沫的功效。

此外，用2%～3%碳酸氢钠溶液，进行瘤胃洗涤，调节瘤胃内容物pH值。若因采食紫云英而引起的，可用食盐200～300g，温水4 000～6 000mL，内服，都具有止酵消胀作用。为了排出瘤胃内容物及其酵解物质，可用盐类或油类泻剂(剂量与用法，参照瘤胃积食)；也可用毛果芸香碱0.02～0.05g或新斯的明0.01～0.02g，皮下注射，兴奋副交感神经，促进瘤胃蠕动，有利于缓和嗳气。

在治疗过程中，应注意全身机能状态，及时强心补液，增进治疗效果。消沫药治疗无效时，立即进行瘤胃切开术，取出其中的内容物，按照外科手术要求处理、防止污染。在排出瘤胃气体或进行瘤胃手术后，采取健康牛瘤胃液3～6L，并应用青霉素或土霉素适量，灌入瘤胃内，提高治疗效果。

病情轻的病例，让病牛站立在斜坡上，保持前高后低姿势，不断牵引其舌，或用木棒涂煤酚皂溶液，给病牛衔在口内，同时按摩瘤胃，促进气体排出，也能奏效。

(六)预防

本病的预防，着重加强饲养管理，增强前胃神经反应性，促进消化机能，保持其健康水平。

(1)在放牧或改喂青绿饲料前一周，先饲喂青干草、稻草或作物秸秆，然后放牧或青饲，以免饲料骤变发生过食。

(2)清明后放牧，应注意避免采食开花前的豆科植物，堆积发酵或被雨露浸湿的青草，要尽量少喂，以防臌胀。

(3)气体发生与牧草含糖量有关，苜蓿、紫云英等豆科植物的含糖量下午比上午高，下午采食，易发生急性瘤胃臌气，故应注意。幼嫩牧草，采食后易发酵，应晒干后掺杂干草饲喂。饲喂量应有所限制，牛、羊放应注意茂盛牧区放牧，避免过食。

(4)注意饲料保管、防止霉败变质,加喂精料应适当限制,特别是粉渣、酒糟、甘薯、马铃薯、胡萝卜等,更不宜突然多喂,饲喂后也不能立即饮水,以防发生本病。

(5)舍饲牛、羊,在开始放牧前 1～2d 内,先给予聚氧化乙烯或聚氧化丙烯 20～30g,加豆油少量,放在饮水内,内服,然后再放牧,可以预防本病。

四、创伤性网胃腹膜炎(中)

创伤性网胃腹膜炎是由于金属异物(针、钉、碎铁丝)混杂在饲料内,被采食吞咽落入网胃,导致急性或慢性前胃弛缓,瘤胃反复膨胀,消化不良。并因穿透网胃刺伤膈和腹膜,引起急性弥漫性或慢性局限性腹膜炎,或继发创伤性心包炎。本病主要发生于舍饲的耕牛和奶牛,间或发生于山羊。

(一)病因

通常所见,耕牛多因缺少饲养管理制度,随意舍饲和放牧,饲养人员不具备饲养管理常识,常将碎铁丝、铁钉、钢笔尖、回形针、大头钉、缝针、发卡、废弃的小剪刀、指甲剪、铅笔刀、碎铁片以及鱼串(短铁丝)等,到处抛弃,混杂在饲草、饲料中,散在村前屋后、城郊路边,或工厂作坊周围的垃圾与草丛中,因而都可能被耕牛采食或吞咽下去,以造成发生本病的条件和环境。

奶牛发病主要是由于饲料加工粗放,饲养粗心大意,对饲料中的金属异物的检查和处理不细致。在饲草饲料中的金属异物,最常见的是饲料粉碎机与铡草机上的销钉,其他如碎铁丝、铁钉、缝针、别针、注射针头、发卡、钮扣、图钉以及各种有关的尖锐金属异物等,被采食后而发病。

(二)发病机理

牛的口腔颊部黏膜有大量的锥状乳头,舌面粗糙,采食迅速,不充分咀嚼,便匆匆吞下,又有舔食异物的习性,往往将金属异物随同食物咽下。病理变化与金属的性状有关,有的只引起创伤性网胃炎,使胃的深部组织受损,局部增厚,发生化脓。有的网胃与膈粘连,胃壁组织增生,使铁钉或尖锐物包埋,并进成干酪腔和脓腔。有的由于网胃壁穿孔,形成局部性或弥散性腹膜炎,甚至胸膜炎。

(三)症状

金属异物进入网胃,没有刺伤胃壁,不会引起症状;通常是异物存在网胃中,刺伤胃壁后呈现不安,呻吟,退避或抵抗,反刍、吞咽异常等症状。

(1)起卧异常 当卧地起立时,因感疼痛,极为谨慎,肘部肌肉颤动,甚至呻吟和磨牙。

(2)叩诊异常 叩诊网胃区,即剑状软骨左后部腹壁,病牛感疼痛,呈现不安,呻吟,躲避或抵抗。

(3)反刍、吞咽异常 有些病例,反应缓慢,间或见到吃力地将网胃中食团逆呕到口腔,并且吞咽动作常有特殊表现,吞咽时缩头伸颈,停顿,很不自然。

(4)全身机能状态 体温、呼吸、脉搏在一般病例无明显变化,但在网胃穿孔后,最初几天体温可能升高至 40℃以上,其后降至常温,转为慢性过程,无神无力,消化不良,病情时而好转，时而恶化，逐渐消瘦。

由于金属异物穿透网胃，刺损内脏和腹膜所导致的炎性变化不同，而临床症状也各异。一般而言，腹腔脏器被铁丝或铁钉刺伤时，常常呈现剧烈腹痛症状，如果伴发急性局限性腹膜炎，体温轻度升高，呼吸稍急促，脉搏略增数，姿态异常，食欲减退数日后病情弛张不定。当病变部结缔组织增生将异物包埋时，症状消退。但其后又常常复发，病情增剧。若伴发急性弥漫性腹膜炎或胸膜炎，内脏器官粘连，体温上升至40～41℃，脉搏增至100～120次/min，呼吸浅表急促，全身症状明显。若脾脏或肝脏受到损伤，形成脓肿，扩散蔓延，往往引起全身脓毒败血症，病情急剧发展和恶化。

(四)病程及预后

牛误食金属异物，在饲养管理粗放的情况下，是常有的现象。只有在异物刺入网胃壁时，才引起创伤性炎症反应。轻度的病例，病情轻微，经过数日或数周后，结缔组织增生，或被包埋，或形成瘢痕，逐渐好转而痊愈。但多数病例，转为慢性病理过程，呈现顽固性前胃弛缓，久久不能治愈。重剧的病例，病情发展急剧，也有于数天内死亡的。

完全穿孔的病例，病情发展不定，有时好转，有时恶化。在病程发展过程中，可能继发肝脓肿、脾脓肿、肺与膈脓肿、局限性或弥漫性腹膜炎、创伤性心包炎、心肌炎、肺坏疽以及胸膜炎等。因受到各种不良因素的影响，促使病程急剧发展，甚至伴发脓毒败血症而死亡，预后不良。

(五)诊断

由于本病临床特征不突出，一般病例，都具有顽固性消化机能紊乱现象。

本病的诊断应根据饲养管理情况，结合病情发展过程进行。姿态与运动异常，水草迟细，顽固性前胃弛缓，逐渐消瘦，网胃区触诊与疼痛试验，血象变化（白细胞总数增多，嗜中性粒细胞与淋巴细胞比例倒置）以及长期治疗不见效果，是本病的基本病征。应用金属异物探测器检查，可获得阳性结果。有条件单位，应用X射线检查，也可获得确切诊断影象。

(1)敏感检查　用力压迫胸椎脊突和剑状软骨，或于鬐甲与网胃水平线上，双手将鬐甲皮肤捏成皱襞，病牛表现出敏感不安，并引起背部下凹现象。

(2)疼痛试验　由于胸骨剑状软骨区的疼痛，因此可用器官（网胃）叩诊法（用拳头冲击网胃）或剑状软骨区触诊法，最好用一根木棍通过剑状软骨区的底部猛然抬举，给网胃施加强大压力，在急性病例疼痛反应是明显的。

(3)诱导反应　必要时，应用副交感神经兴奋剂，皮下注射，促进前胃运动机能，病情随之增剧，表现疼痛不安状态。

(4)血象检查　白细胞总数增多，可达11 000～16 000/mm³。其中嗜中性粒细胞增至45%～70%，淋巴细胞减少为30%～45%，核型左移。结合病情分析，具有实际临床诊断意义。

在临床诊断时，必须注意同前胃弛缓、慢性瘤胃臌气、皱胃溃疡等所引起的消化机能障碍、肠绞窄、肠套叠和子宫扭转等所导致的剧烈腹痛症状，创伤性心包炎、牛肺疫等所呈现的呼吸系统症状以及牛肺结核所形成的慢性消耗性疾病等相比较，进行鉴别诊断，以免误诊。

(六)治疗

(1)手术疗法　创伤性网胃腹膜炎,在早期如无并发病,施行瘤胃切开术,从网胃壁上摘除金属异物,同时加强护理措施,疗效可达90%以上。

(2)保守疗法　将病牛站立于斜坡或斜台上,保持前躯高后躯低的姿势,减轻腹腔对网胃的压力,促使异物退出网胃壁。同时应用磺胺类药物,按每千克体重0.07g,内服;用青霉素与链霉素各300万U,分别肌肉注射,连续用药3d。也可用特制磁铁经口投入网胃中,吸取胃中金属异物,同时应用青霉素和链霉素肌肉注射。

此外,加强饲养和护理,使病牛保持安静,先禁食2~3d,然后给予易消化的饲料,并适当应用防腐止酵剂、高渗葡萄糖或葡萄糖酸钙溶液,静脉注射,增进治疗效果。

(七)预防

加强日常饲养管理工作,注意饲料选择和调理、防止饲料中混杂金属异物。

不可将碎铁丝、铁钉、针、发卡以及其他各种金属异物随地乱抛。房前屋后、铁工厂、作坊、仓库、垃圾堆等地,不可任意放牧。从工矿区附近收割的饲草和饲料,也应注意检查。特别是奶牛、肉牛饲养场,种牛繁殖场,加工饲料时应增设清除金属异物的永磁筒,吸附饲料中的金属异物,以防本病的发生。

五、瓣胃阻塞

瓣胃阻塞主要是因前胃弛缓、瓣胃收缩力减弱、内容物充盈而干涸,致使瓣胃扩张、坚硬、疼痛,导致严重消化不良所引起。因内容物停滞压迫,胃壁麻痹,瓣叶坏死,引起全身机能变化,是牛的一种严重的胃肠疾病。本病多见于耕牛,奶牛也常发生。

(一)病因

本病的病因,通常见于前胃弛缓,可分为原发性阻塞和继发性阻塞。

(1)原发性阻塞　主要见于长期饲喂麦糠、粉渣、酒糟等含有泥沙的饲料,或粗纤维坚硬的甘薯蔓、花生秧、豆秸、青干草以及豆荚、麦糠等。特别是铡短稻草喂牛,为本病的病因之一。其次,放牧转变为舍饲,饲料突然变换,饲料质量低劣,缺乏蛋白质、维生素以及微量元素,饲养管理不当,饲喂后缺乏饮水以及运动不足等都可引起。

(2)继发性阻塞　常见于皱胃阻塞、皱胃变位、皱胃溃疡、腹腔脏器粘连、生产瘫痪、牛产后血红蛋白尿、黑斑病甘薯中毒、急性肝病、牛恶性卡他热等急性热性病及血液原虫病等。在这些疾病经过中,往往伴发本病。

(二)发病机理

瓣胃主要起着水泵和加工的作用。当前胃弛缓时,瓣胃收缩力减弱,内容物停滞,过度扩张,致使瓣胃受到过度的机械性刺激和压迫,并因内容物腐败分解,产生大量有毒物质,引起胃壁发炎、瓣叶坏死,神经、肌肉机能遭到破坏,胃壁陷于麻痹,有毒的腐解产物被吸收导致肠炎和全身败血症的病理变化,形成脱水与自体中毒的严重病理过程。

(三)症状

本病的初期,呈现前胃弛缓,食欲不定或减退,便秘,粪成饼状,瘤胃轻度臌胀,瓣胃蠕动音微弱或消失。于右侧腹壁瓣胃区(第7～9肋间的中央)触诊,病牛感疼痛;叩诊浊音区扩张,精神迟钝,时而呻吟;奶牛泌乳量下降。

病情进一步发展,精神沉郁,反应减退,鼻镜干燥、龟裂,空嚼、磨牙,呼吸浅表、急促,心脏机能亢进,脉搏数增至80～100次/min。瘤胃收缩力减弱。进行瓣胃穿刺检查,用15～18cm长穿刺针,于右侧第9肋间肩关节水平线上,进行穿刺时有阻力,感觉不到瓣胃收缩运动。直肠检查可见肛门与直肠痉挛性收缩,直肠内空虚、有黏液,少量暗褐色粪块附着于直肠壁。晚期病例,瓣叶坏死,伴发肠炎和全身败血症,体温升高0.5～1℃,食欲废绝,排粪停止或排出少量黑褐色藕粉样具有恶臭黏液。尿量减少呈黄色,或无尿。呼吸急促,次数增多,心悸,脉搏数可达100～140次/min,脉律不齐,有时迟缓,微循环障碍,皮温不整,结膜发绀,形成脱水与自体中毒现象。体质虚弱,神情忧郁,卧地不起,病情显著恶化。

(四)病理变化

瓣胃内容物充满、坚硬,其容积增大1～3倍。重剧病例,瓣胃邻近的腹膜及内脏器官,多有局限性或弥漫性的炎性变化。瓣叶间内容物干涸,形同纸板,可捻成粉末状。瓣叶上皮脱落变为菲薄,有溃疡、坏死灶或穿孔。此外,肝、脾、心、肾及胃肠等部位,具有不同程度的炎性病理变化。

(五)病程及预后

本病的病程1～2周,轻症及时治疗,可以痊愈;急性病例,经过3～5d,卧地不起,陷于昏迷状态;晚期病例,病情重剧,医治无效,预后不良。

(六)诊断

瓣胃阻塞多与前胃其他疾病和皱胃疾病的病征互相掩映,极为类似,临床诊断有时困难。尽管如此,也可根据病史调查和临床病征,如瓣胃蠕动音低沉或消失,触诊瓣胃敏感性增高,叩诊浊音区扩大,粪便细腻、纤维素少、黏液多等表现,结合瓣胃穿刺诊断。必要时进行剖腹探诊,可以确诊。在论证分析时,应注意同前胃弛缓、瘤胃积食、创伤性网胃炎、皱胃阻塞、肠便秘以及可伴发本病的某些急性热性病进行鉴别诊断,以免误诊。

(七)治疗

本病多因前胃弛缓而发病,治疗原则应着重增强前胃运动机能,促进瓣胃内容物排出,增进治疗效果。

初期病情较轻的,可用硫酸镁或硫酸钠400～500g和温水8 000～10 000mL,或液体石蜡1 000～2 000mL,或植物油500～1 000mL,一次性内服。同时应用10%氯化钠溶液100～200mL、20%安钠咖注射液10～20mL,静脉注射,增强前胃神经兴奋性,促进前胃内容物运转与排出。病情重剧的,同时可应用士的宁0.015～0.03g,皮下注射,毛果芸香碱0.02～0.05g,或新斯的明0.01～0.02g,或氨甲酰胆碱1～2mg,皮下注射。但须注意,体弱、妊娠母牛、心肺功能不全病牛,忌用这些药物。

瓣胃注射,可用10%硫酸钠溶液2 000～3 000mL,液体石蜡或甘油300～500mL,普鲁卡因2g,盐酸土霉素3～5g,混合一次性注入瓣胃内。注射部位,在右侧第9肋间与肩关节水平线相交点,略向前下方刺入10～12cm,判明针头已刺入瓣胃时,方可注入。

病牛具有肠炎或全身败血症现象时，可根据病情发展，应用撒乌安注射液100～200mL，或樟脑乙醇糖注射液200～300mL，静脉注射，同时尚须注意及时输糖补液，防止脱水和自体中毒，缓和病情。

依据临床实践，目前多在确诊后采取瓣胃冲洗疗法，即应用瘤胃切开术，引用胃管插入网瓣孔，冲洗瓣胃，效果较好。

按中兽医辨证施治原则，牛百叶干是因脾胃虚弱，胃中津液不足，百叶干燥，着重生津。清胃热，补血养阴，通畅润燥，宜用藜芦润燥汤：藜芦60g、常山60g、牵牛子50g、当归60～100mg、川芎60g、滑石90g、石蜡油1 000mL、蜂蜜250g，水煎后加滑石、石蜡油、蜂蜜，内服。在治疗过程中，应加强护理，耕牛停止使役，充分饮水，给予青绿饲料，有利于恢复健康。

本病的预防：注意避免长期应用谷糠及混有泥沙的饲料喂养，同时注意适当减少坚硬的粗纤维饲料；铡草喂牛，也不宜将饲草铡得过短，糟粕饲料也不宜长期饲喂过多，注意补充矿物质饲料，并给予适当运动。发生前胃弛缓时，应及早治疗，以防止发生本病。

六、皱胃变位

皱胃的正常解剖学位置改变，称为皱胃变位。变位分三种类型：皱胃通过瘤胃下方移位到左侧腹腔，置于瘤胃和左腹壁之间，称为左方变位；皱胃向前方扭转（逆时针），置于网胃和肠之间，称为前方变位；皱胃向后方扭转（顺时针），置于肝脏和右腹壁之间，称为后方变位。而大多数临床工作者将皱胃变位分为左方变位和右方变位两种类型，并且习惯于把左方变位称为皱胃变位，把右方变位称为皱胃扭转。兹按左方变位和右方变位两种类型叙述如下。

（一）皱胃左方变位

1. 病因

关于发病原因，目前有两种假说，一种认为由于皱胃弛缓所致；另一种认为由于皱胃机械性转移所致。

(1) 以皱胃弛缓作为左方变位的假说　其理由在于当皱胃伴有弛缓时，皱胃机能不良，形成扩张和充气，容易因受压而被迫游走，往往先游走到瘤胃左方，然后再移到瘤胃左上方。皱胃弛缓原因包括分娩期的努责，乳牛高产，脓毒性乳房炎或子宫炎所致的毒血症，瘤胃消化不良，过食高蛋白日粮引起胃酸过多而导致有溃疡或无溃疡的神经末梢损伤，生产瘫痪以及酮病等代谢紊乱。

(2) 以皱胃机械性转移作为左方变位的假说　是从皱胃解剖学位置、妊娠子宫和沉重瘤胃之间关系的角度出发的。认为皱胃的正常位置发生改变，直接原因是子宫妊娠后胎儿逐渐增大和沉重，并逐渐将瘤胃向上及向前推移，皱胃趁机向左方移走，而当母牛分娩时，由于腹腔这一部分的压力骤然释去，于是瘤胃恢复原位而下沉，致使皱胃被压到瘤胃左方，置于左腹壁与瘤网胃之间，同时又由于皱胃含有相当多的气体，很容易进一步跑到左腹腔的上方。有时还可从公牛配种和母牛发情而爬跨其母牛引起皱胃变位，进一步证实这种假说是可靠的，并且在临床上也具有指导意义，但皱胃弛缓始终是主要的因素。然而，引起弛缓的因素很多，对发病影响最大的是饲喂大量谷类日粮造成不饱和脂肪酸的蓄积。当瘤胃消化不良时，不饱和脂肪酸氢化不全，通过皱胃进入十二指肠，反射性地导致皱胃弛缓。

2. 发病机理

正常牛的皱胃是在腹底部下方的瘤胃和网胃的右侧，只要皱胃向左侧越过腹部正中线以后，就很容易滑到左腹部，同时大网膜在瘤胃下方经过，把移位到左下腹部的皱胃包起来，并且由于皱胃含有相当多的气体，胃大弯向上扩张，很容易向上移到瘤胃前盲囊和网胃之间，最后定居在瘤胃背囊和左腹壁之间，有时向侧方移近脾脏，有时移到脾脏与瘤胃背囊之间。瓣胃、网胃、十二指肠和肝脏也被转动而变位。变位的皱胃被瘤胃和左腹壁所包围，部分地受压缩，于是皱胃内容物逐渐减少，运动力逐渐降低。其他各胃都伴有一定的轻度旋转，也影响食管沟的正常机能活动及食管沟的食物的通过。皱胃内容物中含有相当多的气体，是助长皱胃向腹腔上方移走的原因，但变位只造成皱胃的不完全阻塞，因此，有一些内容物还可以进入到小肠，极少会发生严重的积食。然而由于皱胃能压迫瘤胃，加之病牛采食减少，致瘤胃体积逐渐缩小。再者陷落在左腹壁与瘤胃之间的皱胃并不发生血液供给障碍，而只发生消化和运动紊乱，导致一种营养不足状态。

3. 症状

本病较多发生于高产母牛，大多数发生在分娩之后，少数发生在产前三个月至分娩之前。本病一开始就有食欲减少，偶尔个别病牛伴有严重的腹痛和腹部膨胀。食欲呈现逐渐地和间断地变化，可能拒食各类饲料或逐日呈波动性地采食一些谷类饲料。在有些母牛中虽然呈现饥饿现象，但只采食几口就退回不食，青贮料的采食往往减少，大多数对粗饲料仍保留一些食欲。泌乳量伴同采食量的变化而呈现波动性，可减少 1/3~1/2，但极少会急剧下降。极少伴有严重腹痛和瘤胃臌气。通常粪便量减少呈糊状，深绿色，往往呈现腹泻，腹泻时伴有正常的肠蠕动，或许会出现腹泻与便秘的交替，但所出现的便秘，极少持续 24h，在粪中很少见到潜血或明显的血液。大多数病例，最终其泌乳量明显下降，瘦弱，腹围缩小。个别病例，泌乳量或许还维持正常水平。

仔细检查病牛颈部皮肤、乳汁或呼吸气息，可发现酮体气味。取尿样检查，可发现中度至重度酮尿。大多数病例，外表正常或轻度沉郁，有些病例可存在脱水现象。但另一些病例，由于产后体况良好，故在发病后也不致严重消瘦，在左腹壁最后三个肋弓区与右侧相对部位比较，往往呈现明显的膨大，但左侧腰旁窝下陷，这是由于皱胃插入在瘤胃与腹壁之间所致，同时右侧腰旁窝也明显下陷，这是由于皱胃已移到左腹之故。

大多数病牛，若无并发症，其体温、呼吸、脉搏数基本上正常，虽然瘤胃蠕动受抑制，但内容物极少完全积滞。由于瘤胃与腹壁之间被皱胃所隔绝，故瘤胃蠕动音受抑制，或完全听不到。很可能当瘤胃每蠕动一次而引起皱胃产生一次相应的疼痛，这时病牛做出相应的踏步动作。又由于皱胃蠕动在时间上与瘤胃不同，因此可在左侧中部第 11 肋间听诊，能发现与瘤胃蠕动时间不一致的皱胃音。通常腹部没有明显疼痛，强力的叩诊也不会引起疼痛，除非存在并发症。病程延长到几周者，则瘤胃变小，对体型较小的牛，直肠检查时能在瘤胃左方摸到皱胃，个别病例瘤胃呈现慢性臌气。

4. 诊断

早期诊断比较困难，因为呈现急性腹痛和拒食者总是极少数，且胃肠仍保持蠕动。应考虑与分娩有无联系，皮肤及呼吸气息有无酮体气味（必要时做尿酮检查）。粪便稀薄及腹泻，两侧腰旁窝均不饱满，而左侧最后三个肋间则显示膨大。确诊借左腹中部最后几个肋间的听诊（皱胃蠕动音）及叩诊（含气皱胃呈钢管音）。用听诊与叩诊相结合的方法，可一直叩打至左腹肋部，视有无从皱胃音过渡到瘤胃音。必要时可做该区穿刺检查，若胃液呈酸性反应（pH 1～4），棕褐色，缺乏纤毛虫等，可证明为皱胃变位。此外，尿中酮体显著阳性反应及直肠检查发现瘤胃背囊明显右移，而背囊的外侧部压力降低，也可作为诊断的参考。然而，有时在诊断时必须与原发性酮病和创伤性网胃炎区别。原发性酮病有其饲料原因，葡萄糖的治疗能立即见到良好反应。创伤性网胃炎在站立或运动时，可表现特殊姿势，胸壁疼痛和白细胞总数及分类检查有诊断意义。

5. 治疗

有两种方法用于治疗，即滚转法和手术疗法。前者疗效不确切，运用巧妙时可以痊愈。其方法是先使母牛呈左侧卧姿势，然后再转成仰卧式（背部着地，四蹄朝天），随后以背部为轴心，先向左滚转 45°，回到正中，再向右滚转 45°，再回到正中（共 90°的摆幅）。如此来回地左右摇晃约 3min，突然停止，使病牛仍呈左侧卧姿势，再转成俯卧式（胸部着地），最后使之站立，检查复位情况。如尚未复位，可重复进行。应用此法时，事先使病牛饥饿数日，并限制饮水，使瘤胃体积变得越小，其成功率越高。经过 90°摆幅的反复摇晃，使瘤胃内容物逐渐向背部下沉，并逐渐再移向左侧腹壁，同时皱胃由于含有大量气体，也伴同摇晃，上升到仰卧中的腹底上方，最后逐渐移向右侧面而复位。

对于变位已久，特别是皱胃已和腹壁或瘤胃发生粘连时，必须采取手术疗法。手术疗法有左侧、右侧及两侧腹壁或腹底切开等术式，各有利弊，其中以左侧腹壁切开较为有利，而右侧切开术不便于由上向下压迫含有较多气体的皱胃使之下达腹底。然而左侧手术也有缺点，即不便在右侧做皱胃固定术。两侧切开术可以兼顾之，其缺点是多了另一个腹壁创。

（二）皱胃右方变位

皱胃右方变位即皱胃顺时针扭转。变位的特征是皱胃转到瓣胃的后上方位置上，从而置于肝脏和腹壁之间，呈现亚急性扩张、积液、膨胀、腹痛、碱中毒和脱水等幽门阻塞综合征。

1. 病因

发病原因与皱胃左方变位相同，认为由于皱胃弛缓所致，如饲喂大量谷物、冬季舍饲而缺乏运动和分娩应激等，但其发生不限于妊娠或分娩的母牛。至于其他可疑原因，如冬季采食根部带有大量泥土的饲料或迷走神经性消化不良等，但还未完全被证实。

2. 发病机理

急性扭转通常呈 180°～270°，在瓣胃和皱胃孔附近以垂直平面旋转，从右侧看来是顺时针方向，并导致幽门完全阻塞，皱胃有盐酸分泌增加和液体积聚，随后发生休克、脱水及碱中毒。亚急性扭转时，有少量内容物可以通过幽门部，积液和扩张的程度比较轻，不妨碍皱胃的血液供给，碱中毒和脱水的发生也相对地比较慢。

3. 症状

急性病例，突然发生腹痛，踢腹部，背下沉，呈蹲伏姿势。心跳增至 100～120 次/min，体温偏低或正常，瘤胃蠕动缺乏，十二指肠内容物呈黑色，混有血液，可大量腹泻。通常在发病后 3~4d，右侧腹部呈明显的膨胀，做冲击式触诊和振摇，可听到一种液体振荡音。将听诊器压在右侧䏬窝内，并同时在腰旁窝至前方最后二肋上以手指叩击，能听到一种高调的乒乓音。直肠检查，由于扩张的皱胃可伸到最后肋弓处，能在右侧腹部摸触到膨胀紧张的皱胃，皱胃把肝脏推向腹中线。轻度扭转会伴有皱胃扩张，酮尿、尿少而黄。但严重的扭转可能出现脱水、休克和碱中毒。轻度扭转，病程可达 10~14d。严重的扭转多而急性，病程短，多在 2~4d 死亡，有时由于皱胃高度扩张，以致发生皱胃破裂和突然死亡。

4. 诊断

皱胃右方变位由于幽门阻塞而可引起皱胃臌气和积液，因此右侧最后肋弓及肋弓后方明显的膨胀，通过右侧腰旁窝的听诊、叩诊、冲击式触诊和振摇，可以证实皱胃沿顺时针方向扭转。也可通过直肠检查，摸到扩张而后移的皱胃。若有怀疑，还可进行穿刺术，按皱胃液的特征核对诊断。然而有时须与皱胃积食、皱胃左方变位、原发性酮病、胎儿水肿、盲肠扭转等区别。皱胃积食时，扩张的皱胃不是在右侧肋弓上 1/2 部位，更不会进入到右腹胁部，振摇时也不会发现液体振荡音。皱胃左方变位时虽也呈现酮尿，但膨胀部位是在左侧最后三个肋骨的中部，两侧腹部腰旁窝均不膨胀，且大多数亚急性或慢性，腹泻可能也是其特征之一，在左侧最后三个肋间，叩诊出现类似钢管音，腹部膨胀也以该区明显，该区穿刺时可以确诊。原发性酮病时，腹壁检查皱胃无异常，对葡萄糖治疗有良好反应。胎儿水肿时，可在后腹腔摸到膨胀的子宫。盲肠扭转时摸到膨胀的盲肠盲端，其位置在右后腹部，直径比皱胃更小，有游离的盲肠端，病牛经常呈现碱中毒和低钾血症。

5. 治疗

主要采用手术疗法。通过右侧肋弓中央，腰椎横突下方 5cm，垂直切开腹壁长 20cm，导出腹腔液体，纠正皱胃位置，并使十二指肠肝门曲与幽门部之间通畅，便于皱胃内容物进入十二指肠，减少脱水和碱中毒，最后将皱胃浆膜和切口部腹膜一并缝合固定，防止复发。也可试用滚转法（通过 60°左右摇晃）。若已确诊，建议迅速手术纠正变位的皱胃。

任务三 禽胃肠疾病

一、嗉囊阻塞

嗉囊阻塞又称嗉囊弛缓、硬嗉囊，是家禽常见的内科疾病。家禽的嗉囊是食管扩大而形成的，主要功能是贮存食物。鸡的嗉囊较发达，食物充满时，突出于胸前而偏右侧；鸭、鹅没有真正的嗉囊，仅在食管颈段形成纺锤形扩大部以贮存食物。嗉囊壁的构造与食管相似，黏膜内还有大量黏液腺分泌黏液；肌膜也由外纵肌层和内环肌层组成，进行收缩和运动。在嗉囊内还有大量的微生物，对食物进行初步发酵作用。嗉囊阻塞可发生于任何年龄的家禽，但最主要发生于幼龄火鸡。轻者影响营养物质的消化和吸收，生长发育迟缓。成年家禽则产卵量下降或重者造成死亡。

(一)病因

长期饲喂粗硬多纤维和发霉的饲料；饲喂干草、麦秸、籽实、硬壳的谷物，或麻绳、尼龙绳等混入饲料内；此外，日粮配合不当、缺乏维生素及矿物质饲料，也是诱发本病的主要原因。

(二)症状

食欲减退，精神不振，贫血及消瘦。嗉囊膨大而紧张，其中充满很坚实的内容物，长时间不能排空。当病禽倒提或张口时则有恶臭的淡色液体流出。若不及时抢救，造成嗉囊破裂或者穿孔，多数死亡。

(三)病理变化

嗉囊内有粗硬、带壳的谷粒等堆积，内容物坚实。嗉囊壁弛缓而胀满。

(四)治疗

为了排出嗉囊内容物，首先注入 20~30mL 植物油或 50~100mL 水，然后按摩，再将病禽头向下垂，尾部抬高，由口排出内容物。若无效，必须做嗉囊切开术(也是常见有效的方法)，排出卡在嗉囊中的内容物。手术方法：术部拔毛，用 2% 碘酊消毒，做 1.5~2cm 长的切口，取出异物，用消毒液洗嗉囊。然后先缝合嗉囊，再缝合皮肤。术后 1~2d 内喂易消化的饲料。

二、嗉囊卡他

嗉囊卡他是家禽采食霉变或易发酵的饲料以及其他异物，在嗉囊中腐败发酵并产生大量气体，使嗉囊胀满的常见内科疾病，常见于鸡、火鸡、鸽子等。不论是成年家禽或幼雏均可发生。

(一)病因

主要由于采食发霉变质的或易发酵的饲料，如种子、坏鱼粉、腐肉、酒糟以及其他异物(如烂布团、细绳、塑料碎片、化肥、污水和坚韧的杂草等)，在嗉囊中不易或不能消化，停滞时间过长，则腐败发酵并产生大量气体，使嗉囊胀满，而引发本病。

某些中毒(如磷、砷、食盐及汞的化合物)也可引起。

嗉囊卡他也可继发于鸡胃虫、鹅口疮、鸡新城疫及维生素缺乏等病程中。

(二)症状

精神沉郁，食欲消失，两翼下垂，头向下，鸡冠呈紫色，从口或鼻孔排出污黄色的浆液及黏液。嗉囊柔软、发热，压迫嗉囊时则有恶臭的气体或液体内容物从口中排出。严重时病禽反复伸颈，频频张口，呼吸困难，病禽迅速消瘦衰弱，最后因窒息死亡。

本病多呈急性经过，若病期延长则可发展为嗉囊下垂。

(三)治疗

为清除嗉囊内容物，将病禽尾部抬高，头朝下，拨开鸡口同时轻轻向口的方向挤压嗉囊，将内容物排出。冲洗嗉囊可用注射器吸取 0.5% 高锰酸钾溶液、3% 硼酸溶液或 5% 碳酸氢钠溶液，经口注入冲洗嗉囊。

为了消除炎症可内服抗菌药，如阿莫西林、诺氟沙星、环丙沙星、磺胺二甲嘧啶等。当嗉囊内容物不能排出时，可进行嗉囊切开术（见嗉囊阻塞）。

三、禽类肌胃角质层炎

禽类肌胃角质层炎又称肌胃糜烂，本病主要发生于3～6周龄的雏鸡。

(一)病因

一般认为禽类肌胃角质层炎发生与饲料中添加鱼粉过量有关。据试验，添加鱼粉量分别为1‰、3‰、5‰、10‰时，其发病率为23.1％、71％、91％、100％。鱼粉加热处理后，较易发生本病，可能是与鱼体中所含有的游离组氨酸经高温处理及细菌的分解为组胺和挥发性盐基氮有关。

(二)症状

主要症状为发育不良，鸡冠变白，精神萎靡不振，食欲不佳，脱水，全身羽毛逆立，头下垂，嗜眠，偶见病鸡或死亡鸡从口腔或鼻腔流出暗黑色液体。

(三)病理变化

(1)肉眼变化　从外观可见嗉囊呈黑色，肌肉苍白，从口腔到直肠的消化道内有暗褐色液体，尤其是嗉囊、腺胃及肌胃内积满暗黑色液体（经镜检多数为红细胞）。腺胃松弛，无弹性，腺胃乳头部扩张，膨大，不鲜明，且黏膜增厚，有1～2mm大的溃疡。肌胃黏膜面皱裂排列不规则，肌胃与腺胃结合部位以及在十二指肠开口部附近有不同程度的糜烂及米粒大或较大的散在性溃疡。较严重的病例在靠近十二指肠移行部的肌胃有3～5mm大的胃穿孔，且流出多量的暗黑色黏稠液体，沾污十二指肠或整个腹腔。在消化道中以十二指肠病变较显著，其内容物呈黑色，黏膜易剥离，其他脏器均无变化。

(2)组织学变化　肌胃角质层及腺胃腺体组织结构消失，炎症反应不显著，主要呈急性坏死，而腺体层有许多异嗜细胞及淋巴细胞浸润，严重者浆膜的肌层发生断裂，断裂边缘有少量单核细胞浸润，其他器官无明显的病变。

(四)诊断

主要根据病理解剖，如肌胃与腺胃结合部及十二指肠开始部有溃疡及糜烂，消化道内容物呈黑色，同时对饲料进行分析，检查鱼粉的含量、鱼粉的来源等。

(五)治疗

发病2～3d内可用弱的消毒剂，如0.01％高锰酸钾溶液，0.03％福尔马林溶液，0.2％硫酸铁或硫酸铜溶液，作饮水用。

磺胺类制剂：磺胺二甲嘧啶用0.1％～0.2％混合于饲料中。

预防控制鱼粉的用量。

四、卵黄性腹膜炎

卵黄性腹膜炎是由于卵巢释放出的卵黄误入于腹腔或其他病理因素引起卵黄膜破裂而落入腹腔中所致。本病多发生于产蛋母鸡。

(一)病因

根据临床资料分析,发生的原因有以下几种:

(1)由于饲料中钙、磷及维生素 A、维生素 E 不足,蛋白质过多,使代谢发生障碍,使卵巢卵泡膜或输卵管伞损伤,致使卵黄落入腹腔中。

(2)当成熟卵黄即将向输卵管伞落入时,鸡突然受惊吓,卵黄往往可误落入腹腔中。

(3)继发于鸡白痢沙门菌病。病鸡的内脏器官中都含有病菌,特别是卵黄囊,卵巢滤泡变形,卵黄呈绿色或灰绿色,卵黄破裂,形成腹膜炎。

(二)症状

病初母鸡不产蛋,随后则精神不振,食欲不良,行动缓慢,腹部过度肥大而下垂,呈"企鹅样",有的母鸡腹部拉地而行。触诊下腹有疼痛感,有的还有波动感。

(三)病理变化

腹腔内有很多卵黄和大量脂肪堆积。此外,还有纤维素渗出物,导致引起肠管互相粘连,有时有腹水。

(四)诊断

本病根据临床特征和腹部触诊,不难获得正确诊断。进一步进行尸体剖检,则可确诊。

(五)防治

本病无治疗意义。发现病鸡应及时淘汰。可根据病因制订预防措施。

(1)首先在产蛋期供给充足的钙、磷及维生素饲料,调整日粮中蛋白质比例。

(2)鸡在产卵期间,禁止驱赶和突然惊吓。

(3)及时防治鸡白痢沙门菌病。

任务四 幼畜胃肠疾病

一、幼畜消化不良

幼畜消化不良是幼畜胃肠消化机能障碍的统称,是幼畜常见的胃肠道群发性疾病,但不具有传染性。其病理特征是明显的消化不良和不同程度的腹泻。各种家畜均可发生,以犊牛、仔猪、羔羊多见。其发病特点为:发生于各种幼畜,冬、春季节或气候突变的季节多见。根据其临床症状和发病经过,常分为单纯性消化不良和中毒性消化不良两种。单纯性消化不良表现为消化和营养急性障碍和轻微的全身症状;中毒性消化不良表现为严重的消化机能障碍和营养不良及明显的自体中毒等。猪临床表现多为腹泻,粪便初期呈糊状,后变为黄色至黄绿色的水样粪便,而且有的混有泡沫或混杂凝固物,脱水,恶臭;后期全身衰弱,可视黏膜苍白,四肢发凉,呈虚脱状。一般呈急性经过,轻症的适时治疗一般预后良好,重症的发展迅速但预后慎重。

(一)病因

幼畜消化不良不仅与幼畜在胎儿发育期的营养条件，而且与外界环境对幼畜机体的影响有关。不同发育阶段的幼畜，病因上既有相同的，也有不同的。

1. 吮乳期幼畜

对妊娠母畜饲养不良，尤其是在妊娠后期营养水平偏低，往往导致幼畜发育不良，体质弱，抵抗力差，易引起消化不良，如某些地区的饲料中，或某一季节的饲草中严重缺乏矿物质、微量元素或维生素，可以引起幼畜体质下降，食欲异常，导致消化不良。

(1)母乳品质不良　包括奶汁过浓或过稀，缺奶或无奶。多见于母畜患乳房炎、子宫内膜炎、传染病、消化器官病或代谢病的过程中。

(2)饲养不当　如不能及时吃到初乳(乳猪一般在出生后2h内吃到初乳)，幼畜饥饿而舔食污物或母仔分离，将母畜役用，使役归来幼畜在短时间内吃了大量的奶；或人工饲养不定时、不定量等。

(3)管理与护理不当　如厩舍卫生不良，过冷、过热、过潮使母畜乳头不干净等。

(4)幼畜患病继发　如胎粪秘结或感冒等。

2. 断乳期幼畜

(1)饲料品质不良　断乳后给予粗硬、不宜消化的、腐败的饲料和含有大量淀粉的代乳品(发酵后对胃肠产生刺激)等，或饲料营养不平衡或饲料中存在过多的抗营养因子。

(2)气候不良　尤其在春、秋季节，气温下降或阴雨连绵，幼畜对寒冷、潮湿适应力差或饮大量冷水等。

(3)其他疾病继发　先天性胃肠机能衰弱或在换牙期间舔食各种异物引起。

(二)症状

1. 单纯性消化不良

精神沉郁，食欲减退，被毛粗乱。体温、呼吸、脉搏一般无明显变化，个别的体温升高。主要症状是腹泻，粪便呈淡黄色、灰黄色、灰绿色粥状或水样，酸臭味，其中混有气泡和未消化的凝乳块或饲料碎片。持续腹泻的幼畜，脱水严重，全身症状明显。

2. 中毒性消化不良

精神沉郁，目光痴呆，食欲废绝，有轻度腹痛，体温升高，全身衰弱无力，喜卧地。脉搏急速，呼吸加快，黏膜潮红或暗红，反应迟钝，脱水症状重剧，四肢末端发凉。剧烈腹泻，排出腥臭或腐败臭味水样粪便，有的混有黏液、血液或肠黏膜。

(三)治疗

治疗原则：改善饲养管理，调整胃肠功能，抗菌消炎，补液解毒。

(1)改善饲养管理　畜舍保持干燥、温暖、清洁。在饮水中添加口服补液盐或电解多维。

(2)调整胃肠功能　腹泻不重的可用缓泻剂，以清理胃肠。为了恢复胃肠功能可用助消化药，如胃蛋白酶、淀粉酶、乳酶生、酵母等。严重腹泻要用止泻剂。

(3)抗菌消炎　对乳房炎等致病性细菌引起下痢的病畜，为了预防肠道感染，尤其是对中毒性消化不良的幼畜,要及时用抗生素或磺胺类药进行治疗,常用强力霉素、新霉素、诺氟沙星、恩氟沙星、环丙沙星等。

(4)补液解毒 严重病例,由于持续腹泻,机体出现脱水和酸中毒过程,应及时补液补碱。常用复方氯化钠注射液,0.9%生理盐水,5%碳酸氢钠溶液,口服补液盐,电解多维等。

二、犊牛皱胃膨胀

犊牛皱胃膨胀是指皱胃积聚大量液体、凝乳块或气体所引起的急性皱胃消化不良。当饲养管理较差时,犊牛群中常常发生皱胃膨胀。多见于2周龄至6月龄的犊牛,特别是以4~8周龄多见,犊牛皱胃积聚大量气体。

(一)病因

主要病因多为幽门不全阻塞,既可由于采食了某些异物(橡胶、塑料皮、麻绳、棉絮,破布屑等)引起,也可由于采食了某些粗纤维饲料引起。有异食癖的犊牛最容易发生。

其次由于皱胃消化不良,皱胃中有大量液体和凝乳块的积聚。如给犊牛持续口服磺胺类药及抗生素,导致皱胃微生物的改变及毁灭;或是间断地喂予过多的含高酪蛋白的牛乳,导致皱胃产生一种难消化凝乳块。还有自动吮乳系统犊牛(和羔羊)吸入大量代乳品,其乳温是保存在高于15℃环境中,乳品在大量产气的微生物增殖条件下,产生和释放出大量气体。

(二)症状

皱胃充满大量液体和凝乳块时,病的早期,犊牛精神沉郁,不爱运动,不活泼,持续的轻度腹泻。其后犊牛逐渐消瘦,腹部膨胀下垂,特别在右下腹部十分明显,外观呈坛状。深部触诊,能摸到坛状皱胃的外形,并感到下坠和沉重。

皱胃充满大量气体时,腹部迅速膨胀,高度充盈,压迫胸腔、腹腔器官和血管,导致窒息和心力衰竭。犊牛皱胃膨胀可在吸乳后1h发生,几小时后死亡。

(三)防治

(1)改善犊牛饲养管理,清除犊牛场各种异物,防止犊牛采食高秆饲草,保证矿物质、维生素的供给,防止犊牛发生异食癖。病的早期,通过立即改善饲养管理,往往效果较好。

(2)减少抗菌药物和高酪蛋白的用量,过量抗菌药物和过量高酪蛋白的牛乳,对犊牛皱胃消化都是不利的。应用代乳品时,乳品应保存在低温环境中,或将福尔马林按1∶1 000的比例加入到20%代乳品中,可安全、有效地防止乳品在皱胃中大量产气。

(3)药物治疗意义不大,由于可呈现轻度腹泻,故不宜给予泻剂。可适当给予胃蛋白酶及生理盐水。对治疗无效的病例,可以考虑皱胃切开术,将皱胃中的食物、异物全部清除。

任务五　其他胃肠疾病

一、胃肠卡他

胃肠卡他是胃肠黏膜表层炎症和消化紊乱的统称,也叫卡他性胃肠炎。各种动物都可发生,以马、猪、犬、猫多见。胃肠黏膜表层性炎症,症状表现有的以胃卡他为主,有的以肠卡他为主。按病程可分急性和慢性。特征为消化不良,便秘或腹泻。

(一)病因

(1)饲料品质低劣　饲料粗硬、霉变,还有经常喂温热饲料突改喂凉饲料,喂给粗糠或含有稻壳的酒糟,刺激胃肠黏膜引起表层炎症。

(2)饲养管理不当　饲料或饲养方式突然改变,饲料过热、过冷,饲喂不定时定量、过饥或过饱,饮水不洁,久渴暴饮等。

(3)误食　食入有刺激性的药物,健胃酊剂过浓或过多等。

(4)继发某些疾病　寄生虫病、传染病、中毒病等。

(二)症状

1. 胃肠卡他类型

(1)以胃卡他为主的胃肠卡他　体温无变化,食欲减退,咀嚼缓慢,有时采食自己的粪便,病猪食欲减少,精神不振,常喜卧于暗处,怕骚扰。常呕吐和逆呕动作,呕吐初为食物,后为泡沫、黏液,有时混有胆汁或少量血液(以犬、猪多见)。有时腹痛,烦渴贪饮,眼结膜潮红或黄染。舌苔增厚,口腔有特殊气味,发臭口渴,喜欢啃咬烂草污泥。粪少而干燥,并附有黏液。如继发肠卡他时,下痢,肠鸣音亢进,严重的排粪次数增多,混有未消化饲料,严重的呈水样。肛门尾根被粪水沾污,出现脱水与虚脱。有程度不一的舌苔,有恶心或呕吐,尿少色黄。

(2)以肠卡他为主的胃肠卡他　肠音增强,腹部紧缩,弓背。重病呈水样腹泻,肛门四周及尾沾有粪污。有的里急后重,排黏液状粪便。严重时食欲废绝,体质衰弱,甚至肛门松弛或外翻、直肠脱出,眼结膜充血。当炎症仅局限于小肠段,多无下痢现状。猪肠卡他多并发胃卡他,以肠机能混乱为主的胃肠卡他症状主要表现为腹泻,肠音增强,腹部紧缩。严重的表现排粪次数增加,多为水样腹泻,肛门被沾污,有的出现脱水,有的里急后重,努责时只排出黏液或粪水,严重时出现直肠脱出。

(3)急性胃肠卡他　临床上以肠卡他为主,表现为水样腹泻,肠音增强,缩腹弓背,后肛门松弛或外翻。

(4)慢性胃肠卡他　精神不振,食欲不振,有时出现异食,表现渐行性消瘦,被毛无光,可视黏膜苍白或略显黄染,便秘与腹泻交替出现。

2. 马属动物肠卡他类型

(1)酸性肠卡他　食欲无明显变化,只是采食缓慢或食量稍减。口腔滑利,黏膜有轻度的黄染。肠蠕动增强,排便频繁,粪球松软或稀软,内含黏液,有酸臭味。胃酸度增高，尿液呈酸性反应，含有少量尿蓝母，血细胞检验淋巴细胞增加。

(2)碱性肠卡他　食欲减退，口腔干燥，肠蠕动减弱，排便迟缓，粪干色深，有腐败臭味，往往出现交感神经过敏和肠便秘的腹痛症状。病情严重时，精神沉郁，被毛无光，并有腹泻和体温升高，胃液分泌减少，尿液中含有多量尿蓝母，血细胞检验见嗜中性粒细胞增多。

(三)诊断

根据临床症状、饲养环境、饲料品质和饲养管理情况综合分析诊断。以胃机能紊乱为主，则体温无变化，精神委顿，食欲减退，采食咀嚼慢，常有呕吐或逆呕，烦渴贪饮，饮后又吐，粪干，眼结膜黄染，口臭。以肠机能紊乱为主，表现肠音增强，排水样粪，股后有粪污，里急后重，严重时直肠脱出。

马属动物肠卡他要注意酸性肠卡他和碱性肠卡他的区别。马碱性肠卡他，食欲下降、口干、肠蠕动减弱、粪便腐臭味；马酸性肠卡他，肠蠕动增强、粪便稀软、酸臭味。

但猪胃肠卡他要与猪胃肠炎、猪毛首线虫病、结节虫病、猪姜片吸虫病和球虫病鉴别诊断：

(1)猪胃肠炎　与之相似处：眼结膜充血黄染，呕吐，排水样粪，精神不振等；不同处：体温高(40℃以上)，腹部有压痛反应，排粪频繁，甚至失禁，虚弱，瘫痪，易发生自体中毒。

(2)猪毛首线虫病(猪鞭虫病)　与之相似处：间歇性腹泻，有时粪带血丝，黏液有恶臭等；不同处：眼结膜苍白贫血，体温稍高，体质极度衰弱，粪检有虫卵，剖检可见盲肠充血、出血、肿胀、间有绿豆大小的坏死病灶。结肠病变与之相似，黏膜呈暗红色，上面布满乳白色细针样虫体(前部钻入黏膜内)，钻入处形成结节。

(3)猪食道口线虫病(结节虫病)　与之相似处：体温不高，食欲不振，便秘，有时下痢，发育障碍等；不同处：高度消瘦，粪检有虫卵，如有泻药可见有虫体排出，剖检可见大结肠有结节，结节破裂成溃疡。

(4)猪姜片吸虫病　与之相似处：体温不高，食欲减退，腹泻，发育不良等；不同处：流涎、低头弓背、肚大股瘦，眼睑、腹下水肿，粪检有虫卵，剖检可见小肠有虫体，虫体前端钻入肠壁。

(5)球虫病　与之相似处：体温不高，排粪下痢与便秘交替发作，食欲不佳等；不同处：直肠采粪，通过培养可见有孢子的卵囊。

(四)治疗

(1)初期　炒银花、鸭跖草各25～150g，水煎内服。

(2)后期　大蒜、艾叶、牛筋草、六月霜各25～150g，水煎内服。

(3)其他情况　粪便干、量少，可用硫酸镁30～80g或蓖麻油50～100mL，一次性内服。如腹泻，可用磺胺脒合剂(磺胺脒1份，酵母粉1份，鞣酸蛋白2份)12～15g，每日3次、内服。水泻严重，应及时静脉注射5%葡萄糖盐水250～500mL。如胃肠内容物异常发酵(腹部膨胀)，可用硫酸钠或硫酸镁25～50g，乙醇10mL，鱼石脂3g，加水500mL，一次性灌服。如以胃的机能紊乱为主，用五倍子、大黄、龙胆各5～10g，水煎内服，每日

1次,连用3~5d。如食欲不佳,可加食母生;如不吃精料,加食醋10~30mL。以肠的机能紊乱为主,拉稀时,恩诺沙星按每千克体重0.1~0.2mg,矽炭银2~8g,每12h内服1次,连用5~7d。

(五)预防措施

喂猪的饲料不能过热过冷,应定时定量,避免过饱过饥,饮水要洁净。避免饲喂具有刺激胃黏膜的干硬饲料以及霉变的饲料。发现病猪应及时治疗。

二、胃肠炎

胃肠炎是消化道黏膜(胃黏膜和肠黏膜)或黏膜下组织炎症的统称。按炎症的类型分为黏液性、化脓性、出血性、纤维素性;按病因分为原发性胃肠炎和继发胃肠性炎;按发病过程分急性胃肠炎和慢性胃肠炎。临床特征为:腹泻、脱水酸碱失衡。各种动物都可发生,以牛、马、犬、猪多发。

(一)病因

1. 原发性肠炎

(1)饲料品质不良 如霉变的玉米、豆粕、糠粕,冰冷腐烂的块茎、块根以及受霉菌污染的稻草、麦麸、藤蔓、青贮料、配合饲料等。

(2)误食有毒植物和刺激性的化学物质 如某种不可食用的蘑菇或大黄叶、巴豆、闹羊花、毒芹等有毒植物以及酸、碱、汞、铅等刺激性的化学物质。

(3)饲养管理不当 如畜舍阴冷潮湿、卫生不好、过度使役、运输、拥挤、饥饿、受热等应激因素,使机体抵抗力下降。

(4)病原微生物感染 如大肠杆菌、沙门菌、坏死杆菌等。

2. 继发性胃肠炎

常见于某些传染病,如猪瘟、仔猪副伤寒、仔猪黄痢、仔猪白痢、仔猪梭菌性肠炎、猪传染性胃肠炎、猪流行性腹泻、犊牛大肠杆菌病、轮状病毒及细小病毒感染、沙门菌病等,某些寄生虫病如猪球虫病、猪毛首线虫病、禽球虫病、牛血矛线虫;急性胃肠卡他和各种腹痛病治疗不当或病情重剧的过程中,均可出现胃肠炎的病理过程和临床症状。

(二)发病机理

在原发性病因的作用下,特别是长途运输、饥饿等使机体抵抗力下降,饲料单一、饲喂不当而使肠道菌群失衡,胃肠屏障作用减退,大肠杆菌、沙门菌、产气荚膜梭菌及亚型等条件性致病菌的致病性增强,变为优势菌群,并产生肠毒素损伤肠壁,造成胃肠黏膜液增多、黏液分泌增加、黏膜出血、水肿和纤维蛋白渗出、白细胞浸润等。

(1)当炎症限于胃和小肠前端时 由于交感神经紧张性增高,胃肠运动减弱,食糜在肠道停留时间延长,而大肠的吸收水分的功能完好,所以临床上表现排粪迟滞而不腹泻。当炎症波及大肠或以肠炎为主时,肠蠕动增强,出现腹泻。

(2)当被病原微生物感染时 会加重腹泻,甚至出现出血、坏死,当炎性产物、腐败产物及细菌毒素经肠壁进入血液,会导致自体中毒甚至毒血症。

胃肠黏膜分泌大量黏液、肠蠕动增强和腹泻,是对机体的保护反应,有双重性的生物学意义。其不利的方面表现为过多的黏液包裹食糜，妨碍消化酶的接触和营养物质吸收，进入大肠的黏液蛋白，被腐败微生物利用，促进大肠内的腐败过程，加剧了自体中毒。腹泻导致大量体液、电解质和碱基丢失，导致不同程度的脱水、失盐和酸中毒。机体脱水和酸中毒，使血液浓缩，循环血量减少和微循环障碍，加重机体休克。

（三）症状

胃肠炎与急性胃肠卡他症状有些类似。表现为精神沉郁，被毛粗乱，食欲减退，饮欲增加，眼结膜潮红后黄染，口干臭，舌苔多且黄，四肢和身体末端体表温度下降。腹痛、腹泻，粪便呈现黄绿色或灰色，含有黏液和组织碎片，有的含有血液，恶臭。眼球下陷，皮肤弹性下降，脉搏细数。有的体温不升高，有的体温突然升高到41℃，随病情恶化而体温下降，最后昏迷而死。

(1) 猪　病初出现呕吐，有腹痛反应。腹泻，粪便呈黄绿色或灰色，腥臭，随病情发展粪便混有黏液和组织碎片，有的含有血液，恶臭。肛门松弛，排粪失禁。个别有的里急后重的现象。

(2) 马　以胃、小肠炎症为主，可视黏膜（以眼结膜为主）黄染，常无明显腹泻症状，体温略有升高。体质虚弱，脉搏增加。排粪迟缓，量少，粪小而干。有的还继发胃扩张。

（四）病理变化

肠内容物恶臭，常混有黏液和组织碎片。肠黏膜出血、坏死，有的肠黏膜上有糠麸样物覆盖，黏膜下水肿，坏死组织容易剥离，剥离后留下烂斑。病程长的可能有肠壁增厚，肠系膜淋巴结肿胀、充血、出血。

（五）诊断

根据食欲下降，舌苔变化，腹泻和粪便中的病理产物和病史，可以做出初步诊断。

（六）治疗

治疗原则：排除病因，清理肠胃，保护胃肠黏膜，抑制胃肠内容物发酵，防止脱水和增强机体抵抗力。

(1) 马　以缓泻为主。常用液体石蜡油500～1 000mL或植物油500mL，硫酸镁200～300mL，内服，但要注意马在服用泻下剂时，要防止严重腹泻。

(2) 猪　以止泻为主。控制炎症的发展，一般用抗生素，如磺胺6-甲氧嘧啶、土霉素、强力霉素、诺氟沙星、恩诺沙星等。

(3) 防止脱水和纠正酸碱平衡　可用口服补液盐和碳酸氢钠。

(4) 预防　同胃肠卡他。

三、黏液性肠炎

黏液性肠炎，是肠黏膜表层的一种特殊炎症。在变态反应基础上，渗出性纤维蛋白和大量黏液形成的一种膜状物，被覆在肠黏膜上，引起消化障碍。常见于牛、马和食肉兽，猪也发生。

（一）病因

黏液性肠炎的发生原因与饲料、饲养、管理等不良因素有着很大的关系，但是肠道菌群关系的变化、真菌毒素、侵袭性因素以及某些中毒性因素的侵害，也有着一定的作用。必须指出，饲料过于单纯、质量不良、缺乏维生素，其中特别是维生素 A、维生素 C 和 B 族维生素不足，营养代谢障碍，神经反应性降低，肠道机能紊乱，都是导致本病发生的重要原因。

(二)发病机理

由于发病原因至今还不十分明确，所谓发病机理只能是一种推理。黏液性肠炎的发生发展及其病理演变过程，从其黏液膜的产生和性质方面看，主要是缺乏必需的营养物质、神经调节机能紊乱、自体中毒以及包括饲料和某些药物在内的各种因素的刺激和影响引起的变态反应。根据传染与免疫学的观点，这种变态反应，多数是由大肠杆菌、副伤寒杆菌、肝片吸虫或饲草与饲料腐败变质形成的特异性蛋白质，机体内某些异常代谢产物，敌百虫、硫双二氯酚之类驱虫剂等，引起肠黏膜的一种非特异性炎症，在这种炎症的影响下，释出组胺，使肠壁毛细血管扩张，血液中的纤维蛋白原大量渗出，并因副交感神经紧张性增高，消化液分泌减少，黏液分泌增多，从而凝结形成一种黏液膜状物，游离附着重叠在肠黏膜表面，引起消化障碍和腹痛现象，经过努责而排出于体外。很显然，按其病理性质，这种炎性变化，不同于格鲁布肠炎，而是肠黏膜的一种特殊性炎症。

(三)症状

(1)牛　病的初期，食欲与反刍减退，瘤胃蠕动音微弱或消失。奶牛的泌乳量降低，呼吸与脉搏加快，具有轻度腹痛现象。里急后重，排出腥臭的稀薄粪便。经 12~15h 后病情缓和，腹痛症状消失。但经过 5~6d 后，或更晚一些，病情又加剧，呈现腹痛，不断努责，终于排出灰白色或黄白色的膜状管型或索状黏液膜，长短不一，短的有 20~30cm，长的可达 3m。当这种膜状物排出后，腹痛症状减轻，或者消失，迅速康复。严重病例，病程较长，持续下痢；有的往往反复排出膜状结构物和腥臭粪便，即使伴发重剧性肠炎，也能逐渐痊愈。

(2)马　病的初期，表现疝痛症状，起卧不安，迅速好转。但精神委顿，步态不稳，食欲减退或消失。体温有时上升至 39.5~41℃，心悸，脉搏急速。其后，病痛症状又反复发作，常有排粪姿势，排出被覆大量黏液的粪球，或混杂白色、灰白色、纠缠成团的长条和管状黏液膜。一般的情况下，经过数天，即恢复健康。

(3)猪　虽无明显腹痛症状，但精神迟钝，卧地，体温上升至 40℃ 以上。粪便成球，被覆大量成团的灰白色絮状或膜状黏液。大便秘结，排粪困难，通过反复灌肠，方可排出，常常被误诊为肠道传染病。

(四)病理变化

牛多在回肠，马多在大肠。一般病例，在回肠、盲肠和结肠中，有稀薄液状或带血色的内容物，并有微黄色乃至棕色的黏液膜状管型，长达 0.5~1m，个别的达 3m，其中部分与肠内容物相混合，部分在肠黏膜上，通常是由多数互相套叠的空管所构成。肠管壁增厚，最厚可达 2~3mm，横断面同心圆 7~8 层，层次分明。

此外，肠黏膜潮红、肿胀，有的呈现出血点。肠淋巴滤泡肿胀，形成高粱粒大的灰白色小结节，凸起于肠黏膜表面。但在马通常只有部分大肠发生相应的病理学变化，肠黏膜上附着类似猪网膜状的膜状物。

(五)诊断

当发现黏液膜性物质从排出粪中存在时,诊断并不难。但在本病初期,虽然具有轻度腹痛症状,往往不易确诊。由于这种黏液膜状物的结构均匀一致,主要是霉变饲料中毒,或各种剧性药物的刺激而引起的,随着病程的发展,形成纤维蛋白性假膜,一般多呈糠皮状,病情较为重剧。至于脱落的肠组织,其中主要是脱落的肠黏膜上皮细胞、嗜中性粒细胞和渗出性纤维蛋白以及坏死组织,显然与黏液膜状物不同,如排出的是绦虫节片,有其一定的形态结构,多呈链状。

(六)治疗

黏液性肠炎,病情较轻,炎性产物可以自行排出,有的不经治疗,也能康复。但病情重剧的,首先应根据病因,应用抗过敏药物,消除变态反应,并及时应用油类泻剂,清理胃肠,促进康复。

(1)抗过敏　苯海拉明,按每千克体重 0.55~1.0mg 肌肉注射,同时配合维生素 C,葡萄糖酸钙进行治疗。

(2)其他　同时调整饲料的质量,减少对胃肠道刺激和增加机体抵抗力。

四、霉菌性肠炎

霉菌性肠炎又叫霉菌性胃肠炎,是家畜采食了霉变饲料或其代谢产物引起的肠道黏膜及黏膜下组织的炎性疾病。

本病各种家畜都可以发生,主要以马、骡多见,具有季节性的特征。

(一)病因

主要是家畜采食了发霉的饲料,其中主要有谷物类及秸秆,还有饼的上粕类、菜根和多汁饲料,主要有以下几类霉菌。

(1)曲霉属和青霉属等　多在谷物上生长。

(2)单孢子菌纲中的黑粉菌　主要在大麦花穗生长的裸黑粉菌、大麦黑粉菌和小麦的散黑粉菌等。

(3)麦角菌、小麦网星黑粉菌、葡萄穗状菌　主要在小麦、玉米等谷物上生长。

(二)症状

发病突然,病畜精神不振,反应迟钝。可视黏膜潮红、黄染或发绀,食欲下降,口腔黏膜干燥,口臭,肠蠕动减弱,个别肠蠕动音增强,腹泻,粪便呈软泥状,有的混有黏液或血液,并伴有腹痛。体温一般正常,个别体温上升到 40℃。脉搏加快,呼吸急促(30~60 次/min),有黏液性鼻液,肺呼吸音增强,脉搏节律不齐,心音高朗。后期出现兴奋不安,盲目运动,乱冲乱跑等神经症状。

(三)治疗

病初清理肠道,一般用抗氧化剂,如 0.5%高锰酸钾溶液或 0.5%过氧化氢溶液,还可以用盐类泻剂、鱼石脂、乙醇等混合适量水内服,也可用硫代硫酸钠。

为了防止并发或继发感染，多用黄连素、乳酸诺氟沙星等药物内服，每日3次，连用3~5d。

对症治疗，如强心、止泻、补液和纠正酸碱平衡。

任务六 马属动物胃肠疾病

一、马腹痛

马腹痛又称"马疝痛""起卧症"等，是马、骡的各种腹痛的统称。我国各地，尤其北方各省、自治区的马、骡最为常见。各地在不同季节里，发病情况和疾病性质都不一致。根据国内部分资料显示，马、骡和驴的疝痛病占各科疾病总数的9.65%~19.65%。世界各国也广泛存在这类疾病，根据统计资料，马、骡的疝痛占马、骡全部疾病的12.5%~58.8%。

(一)疝痛的分类

引起疝痛的病因很多，故分类比较复杂。常用的分类法是根据疝痛发生的原因分为三类，即症候性疝痛、假性疝痛、真性疝痛。

(1)症候性疝痛 例如，传染性流产、传染病中的肠型炭疽，寄生虫病中的蛔虫病；产科中的腹腔妊娠和某些中毒(有机磷农药、氨水中毒)等疾病过程都可发生。

(2)假性疝痛 指膀胱、肾、子宫、肝、胸膜和腹膜等胃肠以外的器官和组织疾病所引起的疝痛。例如，膀胱炎、膀胱结石症，急性肾炎和肾石病，子宫扭转、胎动性子宫痉挛；胆结石症、肝破裂、脾破裂和腹膜炎等。

(3)真性疝痛 是指许多由胃、肠疾病引起的疝痛，也是本节所要讨论的重要内容，其中如急性胃扩张、肠阻塞、肠痉挛、肠臌气、肠结石症、肠变位和肠系膜动脉栓塞等。

真性疝痛主要是由于草料、饮水的品质和数量的异常，或突然变换草料，不合理的使役和自然(气候、地理)等综合因素影响，引起胃肠机能紊乱所致的胃肠疾病。其与一般胃肠病所不同之处，就在于起病急、发展快和以腹痛症状为主。

(二)发病机理

一般真性疝痛按发病部位分为胃性疝痛和肠性疝痛。真性疝痛主要由以下几方面原因发生和发展起来的。

1. 机体的病理因素

常见于牙齿或齿槽和颌骨疾患，口腔和唾液疾病所引起的消化不良。胃肠机能紊乱的消化不良以及器质性变化(如炎症、溃疡、脓肿和肿瘤等)因素，加之外界因素的影响，往往容易发生真性疝痛。

2. 生理解剖学特点因素

马胃的容积较小，呈悬吊状，与腹壁连接不紧密，难以将食物排出，食管入胃处有急转的弯曲。近贲门处有发达的环形肌肉，食物难以借助呕吐排出。幽门较为紧缩，而且被黏膜皱褶所覆盖，容易引起闭塞。十二指肠呈"乙"状弯曲，食物如果含水量不足，向后推进就会遇到困难，容易引起积食。空肠过长，肠系膜也长，使其具有很大的活动性，因此容易造成肠变位。回肠在腹腔内是由下向上，盲肠内容物排出时，回盲孔会被回盲瓣所关闭。因此，食物由回肠进入盲肠只有在盲肠倒空停止的瞬间才有可能，故易引起回肠积食。盲肠腔特别大，出口位置较高，其口径的宽度也小，故易引起阻塞或变位。大结肠长而且容积也大，易造成机械性变位。右上大结肠腔大，而其移行到小结肠处，肠腔也小，故易发生阻塞。右下大结肠容积较大，而骨盆曲处容积则变小，且向上向前呈180°的弯曲，故易发生阻塞。小结肠长，并具有宽而发达的肠系膜，悬吊于腰下部，活动范围很大，因而易发生阻塞。

3. 饲养、管理和使役等方面因素

(1)饲养方法的突然改变　在生理情况下，马长期习惯于一定时间饲喂时，如果突然改变喂饲时间，往往导致神经反射紊乱，而发生疝痛。饲料喂给不当，饲料过于单一，对于消化反射影响也较大，食物本身对胃肠呈现刺激作用，这种刺激越单纯、作用时间越长，则消化腺的反射活动越单调，胃肠消化机能就越贫乏。在这种情况下，饲料性质的改变，将会引起特定的神经反射紊乱。饲料品质不良(如霉变、发酵的饲料)以及混有异物(如沙土、炉渣、煤炭)的饲料等，也是产生疝痛的因素。

(2)饲喂、使役和气温的变化　在饲喂后立即使役，或重役之后立即饲喂饲料，饮冷水刺激胃与十二指肠黏膜神经感受器，引起幽门与肠道平滑肌反射性痉挛，这也是发生疝痛的直接原因。在一般情况下，气压变化剧烈或气压升高时，疝痛发病率也增高。

(3)寄生虫引起马疝痛发生　寄生蠕虫特别是普通圆线虫幼虫，造成肠系膜毛细血管栓塞而引起疝痛。

(三)疝痛的分类与症状

1. 疝痛的性质

按引起疝痛的原因，可分为痉挛性疝痛、膨胀性疝痛、牵引性疝痛和腹膜性疝痛。

(1)痉挛性疝痛　是由胃肠平滑肌强烈的痉挛性收缩引起的短时间的间歇交替性腹痛。腹痛发作期，病马忽起忽卧，或倒地打滚，呈剧烈腹痛；在腹痛间歇期，似乎无病，有的甚至采食饮水，与健康马匹无异，一般肠音高朗，临床上多见于肠痉挛。

(2)膨胀性疝痛　膨胀性疼痛是由于胃肠内积聚过量的食物、气体或液体，胃肠壁膨胀所引起。其特点是腹痛为持续性，仅有极短间歇期。临床上多见于急性胃扩张、肠臌气等。

(3)牵引性疝痛　是由肠道位置发生改变，肠系膜受到强烈牵拉所引起的持续而剧烈腹痛。为了缓解疼痛，病马多做较长时间拱背、仰卧、抱胸、四肢集于腹下等异常姿势，直肠检查触压或牵引该肠系膜时，则呈现疼痛不安，临床上多见于肠变位。

(4)腹膜性疝痛　也是由于肠变位等而继发的腹膜炎或胃破裂，食糜(或肠液等)进入腹腔引起的腹膜炎引起的弥漫性剧痛。病马多呈拱背呆立而不愿行动的姿势。

上述不同性质的疝痛，常常几种同时或相继发生在疝痛的不同阶段，应注意综合分析。

2. 疝痛的程度

根据疝痛的程度一般将疝痛分为轻度疝痛、中度疝痛和剧烈疝痛三种。

(1)轻度疝痛 马一般表现为前肢刨地，后肢踢腹，伸展背部，举尾摇摆（类似公马排尿姿势），回顾腹部，长时间呈卧倒姿势和四肢伸展，腹痛间歇期长，病马一般不打滚。

(2)中度疝痛 除有回顾腹部和前肢刨地外，病马往往低头后蹲，细步急走，十分不安，或有的打滚。一般腹痛间歇期稍长，常见于骨盆弯曲部阻塞。

(3)剧烈疝痛 马骚动不安，忽起忽卧，有时猛然倒地滚转，不听呼唤，甚至驱赶不起。有的仰卧抱胸，有的呈犬坐姿势，全身出汗。一般腹痛的间歇期短，甚至呈持续性。多见于肠变位，小肠积食，小结肠阻塞和急性胃扩张等。

一般而言，在同一条件下（疾病的性质、部位、程度、阶段等）疝痛马、骡比驴反应明显，年轻的比年老的更严重。从疝痛的发展过程上看，发病初期、中期疝痛明显，后期由于机体能量消耗，机能下降和自体中毒等多种原因，中枢神经处于抑制，疝痛多趋于缓和。

(四)疝痛的诊断和治疗的特殊性

1. 诊断和初步治疗

疝痛的诊断和初步治疗一般可分两个阶段进行。

(1)第一阶段 主要是了解病马的情况和病理检查。

①了解基本情况：收集简要疝痛情况，包括体温、心跳、呼吸、肠音，检查植物神经状态。这样有利于我们来判定疾病的严重性。如体温升高，可考虑是否继发有腹膜炎，这是病情严重的标志。

②口腔检查：包括口腔干湿程度、气味、舌苔等。口腔干燥，一般为肠便秘的表现，因为便秘多半因交感神经紧张所引起，故口腔分泌液减少。口腔湿润是肠痉挛的特有表现，是由于副交感神经兴奋而引起。口腔酸臭和有舌苔，是胃扩张的现象，因为胃消化障碍，反射而引起口腔酸臭和发生舌苔。

③腹围的变化：腹部胀气严重为肠臌气的特征。一般性胀气为小结肠阻塞继发的阻塞部位前部肠管充气的结果。

④姿态：病畜表现周期性狂躁举动，说明是肠痉挛。病畜小心卧地，是大肠阻塞和食滞性胃扩张的病征，犬坐姿势说明是胃扩张。此外，在马企图翻身时，常常脊背着地，如加人工扶助，就会安静地长时间躺卧，这种姿势取决于肠系膜牵拉所产生的疝痛性质，一般见于肠变位。腹痛突然消失，精神极为沉郁，不愿走动，全身出汗，肌肉发抖，表示继发胃肠破裂的特征。

⑤胃管检查：胃管检查能迅速并正确地判定为急性胃扩张，同时，也是该病很有效的治疗措施。此外，胃管检查阴性的结果，也可以很快地否定其为胃性疝病痛，立刻进行肠性疝痛的检查。在肠性疝痛检查之前，应完成胃内容物的性质的判定和向胃内注入镇静剂，以了解幽门部神经调节情况和制止胃肠道的痉挛，并防止胃肠破裂的并发症。

⑥应用咖啡因、浓盐水或糖盐水：一般血液循环加速和高度障碍会急剧性疝痛。所以咖啡因的初期采用，可以预防血液循环障碍的发生，同时也能恢复肠管机能，使肠的弛缓部运动机能加强，相反，使肠的痉挛收缩相应减弱，故其在疝痛的治疗效果较好。浓盐水（5%～10%氯化钠溶液）的应用，因为肠道不通往往是伴随着血液内氯化物含量的下降；因此可以预料，在其作用下对于组织和细胞的生命活动形成了良好的环境。浓盐水能促使

神经机能恢复正常，增高血压，改善血液循环，加强肠的分泌和蠕动，明显地减少中毒的发生以及神经系统的抑制作用。应用葡萄糖盐水，一方面可以增强心脏营养、加强心脏机能以及补充体液，有利于肠管内容物的排出；另一方面可以加强肝脏的解毒能力，以防止中毒的发生。

(2)第二阶段　在完成上述检查和初步治疗工作后，如病还不能确诊，则可用一些特殊检查方法，如直肠触诊和腹腔穿刺液的检查，对病畜进行一次深入的检查。

①直肠触诊：要完成两项操作，即首先了解肠内容物的状况，其次为深入检查可能触到的腹腔器官。而另一方面还需要完成一项非常重要的治疗措施——捶结术，这对治疗肠便秘起着决定性的作用。

②腹腔穿刺液的检查：进行腹腔穿刺，取出腹水样品并判定其性质。因为在肠机械性变位和肠系膜动脉栓塞，通常都能继发腹膜炎，往往会有渗出液。穿刺液的性质，在确诊上有重要意义。

③腹腔液体检查：健康马腹腔液体外观清亮、透明，为无色水样，或呈微黄色。病马一般可采取 3～5mL，可以初步鉴别渗出液或漏出液，有助于分析病性。

④血液检查：随着机体脱水的发生、发展，血液变浓稠，血沉变缓慢，白细胞数相应地增加，红细胞容积值(PCV)多有增加趋势。

总之，根据病例的具体情况进行细致检查、分析。首先应分清发病部位主要在胃，还是在肠道。病主要在胃，则应搞清楚其性质(食滞性、气胀性，还是继发性胃扩张)；病主要在肠道，必须对肠阻塞、肠痉挛、肠变位(原发性或者继发性的)加以鉴别。这样可为制订相应的治疗方案提供较为可靠的依据。

2.治疗

根据上述的诊断和初步治疗结果，确定治疗方案。

(1)药物治疗　根据病痛的性质，施行不同的药物疗法，如胃扩张、肠便秘和肠臌气等，常用缓泻剂进行治疗。缓泻剂有盐类、油类(忌用蓖麻油)和副交感神经兴奋剂等，可根据不同肠管和疝痛性质，有选择地采用。此外，要注意应用辅助和对症疗法的一些药物。还有在胃状膨大部的治疗上使用酵母粉的，效果很好。

(2)发病机制疗法　由于疼痛冲动的结果，大脑皮层受到严重影响。因此，恢复中枢神经系统机能，有利于疾病的治疗，如安溴合剂能调节中枢神经的抑制和兴奋过程得到平衡，对急性胃扩张、肠便秘和肠臌气以及神经兴奋后转为神经抑制状态的病例有良好作用。此外，普鲁卡因静脉封闭对肠痉挛有良效。

(3)灌肠　疝痛治疗中灌肠有一定作用，特别是在直肠便秘时，灌肠效果较好。灌肠用液体，因目的不同可用温水、冷水、食盐水以及为了其他特殊目的而用药物的稀薄溶液。

(4)手术疗法　对疝痛病畜以急救为目的，可施行手术疗法，特别是肠变位，多数采用手术疗法。

最后必须明确指出，上述各种疗法，都需要配合药物治疗，以达到综合治疗措施。

(五)预防

贯彻"预防为主"的方针。首先饲料要干净，饮水清洁，质量良好，精粗搭配。其次饲喂定时定量，日粮总量应以劳役强度和个体条件进行调整，休息和阴雨天气应适当减少日粮饲喂量，饲料的改变须逐渐过渡。使役要适度。防止畜体遭受寒风和冷雨以及控制螨虫入侵等。

二、急性胃扩张

急性胃扩张是胃的急性消化障碍和排泄机能紊乱（主要为幽门痉挛）而发生的急性病症。按其原发性病因有食滞性和气胀性胃扩张；继发性病因有继发于小肠阻塞。本病原发性疝痛中发病率虽然不高，但发展迅速，经过急剧，如治疗不及时，容易引起胃破裂而造成死亡。尤其是食滞性胃扩张，更易引起不良后果。本病主要见于马、骡，很少见于驴。

（一）病因

原发性急性胃扩张的常见病因主要是由于采食过量难以消化的或容易膨胀的饲料（如燕麦、大麦、谷物的渣、豆类、豆饼、谷物的秸秆、收割较晚的青干草等）、易于发酵的嫩青草或堆积发热变黄的青草（如苜蓿、箭舌豌豆等栽培的或野生的各种野青草）及发霉的草料。在偶然情况下，由于偷食大量精料，或饱食后久渴失饮，突然喝大量冰冷饮水，都可以成为病因。许多资料证明，在过度劳役后喂饮，饱食后立即剧烈使役和突然变换饲料等情况下，最容易发病。

继发性胃扩张是指疾病起源不在胃本身，而是在和胃连接的肠道，主要是小肠不通，引起胃内容物扩张，并不是一个独立的疾病。因此，继发性胃扩张常继发于小肠阻塞、小肠变位等。完全阻塞不通的肠段，若靠胃越近，这种症状出现的越早、越频繁。由于大肠的疾患（如大肠阻塞、变位和原发性或者继发性肠臌气）所引起的继发性胃扩张，比较少见。

（二）发病机理

在上述病因的影响下，胃发生以机械性和化学性为主的消化紊乱。食糜停于胃中，不断地刺激胃黏膜感受器，反射地引起胃蠕动机能增强。同时，随着大量胃液的浸泡，食物本身逐渐膨胀（尤其是精料），更加剧了对胃壁的刺激作用。于是胃被胀大而呈扩张状态（产生大量低级脂肪酸、乳酸和气体等），则可发生气胀性胃扩张。胃扩张时，胃的蠕动机能越来越增强，频度增加，间歇期逐渐缩短（外在的腹痛表现与此相适应）。随着病的发展，高度兴奋转为相对抑制状态，交感神经机能则相应增强，幽门紧缩导致达到痉挛程度。被停留在胃内的内容物便可加剧上述变化，间歇性腹痛即转为持续性腹痛。病情逐渐恶化，脱水逐渐加重，引起脱水的原因不仅是由于胃分泌增强所丧失的体液，而且还由于肠道中乳酸异常增多，内容物的渗透压增高，使大量液体进入肠腔等因素所致。出汗同样是加剧脱水的因素之一，胃液过度分泌和液体大量丧失，易导致碱中毒，因为丧失盐酸容易引起血浆内碳酸根离子增加。由于马属动物不易呕吐，当急性食滞性胃扩张治疗不当或不及时，极易导致胃破裂。继发性胃扩张，无论是因小肠本身的病变，还是由于某段大肠阻塞等原因压迫小肠闭塞不通的病例，都可以引起十二指肠和回肠末端逆运动增强，使积聚在闭塞前部的肠内容物、异常分泌物和气体反流入胃，引起液胀性胃扩张。已经呈扩张状态的胃，压迫膈肌，影响呼吸动作和心脏功能。又加上疾病发展过程中的剧烈腹痛、脱水和中毒等综合因素的影响，极易导致心力衰竭而使病情恶化。若胃扩张状态不能及时缓解，继续扩大者，胃可能自行破裂或者在外力作用下发生破裂（如急卧、突然跌倒等）。胃主要在胃大弯处容易破裂，其他部位很少发生破裂。随着胃破裂的同时，食糜大量进入腹腔，胃的臌胀度突然消失，腹痛症状立即缓解，而全身症状急剧恶化，发生中毒性休克，很快死亡。

（三）症状

1. 原发性胃扩张

常在采食后不久或数小时内出现一系列临床症状。一般表现是饮食欲废绝，精神沉郁，腹痛。腹痛随着胃体积逐渐胀大而加剧。病初多呈轻微间歇性腹痛，很快即发展成剧烈而持续的腹痛，忽起忽卧，卧地打滚，前蹄刨地，有时回顾腹部，个别有一定时间的犬坐姿势。眼结膜和口腔黏膜发红甚至发绀，口腔牙龈边缘部分比其他可视黏膜颜色变化更为明显。无舌苔或薄黄苔。病初口腔湿润，后则黏滑，重症变干燥，味极臭。由于扩张的胃压迫膈肌，腹痛和自体中毒等因素的影响，呼吸急促。脉性和次数在病初一般无明显变化，以后脉搏数不断增加，脉性由强转弱。病情逐步恶化，肠音逐渐变弱，最后消失。胸前、肘后、股内侧、颈侧、耳根和眼周围等局部出汗，个别病例则全身出汗。有的出现脸唇似笑症状，并具有不同程度的脱水现象。

2. 继发性胃扩张

在原发病的症状基础上病情很快加重。大多数病畜经鼻流出少量酸臭液体，插入胃管后，随着胃的蠕动可间断地或者连续地排出大量具有酸臭气味的、淡黄色或暗黄绿色的液体（未服任何药物者），其中常常混有少量食糜和黏液。随着液体的排出，病畜逐渐安静，但经一定时间后，又复发，再次经胃管排出大量液体，病情又有所缓解。如此反复发作，这是继发性胃扩张的重要特征之一。此外，发作的间隔时间越短，常表示小肠不通的部位距离胃越近，腹痛症状也越严重，脱水症状的发展就越快。胃液中的胆色素，呈阳性反应。胃液中胆色素检查法为：取未经过滤的胃液 4～5 滴滴在滤纸上，再滴加 0.5% 美蓝溶液 1 滴，出现淡绿色者为阳性（表示胃液中的黄色胆红素被强氧化剂氧化成胆绿素）。胃扩张的继发症有的胃破裂，破裂后病畜腹痛突然停止，但全身症状则迅速恶化。呆立不动，若强使行走，摇晃不稳，肌肉震颤，目光呆滞，脉搏细数（心跳 100～140 次/min），全身出冷汗，严重者汗液沿四肢下流，可达到浸湿蹄壁和地面程度。因此有"起卧消失行动难，行如醉状步散乱，垂头呆立睛不转，口色灰暗脉失调，浑身肉颤出冷汗"。病畜体温多迅速下降，很快死亡。

膈肌破裂破口较大者，呼吸突然加快乃至呈高度呼吸困难状态，全身症状随之恶化。若破口较小且有脏器（多为肠管）嵌入破口进入胸腔者，呼吸不一定突然变困难，但腹痛加剧。听诊心区有时可发现当心脏搏动时撞击肠管所产生的特殊声音或低沉的肠蠕动音，部位比较固定。随着病的发展，肠音逐渐减弱。尤其在病的后期肠音更弱。在这种情况下，在胸部一般听不到腹腔传来的肠音，这一点同鉴别肠病是一致的，颇有参考意义。若以 X 射线检查吻部，观察肠管的原液面，并结合症状，方可确诊。无论腹肌的破口大或小，均以死亡而告终。

(四)病理变化

胃被内容物、气体和液体充盈而呈高度扩张状态,并有异常酸臭。食糜污染腹腔、大网膜,引起腹膜炎。若为死后破裂者,破口边缘则苍白、无出血痕迹,边缘多不整齐,胃内容物只能污染腹腔局部,并不能污染整个腹腔,而且无腹膜炎。

(五)诊断

了解草料和使役情况,原发性急性胃扩张发展快,病情急剧,间歇性腹痛很快即转为持续性的。胃管、直肠检查是常用可靠的方法。

(1)**胃管检查** 是临床上检查胃扩张性质和解除胃扩张简单实用的方法。插入胃管后,若从胃管排出酸臭气体和少量稀糊状食糜,腹痛症状随之减轻,甚至消失,多为原发性气胀性胃扩张;仅从胃管排出少量气体,腹痛症状并没明显减轻,少数出现缩颈症状,颈部食管沟出现逆行动波,听诊可听到含漱音,多为食滞性胃扩张。

(2)**直肠检查** 在左肾前方可摸到膨大的胃后壁,并可感知其内容物的状态(若充满气体或液体者,则胃壁富有弹性;若充满食物,则为坚硬感),可作为鉴别其病性的依据。

(六)病程和预后

原发性胃扩张,特别是严重的食滞性胃扩张,若治疗不及时,多数在短时间内因胃破裂死亡。一般来讲,气胀性胃扩张,病程较短,预后良好。继发性胃扩张,反复出现鼻流粪水或胃管反复抽出液状胃内容物以及脱水不能纠正者,往往预后不良。如能及时解除上述症状,预后良好。

(七)治疗与预防

治疗原则:解除扩张状态,缓解幽门痉挛,镇痛制酵,恢复胃功能为主,补液强心,加强护理为辅。

(1)**原发性急性气胀性胃扩张** 先用胃管排出胃内气体,再经胃管灌入水合氯醛乙醇合剂(水合氯醛15~25g,95%乙醇30~50mL,福尔马林10~20mL,加温水约500mL,溶解混合),一次性灌服(成年马、骡)。灌药后,气体排出往往更为顺利,病畜很快变安静,症状随即好转。据甘肃农业大学的病例统计,用上述方法共治疗急性气胀性胃扩张268例,疗效达98.5%。还可用胃管排出气体之后,灌服制酵剂,如鱼石脂乙醇溶液(鱼石脂10~20g,95%乙醇80~100mL,温水约500mL,或灌服鱼石脂15~25g、乙醇80~100mL、芳香氨酮80~100mL,加水约1 000mL,效果较好。

(2)**食滞性胃扩张** 应用普鲁卡因粉3~4g,稀盐酸溶液15~20mL,石蜡油500~1 000g,温水500mL混合,一次性灌服。由于普鲁卡因能抑制幽门痉挛性收缩,稀盐酸可促进幽门开放,同时借助石蜡油的滑润作用,便把胃内容物排入肠道。当幽门痉挛,胃内产生大量液体时,病畜腹痛不安,插入胃管,很容易排出大量液体,腹痛便可立即缓解,这种情况即所谓的液胀性胃扩张。在排出胃内液体之后,立即灌服食醋1 000mL,常可收到满意效果。食滞性胃扩张,严禁使用大量盐类泻剂,因增加了胃的容积,加剧机体脱水过程,使病情恶化。

(3)**继发性胃扩张** 先解除原发病,同时结合对症治疗。

(4)**急性胃扩张** 尤其是由于小肠不通所致的继发性胃扩张,维持正常血容量,改善心血管机能，增强机体抗病力，以静脉注射方法补充体液为好。

本病的预防在于加强日常饲养管理，特别是劳役过度、极度饥饿时，应注意饲料调理，少喂勤添，避免采食过急。加强管理，防止进入饲料房或仓库偷吃大量精料，杜绝本病的发生。

三、肠阻塞

肠阻塞是因肠道运动机能和分泌机能紊乱，粪便积滞不能后移，致使某段或某几段肠道完全或不完全阻塞的一种急性疝痛病，又名结症、便秘，常见于马、骡，少见于驴。肠阻塞是马属动物胃肠性疝痛病中常见的一种疾病。我国以东北、华北、西北地区发病率较高，其中以大肠阻塞、小结肠阻塞较多，小肠和直肠阻塞较少。

（一）病因

我国幅员辽阔，各地区的自然条件、使役强度、饲养习惯和草料质量都有显著差异，因此，构成肠阻塞的具体原因也比较复杂。较为常见的病因主要是饮水不足、管理粗放、使役过重和气候骤变等因素。但是，在同一地区，相同饲养管理和使役制度，甚至同槽饲喂同质草料，有的发生肠阻塞，有的不发生，这与牲畜个体内在因素有密切关系。

1. 饮水不足

饮入的水是动物体内水分的主要来源，同时也是体液的重要组成部分。当供水不足或久渴失饮，大量出汗等引起机体缺乏水分，达到一定程度时，必然会影响体液的动态平衡。由于机体的代偿机能，胃肠黏膜吸收水分机能增强，其对机体缺乏水分具有一定的缓解作用，其后果可以引起胃肠特别是肠（其吸收功能较强）内容物逐渐变干，是构成肠阻塞的原因之一。

2. 饲养使役制度

饲养方面，包括草料的质量、饲喂方法和制度问题。草料发霉变质；饲料单一；草质低劣，纤维质多养分少的草；过饥而贪食，咀嚼不充分，匆忙吞咽；饱食后立即服重役，则供应胃肠的血液相对减少，消化液的分泌也相应降低，极易引起肠弛缓。研究证明，马大肠蠕动取决于食糜的酸度，当 pH 值为 $5.94\sim7.55$ 时则蠕动正常，当 pH 值低于 5.94 时可引起肠弛缓。缺乏运动容易成为肠阻塞的常见原因。上述因素在一定条件下都可引起肠消化机能紊乱。当食糜进入缓慢而容量较大的大肠后，食糜的质地越粗糙，越不容易保持其中的水分，结果其水分被吸收而使内容物浓缩，从而增加了食糜的流动阻力；特别是在那些突然变细及其前部的肠段，或自然弯曲部，极易促进结粪的形成。它是某些肠段容易形成阻塞的重要因素之一。

3. 食盐不足

草食动物体内的钠、氯主要来源于食盐。如果喂食盐不足，特别是炎热季节，或剧烈劳役大量出汗，经汗液所排出的无机成分主要是钠、氯和钾（植物性饲料中含有丰富的钾，完全可以满足动物体的需要量）。当食盐和其他无机物缺乏到一定程度，不仅能引起消化不良、胃肠蠕动变弱；而且易导致体液减少，甚而影响到分泌机能使其减弱，从而增加肠内容物后移阻力，颇易停滞而成结。

4. 气候突变

关于气候突然变化与胃肠性腹痛病的关系，国内外都有报道。气温下降，天气突然变冷后的头几天内，真性疝痛尤其是肠阻塞的病畜增多，这可能与机体应激有关。

肠道易发生阻塞的部位：以骨盆曲、小结肠和胃状膨大部较为常见，其他部位阻塞则少见。

(二) 发病机理

粪球刺激肠道增强，引起肠蠕动逐渐增强，分泌增加，出现疼痛，这是一种保护性反应，在一定程度上可使结粪移动，甚至变软。阻塞越完全，病初对肠壁遭受的刺激也越强，使肠蠕动增强，甚至达到痉挛性收缩的程度，致使疝痛加剧。随着病情进一步发展时，肠蠕动减弱，分泌降低，排粪减少或不再排粪的现象也随之表现出来。本病过程中，病畜食欲明显下降或者废绝，剧烈腹痛引起出汗，呼吸加深，使水分丧失加快，机体会发生不同程度的脱水。

肠阻塞发生后，肠道内微生物，特别是腐败菌大量繁殖，它们所分泌的脱羧基酶、脱氨基酶将食糜中蛋白质和氨基酸分解，产生有毒物质（如组胺、腐胺等有毒的胺类，甲酚等有毒的酚类），加上细菌本身产生的毒素被吸收，机体代谢紊乱，形成的氧化不全产物（如乳酸、酮等）的积聚，可以形成自体中毒。当肠腔完全阻塞时，其前段肠道内往往以发酵过程占优势，从而产生气体，引起肠臌气。在阻塞的局部，由于粪球压迫肠壁血管，造成肠壁缺血、缺氧，肠壁出现水肿、炎症、坏死，甚至引起肠道破裂。

(三) 症状

疾病初期，体温、呼吸和脉搏多无明显变化。后发展为食欲下降或废绝，鼻流粪水，或在颈部食道出现逆性波动，剧烈腹痛，排粪次数增加，脱水，眼结膜和口色变红或红中带黄、带紫色，暗红，甚至发绀，口发黏，干燥；舌苔逐渐变明显，色灰白带黄，厚腻形成裂纹，口臭。牙龈边缘明显发青紫色（微循环障碍的征兆）。病情越重，口腔变化越明显；病期越久，变化越明显。病初肠音频繁偏强，尤其是不完全阻塞的病畜，此现象持续时间较长，病畜排粪次数增多，甚而出现排软粪、稀粪现象，后则肠音变弱。实践观察表明，两侧肠音变弱过程有先后之别，当代表大肠蠕动情况的盲肠音比小肠音明显地变弱时，则表示阻塞部位发生在各部大肠（包括小结肠在内）；反之，多为小肠部阻塞。但应特别指出两侧肠音出现这种差异变化，仅仅限于肠音由强开始变弱的初期阶段，当中、后期两侧肠音都变弱时，则无此差异。后期肠音极弱，间隔时间明显拉长甚至听不到肠音。当继发肠炎、腹膜炎和自体中毒时可引起体温升高。若继发胃扩张和肠臌气时，则表现为呼吸急促，心跳和脉搏数增加，随病情的发展，脉不感于手，进一步发展为脱水和发生休克。

(四) 诊断

1. 临床症状

(1) 小肠阻塞时　以十二指阻塞较为多见，离胃越近，病情发展越快，越严重、越易发生胃扩张。多呈剧烈腹痛，鼻流粪水，食管出现逆性波动，听诊呈含漱音，表明已经继发胃扩张。直肠检查时仅能触摸到右肾附近的横向的十二指肠的棒状或块状物阻塞物，病畜表现不安。

(2)大肠阻塞时 其阻塞部位多在骨盆曲、小结肠、胃状膨大部和盲肠。骨盆曲和小结肠多为完全阻塞，病情发展快而严重；胃状膨大部和盲肠多为不完全阻塞，病情发展缓慢。

①骨盆曲阻塞：呈剧烈腹痛，多为左下大肠发生阻塞，常称为广泛性大肠阻塞。直肠检查时，在骨盆腔下缘可以摸到像肘样弯曲的粗肠道，其内有硬粪球。

②小结肠阻塞：从发病起就表现剧烈腹痛，多继发肠臌气而使腹围增大，腹痛加剧。直肠检查时，常在耻骨前缘水平线上或体中线左侧或可触到1～2个拳头大小的硬粪球，如果肠臌气，应先放气后再进行直肠检查。

③胃状膨大部阻塞：常为不完全阻塞，病情发展缓慢，病期较长，多为间歇性腹痛，常主侧卧，四肢伸展，只拉粪水。也有完全阻塞的，病情发展快，呈剧烈腹痛，直肠检查时，可在腹腔右前方摸到呈半球形，随呼吸运动而前后移动的阻塞物。

④盲肠阻塞：一般为不完全阻塞，病情发展缓慢，症状较轻，病期可达15d。食欲下降，饮欲增加，排恶臭稀粪，肠音减弱，口腔、体温、呼吸和脉搏无明显变化，病畜呈渐行性消瘦。直肠检查，从右肋部开始，伸向中间前下方的盲肠，摸到硬粪球为特征。

2. 血液学变化

(1)血沉 一般结症由轻转重，血沉逐渐变慢。病期越久，症状越严重者，血沉越慢。

(2)红细胞和白细胞 红细胞数与血红蛋白含量，随病情增重而增加，主要与机体脱水、血液浓缩有关。白细胞增多见于严重的结症病例，病至末期反而减少，多表示预后不良。

(3)血浆二氧化碳结合力 肠阻塞时病情不同其程度不一，都有发生酸中毒的倾向，随病情的发展，血浆二氧化碳结合力呈下降趋势。

(五)治疗

治疗原则：镇痛，畅通肠道，减轻胃肠压力，补液，加强护理。根据病情，运用"静""镇""补""减""护"等方法，做到"急则治其标，缓则治其本"。

1. 镇痛

目的在于阻断疼痛冲动对大脑皮层的刺激，借以恢复大脑皮层对全身机能的调节作用，并为诊疗工作创造方便条件。临床上常用的药物有水合氯醛(多与泻剂合用)、普鲁卡因溶液等。除肠痉挛外，一切胃肠性腹痛病严禁应用颠茄制剂和吗啡作为镇痛和解痉剂。针刺三江、分水、姜牙等穴位，可以镇痛。

2. 补液

目的在于维护心血管机能，缓解脱水过程，纠正机体酸中毒，借以增强机体抗病力，提高疗效。根据机体脱水和心功能状况，可采取多次静脉注射法补充，效果甚佳。常用复方氯化钠溶液，5%葡萄糖氯化钠溶液等。纠正酸中毒，用5%碳酸氢钠溶液或11.2%乳酸钠溶液，均可获得满意效果。

3. 浓盐水静脉注射

10%高渗氯化钠溶液有促进胃肠分泌与运动，加强消化机能及改善心血管活动的作用。

4. 胃肠减压

为此目的可及时采用胃管或穿肠放气法，解除胃肠臌胀状态，降低腹内压，改善血液循环机能；既能够为诊断工作创造方便条件，又是治疗肠阻塞的一项主要措施。

5. 护理

做适当牵引活动，防止病畜受凉、急剧滚转和摔伤等。

6. 不同部位肠阻塞的主要疗法

(1) 小肠阻塞　尤其当十二指肠阻塞时，易继发胃扩张，故应及时用胃管排出胃内酸臭气体，有时需要多次排出。然后灌服石蜡油（或其他植物油，但禁用盐类泻剂）1 000～2 000mL，水合氯醛 15～25g，鱼石脂和乳酸各 10～15g，加水适量，成年马、骡一次性灌服。

(2) 大肠阻塞

①破结法：骨盆曲、小结肠阻塞，可选用适当的手法（以压、揉法为主）破除结粪，疗效快而确实。破结手法，严防用力过猛、动作粗暴，以免损伤肠壁，继而引起肠破裂和肠穿孔等不良后果。此外，顶压胃状膨大部的结粪，也可起到一定的治疗作用。必要时也可采用手术破结法。

②泻法：利用油类、盐类泻剂治疗肠阻塞，是应用较为广泛、疗效较佳的一种常用方法。用各种植物油（蓖麻油，用量为 200～300mL）或石蜡油（0.5～2kg），也可用各种盐类（如硫酸钠 300～500g，配成 6% 水溶液；人工盐 300～500g）。若将油类与盐类合并应用，效果更佳。同时，尚须配合应用镇痛、止酵剂（鱼石脂或芳香氨醑）和酊剂，如大黄配、陈皮配等，一并灌服。

小结肠阻塞对幼驹不能施行破结术者，可开腹按摩。如采用泻法，可用石蜡油 150mL，甘油 100mL，鱼石脂 10g，内服（半岁驹），效果良好。

③生物学软化法：国内先后应用醋曲、酵母粉和发面等，治疗肠阻塞效果良好，并未发现有任何不良反应。国外曾用面包酵母治疗大肠阻塞，疗效良好。

④电针治结：病畜站立保定。取穴关元俞，左右各一穴。穴位剪毛、消毒。45°角，斜向内下方刺入 7～8cm 深（针尖刺入肾囊为度）。在针柄上分别连接两个电极电压和频率的调节，须由低到高、由慢到快，维持强直状态数秒钟，然后，再倒转调节钮，即由高到低、由快到慢。如此反复一次约需 10s，重复操作 2～3 次即可。通电后，肠呈现与电流频率相一致的节律性收缩，肠液分泌增多，肠音增强。

(3) 直肠便秘　应用掏结法，往往可以迅速得到治愈。若直肠黏膜发炎肿胀者，用 0.1% 高锰酸钾液和 5%～10% 高渗硫酸镁溶液分别灌肠，并以 0.25% 盐酸普鲁卡因溶液 50mL，溶解青霉素钾（钠）盐 40 万 U，做后海穴封闭。也可用石蜡油灌肠，有助于排出结粪。

(4) 多段肠阻塞　可采用压、揉等手法破除结粪。根据具体病例可采用剖腹压结，或外科手术取结等法解决。单纯药物疗法效果欠佳，容易拖延病期，引起继发症，造成不良后果。

四、肠痉挛

肠痉挛又名痉挛病或卡他性肠痉挛，是由于肠壁平滑肌发生痉挛性收缩，并以明显的间歇性腹痛为特征的一种常见的真性疝痛。

（一）病因

寒冷因素和饲养管理不善，往往是构成本病的主要病因。当气温、气压和湿度的剧变，风雪侵袭，汗后淋雨，舍饲牲畜寒夜露宿等因素，都可能促使本病的发生。统计资料表明，大部分肠痉挛的病因是因不适宜地饮冷水所致，尤其在服重役或大汗之后立即暴饮，采食霜冻的或发霉、腐败的草料等，都有可能成为发病条件。也可是消化不良、胃肠炎症或寄生虫及中毒等疾病的一种症状，使神经系统的相对平衡发生紊乱，使迷走神经兴奋，从而引起肠平滑肌痉挛性收缩。

（二）发病机理

由于寒冷或其他各种因素影响下，首先引起肠肌神经丛和肠黏膜下神经丛的兴奋，反射地引起副交感神经兴奋性增高，交感神经兴奋性相对降低，从而肠蠕动增强以至达到痉挛性收缩程度。一段肠管呈痉挛性收缩，肠腔呈暂时性完全闭合状态（小肠多如此），内容物移动受阻，与其相邻的两端肠管则呈扩张状态，极易形成肠套叠。痉挛性收缩和舒张期交互发生，即形成腹痛发作期和间歇期的交替现象。

随着肠分泌机能增强，吸收机能降低，蠕动机能增强，因而表现出肠音响亮、频繁，粪便由稠变稀，排粪次数增加，甚至拉稀。

（三）症状

多以阵发性轻度或者剧烈腹痛为特征，在腹痛间歇期，外观上似健畜，安静站立，有的尚能采食饮水，但经一定时间（10~30s）腹痛又发作。随着时间的推移腹痛持续时间多有延长之趋势。腹痛也多由轻度转为严重，继而腹痛间歇期延长，腹痛也可能逐渐轻微，故有的病例不治自愈。有的表现顾腹，刨地，蹴踢，甚至卧地打滚，出汗。

口腔湿润，轻者，疾病初期口色正常或色淡；重者，疾病后期口色发白，口温偏低，耳鼻部发凉。除腹痛发作时呼吸急促外，腹痛间歇期体温、呼吸、脉搏等全身症状变化不大。

大、小肠音增强，连绵不断，有时在数步之外都可听到高朗的肠音；偶有出现金属音。随肠音增强，排粪次数也相应增加，粪便性状很快由稠变稀，但其量逐次递减。如腹痛逐渐转为持续而剧烈时，全身症状也随之恶化，肠音变弱，甚至消失，往往形成肠阻塞或者肠变位。

本病持续时间一般不长，从几十分钟至几个小时；若予以适当治疗，可速痊愈。

（四）诊断

根据发病史，结合临床症状进行综合分析。如腹痛呈间歇或持续而剧烈，病畜于间歇期外观上似健畜，有的尚可采食。肠音无规律，有时连绵不断、高朗，于数步之外可闻，有时连绵细碎。耳鼻发凉，口腔多湿润，口色发淡。排粪次数增多，粪便稀软可诊断。

直肠检查，应注意与肠阻塞及肠变位的鉴别诊断。本病与母畜胎动性腹痛的主要不同点是，后者仅于怀孕后期，因腹部受外力作用，或饮冷水、采食发霉、冰冻的饲料等因素的刺激，使胎儿的活动增强，引起子宫收缩，与肠痉挛相似。故应注意鉴别。

(五)治疗

治疗原则：解除肠痉挛，清肠制酵为主。

腹痛相当剧烈，但应用镇痛、解痉药物效果良好。绝大多数肠痉挛病畜，一剂即愈，有的病例甚至不治自愈。

(1)常用的镇痛和解痉剂　30％安乃近注射液20～40mL，皮下注射，安溴合剂，80～100mL，静脉注射；0.25％普鲁卡因溶液，200～300mL，缓慢地静脉注射。否则，有的病畜迅速表现精神沉郁、心搏动变慢等毒性反应。有的则出现短暂的兴奋期，但两种情况一般于30s左右即可消失。家畜对普鲁卡因有过敏现象，其临床表现为后肢软弱无力，甚而不能站立、倒地等症状，有的在过敏性休克状态下死亡。水合氯醛15～25g同泻剂、止酵剂合用，也有良好疗效。

(2)清肠止酵药物　水合氯醛8g、樟脑粉8g、植物油或液体石蜡500mL，混合一次性投服，效果良好。此外，针三江、姜牙或耳尖穴，电针关元俞穴，都有缓解腹痛之功效，达到治愈之目的。橘皮散：和血顺气、暖脏温肠，用青皮15g、陈皮15g、官桂15g、小茴香15g、白芷15g、细辛6g、当归15g、元胡12g、厚朴20g、台乌15g，共研末，加白酒60mL，开水冲调，灌服。

病畜基本好转后，可灌服医治消化不良方剂，以巩固疗效。

五、肠变位

肠变位是肠道的自然位置发生变化，并使肠道发生机械性闭塞和肠壁局部发生循环障碍的疝痛总称。肠变位病情急，发展快，病期短，虽然发病率较低，但到目前为止，仍然是属于死亡率较高的一种疾病。

肠变位通常可归纳为下列四种主要类型，其中以肠扭转较为常见。

①肠扭转：肠道沿其纵轴或以肠系膜基部为轴发生不同程度的扭转。肠管也可沿横轴发生折转，称为折叠。如左侧大结肠呈180°～360°或更严重的扭转，小肠系膜根部的扭转，盲肠扭转或折叠；左侧大结肠沿横轴向前方折转等。

②肠缠结：一段肠道与另一段肠管及其系膜缠在一起，引起肠道闭塞不通，多发生在空肠。

③肠绞窄和肠嵌闭：主要是小肠和小结肠被腹腔某些韧带(肝镰状韧带、肾脾韧带)、结缔组织条索、带蒂的瘤体所绞结，使肠腔闭塞不通，血液循环紊乱，称为肠绞窄。某段肠管堕入与腹腔相通的先天性孔穴或病理性破裂孔内，并卡在其中使肠腔闭塞不通，引起血液循环紊乱者，则称为肠嵌闭。如小肠或小结肠坠入腹股沟管(到达阴囊内)、大网膜孔、肠系膜和膈肌破裂孔内等。

④肠套叠：一段肠道套入与其相连接的另一段肠腔之中，相互套入的肠段发生循环障碍、渗出等过程，致使肠道粘连、肠腔闭塞不通之症。例如，空肠套入回肠，回肠套入盲肠。据报道，在例外的情况下，会出现盲肠尖部套入盲肠体部，马盲肠套入右下结肠，或十二指肠由于逆蠕动套入胃内，小结肠套入胃状膨大部等现象。

(一)病因

病因大致归纳为机械性(如肠嵌闭)和机能性(如肠绞窄、扭转、缠结、套叠)两种,但二者常互相影响,同时存在。从机械性病因为主的肠嵌闭来看,先天性孔穴或后天性病理裂孔的存在是发生肠嵌闭的主要因素。在腹压增大的条件下(如剧烈地跳跃、奔跑、难产、交配、便秘、里急后重和肠臌气等),偶尔将小肠或小结肠压入孔隙而致病。但大肠很少发生这种情况;根据孔隙的大小不同,有时被挤入的肠段,也可能因肠蠕动而继续深入,又可能因肠蠕动而不断退出,特别是在腹压降低的情况下这种可能性就更大。

机能性肠变位是由于肠机能变化(蠕动增强,甚至达到痉挛程度或弛缓),或其他因素(突然跌倒、打滚、跳越障碍等)影响下导致肠绞窄、扭转、缠结和套叠的发生。关于能引起肠机能变化的因素有:突然受凉,冰冷的饮水和饲料,卡他性肠炎,内容物性状的改变(肠内积沙、酸碱度降低引起肠弛缓;消化不良过程引起的肠分泌、吸收和蠕动机能变化等),肠道寄生虫和全身麻醉状态等。例如,肠绞窄和肠缠结多在肠蠕动机能异常增强的情况下发生的,因游离性大而且肠管较细的小肠,在体位改变、腹压增高时容易发生这两种肠变位。又如,某段肠管蠕动增强,而与其相邻的另一段处于正常或缓和状态的肠管,加之肠内容物稀薄或较空虚的情况下,容易发生肠套叠。当肠管充盈,肠蠕动机能增强,甚至呈持续性痉挛性收缩,使肠相互挤压,往往可以成为肠扭转的重要因素。此外,体位急剧改变(如打滚、跌倒、跳跃等),少数病例由于小肠或小结肠沿其系膜根的纵轴扭转。个别肠段被液体、气体、粪便充胀或泥沙沉积时,随着肠蠕动机能增强,而另一段则呈现相对的弛缓状态,也同样可以成为肠扭转的原因。

(二)发病机理

肠变位主要是肠腔的机械性闭塞不通所引起的一系列严重变化。肠变位的性质和程度,往往是疾病发展快慢的主要因素之一,变位越严重(左大结肠扭转360°或更严重、小肠缠结得很紧等),肠腔完全闭塞所引起的变化也越严重。

发生变位的肠段出现不同程度的循环障碍,充血、瘀血和水肿。从而发生出血性炎症,渗出过程增强,肠黏膜和肠浆膜的颜色发红或暗紫色。同时,变位部的前方肠段可发生程度不一的臌气现象。肠腔闭塞越完全,上述病理学变化也越明显。由于循环障碍所引起的漏出和渗出过程的存在和发展,导致机体脱水,进而发展为心力衰竭和循环障碍,甚而引起死亡。促进病情恶化的另一个主要原因,是肠内毒物被吸收后可成为自体中毒的一种原因,甚至最终发展成为中毒性休克。

由于变位部肠壁神经受物理或化学因素的刺激,加之肠道臌气,病初可反射性地引起轻度间歇性腹痛,继而变为剧烈而持续性腹痛。后期,由于肠麻痹和机体反应机能减弱,腹痛病状稍有缓解,但并不消失。全身状况逐渐恶化,加之变位部及其前段肠管的高度臌气,使肠壁膨胀,可加剧疼痛。严重的脱水、自体中毒(肠内容物腐败发酵产物、变位部肠壁组织坏死、分解产物、微生物毒素和腹膜炎症产物的吸收)可迅速地导致心力衰竭,这是构成肠变位的病程短、病情严重的重要原因。

小肠变位同小肠阻塞一样,也可以继发胃扩张。变位部离胃越近,胃扩张发生的越快,脱水也来的迅速而严重。

由于变位局部发炎,或并发腹膜炎者,都可引起体温升高。肠变位的局部循环障碍,可导致腹水增多、混浊和颜色发红。

(三)症状

肠变位同其他疝痛病一样,也是以腹痛为突出症状。病初多为轻度而有明显间歇性腹痛,当肠腔完全闭塞后,腹痛逐渐加剧变为持续性的。至于机体脱水症状出现的快慢,常与发生变位的部位、程度有着密切关系。小肠缠结或嵌闭较大肠扭转或折转脱水症状表现严重。肠变位时血沉变为缓慢。随病的发展,脉搏逐渐加快,次数增多(可达100~120次/min或更多),脉性也随之发生变化,变为浅脉。呼吸也有相应的变化,特别是在膈疝,呼吸急促,甚至困难。

随着疾病的发展,黏膜发红至发绀,肌肉震颤,有局部出汗现象。病畜表现紧张、痛苦等症状逐渐明显。肠音减弱,继而多半很快地消失。例如,当小肠发生任何一种变位时小肠音在病初或中期要比代表大肠活动情况的盲肠音先减弱或消失。但是,当疾病达中期或后期,则两侧肠音都明显地减弱或消失。肠臌气的存在和发展,腹围增大,腹压增高到一定程度,自然会影响到各器官功能,造成不良后果。

血液学变化:血沉明显变慢,红细胞数、血红蛋白含量增加,嗜中性粒细胞增多,病初嗜酸性粒细胞消失。

病程及预后根据肠变位的性质和程度不同,病程不一。一般病程从十几个小时到24~48h;变位轻者,也可能拖延更长时间。凡病情发展较快,腹痛剧烈,体温升高,脉搏快而弱,超过120次/min以上,可视黏膜发绀,呼吸急促以及肌肉震颤,出汗、脱水症状严重,并应用一般镇痛药无效者,预后多为不良。

(四)诊断

病畜全身症状(体温升高,脉搏快而弱,黏膜发绀,脱水症状发展快)迅速恶化,持续性剧烈腹痛,肠音很快减弱或消失,局部肌肉震颤,出汗等,可以初步诊断为肠变位。并结合下列检查方法,可获得正确诊断。

(1)直肠检查 肠管位置异常,肠管呈局限性臌气现象,有时可摸到变位局部,则病畜表现不安。借助直肠检查法,有时可清楚地判定肠变位的性质,或者为诊断肠变位可提供重要线索。

(2)腹腔穿刺液检查 不同类型的肠变位,腹腔中都可能积存一定量的液体,其性质为渗出液,多为粉红色或暗红色。

(3)剖腹探查法 经上述方法检查,尚不能确诊者,可及时选择适当部位,做剖腹探查,以便采取适宜措施,抢救病畜。

(五)治疗

治疗原则:消除病因,减轻疼痛,纠正酸碱平衡,防止脱水,防止休克。

根据肠变位的种类和程度,可早期采取剖腹手术整复肠管或剖腹切除坏死肠段做肠吻合术。手术疗效在很大程度上,依病期的早、晚而异,即在病的早期,手术效果较佳,否则,病到后期,疗效甚低。

任务七　腹膜疾病

腹膜是指动物体内腹腔和骨盆腔中的浆膜,可分为壁层与脏层,脏层被覆腹腔与骨盆腔内各个器官的外面,包括系膜、韧带和网膜等。腹膜内有丰富的血管、淋巴管及神经纤维。血管外围蓄积大量脂肪,是由网状结缔组织所组成。在网膜内血管分支部分,有各种母细胞群(乳斑),具有吞噬异物与微生物的作用。

腹膜光滑湿润,有利于腹腔器官的运动。腹膜、韧带及肠系膜尚有固定器官的作用。同时其中的血管、淋巴管和神经与腹腔器官相互联系。腹腔内各器官如受到病原微生物的侵害而发生炎性变化,往往引起腹膜炎的发生。

一、腹膜炎

腹膜炎是由于受到病原微生物的侵害,或腹腔内器官炎症蔓延以及外伤、(胃、肠)穿孔、肿瘤、脓毒败血症等,引起腹膜局限性或弥漫性的浆液性乃至纤维蛋白性的炎症。

本病各种家畜和家禽都可发生,其中以马最为常见。

(一)病因

病因有原发性的和继发性的。

1. 原发性

通常由于受寒、感冒、过劳或某些理化因素的影响,机体防卫机能降低,抵抗力减弱,受到大肠杆菌、沙门菌、巴氏杆菌、化脓杆菌、鼻疽杆菌、结核杆菌、炭疽杆菌、猪丹毒杆菌、链球菌和葡萄球菌等条件性致病菌的侵害而发生。内在与外界理化因素的影响,会促进本病的发生和发展。

2. 继发性

主要见于胃肠、肝脏、脾脏、子宫及膀胱等感染性炎症,肠变位以及其他重剧性病痛等疾病经过中,病原菌从病变部或通过淋巴系统侵入到腹膜,以引起继发性腹膜炎。此外,尚有其他器官或胸膜炎症的连续蔓延,也有由于内脏淋巴结化脓性炎症,直接侵害腹膜,或因病原菌随血液运行至腹腔,引起转移性腹膜炎。

(1)创伤性腹膜炎　主要见于腹壁创伤、外科手术创伤及战伤。如腹壁切开术、瘤胃切开术、腹壁疝手术、穿腹术、穿肠、去势术、卵巢摘除术、肝脏穿刺术、肠管吻合术,腹壁的弹伤和刀刺伤,腹部被踢或其他器械的击伤等;病原菌,特别是大肠杆菌通过腹壁创伤或手术伤而侵入腹腔,引起创伤性腹膜炎的发生和发展。

(2)穿孔性腹膜炎　通常见于腹腔及骨盆腔中的脏器的破裂或穿孔。如胃、肠、肝、脾、子宫等器官破裂,特别是急性胃扩张、肠胀气、直肠检查、灌肠以及配种、难产或助产时所引起的胃肠道、子宫和直肠的破裂与穿孔,肠道与生殖道的菌群通过破裂孔,污染腹腔。还有如鸡新城疫、禽流感、大肠杆菌引起的卵黄膜破裂,从而引起穿孔性腹膜炎的发生和发展的急剧病理过程。

(3)慢性腹膜炎　一般继发于邻近器官的慢性炎症。其中,常见于牛创伤性网胃炎、慢性肝脏疾病、内脏结核、鼻疽、腹腔肿瘤以及内脏寄生虫病或肝、脾、精索、肠系膜淋巴结慢性化脓性炎症过程，往往伴发慢性腹膜炎。

(二)发病机理

由于病原微生物和毒素对腹膜的侵害，致使血管扩张、充血，上皮细胞脱落，渗出物渗出，并表现腹膜疼痛。若炎症局限于部分腹膜，即为局限性腹膜炎，炎症波及大部分和全部腹膜，即为弥漫性腹膜炎。因充血使渗出加剧，吸收减慢，则在腹腔中蓄积的浆性渗出液中含有蛋白质、血液有形成分和毒性物质。腹膜炎渗出期，根据炎症的性质，渗出物可呈浆性、浆性纤维蛋白性、脓性腐败性和出血性。在局限性腹膜炎时，浆性渗出物被腹膜的健康部分吸收而纤维蛋白渗出物则沉积下来，覆盖于炎症的局部。弥漫性腹膜炎时，因有大量渗出液，蓄积在腹腔中(马可达40L，牛可达10L)，故在临床上出现腹水症状。

当化脓菌侵入时，即发生脓性腹膜炎，有脓性渗出物。腐败菌侵入时，即发生腐败性腹膜炎，有恶臭的渗出物。血管严重损伤时，渗出物中有大量红细胞。胃肠破裂时，则有饲料颗粒和粪便。膀胱破裂，则有尿液。

在腹膜炎的病程中，由于病原菌及其毒素被吸收，体温中枢的调节机能受到严重影响，病畜体温升高，热型不定或弛张热。并因病原菌、毒素以及其他炎性产物的刺激，腹膜的敏感性增高，往往引起剧烈腹痛症状，同时反射性地抑制肠与腹肌的呼吸运动。特别是穿孔性腹膜炎，能迅速地引起自体中毒现象。

慢性腹膜炎，由于结缔组织增生，腹膜肥厚，有时腹壁与腹腔脏器以及各脏器之间相互粘连，如果这种病理变化局限于一定部位，则不会有任何病征。

(三)症状

临床症状根据畜禽的种类、机体抵抗力、炎症扩散程度以及疾病的急性或慢性而有所不同。严重的急性腹膜炎常于数小时死亡。马多患急性腹膜炎，牛多患慢性腹膜炎。

(1)马的弥漫性腹膜炎　多呈急性经过。病马精神萎靡，眼窝下陷，食欲废绝，体温升高，热型不定；呼吸浅表急促，且多为胸式呼吸，心跳快速心脏衰弱，有时节律不齐，脉搏急速而微弱。局部肌肉纤维性震颤，有时呻吟，全身出冷汗，不愿走动或运步谨慎，常低头拱背站立。强迫行走，则举步谨慎。当转弯或卧地时则表现格外小心，有时企图卧地或卧而复起。常常表现腹痛不安，摇尾，前肢刨地，回顾腹部，腹围紧缩。当腹水增多时，腹壁下垂。若继发肠胀气而腹部膨大，触诊腹部病畜躲避或抵抗。肠蠕动音初增强，后减弱或消失。腹腔大量积液时，叩诊呈水平浊音，其上方为鼓音，下方为浊音。结膜充血，呈蓝紫色，口色赤紫，舌苔黄腻，口干臭。尿量少，比重高，浓稠，色深，常有蛋白尿。

急性局限性腹膜炎，仅局部敏感，全身症状不明显。慢性腹膜炎，症状轻微，发展缓慢，常表现慢性胃肠卡他症状，体温有时上升，消化不良，发生顽固性下痢，逐渐消瘦。腔壁常发生腹膜同腹腔脏器粘连，有时也继发腹水，腹部膨大。

(2)牛的腹膜炎　其症状表现不明显，精神沉郁，眼球下陷，四肢集于腹下，拱背而立，勉强行走，步态小心，有时表现疼痛，呻吟。食欲废绝，瘤胃蠕动停止，并有轻度臌气、便秘。体温变化不明显。如在创伤性腹膜炎初期，体温升高，病牛逐渐消瘦。

直肠检查，发现在直肠中宿粪较多，可感到腹壁紧张和肠管有浮动状，其他病征都不太明显。

(3)母猪的腹膜炎　精神较差，喜伏卧，食欲不振或仅吃少量稀食；严重时，食欲废绝，体温升高，呕吐，气喘，排粪很少。

(4)犬结核性腹膜炎　腹壁紧张，触诊时，于腹膜上可触摸到小丘状肿瘤。

(5)禽卵黄性腹膜炎　产蛋停止，采食量下降，腹部下垂，呈"企鹅"样。

(四)病理变化

(1)急性腹膜炎　腹膜充血、潮红、混浊和粗糙、不透明，毛细血管新生。腹腔中具有一种浆液性混浊渗出液，其中混有纤维蛋白絮片，腹膜面覆盖一层纤维蛋白膜，腹膜和腹腔各器官互相粘连。胃肠破裂或穿孔所引起的腹膜炎，则渗出液和腹腔内有食糜和粪便污染。任何类型腹膜炎，渗出液中都含有或多或少的红细胞。

(2)慢性腹膜炎　结缔组织增生，纤维蛋白机化，形成带状或绒毛状的附着物，或者有结缔组织粘连。牛和猪由化脓杆菌感染而引起，则见有脓肿。此外，母牛和猪卵巢摘除手术后，常常形成健索状骨样化，并与内脏器官相粘连。

(五)病程及预后

马的急性弥漫性腹膜炎，病程持续2~4d，而穿孔性腹膜炎往往于数小时内死亡。牛的急性弥漫性腹膜炎，病程延长至7d以上。局限性腹膜炎可形成粘连，病程达数周至数月之久。

(六)诊断

根据病史、症状和病理变化可做出诊断，必要时可做腹水检查。健康动物抽不出腹水或腹水量很少，颜色为淡黄、澄清。若腹水量增多，颜色改变，混浊，甚或恶臭以及细胞成分和比例改变，即为腹膜炎和腹腔器官严重疾病的标志。

(七)治疗

治疗原则：应使病畜保持安静，消炎止痛，防止炎性渗出，促进炎性渗出物吸收。

腹壁创伤或手术创伤引起的，则应及时进行外科处理，同时对腹壁施行冷敷，有剧烈疼痛时，可应用盐酸吗啡，皮下注射。

为了消炎、缓解病情，减少疼痛刺激，以利炎症消退，可应用大剂量抗生素做腹腔注射。青霉素320万U，链霉素200万U，0.25%普鲁卡因溶液300mL，5%葡萄糖溶液500~1 000mL，加温（37℃左右），一次性腹腔注射。为迅速控制炎症的发展，可同时肌肉注射广谱抗生素或口服磺胺制剂。也可用0.25%或0.5%普鲁卡因溶液做胸膜上封闭，以控制炎症。

防止肠臌气可内服鱼石脂。解除便秘，可用缓泻剂，并进行灌肠。减轻疼痛可用安乃近或冬眠灵，肌肉注射。

为了增强机体的抵抗力，可用10%氯化钙溶液100~150mL，40%乌洛托品溶液20~30mL，葡萄糖生理盐水1 500mL，混合，马、牛一性次静脉注射。改善血液循环，加强心脏机能，可及时应用安钠咖。如有大量渗出液时，宜用细套管针进行腹腔穿刺，排出腹腔渗出液。同时应用利尿素、安钠咖、醋酸钾，强心利尿。

(八)预防

平时避免各种不良因素的刺激和影响,特别是应注意防止腹腔及骨盆腔脏器的破裂和穿孔。导尿、直肠检查、灌肠都须谨慎;去势、腹腔穿刺以及腹壁手术均应依照操作规程进行,防止腹腔感染。

母畜分娩、胎盘剥离、子宫整复、难产手术以及子宫内膜炎的治疗等都须谨慎,防止本病发生。

二、腹水

腹水,一般不是单独的疾病,而是一种病征。主要是大量浆液渗漏于腹腔内,故也称腹腔积水。本病多见于犬、猫,牛也发生,马较少见。

(一)病因

主要由于心脏、肾脏、门静脉、肝脾、肠系膜淋巴结等慢性疾病及血液循环障碍,特别是门静脉瘀血时,引起腹水。

(1)瘀血性腹水 通常见于心脏瓣膜病、心包炎、犬心丝虫病,肝硬变、实质性肝炎、肝肿瘤、肝棘球蚴病、血吸虫病、肺气肿、间质性肺炎、肺结核以及肿瘤等。

(2)心肾机能不全腹水 心脏衰弱,肾病、慢性间质性肾炎、以及肠系膜动脉、门静脉或淋巴管受肿瘤所压迫,引起心肾性腹水的发生。

(3)稀血性腹水 主要见于捻转血矛线虫病、肝片吸虫病、肺虫病、锥虫病、马传染性贫血等,血液有形成分显著减少,水分增加,发生稀血性腹水,或称恶病质性腹水。

(二)发病机理

水盐和蛋白质代谢障碍以及腹腔静脉或全身静脉长期贫血以至淋巴循环障碍的情况下,浆液渗漏于腹腔而发生腹水。在稀血症时,由于血液的有形成分减少,液体成分增多,致血液稀薄。同时心脏机能衰弱,血管壁营养障碍及渗透性增加,因而发生腹水。

(三)症状

食欲减退,被毛粗乱,便秘,有时便秘和下痢交替出现,排尿减少,可视黏膜苍白或发绀,脉搏细数,体温正常,呼吸困难。病畜易疲劳,迅速消瘦,四肢下部浮肿。腹部向下,呈两侧对称性膨胀,胘窝常下陷。病畜体位改变时,腹部的形态也随着改变,腹部的最低处即膨起。

触诊腹部不敏感。如在一侧冲击腹壁,可听到拔水音,并可在对侧腹壁看到或摸到波动。叩诊两侧腹壁有对称性的等高的水平浊音,腹腔穿刺流出大量液体,透明或稍混浊,淡黄、淡红或绿黄,有少量上皮细胞、红细胞和白细胞。

(四)病理变化

从腹膜病理变化看,由于受到腹水的浸淹,其上皮细胞膨大、混浊。有时上皮组织增生,腹膜变的肥厚,个别部分发生粘连、腹水和贫血现象。

(五)病程及预后

家畜腹水多为慢性经过,病程可持续数月乃至数年,病畜逐渐消瘦,会阴部、阴囊、包皮、乳房、下腹部等处发生浮肿。预后视病因而定，幼犬虽能痊愈，但多数病例预后不良。

(六)诊断

根据视诊、触诊及腹腔穿刺液试验结果，可以获得正确诊断。

腹腔穿刺，下腹部右侧，距白线2～3cm，距胸骨剑状软骨部10～15cm，穿刺前，先用安钠咖皮下注射，防止虚脱。

实践中，还要与下列疾病进行鉴别。

(1)腹膜炎　发热，全身症状明显，触诊腹壁，病畜感疼痛，腹腔液比重高，李凡他试验阳性。

(2)妊娠　母畜妊娠后期下腹部向侧方膨隆，触压腹壁，可以感到胎动。

(3)子宫积水及蓄脓　通过直肠检查，进行试验性穿刺以及腹壁触诊和叩诊的结果，即可确定诊断。

(4)膀胱麻痹　膀胱极度扩张，充满尿液，腹部略显膨隆，直肠内触诊，膀胱充盈而紧张，触压有波动。

(5)膀胱破裂　疼痛不安，不排尿，大量尿液流入腹腔，皮肤、汗液都具有尿臭。同时体温升高，其后陷于虚脱状态。

(七)治疗

首先着重治疗原发病，如肝硬变、心脏衰弱、肾脏功能不全等疾病。

(1)瘀血性腹水　须应用强心利尿剂，促进血液循环，防止浆液渗透。可用洋地黄配、安钠咖、利尿素、醋酸钾等药物进行治疗。犬发生腹水，可用洋地黄末0.03g，利尿素0.3g，混合分为6次，内服，每日2次。

(2)稀血性腹水　除治疗原发病外，应加强饲养护理，给予富含营养的饲料，同时应用强心剂和健胃剂，增进治疗效果。为了增强强心利尿作用，大家畜可用10%氯化钙溶液100～150mL，静脉注射。小家畜可用氯化钙1～2g内服。并适当控制饮水，减少浆液渗透。

一、瘤胃的检查

【实训目的】　掌握奶牛瘤胃检查的基本方法，了解瘤胃的正常状态和病理变化。

【实训材料】　实习奶牛；听诊器、保定架、叩诊锤、叩诊板。

【实训内容】

1. 检查方法

奶牛瘤胃的检查，主要包括瘤胃的叩诊、触诊及听诊等方法。

(1)叩诊　用手指或叩诊器在左欣部进行叩诊，以断定其内容物的性质。

(2)触诊　位于动物的左腹侧，左手放于动物背部，检查时手可握拳、屈曲手指或以手掌放于左肷部,先用力反复触压瘤胃,以感知内容物形状,后轻轻放置,以感知其蠕动力量并计算蠕动次数。

(3)听诊　多以听诊断定瘤胃蠕动音的次数、强度、性质及持续时间。

2. 瘤胃的正常状态

(1)叩诊　健康牛只左侧上部为鼓音,其强度依内容物及气体的多少而异,由饥饿窝向下则由鼓音逐渐变为半浊音,下部完全为浊音。

(2)听诊　可听到逐渐增强又逐渐减弱的"沙沙"声,似吹风声或远雷声,健康牛每2min 2～3次。其强度和次数以食后2h为最旺盛,采食4～6h后逐渐减弱,饥饿时收缩次数减少。

3. 病理变化

(1)肷部膨隆,触诊有弹性,叩诊呈鼓音,是瘤胃臌气。

(2)内容物坚硬,可见瘤胃积食。

(3)蠕动音增强,见于瘤胃臌气的初期。蠕动音减弱,减少、短促,可见于瘤胃积食、前胃迟缓及其他原因引起的前胃功能障碍。

【实训报告】　学生记录本人实训检查的各项内容,整理并写出实训报告。

二、网胃的检查

【实训目的】　使学生掌握网胃的检查方法。

【实训材料】　实习奶牛;保定架、听诊器。

【实训内容】

1. 检查方法

(1)叩诊　可于左侧心区后方的网胃区内,进行强叩诊或用拳轻击,以观察动物的反应。

(2)触诊　检查者面向动物,蹲于其左侧,右膝屈曲于动物腹下,将右肘支于右膝上,右手握拳并抵在动物的剑状突起部,然后用力抬腿,并以拳顶压网胃区,以观察动物的反应。

(3)压迫法　由二人分别站于动物胸部两侧,各伸一只手于剑状突起下相互握紧,各将其另一只手放于鬐甲部,二人同时用力上抬紧握的手,并用放于鬐甲部的手紧捏皮肤,以观察动物的反应。或用一木棒横放于动物的剑突下,由二人分别自两侧同时用力上抬,迅速下放并逐渐后移,压迫网胃区,观察动物的反应。

此外,也可使动物走上下坡路或急转弯等观察其反应。

2. 检查结果及意义

当进行上述检查试验时,动物若表现不安、痛苦、呻吟或抗拒,此乃网胃的疼痛敏感反应。主要提示创伤性网胃炎或网胃炎、膈肌炎、心包炎。

【实训报告】　学生记录本人实训检查的各项内容,整理并写出实训报告。

三、瓣胃的检查

【实训目的】　使学生掌握瓣胃的检查位置及方法。

【实训材料】 实习奶牛；保定架、听诊器。
【实训内容】
1. 检查方法

(1)听诊 在牛右侧第7～9肋间，沿肩关节水平线上、下3cm的范围内进行听诊，以听诊瓣胃蠕动音。

(2)触诊 在右侧瓣胃区进行强力触诊或以拳轻击，以观察动物是否有疼痛反应。

2. 检查结果

瓣胃蠕动音：呈断续性、细小的捻发音，于采食后较为明显。蠕动音消失，可见瓣胃阻塞。叩诊疼痛不安、呻吟、抗拒，主要提示瓣胃创伤性炎症，也可见瓣胃阻塞或瓣胃炎。

【实训报告】 学生记录本人实训检查的各项内容，整理并写出实训报告。

四、真胃及肠的检查

【实训目的】 使学生掌握真胃的检查位置及方法。
【实训材料】 实习奶牛；保定架、听诊器。
【实训内容】
1. 检查方法

(1)真胃的视诊与触诊 奶牛于右侧第9～11肋间，沿肋弓向下，进行视诊和触诊。对犊牛则使其呈左侧卧姿势，手插入右侧肋下行深触诊。

(2)真胃的听诊 在真胃区可听到蠕动音，类似肠管音，呈流水音或含嗽音。

(3)肠蠕动音的听诊 于右腹侧可听诊肠蠕动音，短而稀少。

2. 病理变化

(1)真胃视诊如发现肋弓下向侧方隆起，可提示真胃阻塞或扩张。

(2)真胃和肠蠕动音亢进，可见于胃肠炎。

【实训报告】 学生记录本人实训检查的各项内容，整理并写出实训报告。

五、胃导管投药法

【实训目的】 使学生熟练掌握胃导管投药的方法及是否插入食道的鉴别方法。
【实训材料】 实习奶牛；保定架、胃导管、漏斗、水盆、水杯、开口器；石蜡油。
【实训内容】
1. 临床应用

适应于灌服大量水剂或可溶于水的流质药液，也可做食道探诊、排气或排出胃内容物及洗胃。

2. 投药方法

可经口或经鼻插入胃导管。

(1)一人抓住鼻中隔，另一人撬开口腔并塞入开口器，术者取胃导管从开口器的孔间将胃导管插入。

(2)管前端插至咽部时,轻轻抽动胃导管,刺激并引起吞咽动作,随即继续插入食道。

(3)判断胃导管确定插入食道后,再前送胃导管至食道深部,一般即可投药。

(4)接上漏斗,先投入少量清水后,再次确认胃导管是否插入食道,然后进行灌药,灌完后,投以少量清水冲净胃导管,慢慢抽出胃导管,再解下开口器。胃导管插入食道与气管的鉴别要点见表 1-1。

表 1-1 胃导管插入食道与气管的鉴别要点

鉴别方法	插入食道	插入气管
胃导管送入时的感觉	插入时稍感前送有阻力	无阻力
观察咽、食道及动物的动作	胃导管前端通过咽部时可引起吞咽动作或伴有咀嚼,动物表现安详	无吞咽动作,可引起剧烈咳嗽,表现不安
触诊颈沟部	可摸到在食道内有一坚硬探管	无
将胃导管外端放耳边听诊	可闻不规则的咕噜声,但无气流冲耳	随呼吸动作而有强有力的气流冲耳
用鼻嗅诊胃导管外端	有胃内酸臭味	无
接橡皮球打气或捏扁橡皮球后再接于胃导管外端	打入气体时可见颈部食道呈波动状鼓气,接上捏扁的橡皮球后不再鼓起来	不见波动状鼓气;橡皮球捏扁后会迅速鼓起
用嘴吹入气体	随气流吹入,颈沟部波动明显	不见波动
将胃导管外端浸入水盆内	水内无气泡	随呼吸动作,水内有规则地出现气体

【实训报告】 学生记录本人实训操作的各项内容,整理并写出实训报告。

练习与思考

一、名词解释

食道阻塞　瘤胃积食　瘤胃臌气　前胃弛缓　胃肠炎　卵黄性腹膜炎　腹水　腹膜炎　马疝痛　幼畜消化不良

二、问答题

1. 简述家畜胃肠炎的诊治。
2. 简述幼畜消化不良的诊断、治疗与预防。
3. 前胃弛缓的发病机理是什么?
4. 急性瘤胃臌气应采取什么样的抢救措施?应注意什么?
5. 如何预防家畜腹水的发生?
6. 家畜腹痛有哪些表现?

7. 简述瘤胃检查操作步骤。
8. 网胃主要是通过哪些方法进行检查？
9. 简述瓣胃的检查方法及位置。
10. 如何确定真胃的位置？
11. 如何进行胃导管投药？

三、思考题

1. 家畜腹泻在不同年龄和时间有什么分布特点？应在哪些关键点上采取什么措施来减少家畜腹泻的发生？
2. 前胃弛缓不同的发病阶段的治疗措施是什么？如何预防？
3. 家禽卵黄性腹膜炎的病因有哪些？如何预防？

项目二 呼吸系统疾病

【知识目标】
- 掌握支气管、上呼吸道疾病的特点、预防和治疗。
- 掌握肺脏疾病的病因、症状、诊断、治疗和预防。
- 掌握胸膜疾病的病因、治疗和预防。

【技能目标】
- 能熟练地进行感冒和支气管炎的诊断、治疗。
- 能熟练地进行卡他性肺炎和大叶性肺炎的诊断、治疗。
- 能熟练地进行胸膜肺炎的诊断、治疗。

任务一 支气管、上呼吸道疾病

一、感冒

感冒是由于受寒冷的影响，机体的防卫机能降低，引起以上呼吸道感染为主的一种急性热性病。本病一年四季均可发生，尤以春、秋气候多变时多见，各种家畜均可发生。

(一)病因及发病机理

寒冷的突然袭击所致，如厩舍条件差，受贼风吹袭；舍饲的家畜在寒冷的气候条件下露宿，使役出汗后被雨淋风吹等。

寒冷因素作用于全身时，机体机能降低，上呼吸道黏膜的血管收缩，分泌减少，气管黏膜上皮纤毛运动减弱，致呼吸道常在菌大量繁殖，由于细菌产物的刺激，引起上呼吸道黏膜的炎症，因而出现咳嗽、流鼻液，甚至体温升高等全身症状。

(二)症状

精神沉郁，头低耳耷，眼半闭，羞明流泪，结膜充血并有轻度肿胀。耳鼻端发凉，皮温不均，但体温升高。呼吸、脉搏增速。咳嗽，鼻黏膜充血、肿胀，流清鼻，时间长则鼻汁脓稠，这时鼻炎明显。由于患畜鼻饲槽擦鼻止痒，尤以羊为常见。食欲减少或废绝，常有便秘(以猪较多见)。病重的畏寒怕冷，拱腰颤栗，行走不灵，甚至躺卧不起。牛则磨牙，鼻镜干燥，反刍停止。猪多怕冷，喜钻草堆，仔猪尤为明显。有的病畜眼红多泪，口舌干燥。如能及时治疗，一般可很快痊愈，如治疗不及时，幼畜则易于继发支气管肺炎。

(三)治疗

治疗原则：以解热镇痛、祛风散寒为主。

内服阿司匹林或氨基比林，牛10～25g，猪、羊2～5g。便秘的，可同时应用泻剂。针剂可选用30％安乃近、复方氨基比林、复方奎宁(孕畜禁用)、穿心莲、柴胡等注射液，马、牛20～40mL，猪、羊3～5mL，一次性肌肉注射。

为了防止继发感染，可适当应用磺胺类药物或抗生素，也可用先锋霉素、维生素C、加入葡萄糖生理盐水500～1 000mL混合静注，每日2次。

中药用下方：

①荆防败毒散(用于畏寒怕冷重，耳鼻俱凉，肌肉震颤者)：荆芥30g、防风30g、羌活25g、独活25g、柴胡35g、前胡25g、枳壳25g、桔梗30g、茯苓45g、川芎15g、甘草15g，共为细末，开水冲调，马、牛一次性灌服，猪、羊酌减。

②银翘散(用于怕冷轻，口舌干燥，眼红多)：金银花30g、连翘30g、桔梗25g、荆芥25g、淡豆豉26g、竹叶30g、薄荷15g、牛子25g、芦根60g、甘草15g，共为细末，开水冲调，候温，马、牛一次性灌服，猪、羊酌减。

(四)预防

增强机体耐寒性的锻炼，主要是防止家畜突然受寒。

建立合理的饲养管理和使役制度，如使役时要两头轻中间重，卸套前不使家畜过多出汗(特别是冬天)，卸套后不要把家畜拴在潮湿阴凉和有过堂风处。

冬天气温骤变要有防寒措施，把好这一关，呼吸系统其他疾病的发病率也会大大减少。

二、鼻炎

鼻炎系鼻黏膜的炎症。其主要病变为鼻黏膜充血、肿胀，甚或有顽固性的器质性病变并分泌有浆液性、浆液黏液性、黏液脓性鼻液为主要特征的疾病。

根据病因，可分为原发性和继发性；按炎症的性质，可分为卡他性、滤泡性和纤维蛋白性；根据病程分为急性和慢性。临床上的原发性鼻炎以卡他性为多见。各种家畜都可发病，以马多见。

(一)病因

1. 原发性病因

原发性鼻炎可由受寒感冒引起。感冒病畜都有不同程度的鼻炎病症；但鼻炎病畜不一定都是由感冒引起，因而可以说鼻炎是感冒的症状或继发病。由饲料或外界环境中吸入的尘埃、霉菌的孢子、麦芒、昆虫和使用胃管不当对鼻黏膜的刺激，厩舍通风不良时产生的氨气、用漂白粉消毒产生的氯气、生火及失火时的烟，以及农药、化肥、毒气等各种有害气体的直接刺激，都可使鼻黏膜的防卫功能和完整性受到破坏。与此同时，由外界进入鼻道及其原有的细菌得以繁殖，在这些综合因素的作用下，使鼻黏膜发生各种炎症变化。

2. 继发性病因

继发于流感、出血性败血症、马鼻疽、马腺疫、马传染性胸膜肺炎、牛痘、牛恶性卡他热、慢性猪肺疫等传染病，以及副鼻窦炎、咽喉炎、支气管炎、齿槽骨膜炎等疾病炎症的蔓延或转移。

(二)症状

急性原发性鼻炎，病初由于鼻黏膜受刺激感觉痒而经常喷鼻。马频发"吹鼻"状，犬、羊表现为摇头，猪有擦鼻现象。患畜体温升高，精神沉郁。鼻黏膜肿胀，敏感性增高。下颌淋巴结肿胀。鼻液初为浆液性，随着炎症发展初期为浆液性、黏液性脓性、后为纤维蛋白脓性。常发生吸气性呼吸困难，并发生鼻塞音。

继发性鼻炎病程长，临床表现时轻时重，且常以原发病的病情为转移。

(三)治疗

首先除去致病因素。家畜置于温暖通风良好的厩舍，对轻度的卡他性鼻炎可不治自愈；对重症有大量鼻液的患畜，可用温生理盐水、1%碳酸氢钠溶液、1%磺胺溶液、1%明矾溶液、0.1%鞣酸溶液或0.1%高锰酸钾溶液，根据情况每日冲洗鼻腔1~2次。既可清除鼻液，也可消炎收敛。冲洗后涂以青霉素软膏，特别是鼻孔周围掉痂的皮肤更应如此。当鼻黏膜充血肿胀严重时，为促进局部血管收缩并减轻鼻黏膜的敏感性，可用可卡因0.1g、0.1%肾上腺素溶液1mL、蒸馏水20mL的混合液滴鼻，每日2~3次，全身症状明显的，要及时应用磺胺类或抗生素进行治疗。

(四)预防

主要为预防受寒感冒和其他致病因素的刺激。

三、支气管炎

支气管炎是支气管黏膜表层或深层的炎症，按病程可分为急性与慢性支气管炎。

(一)急性支气管炎

急性支气管炎是支气管黏膜表层和深层的炎症，临床上以咳嗽、流鼻液和胸部听诊有啰音为特征。按患病的部位，可分为弥漫性支气管炎、大支气管炎和细支气管炎。临床上大支气管炎和细支气管炎常同时出现。各种畜禽、犬等均可发生，多发生在春、秋渐冷或风云突变的恶劣天气里，但有时呈流行性大批发生。犬的传染性支气管炎或犬瘟热继发的支气管炎，在任何时间均可发生。

1. 病因

原发性支气管炎主要是由于受寒或感冒，机体抵抗力减弱，原呼吸道的内源性常在菌(如肺炎球菌、链球菌、化脓杆菌等)和外源性非特异原菌得以繁殖而致病；机械性的刺激；化学性刺激，吸入气体(如氯、氨、二氧化硫)、火灾时热气流、投药、误咽时，异物进入气管引起发病。

继发性支气管炎，多继发于某些传染病(如牛结核、口蹄疫、猪肺疫、犬瘟热及传染性支气管炎、马腺疫、鼻疽、流行性感冒等)，寄生虫病(丝虫病等)，邻近器官的炎症蔓延(如喉炎、气管炎、肺炎等)。

2．病理变化

在病因的作用下，支气管炎的一系列保护作用与防卫机能减弱，肺巨噬细胞和白细胞的作用降低，给寄生于呼吸道黏膜上的内源性常在菌及外源性微生物的繁殖创造了良好的环境而产生致病作用，导致支气管黏膜发生炎症的病理过程。炎性产物和细菌毒素被吸入血后，引起不同程度的全身反应，体温升高。当炎症蔓延而引起细支气管炎时，全身症状较为严重，发生明显的呼吸困难。

3．症状

(1)急性大支气管炎　主要症状是咳嗽，病初呈短、干、痛咳，以后随渗出物增多变为湿长咳嗽；流鼻液，病初呈浆液性，以后流出黏液性或黏液脓性；肺部听诊，可听到湿性啰音和干性啰音，全身症状较轻，体温升高0.5~1℃，一般2~3d后下降，呼吸和脉搏稍快。

(2)急性细支气管炎　通常是由大支气管炎蔓延而引起，因此，初期症状与大支气管炎相同。当细支气管发生炎症时，以呼气性腹式呼吸为主，全身症状明显，体温升高1~2℃。主要症状是呼吸困难，可视黏膜发绀，脉搏加快，肺部听诊，肺泡呼吸音普遍增强，可听到干性啰音和小水泡音或捻发音。肺叩诊音较正常高朗，继发肺气肿时，叩诊呈鼓音。

(3)腐败性支气管炎　除具有急性支气管炎的症状外，呼出的气体有恶臭味和流有腐败臭味的鼻液，全身症状严重。

4．诊断

主要是以临床症状咳嗽、流鼻液，听诊有干、湿性啰音以及X射线检查肺部有纹理较粗的支气管阴影为诊断依据。应注意与其他性质肺炎进行区别。

5．治疗

治疗原则：祛痰止咳和消除炎症。

(1)祛痰止咳　可选用溶解性祛痰剂，人工盐20~30g，茴香末50~60g，制成舔剂，或用碳酸氢钠15~30g，远志酊30~40mL，温水500mL，牛一次性内服。猪、羊酌减，犬、猫可内服复方甘草片、止咳糖浆。频咳且分泌物较少时，可选用镇痛止咳剂，如磷酸可待因，犬猫也可应用盐酸吗啡0.1g、杏仁水10mL、茴香水300mL，充分混合，每次1匙，每日2~3次。

(2)消除炎症　为促进炎性产物的排出可采用蒸汽吸入疗法(松节油、克辽林等)，氨苄青霉素做气管内注射，或头孢喹啉静脉注射，效果较好。若是病毒引起的，同时配合应用病毒灵或双黄连。

(二)慢性支气管炎

慢性支气管炎是伴有支气管壁、血管壁发生严重的结构性变化的一种顽固性疾病，以持续性咳嗽和肺部听诊有啰音为特征。多发生于老弱与营养不良的动物，以早春与晚秋季节最为多见。

1．病因

凡引起急性支气管炎的原发性病因，经持续或反复作用时，均可引起慢性支气管炎。

所以，该病大多数是由急性支气管炎转变而来的。继发性慢性支气管炎，常见于心、肺的慢性疾病，如结核、鼻疽、肺丝虫、肺气肿（肺心病）等疾病过程中。

2. 症状

主要症状是持续性的干咳，无论是黑夜还是白昼，运动或安静时均出现明显咳嗽，尤其在饮冷水或是早晚受冷空气的刺激更为明显，多为干、痛咳嗽。肺部听诊常可听到干性啰音，叩诊一般无变化，当出现肺气肿时，叩诊呈过清音或鼓音叩诊界后移。由于支气管黏膜结缔组织增生，支气管的管腔狭窄或发生肺气肿则出现呼吸困难。X射线检查，肺纹理增强、增粗，阴影变浓。

3. 病理变化

在致病因素长期反复作用下，或急性支气管炎长期不愈，使炎症蔓延和扩展到黏膜下层或支气管壁的周围组织，出现支气管周围炎，炎性细胞浸润和结缔组织增生，而黏膜变厚、粗糙，管壁的收缩性、弹性减弱。当小支气管黏膜处于长期发炎、肿胀和渗出物增多时，内腔变为狭窄，导致肺泡内的气体呼出受阻，发生肺气肿。

4. 病程及预后

病程长，数日、数周或数年，通常预后不良。

5. 治疗

治疗原则基本同急性支气管炎。为促进渗出物被稀释或排出，可采用蒸汽吸入疗法和应用祛痰剂（同急性支气管炎）。为减轻黏膜肿胀和稀释黏稠的渗出物，用碘化钾，牛、马5～10g，猪、羊1～2g，每日2次（拌于饲料中饲喂），犬可按每千克体重20mg内服，每日1～2次。

四、支气管肺炎

支气管肺炎也叫小叶性肺炎，是支气管和肺小叶群同时发生的炎症。

1. 病因

(1)受寒感冒、饲养管理不善、过劳等使机体抵抗力降低，容易受到致病菌的侵害。

(2)常继发于支气管炎。

(3)吸入尘埃、霉菌孢子和刺激性气体，如浓烟、氨气、硫化氢等。

(4)继发于许多传染病和寄生虫病，如流行热、肺结核、口蹄疫、肺丝虫病、蛔虫病等。

2. 症状

病初呈支气管炎的症状，但其全身症状重剧。病牛精神沉郁，食欲减退或废绝，结膜潮红或发绀。体温升高达39.5～41℃，弛张热型。脉搏增数，呼吸加快，40～60次/min，混合性呼吸困难。胸部听诊，病灶部肺泡呼吸音减弱或消失，可听到捻发音、支气管呼吸音、干啰音或湿啰音；健康部肺泡呼吸音增强。胸部叩诊可出现小片浊音区，通常多在肺脏的肩前叩诊区出现。

3. 防治

治疗原则：消炎、控制渗出、祛痰止咳、促进渗出物吸收，加强饲养管理，增强牛机体抵抗力及对症治疗。

（1）青霉素 100 万～200 万 U，肌肉注射，每日 2～3 次。病重，可同时用青霉素 100 万 U，溶解后加复方氯化钠溶液或 5％葡萄糖生理盐水 500mL，静脉注射。链霉素 2～3g，肌肉注射，每日 2 次。

（2）葡萄糖氯化钠注射液 1 000mL，10％碘胺嘧啶注射液 200mL，混合后静脉注射，每日 2 次，连用 3～5d。

（3）呼吸困难时，用 0.3％过氧化氢生理盐水 500～1 000mL，静脉注射。

（4）防止肺水肿、毒血症及代谢性酸中毒，适时使用利尿合剂：10％葡萄糖 500mL、3％氨茶碱 70mL、20％安钠咖 20mL、10％维生素 C 30mL、5％盐酸普鲁卡因 10mL、氢化可的松 60mL，混合后静脉注射。

（5）中药麻杏石甘汤　麻黄 15g、杏仁 30g、石膏 10g、生甘草 30g、知母 30g、黄芩 50g、金银花 40g、连翘 30g、元参 40g、麦冬 40g、桔梗 30g，共研细末，开水冲调，候温灌服。

任务二　肺脏疾病

一、卡他性肺炎

卡他性肺炎又称为小叶性肺炎，主要为部分肺小叶群的炎症，炎症性质为卡他性。多半由支气管蔓延至肺泡而同时或先后发病，故又称为支气管肺炎。临床特征以出现弛张热，肺区叩诊有散在的岛屿状浊音，听诊浊音区肺泡音消失。

各种家畜均可发生，幼年动物更为多见。本病多发生于早春和晚秋季节。

（一）病因

1. 原发性病因

卡他性肺炎多数是在细支气管炎的基础上发生的，因此凡能引起支气管炎的各种致病因素，都是卡他性肺炎的病因。首先是受寒和感冒，特别是突然受到寒冷的刺激最易引起发病；幼年和老弱、过度疲劳、维生素缺乏的动物，由于抵抗力低易受各种病原微生物（如肺炎球菌、绿脓杆菌、衣原体、霉菌及病毒等）的侵入而发病。其次是受物理、化学及机械性刺激或有毒的气体、热空气的作用等。

2. 继发性病因

在咽炎及神经系统发生紊乱时，常因吞咽障碍，将饲料、饮水或唾液等吸入肺内或经口投药失误，将药液投入气管内引起异物性肺炎。某些传染病如猪流感、猪肺疫、鸡传染性支气管炎、口蹄疫、牛恶性卡他热、犬瘟热和寄生虫病（弓形虫、肺丝虫病）或衣原体等均可引发肺炎。

（二）症状

病初呈急性支气管炎的症状，随着病情的发展，当多数肺泡群出现炎症时，全身症状明显加重，患病动物精神沉郁，食欲减退或废绝，结合膜潮红或发绀，体温升高至 40～41℃，呈弛张热,有的呈间歇热。脉搏随体温的变化也相应改变,牛、马可达60~80次/min,猪、羊可超过100次/min,第二心音增强,呈混合性呼吸困难,呼吸增数,牛、马30~40次/min,猪、羊可达100次/min左右。咳嗽症状较明显,初期为干、痛咳,后为湿性咳嗽,流出少量浆液性、黏液性或黏液脓性鼻涕,其流出量视炎症范围而定。

胸壁听诊时,初期现干性啰音,随渗出物增多而变湿性啰音,由于渗出物常堵塞细支气管和肺泡,空气不能进入,故病灶区肺泡呼吸音减弱或消失,而健康部位肺泡音代偿性增强。胸壁叩诊,当病灶较大且接近肺的表面时,可发现散在的浊音区。

血液学变化,白细胞总数和嗜中性粒细胞增多,并伴有核左移现象。

(三)病理变化

在各种致病因素的作用下,使机体的抵抗力减弱,呼吸道防卫机能改变,病原微生物乘机侵入,促进病的发生和发展。炎症的初期局限于支气管,以后沿支气管或支气管周围蔓延,引起细支气管和肺泡充血、肿胀、浆液性渗出、上皮细胞脱落和白细胞游出。这些炎性渗出物和脱落的上皮细胞等聚积在细支气管和肺泡内,引起肺小叶或小叶群的炎症,并相互融合形成较大的病灶,此时肺的有效呼吸面积缩小,临床出现呼吸困难,叩诊呈小片浊音区。牛肺炎模式图见图2-1。肺小叶炎症的发展是不平衡的。呈跳跃发展,当炎症蔓延到新的小叶时体温升高,当旧的病灶开始恢复时,体温开始下降,但不降至常温,因此呈现较典型的弛张热型。

(四)诊断

根据本病弛张热型,叩诊岛屿状浊音以及全身状况较重等可与支气管炎区别。大叶性肺炎时,呈典型经过,稽留热型,胸壁叩诊,肺有大面积的浊音区,听诊有支气管呼吸音,依此可与本病鉴别。某些传染病(如猪气喘病、流行性感冒等)除表现本病症状外,尚具有流行病学特征和各原发病的固有症状。

(五)治疗

治疗原则:加强护理,制菌消炎,祛痰止咳。

(1)制菌消炎 可使用磺胺类药物(见支气管炎)和抗生素,如青霉素,牛、马80万~100万U,猪、羊20万~40万U,链霉素,牛、马100万~200万U;猪、羊40万~80万U,溶解后混合一次性肌肉注射,每日2次,连用数日。或四环素,牛、马每次1~2g,猪、羊0.3~0.5g溶于生理盐水内静脉注射,每日1~2次。止咳祛痰以及对症疗法,可按照支气管炎的治疗方法进行。

(2)中药治疗 宜清热降火,祛痰止咳。桑白皮30g、地骨皮30g、花粉30g、天冬30g、知母30g、贝母24g、黄芩30g、麦冬30g、栀子30g、桔梗24g、甘草18g,水煎去渣灌服(牛、马)。

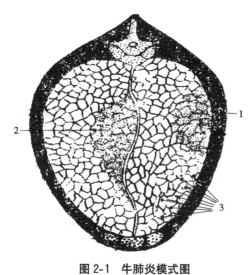

图2-1 牛肺炎模式图
1.肺表面的肺炎病灶 2.肺深部的肺炎病灶
3.个别肺小叶发炎

(六)预防

可参照支气管炎的预防方法进行。

二、大叶性肺炎

大叶性肺炎为一种高热且多呈定型经过的急性肺炎，炎症侵害大片肺叶。其炎症性质为纤维素性，故又称纤维素性肺炎。各种家畜皆有发生。

(一)病因

一般分为传染性与非传染性两方面，但非传染性大叶性肺炎在实际临床上少见，一般多继发于各种家畜的某些传染病，如马传染性胸膜肺炎、牛肺疫、猪肺疫、山羊传染性胸膜肺炎以及其他家畜的出血性败血症等过程。此外，降低机体抵抗力的各种因素（如过度疲劳、长途运输）、感冒受寒和环境卫生等，皆可成为本病发生的因素。某些微生物如链球菌、葡萄球菌、肺炎球菌的继发感染，对本病的发生发展也具有重要的意义。

(二)发病机理

侵入机体的微生物沿支气管，特别是经血流或经淋巴路径侵害大片的肺叶，使多数肺泡同时发生纤维素性炎症。炎症一般位于一侧或两侧肺的尖叶、副叶、心叶和膈叶的前下区。取定型经过的有明显的阶段性，根据炎症的发展，可分为以下各期。

1. 充血渗出期

本期病程很短，约持续 12~36h。肺毛细血管扩张充血，随后浆液、纤维蛋白及白细胞和大量红细胞渗出，肺泡上皮细胞肿胀脱落，充塞于肺泡和肺支气管内，病变部肺泡内的空气被排出，渗出物发生凝固，肺组织变为致密如肝样进入肝变期。

2. 肝变期

肝变初期因凝固的渗出物内红细胞较多，外观呈红色，故称红色肝变期。此后，红细胞崩解，血红蛋白被吸收，红色减退，凝固物内以白细胞和纤维蛋白为主，外观呈灰色，称灰色肝变期。肝变期病程延续 4~5d。

3. 溶解吸收期

在此期内，大量白细胞崩解，释放出来的蛋白分解酶将纤维蛋白等溶解，一部分被吸收，另一部分于咳嗽时随痰排出，空气又进入肺泡，肺泡细支气管上皮及毛细血管再生而逐渐恢复。某些病变部位可能保持不溶解，渗出物被增生的结缔组织所代替而形成机化。未被吸收的肝变部分还可能发生坏死，液化形成肺脓肿，或在腐败菌的作用下，成为肺坏疽。

(三)症状

(1)临床症状　病初顿发高热，且呈稽留热型，持续 6~7d 后骤然下降至常温，食欲下降或停止，心悸亢进，呼吸增数，大片肺叶受侵时，则出现呼吸困难。黏膜潮红带黄，肝变期变为弱咳，溶解期则出现长的湿性咳嗽，鼻液为黏液脓性。充血和红色肝变期，鼻液内混有血液而呈铁锈色鼻液。

(2)听诊　肺泡呼吸音粗糙，随后液体渗出时，呈现湿性啰音，肝变区肺泡呼吸音消失，溶解期由于空气重新进入肺泡而又可听到湿性啰音。

(3)叩诊　充血期呈现过清音，肝变期则现明显的大片浊音区。

(4)血液检查　白细胞总数增多，嗜中性粒细胞比例增多且呈现核左移。

(四)诊断

本病特征为高热、稽留热型，持续6～7d后骤然降至常温；临床上呈明显的定型经过，肺区叩诊大片浊音区以及有时出现的铁锈色鼻液。

非传染性纤维素性肺炎和传染性纤维素性胸膜肺炎的区别，主要应依据疫情调查。实际临床上，非传染性的很少，一般作为传染性胸膜炎或出血性败血症出现。所以，如果发现同一地区同时或先后出现数个以上的病例，就应考虑按传染性疾病处理。

(五)治疗

除加强护理外，药物疗法可早期使用新胂凡钠明，通常按每千克体重0.015g计算，溶于5％葡萄糖生理盐水500mL内静脉注射。间隔3～5d后，再重复注射1次。注射前0.5h可先注射强心剂。注射时勿漏入皮下，如注射后出现虚脱现象，应及时皮下注射0.1％肾上腺素3～5mL(牛、马)。防止继发感染，可配合使用抗生素和磺胺类药物。

对症疗法，可使用强心剂和高渗氯化钠液、葡萄糖液进行输液。

为控制渗出，可静脉注射10％氯化钙溶液100～150mL(牛、马)，病的末期为促进渗出物的吸收和排出可使用利尿剂，如利尿素，牛、马5～10g，猪、羊0.5～2g，每日1次内服。

中药治疗可使用加味麻杏石甘汤。麻黄15g、杏仁10g、黄芩25g、双花30g、生石膏90g、知母25g、元参25g、生地25g、连翘30g、麦冬25g、花粉25g、桔梗20g，研成细末，加蜂蜜250g为引，用开水冲服。

(六)预防

畜群中有本病发生时应立即隔离治疗，厩舍、用具等进行消毒。病畜痊愈后，单独饲养一段时间。

三、肺气肿

肺气肿是暂时性肺泡弹力减弱，肺泡内充满气体及肺泡过度扩张的一种非器质性疾病。可见于各种动物，役牛、马、猎犬等都可发生。按其病性和病程，可分为急性肺泡气肿、急性弥漫性肺泡气肿、局限性肺泡气肿和慢性肺泡气肿。

(一)病因

急性弥漫性肺泡气肿多见于老龄家畜，由于过度使役、剧烈奔跑或在弥漫性支气管炎过程中，因持续痉挛性的咳嗽而引起；局限性肺泡气肿，多见于卡他性肺炎和纤维素性肺炎等过程中，是因病变周围的健康肺区代偿性呼吸增强所致；慢性肺泡气肿，主要是由对急性肺泡气肿治疗不及时，或其病因长时间应激而转变为慢性，或继发于慢性支气管炎、上呼吸道狭窄等。

(二)症状

急性肺泡气肿，在重度使役过程中突然发生呼吸困难，黏膜发绀，气喘，静脉怒张。

肺部听诊，初期肺泡呼吸音增强，以后减弱，肺部叩诊呈鼓音，叩诊界后移。慢性肺泡气肿，发展缓慢，发病初期症状不明显，但在使役或运动后，易疲劳和出汗。以后随病势发展，出现呼吸困难，以呼气性呼吸困难为主，呈两段呼吸，在肋骨与肋软骨结合部形成喘沟，严重者甚至肛门突出。在病变部听诊呼吸音减弱或消失，而健康部则呈代偿性增强。间质性肺气肿除呈现呼吸困难外，在颈侧部、背部及肩胛周围皮下，出现不同程度的皮下气肿。

(三)病理变化

在各种致病因素作用下，机体对氧的需要增多时，势必加强呼吸，肺泡高度扩张，肺泡弹力减弱，肺泡回缩不全，呼气时肺内的气体不能充分排出，而伴发急性弥漫性肺泡气肿。在发生肺炎或肺膨胀不全等病变时，呼吸面积减少，病变部周围的健康肺泡进行代偿而发生代偿性肺泡气肿，这种变化仅仅是肺泡弹性一时的改变，并未出现肺泡组织结构上的器质性变化，在除去病因后，还可恢复。如果肺泡长期过度扩张，可使肺泡壁上的毛细血管长期闭塞，供血不足而导致纤维变性，上皮细胞萎缩，肺泡间隔变薄消失，形成大的空腔，呼吸面积减少，肺泡回缩障碍而出现慢性肺泡气肿。肺泡破坏后，气体进入叶间结缔组织内而形成间质性肺气肿。如果叶间结缔组织的气体进入肺胸膜下，或沿纵隔进入胸膜下，或沿肋间结缔组织或沿腋下血管组织进入皮下，则出现皮下气肿。

(四)病程及预后

急性肺泡气肿，消除病因，很快康复，否则转为慢性；慢性肺泡气肿病程长，数月、数年乃至终生，预后不良；间质性肺泡气肿重者经数小时或1～2d窒息死亡，慢性者经过4周左右。

(五)诊断

根据病史和临床症状进行确诊，高度呼吸困难，叩诊界后移，呈鼓音，听诊病变部呼吸音减弱或消失，有明显的喘息沟及两段呼吸等，不难诊断。但应与下列疾病进行鉴别：肺水肿，鼻孔带有泡沫的淡黄色鼻液；喉水肿，为吸气性呼吸困难，吸气时发出喉狭窄音（笛音）；皮下气肿，颈及肩部皮下气肿，有时是由于食道和气管破裂所致，但无呼吸困难和肺泡呼吸音的改变。

(六)治疗

对急性肺泡气肿，主要是除去病因，保持安静和休息，治疗原发病，可很快康复；对慢性肺泡气肿，主要是减轻使役，对症治疗；高度呼吸困难时，可皮下注射10%硫酸阿托品，牛、马1～3mL；原发病为心力衰竭时，可选用强心剂，并发支气管炎则可采用抗生素或磺胺类药物及祛痰止咳等措施。

属于过敏性的肺气肿，可按南京农业大学的治疗方法，用扑尔敏注射液，牛、马、犬每千克体重0.5～1mg，羊、猪每千克体重40～60mg，并肌肉注射青霉素。

对马的治疗，首先应将患马安置在尘埃少、无霉菌孢子、空气新鲜清洁的环境中，应用抗生素或抗霉菌感染药物，以及肾上腺皮质固醇类药物可加快喘息的恢复。

四、幼畜肺炎

幼畜肺炎是一种卡他性炎症，本病可发生于各种幼畜，特别是纯种的牛群、猪群及奶牛企业。它每年以厩舍流行的方式，主要发生于早春、晚秋气候多变的季节，常引起大量幼畜发病。恢复后的犊牛、仔猪、马驹、羔羊的发育受到阻碍，所以该病的防治在畜牧业上有着日益重要的意义。

(一)病因

本病发生的原因是多方面的，首先是幼畜的呼吸道在形态上和机能上均发育不充分，如呼吸道黏膜较幼嫩，血管丰富而通透性较大，咽的周围淋巴结发育不良，支气管腺分泌黏液较少，纤毛上皮运动较差，其清除异物和屏障防卫机能较弱。肺的组织很柔软，在肺上分布的血管是浅表的。同时，神经反射机能尚未成熟。因此，对于肺炎与其他感染性疾病最易发生。饲养和管理不善，常是造成本病的主要诱因。如利用营养价值不全的饲料饲喂妊娠后期的母畜，则生出的幼畜体质常虚弱，对外界环境因素抵抗力降低。在干乳期获得维生素A和胡萝卜素不足的奶牛，生产的犊牛抵抗力降低，容易患肺炎。

饲养在寒冷和潮湿的厩舍，或畜舍日光照射不足，通风不良，经常蓄积有害的气体(如氨、硫化氢等)，密集管理，均易使幼畜发生肺炎。畜舍过热，运动不足以及受贼风侵袭、雨雪淋等，也可诱发本病。在本病的发生上某些微生物的传染，也起着主要作用。在马驹为腺疫链球菌、副伤寒杆菌和坏死杆菌。在犊牛有化脓棒状杆菌，溶血性葡萄球菌，偶尔是绿脓杆菌。在仔猪常为大肠杆菌，放线杆菌和巴氏杆菌。在羔羊的肺炎也以巴氏杆菌感染比较常见，且有时是一种非典型的巴氏杆菌(溶血性巴氏杆菌)，其他感染的细菌有链球菌，粪链球菌和双球菌。

幼畜肺炎的细菌感染，一方面是在上述内外条件改变的影响下而发生；另一方面感染的细菌往往是非特异性的和多种多样的。经研究证明，在健康仔猪和犊牛的上部呼吸道黏膜上，发现有上述某一种或几种微生物的存在，故认为细菌性因素是在幼畜饲养管理不良的条件下，细菌乘机繁殖，增强其毒素，呈现致病作用，并加重病理过程。幼畜肺炎也可以继发于某些传染病和寄生虫病。

(二)发病机理

由于上述的有害因素作用于发育中的幼畜机体或者饲料的营养成分不全，缺乏维生素A、维生素C和维生素D，使机体抵抗力显著降低，给呼吸道的内外源性微生物创造了繁殖增生的良好条件，从而引起肺炎的病理过程。

当幼畜机体过热时，水分排泄加强，并随汗液排出大量氯化物，蛋白质分解加强，使机体酸碱平衡紊乱，造成酸毒症。引起酸毒症的一些异常产物积聚在组织和器官中，造成肺部血液循环机能紊乱，肺呈瘀血状态，因此呼吸加速。随着肺组织营养不良的发展，支气管伴发卡他性炎症变化，结果使肺组织的营养和机能障碍加剧。病理变化扩展到支气管壁、毛细支气管和肺泡，肺的炎症会引起不同程度的氧缺乏现象。氧不足与瘀血的结果，中枢神经系统，特别是大脑皮层抑制过程加强，皮层下中枢活动的调节机能减弱；所有这些变化，又促使肺炎的病理过程加剧。

(三)症状

幼畜肺炎有急性型和慢性型两种。

1. 急性型

多见于1～3月龄的幼畜。精神萎靡，食欲减退或废绝。结膜充血，以后发绀。热度中等，心脏博动次数增加，重症对随心脏血管机能变化出现水肿；心音微弱，心律不齐。呼吸困难，多呈腹式呼吸，甚至头颈伸张。病初引人注意的症状是咳嗽，开始干而痛，后变为湿性，马驹、犊牛和羔羊于每次咳嗽之后，常伴有吞咽动作，时而发生喷鼻声。同时出现鼻液，初为浆液性，后变为黏稠脓性。胸部叩诊呈现局灶性浊音。若病灶较小或在深部时，则叩诊音变化不大。听诊时，在病初期因有支气管炎和支气管周围炎故有呼吸音加强，干性或湿性啰音；以后形成肺炎时，在病灶部呼吸音减弱或消失，可能出现捻发音。

2. 慢性型

多发生于3～6月龄的幼畜。最早的也是最显著的症状为一种间断性的咳嗽。起初比较稀疏，特别见于起立、卧下和身体运动之时，后来日益频繁。从病初起或者逐渐继以呼吸加速而困难(特别是在运动时)，以及湿性和干性啰音，间或有支气管呼吸音。多数病例于胸壁叩诊时能诱发咳嗽。除多数病例仅有中度发热外，全身情况和食欲可能不受扰乱。

幼畜肺炎常并发喉头炎、气管炎、胸膜炎、胃肠卡他，若有并发症存在时，则症状复杂而严重。

(四)病理变化

幼畜的肺炎病变多发生于肺尖叶和肺中部，少见于隔叶。切面呈红色，黄褐色和灰色，压之有泡沫流出，不含空气。肺表面或深部有时形成化脓灶或坏死区。间或发生肝变。纵隔及支气管淋巴结肿大，切面充盈多汁。如并发胸膜炎时，肺表面、胸膜面上有绒毛样纤维蛋白沉着。有时肺与胸膜粘连。

X射线检查，一般在肺的心叶有许多散在的灶状阴影，而很少为弥散状的阴影。

(五)病程及预后

本病的病程及预后，多取决于营养状况、年龄、饲养管理条件以及肺组织发病的程度。急性型在病的初期，肺内发生炎性浸润的病理变化，及时采取正确治疗，消除肺的炎症过程，一般可以治愈。否则病期延长，肺内发生脓性病灶，流出脓性鼻液，则治疗效果降低。往往因并发病，而使病程恶化，故预后不良。

慢性型多系年龄较大的幼畜，其经过可达月余，病畜发育迟滞。当外界环境稍差时，则肺中病理过程加剧。

(六)诊断

本病可根据病史如环境条件，临床症状如咳嗽、肺部变化和X射线检查心叶的灶状阴影等而确诊。病原诊断须排除病原性微生物感染，如犊牛病毒性肺炎、鸡霍乱、肺炎型鹦鹉病、淋巴肉芽肿病等；仔猪蛔虫性肺炎、丝虫性支气管肺炎(仔猪后圆线虫、犊牛网胃线虫、羔羊毛圆线虫)等。

(七)治疗

治疗原则:加强护理,抑菌消炎,祛痰止咳和对症治疗。

(1)加强护理 厩舍内要保持清洁,通风良好。天气暖和时要使幼畜随母畜在附近牧地放牧,或适当运动,并给予哺乳母畜和幼畜营养丰富的饲料。若饲料中维生素含量不足,对肺炎幼畜可向乳中加入鱼肝油 5~10mg,或给予维生素 A、维生素 C 和维生素 D 的制剂。当病畜消化不良时,可将上述维生素制剂做皮下或肌肉注射。

在肺炎病程中,为了消除肺内静脉瘀滞和氧不足的现象,可使病畜在新鲜空气场所自由运动;或管理在宽大而通风良好的畜舍内,这样可以减轻呼吸困难和咳嗽,从而也可改善肺内血液循环和丰富血氧。

(2)抑菌消炎 为了抑制微生物的发育,消除炎症和避免并发病的发生,广泛地采用抗生素疗法。青霉素肌肉注射,犊牛、马驹 160 万~320 万 U,或链霉素肌肉注射,犊牛、马驹 100 万 U,羔羊或仔猪用量可酌减,每日 2 次,痊愈为止。也可用磺胺制剂,如 10% 磺胺嘧啶钠溶液 20~40mL(犊、驹),加入 25% 葡萄糖溶液,或葡萄糖生理盐水 100mL 静脉注射,每日 2 次。也可内服长效磺胺,驹、犊第一次按每千克体重 0.2g,每日 1 次,以后每次用量减半;羔羊和仔猪用量酌减。为了增加磺胺制剂的疗效,在用磺胺制剂的同时,可加用磺胺增效剂。

为了促使炎症消散,也可用上述剂量的青霉素或链霉素,溶于 5mL 注射用水,向气管内缓缓注入,每日 1 次;连用 5~9 次为一疗程。

病情严重时可应用四环素,按幼畜每千克体重用 10mg,溶于 5% 葡萄糖溶液中,行静脉注射,每日 1~2 次。

根据幼畜病情,也可并用抗生素和磺胺或两种抗生素以增强疗效。

对慢性病例,还可配合自家血液疗法。犊、驹自家血液 15~30mL,皮下注射(羔羊和仔猪可酌减),每 3~5d 用 1 次,以增强机体抵抗力,加速疾病的痊愈。也可用同种健康动物血液肌肉注射,按每千克体重 0.5mL。

(3)祛痰止咳 咳嗽频繁而重剧的,可用止咳祛痰药,如复方甘草合剂或远志酊等内服。

(4)对症治疗 为了防止渗出,可早期用钙制剂。心脏衰弱的可用氧化樟脑。

(八)预防

预防本病的发生,必须对妊娠母畜给予富含营养的饲料,特别是蛋白质、维生素、微量元素和矿物盐,并进行适当的室外运动。畜舍通风良好,清洁,干燥,不可密集。冬季防止贼风侵袭,夏季防止过热。

为预防幼畜因受寒侵袭而发生肺炎,可从幼龄用冷舍培育方法,锻炼幼畜。气候炎热的时期,不应给予过冷的饮料。

给予幼畜的补料,也应注意各种营养成分的配合。根据国外资料,对 1 周龄的仔猪,每头每日随饲料喂给 0.2g 维生素 C,持续到仔猪断奶,有预防肺炎的作用。

五、霉菌性肺炎

霉菌性肺炎是由于环境卫生不良与霉变饲料中的霉菌和霉菌孢子,通过呼吸道吸入而发生。家禽还伴有气囊和浆膜的霉菌病。

(一)病因

由于饲料堆放时间过长,遭受阴雨连绵而使霉菌大量繁殖。搬动饲料时,霉菌及霉菌孢子可污染畜舍的空气,而被家畜吸入。当家畜采食时,饲料中带有霉菌而吸入。在马、牛主要由于烟色曲霉菌所引起,该霉菌分泌曲菌丝、熏曲菌素和曲菌酸菌素,家禽为淡蓝色曲霉菌、葡萄状白霉菌及蓝色青霉菌等。

上述霉菌的孢子在潮湿的环境下很容易发育,在自然界中广泛分布。健康畜禽能抵抗在自然情况下存在的浓度相当大的曲霉孢子的感染,当机体抵抗力减弱,或者具有呼吸道卡他性炎症时,是发生本病的原因,尤其是环境及饮料中尘埃太多时容易发生感染。

(二)发病机理

当动物采食带有霉菌孢子的饲料时,能通过呼吸侵入呼吸道,并在呼吸道黏膜上发育的同时引起局部炎症反应。任何使呼吸系统保护性机能降低的因素,以及对畜禽不合理的饲养管理,都可引起霉菌性肺炎。

(三)症状

马具有小叶性肺炎的症状,从鼻孔流出污绿色黏液,显微镜检查可见霉菌的菌丝。黏膜苍白或发绀,肺部可听到啰音。病畜不能站立,经常卧地,四肢呈游泳样运动,家禽患病时多伏卧、拒食,对外界反应淡薄。如病程延长,则见呼吸困难,呈张口呼吸,有人认为这是本病的特征性症状之一。当详细观察,可见其吸气时颈部气囊明显扩大,一起一伏,呼吸时有"嘎嘎"声,晚上尤为明显,食欲增加。患禽多离群,闭目昏睡,精神委顿,消瘦很快。此外,冠及肉髯为暗紫色,并起皱褶,羽毛松乱。且常有下痢,一般出现症状后2~7d内死亡。

(四)病理变化

在马、牛的肺脏上有大小不等的结节,小的如芝麻粒,大的如豌豆。小结节有的呈散在性或融合性的。在小结节中间有化脓,其中含有霉菌丝。家禽的呼吸道黏膜有黄色或微绿色霉菌苔膜,尤其是支气管黏膜有炎症时,支气管黏膜和气囊内有污黄色干酪样物或微绿色苔膜。肺中有大小不等的干酪性粟粒状结节,结缔组织增生范围广泛的支气管肺炎病灶。此外,还有化脓性、干酪性或者粟粒状结节,被结缔组织和出血晕所包围。有时在肝脏、脾脏及肾脏中也有这种结节。

(五)诊断

根据流行病学、症状及病理学变化可做出初步诊断,确诊则需进行微生物学检查。取病灶组织少许,置载玻片上,加生理盐水1~2滴,用细针将组织搞碎,在显微镜下检查,如见菌丝和孢子,即可做出诊断。

(六)治疗

根据病情可选用下列方法:

硫酸铜：1∶3 000硫酸铜溶液，作为饮水用，连用3～5d，个体病禽可用细胶管投服。马、牛600～2 400mL/次，连用3～5d。羊、猪120～480mL，家禽3～5mL，灌服，每日1次。

钾：在每升饮水中加碘化钾5～8g。个体畜禽内服量为：马、牛2～6g，猪、羊0.5～2g，鸡8mg，每日3次。年幼畜禽，药量酌减。

两性霉素B：两性霉素B(合霉素B)能抑制若干引起全身性感染的霉菌，如组织胞浆菌、隐球菌、球孢子菌、念珠菌、芽生菌及孢子丝菌等。将两性霉素B用5%葡萄糖溶液稀释成每毫升溶液中含0.1mg，缓慢静脉注射。按每千克体重0.12～0.22mg给药。

中草药：鱼腥草60g、蒲公英30g、筋骨草15g、桔梗15g、山海螺30g、煎汁代替饮水，可供1 000只10～20日龄幼鸡1d服用，连用2周。

(七)预防

防止干草发霉：晒草时必须晒干才能堆起来，并选择地势较高、干燥的地方堆草，草垛顶防止漏水。

不喂发霉干草，不用发霉干草做家禽的垫草。不要在发霉潮湿的禽舍及保姆器内饲养幼禽。用新鲜稻壳铺撒禽舍可防止发霉。

任务三　胸膜疾病

一、胸膜炎

胸膜炎是伴有渗出液与纤维蛋白沉积的胸膜炎症。其主要特征是胸腔内含有纤维蛋白性渗出物。按其病程可分为急性与慢性；按其病变的蔓延程度可分为局限性与弥漫性；按其渗出物的数量可分为干性和湿性；按其渗出物的性质可分为浆液性、浆液-纤维蛋白性、出血性、化脓性和化脓腐败性等。

本病各种家畜都能发生，但常见于马类动物。

(一)病因

急性原发性胸膜炎比较少见，可发生于胸壁挫伤、穿透创、胸膜腔肿瘤，或机体抵抗力衰弱时微生物浸入胸腔所致。大多数胸膜炎乃是一种继发性的疾病，一般继发于吸入性肺炎、犊牛地方流行性肺炎、腹膜炎、创伤性心包炎、肋骨和胸骨骨折、骨疽或骨坏死、化脓性肺炎、鼻疽、腺疫、脓毒症、出血性败血病、胸部食管穿孔等。也有继发于牛、绵羊和山羊传染性胸肺炎，牛的脑脊髓炎和结核病等。胸膜炎的主要病原是巴氏杆菌、结核杆菌、化脓杆菌、支原体及纤毛菌等。

(二)发病机理

上述的各种因素都能使胸膜的内皮组织和毛细血管受到伤害，引起毛细血管的扩张和内皮组织的疏松，产生大量渗出液；其液体部分立即又被胸膜的未受损害的部分(主要是纵隔的胸膜)所吸收，而渗出的纤维蛋白则沉积于胸膜上，如果渗出液的分量过大，则不能完全被胸膜的健康部分所吸收，即有液体聚积于胸腔中。如果微生物和渗出液中的固体成分不能及时被正常的和新形成的特异抗体所完全溶解,则将产生新生的结缔组织。由于被吸收的细菌内毒素和蛋白质分解产物的作用,将引起发热;由于炎性产物纤维蛋白聚积时,肺膜将与肋膜分离,又使刺痛减轻,但呼吸则变得困难。细菌内毒素的作用,胸膜刺痛的反射作用,以及由于大量渗出液和纤维蛋白的聚积(对心脏的压迫作用),都可使心脏的功能受到障碍。

(三)症状

原发性病例在初期,常有精神不振,被毛蓬乱、食欲减少,震颤,体温升高,可达40℃,以后则降至39～40.5℃,呈弛张热。如为化脓性胸膜炎,体温可能更高。有时由于病原与发炎性质而不同,故热型不定。触压胸壁表现疼痛,常向对侧躲避,甚至发生战栗或呻吟。病畜多采取站立姿势,肘部外展,不愿走动,也不愿躺卧。若因过度衰弱而躺卧时,多卧于健侧。安静时,间或有低沉微弱的咳嗽。

(1)胸部叩诊　在病的初期以及在纤维蛋白性胸膜炎时,有时病畜表现疼痛及咳嗽加剧。在渗出性胸膜炎,因渗出液积聚,胸廓下部叩诊呈现浊音区。在马两侧浊音常为同一水平。而牛在躺卧时,由于渗出液转移,水平浊音区通常消失或缩小,若将病畜位置移动,则水平浊音也随之而变化,但在粘连性胸膜炎,则浊音区可能无变化,在浊音区上部呈现清晰鼓音。

(2)胸部听诊　病的初期,胸膜有纤维蛋白性渗出物附着而变得粗糙,可听到胸膜摩擦音;随着渗出液的蓄积,摩擦音消失,有时可听到拍水音;而这个部位的肺泡呼吸音减弱或消失,健康部位肺泡呼吸音增强。

(3)血液学变化　白细胞总数和嗜中性粒细胞数增多,核左移,淋巴细胞减少。

(4)胸腔穿刺　胸腔积聚有大量渗出液时,穿刺时可以流出,颜色淡黄,李凡他试验阳性,如穿刺液有腐败臭味或脓汁时,则表示病情恶化,胸膜已化脓坏死。

(5)其他症状　食欲变化无常,身体消瘦,心音减弱。常有蛋白尿,尿中氯含量减少,渗出物开始吸收后,尿液又显著增加,呈现多尿。

(四)病理变化

急性胸膜炎的特征是胸膜潮红、粗糙而干燥(水肿、变厚、充血)。可在其上面见到一层疏松附着,容易撕碎的蛛网状或者较厚的纤维蛋白膜(纤维蛋白性或干性胸膜炎)。在渗出期,胸腔中大量含着纤维蛋白块团和混浊的液体(马15～20L,甚至高达60L;猪2～10L)。胸膜增厚,胸膜的脏层和壁层发生粘连。肺的腹侧面衰萎,色彩暗红。

慢性胸膜炎时,有的肉芽组织大量增生,有的在发炎的胸壁上形成纤维蛋白性结缔组织,有的由于结缔组织的增生,使胸膜壁层与脏层或膈发生粘连。

(五)诊断

胸膜炎的诊断根据临床症状和病史为基础,确诊并不困难。纤维蛋白性(干性)胸膜炎的特征,听诊时可以听到摩擦音,按压和叩诊胸壁时,常表现有触痛。渗出性胸膜炎的主要特征是胸廓下部出现水平浊音区。X射线检查,更容易确诊。

(六)预后

预后根据病因、渗出物的性质、病畜的种类和年龄而定。在干性和局限性、浆液性纤维蛋白性胸膜炎时，常能痊愈；在弥漫性胸膜炎时，常常导致死亡。有痊愈者，但已失去生产能力。

(七)治疗

治疗原则：消除炎症，控制渗出，促进渗出物的吸收和排出以及防止自体中毒。首先应停止劳役，给予柔软、富含营养的饲料；如为渗出性胸膜炎，则应适当限制饮水。

为了促进炎症的消散，可在胸壁上涂擦10%樟脑乙醇、芥子精等刺激剂，而后可实行温包。也可应用紫外线照射与透热疗法进行治疗。

为了抑制渗出物的产生，在马可用10%氯化钙100～200mL静脉注射，每日1次，可持续数日。

加速炎性渗出物的吸收与排出，马可用利尿剂、强心剂及轻泻剂，如撒乌安注射液50～100mL静脉注射，每日1次，可连用数日。

对有高热的病例，可用青霉素、链霉素、土霉素或磺胺药，必须采用适当剂量和持续一定日期，如磺胺噻唑每日15～30g，分2次服用，连续用到症状消失。

胸腔渗出液积聚过多，呼吸高度困难时，可进行胸腔穿刺，排出积液。必要时，可反复施行。化脓性胸膜炎，在施胸腔穿刺排出积液后，可用0.02%呋喃西林或0.1%雷夫奴尔消毒液冲洗胸腔。然后注射青霉素100万～200万U或磺胺噻唑油剂(磺胺噻唑30～50g，溶于新鲜植物油内)。

中药治疗方面，干性胸膜炎可用：银柴胡30g、瓜蒌皮60g、薤白18g、黄芩24g、白芍30g、牡蛎30g、玉金24g、甘草15g，共为末，开水冲调，马、牛一次性内服。渗出性胸膜炎可用归芍散：当归30g、白芍30g、白芨30g、桔梗15g、贝母18g、寸冬15g、百合15g、黄芩20g、花粉24g、滑石30g、木通24g，共为末，开水冲调，马、牛一次性内服。加减：热盛加双花、连翘、栀子；喘甚加杏仁、杷叶、葶苈子；胸水加猪苓、泽泻、车前子；痰多加前胡、半夏、陈皮，胸痛甚加没药、乳香；后期气虚加党参、黄芪等。

(八)预防

主要为加强饲养管理，防止胸部创伤以及增加机体抵抗力。此外，及时根治原发病，对防止本病的发生有重要意义。

二、胸腔积水

胸腔积水是胸腔内积有漏出液，胸膜上并无炎症变化的一种疾病。此为其他器官或全身疾病的一种症状，常以呼吸困难为特征。

本病通常为两侧性，但也可因局部血液循环紊乱而发生一侧性胸水。

(一)病因

本病常因心脏疾病和肺脏的某些慢性疾病，或静脉干受到压迫时，由于血液循环障碍而引起。慢性贫血和稀血症以及任何长期的消耗性疾病也可引起胸腔积水。当有肿瘤压迫于胸导管上时，可发生乳糜性胸水。

(二)发病机理和病理变化

本病的发生，通常由于慢性心脏病，以致造成血液循环障碍，而引起全身静脉瘀血，结果先发生大量血清样液体渗出。因此，本病不仅发生胸水，而且会并发腹水及全身水肿现象。由于病畜胸腔大量渗出液积聚，压迫膈肌后移，胸腔负压降低，结果妨碍呼吸，使呼吸急速而困难。

渗出液呈淡黄色至微红黄色，清朗或略微混浊，间或混有微细的纤维蛋白絮片，有时混有少量血液，比重在 1.016 以下，蛋白质含量在 3% 以下，含有少量网状内皮细胞、淋巴细胞、脂肪细胞和红细胞。乳糜性胸水的特征是液体呈絮样混浊，静置后上面出现乳脂状层。除肺脏萎缩外，还可以见到胸膜轻度增厚而混浊。此外，还有其原发疾病的变化。

(三)症状

病初胸腔有少量渗出液积聚(绵羊 500mL，马 2 000mL)，常看不出明显的临床症状。只有在液体积聚过多时，在临床上出现呼吸浅表而困难，体温正常，心音高朗，在水平浊音区也可听到心音。叩诊时，两侧呈水平浊音；若身体位置移动，液体水平也随着改变。听诊时，在浊音区听不到肺音，有时可听到支气管呼吸音。探查穿刺渗出液，本病若发生腹水、心包积水及皮下水肿现象，预后一般不良。

(四)诊断

根据缺乏全身性症状和叩诊胸壁的水平浊音不难确诊。但是，本病很容易与胸膜炎混合。胸膜炎有热征、摩擦音、胸部疼痛、咳嗽等。胸水无上述症状出现。胸膜炎多发生于一侧，本病多发生于两侧。胸膜炎为渗出液，而胸水则为漏出液。

(五)治疗

首先改善饲养，加强护理，并适当限制饮水。继则确诊原发病，给予积极治疗，根据临床症状配合对症治疗。如胸腔积液不多时，可用利尿剂和强心剂，以促进收和排出。当胸腔积液过多时，呼吸特别困难，有窒息危险时，可施行穿胸术排出积液。

奶牛肺脏的听诊

【实训目的】 让学生掌握肺部听诊的方法及常见的病理呼吸音。
【实训材料】 实习奶牛；保定架、听诊器。
【实训内容】

1. 肺部的听诊部位

肺部的听诊部位，可以从以下三条界来加以确定。

①上界：与脊柱平行的直线，距背中线为 10cm。
②前界：为自肩胛骨后角沿肘肌向下所划的类似"S"形曲线，止于第 4 肋间。
③后界：由第 12 肋骨开始，向下、向前的弧线则经髋结节线与第 11 肋间相交叉，肩关节线与第 8 肋间相交叉，而止于第 4 肋间。

2. 听诊方法及注意事项

(1)一般多用听诊器进行间接听诊。对动物的两侧肺区，应普遍地进行听诊，每一听诊点的距离均为3~4cm,每一听诊点应连续听诊3~4个呼吸周期。

(2)听诊的环境必须安静,尽可能在室内进行。

(3)听诊时,应密切注视动物胸壁的起伏活动,以便辨别吸气与呼气阶段。

(4)应对病变区域与周围健区以及左右两侧的相应区域进行比较听诊,以确切地判断病理变化。

(5)如呼吸活动微弱,呼吸音响不清时,可人为的使动物的呼吸活动加强,以便于辨认。可短暂捂住鼻孔或做短暂的运动。

3. 正常呼吸音

家畜呼吸时,气流进出呼吸道和肺泡发生摩擦,引起漩涡运动而产生声音。经过肺组织和胸壁,在体表所听到的声音,即为肺呼吸音。在正常肺部可以听到两种不同性质的声音,即肺泡呼吸音和支气管呼吸音。检查时应注意呼吸音的强度,音调的高低和呼吸时间的长短以及呼吸音的性质。

(1)肺泡呼吸音 类似柔和的"夫、夫"音,如听到吹风样。整个肺区都能听到,但以肺区的中部为最明显。

(2)支气管呼吸音 是一种类似将舌抬高而呼出气时所发出的"赫、赫"音。支气管呼吸音是空气通过声门裂隙时产生气流漩涡所致。故支气管呼吸音实为喉、气管呼吸音的延续,但较气管呼吸音弱,比肺泡呼吸音强。支气管呼吸音的特征为吸气时较弱而短,呼气时较强而长,声音粗糙而高。此乃呼气时声门裂隙较吸气时更为狭窄之故。支气管呼吸音有生理和病理两种。

4. 病理性呼吸音

(1)肺泡呼吸音的变化

①增强:如发热、代谢亢进及局部代偿性增强等。

②减弱:肺组织炎症、浸润、实变或弹性减弱、丧失。上呼吸道狭窄(喉水肿),肺膨胀不全,全身极度衰弱,呼吸肌麻痹。剧烈疼痛,呼吸运动受限,呼吸音传导不良。如胸腔积液、胸膜增厚、胸壁肿胀。

(2)支气管呼吸音或混合呼吸音

①支气管呼吸音发生条件:肺实变范围大,病变位置浅表,大支气管和支气管都畅通无阻。此时,由于肺组织的密度增加,传音良好,可听见清晰的支气管呼吸音"赫、赫"。如肺炎、肺结核。

②混合呼吸音:吸气时有肺泡音"夫",呼气时有支气管音"赫"。见于大叶性肺炎或胸膜肺炎的初期。

(3)附加的呼吸音 主要有啰音、摩擦音和捻发音。

①啰音:主要出现在吸气的末期,呈尖锐或断续性,是呼吸道特有病理性产物的标志。

干性啰音:声音尖锐,似蜂鸣、飞箭,类鼾声,表明支气管肿胀、狭窄或分泌物较为黏稠,是支气管炎的典型症状。

湿性啰音:又称水泡音,似水泡破裂音,是支气管炎与肺炎的重要症状,反映气道内有较稀薄的病理产物。

②摩擦音：正常胸膜的壁层和脏层之间湿润而光滑，呼吸运动时不产生声音。当胸膜炎时，由于纤维蛋白沉着，使其变为粗糙不平。因此在呼吸运动时，两层粗糙的胸膜面相互摩擦而产生杂音。摩擦音类似手指在另一手背上进行摩擦时所产生的声音或捏雪声、搔抓声、砂纸摩擦声。摩擦音是纤维素性胸膜炎的特征。

③捻发音：为一种极细微而均匀的"噼啪"音。类似在耳边捻转一簇头发时所产生的声音。此乃因肺泡被感染而有渗出物，并将肺泡黏合起来，但并非完全实变，当吸气时，黏着的肺泡突然被气体展开；或毛细支气管黏膜肿胀并被黏稠的分泌物黏着，当吸气时黏着的部分又被分开，而产生的特殊的爆裂音，即捻发音。一般出现在吸气之末，或在吸气顶点最为清楚。

捻发音的临床意义：常提示肺实质的病变，如肺泡炎、肺充血和肺水肿的初期，也见于毛细支气管炎。

【实训报告】 学生记录本人实训操作的各项内容，整理并写出实训报告。

一、名词解释

感冒　肺炎　肺气肿　胸腔积水

二、问答题

1. 如何确定肺部的听诊部位？
2. 病理性呼吸音有哪些？
3. 大叶性肺炎有哪些表现？

三、思考题

1. 一年中哪个季节最容易得呼吸道疾病？理由是什么？
2. 现在感冒治疗为什么常会配合使用抗生素？

项目三 心血管系统及造血器官疾病

【知识目标】
- 掌握心力衰竭的发病机理、预防和治疗。
- 掌握心包心肌疾病的病因、症状、诊断、治疗和预防。
- 掌握贫血的病因、机理、诊断、治疗和预防。

【技能目标】
- 熟练地进行心力衰竭的诊断、治疗。
- 熟练地进行心包心肌疾病的诊断、治疗。
- 熟练地进行贫血的诊断、治疗。

任务一 心力衰竭

心力衰竭又称心脏衰弱,指心肌收缩力减弱或衰竭,心脏排血量减少,动脉压降低,静脉回流受阻等而呈现全身血液循环障碍的疾病。心力衰竭既是一个独立的疾病又是一种临床症状。各种家畜都可发生,但以马属动物多发。

根据病程分为急性心力衰竭和慢性心力衰竭;按病因可分为原发性心力衰竭和继发性心力衰竭两种。

(一)病因

(1)急性原发性心力衰竭　主要由于使役过重和不当,特别是长期闲置的家畜,突然使役且过长过重;猪多发生在长途驱赶过程中;静脉输液量超过心脏的最大负荷,尤其是过快地注射对心肌有较强刺激性药液,如钙制剂等。

(2)急性继发性心力衰竭　多继发于急性传染病,如马传染性贫血、传染性胸膜肺炎、口蹄疫、猪瘟,以及某些内科疾病,如各种急性心脏疾病、胃肠炎、肠便秘、日射病等;寄生虫病,如弓形体病;各种中毒性疾病的经过中,这多由于病原菌或毒素直接侵害心肌所致。

(3)慢性心力衰竭(又称充血性心力衰竭)　常继发或并发于心脏本身各种疾病,如心包炎、心肌炎、慢性心内膜炎,血液循环障碍的某些慢性疾病,如慢性肺气肿和慢性肾炎等。

(二)发病机理

心脏排血量，主要由心脏收缩频率和力量、静脉血液回流量和外周循环阻力三个因素决定的。静脉血回流越多，外周循环阻力越大，心室内血液量越多，心脏收缩力越强。在平时缺乏锻炼的马属动物，当突然负重和使役时，机体各个器官需要的血液量大为增加，此时心脏通过加强其收缩力和加快心脏搏动次数等进行代偿，以增加心脏排血量，维持血液供应的动态平衡。加强心肌收缩力和加快心脏搏动次数，虽然可以在短暂时间内，在一定程度上起到改善血液循环的作用，但是也加重了心脏的负担，进而使心肌收缩力降低，尤其是心脏搏动次数的加快，因而不仅增加心肌本身耗氧量，并且由于心室舒张期大为缩短，心脏充盈不足，这就使心脏排血量不但不增多，反而减少，严重影响全身血液循环，加重心脏本身的血液循环障碍，导致代偿机能不全，发生急性心力衰竭。当病程的持续发展又可能转为慢性心力衰竭。

心力衰竭出现后，由于心肌收缩力丧失了代偿能力，心脏排血量更为减少，一方面可引起机体组织缺氧和代谢产物排泄受阻，肌肉无力而易于疲劳；另一方面大量血液滞留在静脉系统而发生全身静脉瘀血，静脉内压增高，以及由于组织缺氧，毛细血管通透性增大，使水分从毛细血管漏出到组织间隙内，发生水肿，严重时发生胸、腹腔和心包积液。

慢性心力衰竭，多是由于心脏血管系统病变不断加重的基础上逐渐发展而来的。它可分为左心衰竭、右心衰竭和全身衰竭。

左心衰竭时，首先呈现肺循环障碍，由于肺脏毛细血管内压急剧升高，可迅速发生肺水肿。右心衰竭时，呈现瘀血和心源性水肿(全身性水肿)，这是由于肾脏血液量不足，肾小球的滤过率减低，使尿的生成减少。同时，由于有效循环血液量不足，使肾上腺皮质分泌的醛固酮和抗利尿激素增多，加强肾小管对钠离子和水的重吸收，引起钠离子和水在组织内积留，而加重心脏性水肿。

此外，心力衰竭导致肺脏瘀血，影响气体交换，血液中二氧化碳含量增多，呼吸中枢兴奋，引起呼吸加快。这是左心衰竭时，最早出现症状之一。

由于全身血液循环紊乱，机体组织缺氧的同时，心脏本身血液循环障碍。这样一方面使心肌活动的磷酸腺苷(ATP)不能充分供应，另一方面由于碳水化合物酵解产生过量的乳酸、丙酮酸等中间代谢产物，蓄积于血液和组织中引起酸中毒。

(三)症状

(1)急性心力衰竭　初期病畜精神沉郁，食欲不振，使役或运动中容易疲劳、出汗(马)，呼吸加快，肺泡呼吸音增强，可视黏膜轻度发绀，体表静脉怒张，第一心音增强，脉搏细数，马可增至80次/min以上，有时出现心内性杂音。病情发展急剧时，精神极度沉郁，食欲废绝，黏膜高度发绀，体表静脉怒张，呼吸高度困难。胸部听诊有广泛啰音；两侧鼻孔流出带泡沫状鼻液，脉搏明显增强。第一心音极为高朗，常常带有金属音，脉搏加快可达100次/min以上，伴发阵发性心动过速；脉性细弱，脉不感手。有的倒地痉挛，体温降低。

(2)慢性心力衰竭　病情发展缓慢，病程长达数周、数月，心脏机能从正常发展到心力衰竭要经过一段代偿过程。除精神沉郁和食欲减退外，走动，不耐使役，易于疲劳、出汗。黏膜发绀，体表静脉怒张。垂皮、腹下和四肢水肿；触诊有捏面粉样感觉，无热无痛。患畜经一夜伫立后，腹下出现局限性水肿（早期当使役或运动后，水肿就会减轻或消失）。心音减弱，脉数增多，脉性微弱，经常出现机能性杂音（瓣膜相对性闭锁不全、节律不齐，心脏叩诊浊音界扩大）。

心力衰竭，特别是右心衰竭，静脉系统瘀血，除发生胸、腹腔和心包腔积液外常引起脑、胃肠、肝、肺和肾脏等实质器官的瘀血。

①脑瘀血：可引起脑组织缺氧，呈现脑贫血症状，如意识障碍，反应迟钝，眩晕或失去平衡以及跌倒，痉挛等症状。

②胃肠瘀血：由于胃肠道黏膜水肿，发生便秘和下痢等慢性消化不良，患畜逐渐消瘦，肝脏瘀血多发生于右心衰竭，肝肿大，肝功能也发生异常（主要为功能减低），黄疸。重症时门脉循环障碍，引起心原性肝硬化，发生腹水。

③肺脏瘀血：主要发生于左心衰竭，呈现呼吸困难、慢性支气管炎，听诊有各种性质啰音，并发咳嗽等。

④肾脏瘀血：主要发生于慢性右心衰竭，肾脏血流量不足，尿量减少，尿液浓稠，肾曲细尿管上皮缺氧而发生颗粒变性，出现蛋白尿、尿沉渣中有肾上皮细胞和管型。

(四)诊断

心力衰竭，主要根据发病原因，静脉怒张，脉搏增数，呼吸困难，垂皮水肿以及心、肺听诊与叩诊的病理变化等临床特征，进行综合分析，建立诊断。同时要注意急性或慢性，原发性或继发性的鉴别诊断。

(五)治疗

1. 安静休息

症状较轻的急性心力衰竭患畜，只要适当休息，饲喂柔软易于消化的富含营养的草料等，不用药物治疗也可康复。

2. 减轻心脏负担

根据病畜体质，静脉瘀血程度以及心音、脉搏强弱，酌情放血1 000～2 000mL（贫血病畜不要放血），随后静脉缓慢注射20%～25%葡萄糖溶液500～1 000mL，增强心脏机能，改善心肌营养。

3. 增强心脏收缩力和排血量

应用各种强心药。当心脏搏动过速（100次/min以上）伴发静脉瘀血、水肿的慢性心力衰竭患畜，宜用洋地黄类强心药，但应注意洋地黄类强心药物的蓄积作用。

(1)一般用药剂量　洋地黄末2～5g，内服（马、牛）；洋地黄酊20～40mL，内服（马、牛）或洋地黄注射液(0.02%)5～10mL，静脉注射。

(2)慢性心力衰竭时　用安钠咖内服。马、牛等大家畜剂量：每千克体重5～10g或20%安钠咖注射液10～20mL，肌肉或静脉注射。

(3)某些急性传染病及中毒过程中的心力衰竭时　常用10%樟脑磺酸钠注射液10～20mL，皮下或肌肉注射，也可用1.5%樟脑注射液10～20mL，肌肉或静脉注射（以上均指马、牛用量)。

(4)严重急性心力衰竭患畜　应用速效强心剂进行抢救,首选 0.02% 洋地黄毒素注射液 5~10mL,静脉注射(马、牛),如果心脏机能仍不见好转,可立即应用 0.1% 肾上腺素溶液 3~5mL,加在 25%~50% 葡萄糖溶液 500mL 内,静脉滴注,效果较好。

(5)对心脏搏动过速(100 次/min 以上)重症患畜　可以肌肉注射复方奎宁注射液 10~20mL,每日 2~3 次(马、牛),具有抑制心肌兴奋的传导,减慢心率的良好效果。

4. 对症疗法

急性心力衰竭患畜,心脏搏动强盛,胸壁震动,可应用镇静剂,如安溴注射液 50~100mL,静脉注射(马、牛)。对慢性心力衰竭患畜,出现消化不良时,可根据病情适当地应用缓下剂和健胃剂内服;出现水肿而尿量过少的患畜,可应用利尿药治疗。

5. 辅助治疗

当心力衰竭时,心肌组织代谢能量显著增加,故宜用葡萄糖来改善心肌代谢。临床上多用三磷酸腺苷、辅酶 A、细胞色素 C、维生素 B 和葡萄糖等所谓能量合剂,作为辅助治疗,其疗效较为理想。此外,为了增加心脏排血量,降低外周血管阻力,扩张小动脉,改善微循环等目的,应用皮质激素,如氢化可的松等制剂,只要使用适当,疗效较好。

6. 中药疗法

中兽医对心力衰竭,多用"参附汤"治疗:党参 60g、熟附子 32g、生姜 60g、大枣 60g,水煎二次,候温灌服(马、牛)。还可应用"营养散"治疗:当归 16g、黄芪 32g、党参 25g、茯苓 20g、白术 25g、甘草 16g、白芍 19g、陈皮 16g、五味子 25g、远志 16g、红花 16g,研末,开水冲服,每日 1 剂,7 剂为一疗程。

(六)预防

役畜平时要坚持经常锻炼,以增强心脏机能,提高使役适应能力。要坚持合理使役,防止并避免突然过劳,更不要长期不使役。

静脉注射刺激性较强的药液时,应按患畜心脏状态,适当地掌握注射速度和剂量。如果继发于其他疾病,应及时根治其原发病。

任务二　心包心肌疾病

一、心包炎

心包炎是指心包的炎症。表现为心区疼痛,心包摩擦音或拍水音,心浊音区扩大等特征。根据病情分为原发性心包炎和继发性心包炎;根据病程可分为急性心包炎和慢性心包炎,按其病因又可分为传性和非传染性;根据炎性渗出物的特性分为浆液性、纤维蛋白性、浆液-纤维蛋白性、出血性、化脓性、化脓-腐败性和混合性等多种类型。

心包炎多发生于牛、猪,是牛最常发生的一种心脏疾病,马属动物及其他家畜较少见。

(一)病因

(1)急性传染性心包炎　临床上多为继发性或并发性心包炎,当家畜患有某些急性传染性疾病,如传染性胸膜肺炎、幼驹腺疫、脓毒败血症、猪出血性败血症、猪丹毒、猪瘟、羊痘等。

(2)非传染性心包炎　见于某些内科疾病,如肺炎、化脓性胸膜炎、心肌炎及维生素缺乏症、矿物质代谢病的经过中,都可诱发心包炎。

慢性传染性心包炎,可以由急性心包炎演变来的,也可并发于各种慢性传染病,如肺结核、马鼻疽等。

(3)牛创伤性心包炎　采食混杂尖锐异物(铁钉、铁丝、针等)饲料。尖锐异物随着饲料误落入网胃中。前胃过度充满和腹压急剧增高,如努责、分娩、瘤胃臌气、奔跑或跌倒等,致使尖锐异物从网胃穿通膈肌或刺伤心包,前胃内的微生物可随之侵入,引起创伤性心包炎症过程。

此外,风湿病经过中,往往并发心肌炎;某些药物,如磺胺类药物及青霉素的变态反应,也可诱发本病。

(二)发病机理

由于某些传染性病原菌和炎性刺激,尤其是尖锐异物刺伤以及随尖锐异物带入的病原性细菌,主要是化脓性杆菌进入心包内,感染后使局部发生充血、出血、肿胀等炎性反应。炎性渗出物有浆液性、纤维蛋白性、化脓性、腐败性等几种。由于大量化脓腐败性渗出物积聚于心包内,引起心包被动性扩大和体积增大,心包内压力升高,到一定值时,会限制心脏舒张,使流入心脏的血量减少,心房充盈度不足,全身性血液循环障碍,静脉血液,特别是前腔静脉和颈静脉血液回流受阻,结果颈静脉怒张,动脉压下降,脉搏微弱,有时脉搏节律不齐。静脉瘀血的继续发展,淋巴液回流也会发生障碍,引起下颌间隙和垂皮等处水肿和黏膜充血、发绀等症状。

急性炎性病变刺激心包感受器,可引起心率反射性增数,有时还出现期外收缩,伴有疼痛反应和前胃消化机能障碍等症状。

由于血液循环障碍,肺脏受增大的心包挤压,膈肌的活动受限制以及肺循环瘀血,初期由于二氧化碳血管感受器和中枢的作用,引起呼吸中枢兴奋,呼吸增数,呈现腹式呼吸为主的呼吸困难。随后又由于血液的含氧量降低,相应地出现黏膜发绀现象。后因病理产物和细菌毒素被吸收,引起体温升高。其变化是心包、心肌和心内膜充血、出血以及心包内积聚大量炎性渗出液。炎症发展的结局,使心脏发生压迫性萎缩,有的心包、膈肌、网胃相互粘连。

(三)症状

急性心包炎的初期,临床症状多轻微,常常由创伤性网胃心包炎引起,常被创伤性网胃炎的症状所掩盖。表现出来的是创伤性网胃炎的症状。

创伤性心包炎多发生于创伤性网胃炎之后。创伤性网胃腹膜炎或创伤性网胃心包炎的症状,表现顽固性前胃弛缓,运步小心、谨慎,有时不安;伫立或卧下时发生磨牙、呻吟等疼痛表现。食欲时好时坏,异食,反刍缓慢无力或完全停止。瘤胃蠕动有时接近正常,有时减弱，甚至消失。反复发生轻度臌胀，当食欲废绝，患畜迅速消瘦。

剑状软骨和网胃区触诊，表现疼痛反应，或躲避或呻吟，这些症状大约持续数周，甚至数月后，全身性症状相应地加重，精神沉郁，呆立不动，头下垂，颈伸直，眼半闭，前肢向前外伸展，肘头外展，弓背，两后肢集于腹下，避免运动，强行走动则出现愿走上坡、软路，不太愿走下坡。站立时企图保持前躯高位而后躯低位的姿势，患牛的肩部、肘关节和臀部肌肉也往往发生震颤。

病初眼结膜充血、潮红，当静脉发生瘀血现象时，眼结膜出现发绀，有时呈现黄染。心脏搏动开始亢进，以后由于心包内渗出液的积聚或纤维蛋白的沉积，则心脏搏动减弱，压诊心区有痛性反应。

听诊，牛病初心音增强，听到高朗的心音；随着心包内渗出液的增加而逐渐减弱，并被杂音所掩盖，并伴随心音而听到心包摩擦音，其音性柔和类似刮削音或软胶皮手套相互摩擦音。随病势的发展，心包内有浆液性渗出液的，腐败性气体的产生，则摩擦音消失，呈现心包拍水音或金属音。

叩诊心区浊音界扩大，上方有时与肩胛关节水平线同高，后方可达7～8肋间。若有腐败性气体(多限于创伤性的)混在时，在其浊音界的上方可出现鼓音或浊鼓音。

脉搏从病初起就急速，增至100次/min以上，多者还可达120次/min左右。脉性先充实，后微弱细小，不感脉，也可发生节律不齐。

当病程超过1～2周后，静脉怒张，颈静脉搏动明显，患牛下颌间隙和垂皮等处也先后发生水肿。

呼吸浅表、急速，腹式呼吸较为明显，即使轻微的运动，易于出现呼吸急促，甚至发生呼吸困难。在病的后期，因血液循环障碍，或并发胸水、胸膜炎和肺炎时，呼吸困难更为严重。有时伴发痛性咳嗽，并且听到各种啰音。

消化系统的机能紊乱，先便秘，继而下痢，排粪过程中现出痛感并避免用力。患畜消瘦，发生严重脱水现象。皮肤弹性大为减退，眼窝下陷。

体温的变化，病初可上升达39～40℃，个别患畜有时升高达41～42℃。热型有时呈稽留热，有时呈弛张热。当病程延续过久，体温可下降到常温。脉搏增减与体温升降不相适应(分离现象)，即体温降至常温时，脉搏次数仍然增多，这也是本病的重要症状之一。

本病多死于心力衰竭或脓毒败血症，极个别的突然死于心脏破裂。

(四)病程及预后

除少数急性心包炎病程急剧或治愈或突然死亡外，多数取慢性经过，少则数周、数月，多则数年。当然病程长短，多取决于致病异物性质、损伤程度、使役和饲养方法以及胎次等。

马属动物的心包炎，一般可以治愈，其预后比牛的创伤性心包炎好。由于多数病情严重，特别是创伤所致的化脓腐败性心包炎患畜，常因心力衰竭而死亡。

(五)病理变化

心包、心肌、心内膜充血、出血以及心包内积有大量炎性渗出液；马属动物因感冒引起多为浆液性、纤维蛋白性的炎性渗出物；如果败血性引起多为化脓性渗出物；如果是牛创伤性网胃心包炎引起则为化脓腐败性的渗出物并有絮状纤维性液体，呈污黄色、红褐色。有的心包和胸膜发生粘连，形成粘连性心包炎。炎症发展的局部，使心脏发生压迫性萎缩。有的由黏稠的渗出物使心包、膈肌、网胃发生粘连，其中形成索状的瘘管。心肌发生变性。可见明显的白细胞渗润，部分脂肪样变和心肌软化病变，后期心外膜粗糙，有大量蛋黄色纤维蛋白沉积，呈绒毛状，所以又称"绒毛心"。心包增厚，心脏肥大。

(六)诊断

根据病史，心区有压痛反应、心包摩擦音或拍水音，心区浊音界扩大、颈静脉怒张呈索状，颌下间隙和垂皮等处水肿，以及血液学变化等，一般可以做出诊断。还可依据心包穿刺液检验、金属探测器等方法确诊。

但要与纤维素性心膜炎、心内膜炎鉴别诊断。

(1)纤维素性心膜炎　特点是与呼吸运动同时出现胸膜摩擦音，并不局限于心区。若抑制呼吸动作，胸膜摩擦音立即消失，叩诊胸区有水平浊音，并不出现心脏疾病的主要症状。

(2)心内膜炎　心包炎有时会出现心包摩擦音，尤其是慢性心包炎，同时表现明显的全身瘀血，而心内膜炎必定会出现心内器质杂音。

(七)治疗

急性心包炎初期，避免剧烈运动和使役，除使用安钠咖、咖啡因和盐类泻剂，同时配合使用抗生素和磺胺药，结合治疗原发性疾病。

慢性心包炎，尤其是牛创伤性心包炎，目前还没有特效药，应及时淘汰。

(八)预防

对继发性心肌炎，应及时地治疗原发病。

对创伤性心包炎，应采取一列措施，预防创伤性网胃炎的发生。

二、急性心肌炎

急性心肌炎是伴发心肌兴奋性升高和心肌收缩机能减弱为特征的心脏肌肉炎症。多继(并)发于传染病、脓毒败血症和中毒性疾病，很少单独发生。按炎症性质分为化脓性心肌炎和非化脓性心肌炎；按侵害组织分为实质性心肌炎和间质性心肌炎；按病情分为急性心肌炎和慢性心肌炎，临床上以急性心肌炎最为常见。

(一)病因

急性心肌炎多继(并)发于传染病、脓毒败血症和中毒病。

(1)马属动物急性心肌炎　多见于传染性胸膜肺炎、传染性支气管炎、马腺疫、孢子虫病、败血症、子宫内膜炎、脐炎和肺炎。

(2)牛急性心肌炎　多并发于传染性胸膜肺炎、牛瘟、口蹄疫、布鲁氏菌病和结核病。牛有顽固性前胃弛缓症状。

(3)猪急性心肌炎　多并发于猪瘟、猪丹毒和猪口蹄疫。

(4)幼畜急性心肌炎　常并发于马驹肌红蛋白尿症和白肌病的经过中。

此外，风湿病的发生过程中也有心肌炎发生。

(二)发病机理

心肌炎的病变程度主要与传染病病原的性质、毒力和机体抵抗力强弱以其发病的不同阶段有关。心肌炎的变化首先是影响心脏的传导系统引起心脏的兴奋性增高等一系列症状出现，接着引起心肌兴奋性降低，使心肌的收缩机能降低。引起动脉血压下降，血流缓慢，末梢循环障碍，随之引起静脉瘀血、水肿和呼吸困难等现象。同时心脏靠收缩次数增加来代偿，心跳增加，保证心脏血容量和动脉血压。由于心脏收缩频繁，心脏的耗氧量增加导致心脏缺氧，而且由于心跳加快以后，心脏的排血量反而减少，全身血液循环障碍更加严重，必然也影响心脏的血液循环。因此，当心脏的代偿能力丧失时，迅速发生代偿性心力衰竭。

(三)症状

急性非化脓性心肌炎多以心肌兴奋的症状开始，表现为脉搏急速而充实，心脏搏动亢进，心音高朗。当患畜稍做运动后，心脏搏动加快，即使运动停止，仍可持续较长时间。这种心肌机能的反应现象，是确诊本病的依据之一。不过在临床上常被某些原发病或并发病的主要症状所掩盖。

在心肌细胞变性为特征的心肌炎，又多以心力衰竭为主，表现为脉搏增速(马可增至80~120次/min)和交替脉。有时第一心音强盛伴有混浊或分裂；第二心音显著减弱，多伴发缩期杂音，其原因是心脏扩张、房室孔相对闭锁不全所致。

在心脏代偿能力丧失时，呈现黏膜发绀，呼吸高度困难，体表静脉怒张和颌下、垂皮和四肢末端水肿等症状。

脉搏于病的初期呈紧张、充实，随病势的发展，脉性变化显著，心脏搏动与脉搏非常不相称，心脏搏动强盛而脉搏甚微。当心肌病变严重时，出现明显的期前收缩，心律不齐。

(四)病程及预后

急性非化脓性心肌炎的病程，取决于原发病及机体抵抗力。急性型有可能转为慢性型。病程长达数月，甚至数年。

判定预后，首先要根据引起心肌炎的原因、心肌炎性质和程度来判定，如传染病继发或并发的心肌炎多属于轻症，只要给予合理地治疗原发病，病情好转，逐渐痊愈。

(五)诊断

根据脉搏急速而充实，心脏搏动亢进，心音高朗；当患畜稍做运动后，心脏搏动加快，即使运动停止，仍可持续较长时间等做出初步论断，但应与以下几种疾病加以区别。

急性心肌炎与心包炎的区别，后者多伴发有摩擦音或心包拍水音。

急性心肌炎与心内膜炎的区别，后者多呈现各种心内性杂音。

急性心肌炎与心肌营养不良(心肌变性和心肌纤维变性-心肌硬化)的鉴别诊断较难，但临床上主要做心脏功能的试验加以区别，即使病畜跑100~200m，心肌变性的病畜，在运动停止后，脉搏则立刻减缓，再经1~2min后便恢复正常。对心肌纤维变性-心肌硬化的诊断，做心脏功能的试验，即跑步驱赶10min后，脉搏及呼吸即恢复原来状态，与健康家畜所需时间相同，可作为诊断依据之一。

(六)治疗

治疗原则:主要在于减少心脏负担,增加心脏营养,提高心脏收缩机能和防治原发病等。

首先使患畜安静,给予良好地护理,以及避免过度的兴奋和运动。多次少量地饲喂易消化而且富含营养和维生素的饲料,并限制过多饮水。

治疗应针对其原发病,为此,可应用磺胺类药物、抗生素、血清和疫苗等特异性疗法。药物治疗时不同阶段应不同。对急性心肌炎的初期,不宜用强心剂,早期可在心区进行冷敷。当心肌炎发展到心力衰竭阶段,可以用20%安钠咖溶液10~20mL皮下注射,每6h重复1次。

心脏衰弱显著和动脉压降低时,除上述两种强心剂交替使用外,用0.3%硝酸士的宁注射液(马、牛剂量10~20mL,皮下注射)基础上,再用0.1%肾上腺素注射液35mL,混于5%~10%葡萄糖溶液500~1 000mL做缓慢静脉注射,效果更好。禁用洋地黄强心药,导致心力过早衰竭,引起死亡。

对尿少而水肿明显的病畜,可内服利尿素5~10g(马、牛),同时静脉注射25%葡萄糖溶液,马、牛剂量为500~1 000mL。

(七)预防

(1)加强平时对家畜饲养管理和使役等,增强家畜抵抗力。

(2)预防传染病,防止继(并)发症。

(3)当病畜基本痊愈后,要加强护理,逐渐使役,以防复发,甚至突然死亡。

任务三 贫血

贫血是指单位容积血液中的红细胞数、血红蛋白量和红细胞压积值低于正常水平的综合征。贫血也是临床上一种最常见的病理状态,主要表现是皮肤和可视黏膜苍白,由组织缺氧而产生的各种症状。贫血不是独立的疾病,而是一种症状。

贫血的分类方法很多,常见的分类根据病因可分为:

(1)**出血性贫血** 急性出血见于血管破裂(外伤及外科手术等),内脏出血(如肝、脾破裂),某些中毒病(如鼠药中毒);慢性出血见于胃溃疡,体腔及组织有出血性肿瘤及胃肠寄生虫(球虫病及钩虫病等)。

(2)**溶血性贫血** 凡是以溶血为主的疾病,如马传染性疾病(溶血性梭菌病、传染性贫血)、寄生虫病(锥虫病、焦虫病、羊及猪的附红细胞体病、钩端螺旋体病)、中毒病(铜、铅、铊毒中毒)及抗原抗体反应(新生幼畜溶血病、不相符血型输血)都表现溶血性贫血。

(3)**营养性贫血** 由于造血原料供应不足所引起的贫血。其中包括微量元素(铁、铜及钴)缺乏、维生素(维生素B_1、维生素B_8、叶酸、烟酸)及蛋白质缺乏。

(4)**再生障碍性贫血** 造血器官即骨髓受到开放性损伤,羊齿植物中毒及氯霉素过敏而发生的贫血。

一、出血性贫血

(一)急性出血性贫血

急性出血性贫血是由于血管,特别是动脉血管破裂,使机体发生严重出血之后,血库及造血器官又不能代偿时所发生的病症。

1. 病因

由于外伤使血管壁破损,尤其是动脉血管破裂发生大出血之后。如鼻腔、喉及肺受到损伤而大出血,特别是牛的皱胃溃疡和猪的胃出血。母畜分娩时产道损伤的分娩性出血,发生于某些部位的肿瘤可引起长期大量出血。内脏器官受到损伤引起的内出血,特别是作为血库的肝和脾破裂时出血更为严重。

2. 发病机理

失血达全身血液量的40%～50%时,可引起休克或虚脱,甚至死亡。机体失血首先破坏了血液动力学和引起血压降低,就会启动机体所有的代偿机能。注入心脏的血液减少,主动脉及肺动脉充盈不足,颈静脉窦的血压降低,交感神经兴奋性增高,则促进肾上腺髓质分泌肾上腺素及去甲肾上腺素,也激活肾小球旁细胞产生肾素。因此,心脏搏动加快,血管收缩,同时启动血库(脾、肝及皮下血管丛)所储备的血液进入血管,以补偿血容量。

急性出血性贫血时,红细胞急剧减少,血液携氧能力降低,则血氧过少。血氧不足可提高血管壁的通透性,则促进组织液进入血管内,以提高血管的充盈度。但是,由于血浆内蛋白质缺乏及血液内有形成分的减少,因而血液的黏稠度降低,血流加快,出现心脏搏动急速,瞳孔散大,汗腺分泌增多。由于血氧不足,同时兴奋了呼吸中枢,导致呼吸加深和加快。当大量出血时,可刺激骨髓增强造血作用,在骨髓中有核红细胞增多。

3. 症状

根据机体状态、出血量的多少及出血时间的长短,其临床表现也不一致。

轻微出血时:病畜表现衰弱无力,常呆立,四肢叉开,运步不稳。严重时,常发生休克。有时发生呕吐,视力减弱,肌肉痉挛和可视黏膜苍白。体温降低,皮肤干燥且松弛,排出黏稠的冷汗,四肢厥冷。有的排尿失禁,瞳孔散大,反应迟钝。食欲消失,饮欲增加。

当大量失血时:皮肤及可视黏膜苍白。脉搏细弱,心音微弱,心脏听诊时可听到收缩期杂音。气喘,呼吸加快。

血液学变化:血液变为稀薄,红细胞数及血红蛋白量降低,血沉加快。

4. 诊断

急性出血性贫血的诊断并不困难,主要根据临床症状及发病情况可做出诊断。但对内出血所造成的贫血必须进行细致的全面检查才能做出诊断。

内出血最具诊断价值的是进行腹腔穿刺看是否有血液,当脾脏和肝脏破裂时,穿刺有血液。

5. 治疗

治疗原则:立即止血,增加血容,抢救休克和补充造血物质等。

(1)止血

①局部出血：体外出血时，具有损伤且能找到出血的血管时，可用外科止血方法进行结扎或压迫止血。如果效果不佳，可进行电热烧烙止血。

②全身止血：可选用5%安络血注射液，马、牛5～20mL，猪、羊2～4mL，肌肉注射，每日2～3次。止血敏，马、牛10～20mL，猪、羊2～4mL，肌肉注射，或静脉注射。4%维生素K_3注射液，马、牛0.1～0.3mg，猪、羊8～40mg，肌肉注射，每日2～3次。凝血质注射液，马、牛20～40mL，猪、羊5～10mL，皮下或肌肉注射。10%氯化钙注射液，马、牛100～150mL，静脉注射。

(2)输血 小量输血一方面可使血凝性提高，另一方面能反射性地引起血管的痉挛性收缩，促进血管断端血栓的形成。以同种相合血液，马、牛100mL，静脉缓慢注射。大量输血对治疗贫血性疾病是最好的方法，马、牛2 000～3 000mL。

(3)输液 应用高渗葡萄糖溶液等可补充血液量。10%葡萄糖，马、牛500～1 000mL，猪、羊250～500mL，静脉注射。

(4)补充造血物质 硫酸亚铁，马、牛2～10g，猪、羊0.5～2g，内服；枸橼酸铁，马、牛5～10g，猪1～2g，内服，每日2～3次；维生素B_{12}等肌肉注射。

6. 预防

加强管理，防止各种跌倒损伤等。

(二)慢性出血性贫血

慢性出血性贫血是由少量反复的出血及突然大量出血后长时间不能恢复所引起的低血红蛋白性及红细胞性贫血。

1. 病因

当鼻、肺、肾、胃肠、膀胱、子宫内膜炎及出血性素质等长期地反复地失血所引起。发生慢性出血性贫血的前提是失血后缺乏造血原料，这是由于胃肠器官机能减弱，影响对铁的吸收，因而使肝脏及骨髓得不到足够的造血原料，则发生慢性出血性贫血。

寄生虫病，特别是在反刍动物的血矛线虫病、肝片吸虫病和血吸虫病，马的圆形线虫病、马胃蝇等严重寄生，刺蝇的重度侵袭，犊牛的球虫病等，都可引起慢性出血性贫血。中毒病，牛的血尿症等也可引起。

2. 发病机理

由于长期少量失血，机体内蛋白质和铁质的储备减少。初期虽然造血器官造血能力增强，血液中出现幼稚型的红细胞。骨髓的造血机能很快发生衰竭，网织红细胞及多染性红细胞几乎绝迹，同时出现低色素性红细胞及异型红细胞。血红蛋白的减少比红细胞的减少更快，因此血色指数降低(低色素性贫血)。初期出现白细胞增多，以后则逐渐减少，这说明骨髓的白细胞生成机能衰退。

长期贫血，使心肌、肝脏及其他器官发生变性，血管内皮和毛细血管细胞发生脂肪变性，血管的渗透性增高，导致水肿及体腔积液。慢性贫血时心腔和血管内积有大量的血液，但血液稀薄，并形成少量的易碎的凝胶状凝块，所有实质器官具有脂肪变性。成年动物的骨髓扩大呈灰红色。

3. 症状

初期症状不明显，呈渐进性消瘦及衰弱，严重时可视黏膜苍白，机体衰弱无力，精神不振，嗜眠。血压降低，脉搏快而弱，轻微运动时脉搏显著加快，呼吸快而浅表。心脏听诊时，心音低沉而弱，通常可听到有吹壶样的心内杂音，心浊音区扩大。由于脑贫血和氧化不全产物中毒，出现晕厥、视力障碍、嗳气、呕吐和膈肌痉挛性收缩。严重贫血时，在胸腹部、下颌间隙以及四肢末端出现水肿。体腔内积液，经常下痢，最终因体力衰竭而死亡。

血液学变化：长时间的慢性出血性贫血时，血液中出现幼稚型红细胞，网织红细胞增多。血液比重降低，血沉加快。

4. 诊断

根据原发病及出血的原因、临床症状和血液学变化（如有白细胞及血小板增多的低色素性贫血时，可证明有出血的存在），慢性外部出血时，临床上容易确诊。

5. 治疗

治疗原则：止血，加强饲养管理，补充造血物质等。

(1)止血方法　可参考急性出血性贫血。

(2)加强饲养管理　病畜应给予高蛋白、多种维生素和含铁的饲料，给予良好的青草或干草及豆类和麦皮等。

(3)补充造血物质　可参考急性出血性贫血。在补铁的同时，配合维生素 B 和维生素 C，还可配合铜及砷制剂，对骨髓有刺激作用，可促进造血机能。

6. 预防

当有慢性出血时，一定要找出出血的原因，根据出血的原因，及早进行治疗。

二、溶血性贫血

溶血性贫血是在红细胞被大量破坏，并超过造血作用的代偿能力时发生。临床特征为黄疸，肝脏及脾脏增大，血液学检测是血红蛋白过多。

(一)病因

溶血性贫血不是独立的疾病，凡是有溶血症状的疾病都是其发病原因。

(1)血液原虫病　如马、牛的焦虫病、边虫病，牛、猪的钩端螺旋体病，马传染性贫血，绵羊、猪的附红细胞体病等。

(2)病原微生物　溶血性链球菌、葡萄球菌、产气荚膜梭菌所引起的败血病和溶血病。

(3)中毒病　汞、砷、铅、铜、二硫化碳及氨等中毒时，可引起溶血。此外，某些有毒植物中毒也可引起。

(4)大面积烧伤和肠源性毒素血症。

(5)新生幼畜溶血性贫血　由母畜与仔畜的血型不相符所引起。

(二)发病机理

各种原因引起溶血时，释放大量血红蛋白，后转化为胆红质，胆红质游离在血浆中，这种胆红质称为游离胆红质。游离胆红质不溶于水，而溶于有机溶剂中，所以它是脂溶性的，这是溶血性贫血的特征之一。

血液中大量的游离胆红质，在肝脏中转变为结合胆红质。大量结合胆红质经胆管随胆汁排到肠管，一部分随粪排出体外，另一部分经肾脏随尿排出，即为尿胆素，当尿胆素增加时，则尿色也深。

大量胆红质储积于血液内，通过血液将胆红质带到各组织器官，因而临床上出现黄疸。轻度只在眼的结膜有黄染，严重时既发生黄疸，又有贫血，则可视黏膜有黄染的同时伴有苍白。眼结膜的重度苍白与黄疸时，是溶血性贫血的又一特征。

(三)症状

可视黏膜和皮肤苍白、黄染(尿胆素性黄疸)，脾脏肿大且敏感，病畜精神沉郁。初期表现为贫血的症状，心脏搏动加速和喘息，运动无力。严重时，会出现血红蛋白尿。各种原因所引起的溶血性贫血，都伴有原发病的固有症状，可参考各有关疾病。

血液学变化：当溶血时血清呈金黄色。红细胞减少，且大小不等，网织红细胞增多，血小板降低。

(四)诊断

根据原发病，结合临床特征进行综合分析，诊断并不困难。临床上有贫血及黄疸，血清呈金黄色，尿胆素增加。在血液学方面，红细胞减少，大小不等，尤其是网织红细胞增多等，可以确诊。

(五)治疗

治疗原则：消除原发病，给予易消化的营养丰富的饲料，输血和补充造血物质为主。

肾上腺皮质激素疗法：泼尼松注射液，肌肉注射或静脉注射，马、牛 0.05～0.15g，猪、羊 0.01～0.02g。

其他治疗方法参照急性出血性贫血的治疗。

三、仔猪营养性贫血

由于铁缺乏而影响血红蛋白的生成而发生贫血，因此又称为缺铁性贫血。一定地区有群发性，其主要危害是严重影响生长发育。

(一)病因

主要是日粮中铁缺乏或仔猪没有及时注射右旋糖酐铁。

其次是仔猪消化吸收机能障碍，不能吸收 Fe^{2+}。

(二)发病机理

一般情况下，刚出生的(前 3d)仔猪，是不贫血的，每 100mL 血液中含血红蛋白 8～12g，出生后则逐渐下降，至 8～10d 时最低，仅有 4～5g。而仔猪对血的需要与日俱增，机体贮存的铁和母乳中的铁在出生后 3d 都不能满足仔猪的生长发展需要，如果不补充外源性铁剂就会引起贫血，这个阶段称为生理贫血期。当仔猪发生贫血时，破坏了机体的氧化还原过程，同时仔猪的消化吸收机能也减弱，这就更加重了贫血的发生。这种仔猪抗病力很弱，容易发生继发性感染。

(三)症状

仔猪出生后 5~7d 出现贫血症状,皮肤及可视黏膜苍白,心脏搏动增快。仔猪活力显著下降,吮乳能力下降。仔猪发生营养不良,机体衰弱,精神不振,被毛粗乱,皮肤有皱褶,影响生长发育,仔猪极度消瘦。消化系统发生障碍,周期性出现下痢及便秘,腹部蜷缩,其体型呈两头尖的橄榄形。

血液学变化:出生后 5~7d 的仔猪,血红蛋白量下降,而红细胞数不变。

(四)病理变化

皮肤及可视黏膜苍白,肝脏有脂肪变性且肿大,呈淡灰色,有时有出血点。肌肉呈淡红色,特别是臀肌和心肌,心脏及脾脏肿大且稍坚实。肾实质变性,肺水肿,血液稀薄呈水样。组织学检查:骨髓中红细胞生成加强,在肝脏、脾脏及淋巴结有髓外造血灶。

(五)诊断

根据仔猪环境条件及日龄大小等特点外,还可根据临床表现及血液学变化等特征,如血红蛋白量显著减少,随后红细胞数量也下降,不难诊断。

(六)治疗

应用铁剂对本病有疗效。0.5%硫酸亚铁溶液 75~100mg 及等量的 0.1%硫酸铜溶液,内服,每日 5mL。

右旋糖酐铁注射液,出生后 2~3d 的仔猪肌肉注射 1~2mL。

舍饲时在栏内放入红土(因其含有铁质)或泥炭土,以利仔猪采食。

对哺乳的母猪,必须给予富含铁、铜、钴及各种维生素(A、C、B族)的饲料,以提高母乳抗贫血的质量。

(七)预防

加强妊娠母畜饲养和管理,对幼畜提早补料,越早越好。

加强母畜的放牧,在气候条件许可时,尽量提早进行放牧,尤其在春、夏季节进行放牧,可促进母畜的血液循环良好和增进食欲。

四、再生障碍性贫血

再生障碍性贫血是由于骨髓的造血功能衰竭所致。血液中红细胞、白细胞和血小板同时减少。临床上表现严重的进行性贫血,机体抵抗力降低,易继发感染及出血,病情比较严重,治疗效果不佳。

(一)病因

原发性再生障碍性贫血的病因尚不清楚,就常见发病因素介绍如下。

(1)生物学因素 传染性疾病如马鼻疽、传染性贫血、牛结核病、副结核病、猪瘟等,以及牛细菌性肾盂肾炎、脓毒败血病。血液原虫病如马焦虫病、牛泰氏焦虫病、钩端螺旋体病等。

(2)中毒病 如牛的蕨中毒,有机汞、有机砷、有机磷中毒,某些抗生素过量(如氯霉素、金霉素及链霉素)等,在国外,尚有三氯乙烯处理的黄豆饼中毒,都可引起此类贫血。其他可见于抗白血病药物大量应用,如环磷酰胺等。

(3)物理因素　如在各种电离辐射(X射线、放射性同位素等)作用下也可发生。

(二)发病机理

由于病因的刺激,使骨髓发生变性和破坏了神经体液的营养作用,在骨髓中的红骨髓不断地减少,从而被脂肪组织所代替,使骨髓发生萎缩,致使造血机能衰竭,于是在血液中,各种血液细胞减少,血小板减少,有的甚至完全消失时,破坏了凝血作用,同时血管壁的通透性和血液细胞的脆性增加,使机体的各组织器官发生出血性素质。当骨髓萎缩及造血机能衰退时,则白细胞减少,淋巴组织萎缩,因此机体免疫性反应降低,易于发生感染。

(三)症状

可视黏膜及皮肤苍白,周期性出血,机体衰弱,易于疲劳,气喘,心脏搏动过速。

当机体发生感染时,则体温升高,皮肤发生局部坏死等症状。

血液学变化:血液中红细胞减少同时,血红蛋白量也降低,再生型的红细胞(网织红细胞及幼稚型红细胞)几乎完全消失。当有红细胞大小不均症时,白细胞数也降低。

细胞分类的特征是嗜中性粒细胞减少,淋巴细胞相对地减少,在血液中有时出现骨髓系统的不成熟的细胞和非典型的组织细胞。血小板减少,血沉加快。

(四)诊断

根据临床症状,结合血液学检查的结果(红细胞、白细胞及血小板都减少),可以初步诊断,但最好进行骨髓穿刺,从骨髓象的观察,可以确诊。要与淋巴性白血病及穗状葡萄菌病进行鉴别。

(1)淋巴性白血病　淋巴细胞显著增多,而颗粒白细胞显著减少,以及体表淋巴结、肝脏及脾脏肿大,而再生障碍性贫血则否。

(2)穗状葡萄菌病　除具有局部坏死外,而血液细胞变化也不明显。

(五)治疗

治疗原则:加强饲养,消除发病因素,提高造血机能,补充血液量。

(1)消除病因　尽可能找出致病因素,如果是化学因素与发病有关,应停止一切不必要的化学药物疗法。

(2)提高造血机能　睾酮类具有刺激骨髓新生细胞的作用,是目前比较有效的药物。丙酸睾酮,马、牛 0.1～0.3g,猪、羊 0.1g,每 2～3d 肌肉注射 1 次。氟羟甲睾酮,马、牛 100～300mg;氯化钴,牛 0.5g,羊 0.1g,内服。

(3)输血　参照急性出血性贫血。

(4)其他疗法　有感染时可选用广谱抗生素,但不可以用抑制骨髓的氯霉素及合霉素等。

(六)预防

对原发病应及早进行治疗,尽量避免慢性化过程。尤其对感染及贫血性疾病。

奶牛心脏的听诊

【实训目的】 使学生掌握心脏听诊的部位及正常音,熟练掌握几种常见的心脏病理音及所表示的机能状态。

【实训材料】 奶牛;听诊器、六柱栏。

【实训内容】

家畜心脏血管系统的原发病虽然不多,但是其他器官、系统的疾病都会直接、间接地影响心脏血管系统。特别是许多传染病、寄生虫病以及营养缺乏、代谢紊乱性疾病和中毒病,由于常可侵害心脏而引发其功能发生障碍。严重时,可影响家畜的生产性能、使役能力和经济价值,甚至会造成死亡。

临床诊断中,准确地判断心血管系统的机能状态,特别是心音的变化,不仅在诊断上十分重要,而且对推断预后也有一定的意义。因此,心脏心音的检查是一项非常重要的内容。

1. 心音

心音是随同心室的收缩与舒张活动产生的声音现象。听诊健康家畜的心音时,每个心动周期内可听到两个相互交替的声音。分成"通、嗒"两个音。

(1)第一心音 发生在心室收缩期,音调低,持续时间长。第一心音是由房室瓣关闭、瓣膜和腱索的振动及心室肌收缩时血流振动心室壁所产生的。

(2)第二心音 是心室肌舒张时,主动脉根部与肺动脉根部的半月状瓣振动和动脉内涡流撞击动脉壁产生振动而形成的。第二心音音调高,持续时间较短。

2. 心音的听诊方法

一般用听诊器进行听诊。取站立姿势,使其左前肢向前伸出半步,以充分显露心区。通常在左侧肘头后上方心区部位听诊。位置在左侧第3、4肋间,肩关节水平线下方2~3cm处(第二心音),稍下方是第一心音。

听心音时,主要听心音的频率、强度、性质及是否有分裂、杂音或节律不齐。

3. 心音的病理变化

(1)心率 正常时奶牛的心率是40~50次/min。高于正常称心动过速;低于正常称心率徐缓。

(2)心音性质改变 常见于心音混浊,音调低沉且含糊不清。主要是由于心肌及瓣膜变性,而使其振动能力发生改变的结果。可见于心肌炎症的后期以及重度的心肌营养不良与心肌变性。高热性疾病及其他导致心肌损害的多种病理过程。如口蹄疫、结核病等。

(3)心音强度的变化

①第一、二心音均增强:心肌肥大或某些心脏病的初期而代偿机能亢进时;伴有剧烈疼痛性的疾病;发热性疾病的初期阶段;轻度的贫血或失血;应用强心剂等。

②第一、二心音均减弱:心机能障碍的后期及渗出性胸膜炎、渗出性心包炎、胸腔积

水、心包积水、肺气肿等。

③第一心音增强：主要是由于动脉根部的血压降低所致，见于大失血或腹泻而引起的大失水等。

④第二心音增强：由于肺动脉及主动脉压升高所致，如肺气肿、肾炎等。

(4)心音分裂

①第一心音分裂：房室瓣不同时关闭，左右心室收缩时间不一致。表示心肌的重度变性，传导机能障碍。

②第二心音分裂：动脉根部的半月瓣关闭不一致所致。反映了主动脉与肺动脉根部血压有较悬殊的差异。血压低的，动脉根部的半月瓣先关闭。

(5)心杂音　附加心音、心包击水音、心包摩擦音。

(6)心律不齐　心脏搏动活动快慢不均，心肌损害。

【实训报告】　学生记录本人实训操作的各项内容，整理并写出实训报告。

一、名词解释

心力衰竭　贫血

二、问答题

1. 如何进行心音的听诊？
2. 简述心力衰竭的发展进程。
3. 新生仔畜贫血怎样抢救？

项目四
其他内科疾病

【知识目标】
- 了解肾炎、尿道感染、应激性胃炎的病因、治疗和预防。
- 掌握日射病和热射病的病因、症状、诊断、治疗和预防。
- 掌握急性应激综合征的发病特点、预防和治疗。
- 掌握肉鸡猝死综合征的病因、症状、诊断、治疗和预防。

【技能目标】
- 能熟练地进行尿道感染的诊断、治疗。
- 能熟练进行日射病和热射病的诊断、治疗。
- 能熟练进行急性应激综合征的诊断、治疗。

任务一 肾脏及尿道疾病

一、肾炎

肾炎通常是指肾小球、肾小管或肾间质发生炎症的病理变化的统称。其主要特征是肾区敏感和疼痛,尿量减少,尿液含有病理产物。

各种家畜均可发生,主要以马、猪多见,且在临床中以急性肾炎、慢性肾炎及间质性肾炎多发。

(一)病因

肾炎的病因尚未完全阐明,原发性急性肾炎极少见,目前认为肾炎的发生与感染、中毒及变态反应等因素有关。

(1)感染 多继发于某些传染病(马腺疫、传染性胸膜肺炎、口蹄疫、结核、牛瘟、猪瘟、猪丹毒等),由于病毒和细菌及其毒素作用于肾脏所引起。此外,尚有由邻近器官的炎症(肾盂炎、膀胱炎、子宫内膜炎、阴道炎)的转移蔓延而引起。

(2)中毒 内源性中毒,如胃肠道炎症、代谢疾病、皮肤病、大面积烧伤或烫伤时所产生的毒素、代谢产物或组织分解产物等;外源性中毒,如采食有毒植物、大量霉变饲料，或是错误地应用有毒或具有强烈刺激性的药物(松节油、石炭酸、水杨酸等)或化学物质(砷、汞、磷等)。有毒物质经肾排出时产生强烈刺激而发病。

(3)变态反应所致。

(4)饲养管理不良　机体遭受风、寒、湿的作用(受寒、感冒)，营养不良及过劳等，均为肾炎发病的诱因。

(二)发病机理

一种观点认为，病原微生物或毒素以及有毒物质或有害的代谢产物随血液循环运行至肾时，并停留于肾小球或肾小管的毛细血管网内，对肾脏产生刺激作用而发病。由于致病因素作用的强度不同，故肾脏可能呈弥漫性或局限性病理变化。

另一种观点认为，肾炎多发生于某些传染病之后，而不是发生于传染病的经过中。提出急性肾炎的发生并非由于病原微生物及其毒素的直接刺激作用，而是机体变态反应的结果。

(三)症状

1. 急性肾炎

病畜精神沉郁，体温升高，食欲减退，消化不良，反刍紊乱(牛)。肾区敏感、疼痛，病畜不愿活动。站立时，拱背，后肢叉开或集于腹下。强迫行走时背腰僵硬，运步困难，步态强拘，小步前进。严重时，后肢不能充分提举前进。外部强力压迫肾区或直肠触诊时，可发现肾脏肿大且敏感性增高。

病畜频频排尿，但每次尿量较少(少尿)，个别病畜见有无尿现象。尿色浓且颜色暗，比重增大。当尿中含有大量红细胞时，则尿呈粉红色，甚至深红色或褐红色(血尿)。尿中蛋白质含量增高(3%或更多)，尿沉渣中见有红细胞、肾上皮细胞、白细胞、病原菌等。

病程延长时，可出现血液循环障碍和全身静脉瘀血现象。有时在病的后期见有眼睑、胸腹下、阴囊部位发生水肿。严重病例可伴发喉水肿、肺水肿或体腔积水。

重症病畜血中非蛋白氮含量增高，呈现尿毒症症状。这时病畜体力急剧下降，衰弱无力，意识障碍或昏迷，全身肌肉呈发作性痉挛，严重的腹泻，呼吸困难。

2. 慢性肾炎

多由急性肾炎发展而来，故其症状与急性肾炎基本相似。但慢性肾炎发展缓慢，且症状多不明显，在临床上不易发现。

病初患畜全身衰弱，疲乏无力，食欲不定。继则出现食欲减退，消化不良或严重的胃肠炎，病畜逐渐消瘦。病至后期，于眼睑、胸腹下或四肢末端出现水肿。严重时可发生体腔积液或肺水肿。

尿比重增高，蛋白质含量增加，尿沉渣中可见肾上皮细胞，少量红细胞和白细胞。重症病畜血中非蛋白氮蓄积，而引起慢性氮血症性尿毒症。

3. 间质性肾炎

临床症状根据肾受损害的程度不同而异。主要表现为尿量增多(初期)或减少(后期)，尿沉渣中见有少量蛋白、红细胞、白细胞及肾上皮细胞。脉搏充实、紧张。随着病情的持续，出现心脏衰弱，尿量减少，比重增高，皮下水肿(心性水肿)。

直肠触诊，肾脏体积缩小，呈坚硬感，但无疼痛、无敏感现象。最后由于肾机能障碍，导致尿毒症而死亡。

(四) 病程及预后

(1) 急性肾炎　病程因肾脏的损害程度不同而异，一般可持续1～2周或更长的时间，经适当的治疗和良好的护理而痊愈；或因病程拖长，转为慢性肾炎。重症病畜，多因肾机能不全或伴发尿毒症而死亡。

(2) 慢性肾炎　病程较长，可持续数月乃至数年，且在病期中，见有周期性好转与恶化相交替的现象，多半不易治愈。也有转为慢性间质性肾炎者，故预后不良。

(3) 间质性肾炎　经过缓慢，预后不良。

(五) 病理变化

(1) 急性肾炎　眼观变化多不明显，仅见有肾脏轻度肿胀，被膜紧张，易剥离。表面及切面呈淡红色，皮质略显增宽，因肾小球肿大，故在切面上呈灰白色半透明的小颗粒状隆起。

(2) 慢性肾炎　可见肾脏明显皱缩，表面凸凹不平或呈颗粒状，质度硬实。被膜剥离困难，切面皮质变薄，结构致密，有时在皮质或髓质内见有或大或小的囊腔。

(3) 间质性肾炎　肾脏由于结缔组织增生，并形成疤痕组织而变硬，体积缩小，其表面呈颗粒状，色泽变淡呈灰白色，被膜增厚剥离困难。切面皮质变薄，增生的结缔组织呈灰白色条纹状。

(六) 诊断

主要根据病史(患某些传染病或中毒，或有受寒、感冒的病史)，典型的临床症状(少尿或无尿，肾区敏感、疼痛，血压升高，主动脉瓣第二心音增强，水肿，尿毒症)，特别是尿液的变化(蛋白尿、血尿、管型尿，尿沉渣中有肾上皮细胞)进行诊断。必要时，也可进行肾功能测定(酚红排泄试验、尿液浓缩稀释试验)，以便于确诊。

间质性肾炎，除根据上述诊断外，可进行直肠触诊：肾脏硬固，体积缩小。

鉴别诊断，应注意与肾病的区别。肾病是由于细菌或毒物的直接刺激肾脏而引起肾小管上皮细胞变性的一种非炎性疾病，通常肾小球损害轻微；临床上见有明显的水肿、大量蛋白尿及低蛋白血症；但不见有血尿及肾性高血压现象。

(七) 治疗

治疗原则：清除病因，加强护理，消炎利尿及对症疗法。

(1) 改善饲养管理　将病畜置于温暖、干燥、阳光充足且通风良好的畜舍内，并给予充分休息，病初可施行1～2d的饥饿或半饥饿疗法。以后应酌情给予富含营养、易消化且无刺激性的饲料。适当地限制饮水和食盐的给予量。

(2) 消除感染　抗生素：宜选用青霉素，马、牛800万～1 200万U，猪、羊320万～480万U,肌肉注射，每隔6～8h注射1次；链霉素，马、牛5～8g，猪、羊1～3g，肌肉注射，每日2次。也可应用卡那霉素，每千克体重10～15mg(或每千克体重1万～1.5万U)，肌肉注射，每日2次。

(3) 抗变态反应　醋酸泼尼松，马、牛50～150mg，猪、羊10～50mg，每日2次，内服,连续服用3～5d后,应减量1/5～1/100;或地塞米松0.1～0.2mg/kg,肌肉或静脉注射。同时配合抗生素治疗效果会更好一些。

(4)利尿消肿　速尿,马、牛5～10mL,猪、羊2～5mL,肌肉注射,每日1～2次,连用3～5d后停药;利尿素,马、牛5～10g,羊、猪0.5～2g,内服;醋酸钾,马、牛10～30g,猪、羊2～5g,内服;25%氨茶碱注射液,马、牛4～8mL,羊、猪0.5～1mL,静脉注射。

(5)尿路消毒　乌洛托品,马、牛15～30g,羊、猪5～10g,内服;或应用其40%注射液10～50mL,静脉注射。

(6)对症疗法　当心脏衰弱时,可应用强心剂,如安钠咖、樟脑或洋地黄制剂(参看心力衰竭的治疗)。当出现尿毒症时,可应用5%碳酸氢钠注射液,200～500mL,或应用11.2%乳酸钠溶液,溶于5%葡萄糖溶液500～1 000mL中,静脉注射。

(八)预防

(1)加强管理,防止家畜受寒、感冒,以减少病原微生物的侵袭和感染。

(2)注意饲养,保证饲料的质量,禁止喂饲家畜有刺激性或发霉、腐败、变质的饲料,以免中毒。

(3)对患急性肾炎的病畜,应及时采取有效的治疗措施,彻底消除病因以防复发或转为慢性肾炎、间质性肾炎。

(4)应用具有强烈刺激性和剧毒性的药物时,应严格控制剂量并遵守使用方法。

二、肾盂炎

肾盂黏膜的炎症称为肾盂炎。临床上单纯的肾盂炎极为少见,多半是肾盂和肾的炎症,即肾盂发炎后肾实质同时发生不同程度的炎症,即肾盂肾炎,但通常以肾盂的病变占优势,故一般将本病统称为肾盂炎。

本病多发生于牛、猪,马则较为少见。

(一)病因

多发生于某些传染性和中毒性疾病的经过中,主要是由细菌(葡萄球菌、链球菌、大肠杆菌、化脓杆菌、变形杆菌、绿脓杆菌等)及其毒素的作用而引起。邻近器官炎症的蔓延,多半是由肾脏或膀胱的炎症蔓延至肾盂黏膜而引起。

也可由肾结石或肾寄生虫的机械性刺激以及误用具有强烈刺激性的药物,或是尿液在肾盂内积留过久,分解而产生氨时刺激肾盂而引起发病。

此外,牛肾盂肾炎多见于妊娠后期或分娩后的乳牛(犊牛、公牛很少发病),特别是因为产后胎衣停滞或由于子宫、阴道感染而发病。

(二)发病机理

病原微生物一般可经血源、尿源、淋巴源三种感染途径侵入肾脏。

1.血源性感染

当家畜患全身性传染病或局部化脓性疾患时,病原微生物及其毒素可经血液循环途径侵入肾脏,先在肾小球毛细血管网内形成细菌性栓塞,然后病原菌移行至肾小管和集合管，并在其周围的间质形成小脓肿。最后通过肾乳头到达肾盂，引起肾盂炎症。

2. 尿源性感染

病原微生物从尿道经膀胱和输尿管而逆行进入肾盂。开始时肾盂黏膜发生化脓性炎症，随后炎症不断发展，并沿集合管上行，在肾小管及其周围组织也引起化脓性炎症。严重者可形成多量小脓肿，肾小管发生变性，甚至坏死。脓肿向肾小管破溃，致使腔内充满脓细胞和细菌，形成脓尿和菌尿。

3. 淋巴源性感染

当与肾相邻近的肠管发生病变时，病原微生物或其毒素可沿淋巴途径侵入肾盂。

在一般情况下，经上述途径侵入的病原微生物并不一定都能引起炎症。只有在一定条件下，当动物抵抗力降低时，特别是在肾盂发生瘀血、黏膜损伤、尿液蓄积或具有其他病理变化时，才有可能导致肾盂炎的发生。

开始时，肾盂黏膜呈进行性肿胀而增厚。继则，黏膜下层发生化脓性浸润，致肾盂上皮细胞脱落，于是尿中出现大量黏液、脓液、上皮细胞、病原菌等，使尿液变为混浊、黏稠。肾盂的肌肉组织，因尿液排出困难而发生肌层肥大，进而变为弛缓，结果肾盂机能减弱，尿的排出更加困难，并引起肾盂腔的继续扩展，肾盂内压不断增高。由于扩大的肾盂压迫感觉神经末梢，引起肾脏疼痛。

当尿液长时间不能排出时，则混有炎性产物的尿液大量积聚于肾盂。久之，肾盂可形成一个充满液体的大囊腔。若病原微生物及其毒素和炎性产物不断被吸收而进入血液，则可引起机体全身性反应，出现体温升高、精神沉郁、食欲减退和消化紊乱等症状。

(三)症状

病畜精神沉郁、食欲减退、消化不良且有腹泻及腹痛症状。牛则见有反刍紊乱，泌乳量下降。体温升高，一般变动于 39~40℃，也有高达 41℃以上者，多呈弛张热或间歇热。

肾区疼痛，患畜多拱背站立，行走时背腰僵硬。直肠检查，可触知肾体积增大，敏感性增高。当肾盂内有脓液蓄积时，则输尿管膨胀、扩张，有波动感。

频频排尿，病初尿量减少，而后虽有增加，但出现排尿困难现象。尿液混浊，其中混有黏液、脓液和大量蛋白质。尿沉渣中主要见有大量脓细胞、红细胞、白细胞、肾盂上皮细胞和肾上皮细胞，以及磷酸铵镁和尿酸盐结晶。尿液直接涂片或细菌培养可发现病原菌。随病程的发展，出现心脏衰弱，脉搏快速。严重时，见有贫血现象。

(四)病程及预后

重症病畜多于短期内死亡，一般病畜可延续数月乃至数年，不易痊愈；少数病畜经适当治疗后，也可恢复健康。

肾盂炎的预后一般不良，多因排尿障碍或并发其他疾病而死亡。

(五)诊断

肾盂炎可根据临床症状及直肠触诊，并结合对尿液化验的结果进行诊断。如尿中蛋白质增量，尿沉渣中除见有肾盂上皮细胞外，尚有肾上皮细胞，则是肾盂炎的特征。

(六)治疗

治疗原则：抑制病原微生物，增强肾盂的活动机能，促进尿液和炎性产物及时排出。

磺胺类药物应选择在尿中浓度高、乙酰化率低，且主要以原形从尿中排出的磺胺类药物为宜。临床常用的有：磺胺异噁唑(SIZ)、磺胺甲基异噁唑(SMZ)、磺胺二甲基嘧啶等。特别是应用增效磺胺片(复方新诺明：SMZ+TMP)，可提高治疗效果。但应注意，对肾机能不全的患畜，应慎重使用或禁忌应用。

抗生素是在应用上述药物治疗无效或效果不显著时用之。由于肾盂炎病原菌多属于革兰阴性细菌，故宜选用青霉素、四环素，或与链霉素合用。对重症病例，可应用卡那霉素、庆大霉素、多黏菌素、先锋霉素、红霉素及氨苄青霉素等。

促进炎性产物的排出及尿路消毒，可应用利尿剂和尿路消毒剂(参看肾炎的治疗)。

对病畜应饲喂富含营养的和容易消化的无刺激性的优质饲料。

(七)预防

(1)加强饲养管理，注意家畜卫生，防止病原微生物的感染。

(2)治疗泌尿器官疾病时，应避免使用对尿路黏膜具有强烈刺激作用的药物。

(3)对母畜产后的各种生殖器官疾病，应及时采取有效的防治措施。

(4)对患有肾盂炎，特别是细菌性肾盂炎的动物，应隔离饲养，并对畜舍进行消毒，以防止传播、蔓延。

三、膀胱炎

膀胱黏膜或黏膜下层的炎症称为膀胱炎。临床特征为疼痛性的频尿和尿液中出现较多的膀胱上皮、脓细胞、血液以及磷酸铵镁结晶。按膀胱炎症的性质，可分为卡他性膀胱炎、纤维蛋白性膀胱炎、化脓性膀胱炎、出血性膀胱炎四种，但一般在临床中以卡他性膀胱炎较为多见。

本病多发生于牛，有时也见于马，其他家畜较为少见。

(一)病因

主要由于病原微生物的感染，邻近器官炎症的蔓延和膀胱黏膜的机械性刺激或损伤所引起。

1. 病原微生物感染

除某些传染病的特异性细菌继发感染外，多半是由于非特异性细菌感染，如化脓杆菌、葡萄球菌、绿脓杆菌、大肠杆菌、变形杆菌通过血液循环或尿道侵入膀胱所致，或是由于导尿时导尿管或手指消毒不彻底所引起。

2. 邻近器官炎症的蔓延

当家畜患肾炎、输尿管炎、尿道炎，特别是母畜患阴道炎、子宫内膜炎时，可蔓延至膀胱而发病。

3. 机械性损伤

主要是导尿管损伤膀胱黏膜或膀胱结石及膀胱新生物的刺激而发生。

4. 各种有毒物质或具有强烈刺激性的药物

如松节油、斑蝥、甲醛等刺激膀胱黏膜时，也可发生。

(二) 发病机理

膀胱炎时，病原菌侵入膀胱的途径有：尿源性感染(经尿道逆行进入膀胱)、肾源性感染(经肾后行进入膀胱)、血源性感染(经血液循环进入膀胱)。其中最主要的途径是尿源性感染及肾源性感染。经上述途径进入膀胱的病原微生物，或直接作用于膀胱黏膜或随尿液作用于膀胱黏膜，而当尿潴留时，还可由于尿液的异常分解，形成大量氨及其他有害产物，对黏膜产生强烈的刺激，从而引起膀胱组织发炎，严重者可引起膀胱组织坏死。炎性产物及脱落的上皮细胞与坏死组织混入尿中，引起尿液成分改变，尿中出现脓汁、血液、膀胱上皮细胞及坏死组织等。此种质变的尿液又可为某些病原菌繁殖创造良好的条件，从而促进炎症的发展。

由于膀胱黏膜遭受炎性产物的刺激，致使膀胱兴奋性和紧张性增高，收缩频繁，故病畜排尿次数增多，呈现疼痛性的排尿。若对黏膜的刺激过强，则极易引起膀胱括约肌的反射性痉挛，导致排尿困难或尿闭。当炎性产物被黏膜吸收后，又可呈现明显的全身症状。

(三) 症状

1. 急性膀胱炎

特征性症状是排尿频繁和疼痛。膀胱黏膜敏感性增高，病畜尿频或呈排尿姿势，但每次排出尿量较少或呈点滴状断续流出。排尿时病畜表现疼痛。严重者由于膀胱黏膜肿胀或膀胱括约肌痉挛收缩，引起尿闭。此时，表现极度疼痛不安(肾性腹痛)、呻吟。公畜阴茎频频勃起，母畜摇摆后躯，阴门频频开张。

直肠触诊膀胱时，病畜表现疼痛不安，膀胱体积缩小呈空虚状。当膀胱颈组织增厚或膀胱括约肌痉挛时，由于尿液积留致使膀胱高度充盈。

尿液成分变化：卡他性膀胱炎时，尿液混浊，尿中含有大量黏液和少量蛋白；化脓性膀胱炎时，尿中混有脓液；出血性膀胱炎时，尿中含有血液或血凝块；纤维蛋白性膀胱炎时，尿中混有纤维蛋白膜或坏死组织碎片，并具有氨臭味。

尿沉渣中见有大量白细胞、脓细胞、红细胞、膀胱上皮细胞、组织碎片及病原菌，并有尿酸盐结晶。

2. 慢性膀胱炎

症状与急性膀胱炎基本相似，唯程度较轻，也无排尿困难现象，但病程较长。

(四) 病程及预后

卡他性膀胱炎，经及时合理的治疗，可迅速痊愈，预后一般良好。其他性质的膀胱炎，可继发肾盂炎或膀胱麻痹，使病情复杂化，预后多不良。

(五) 病理变化

(1) 急性膀胱炎　见黏膜充血、肿胀，有小出血点，黏膜表面覆有大量黏液。严重者，黏膜出血或溃疡、脓肿，表面覆有浅黄色纤维蛋白性薄膜或灰黄色固膜性附着物。

(2) 慢性膀胱炎　见黏膜肥厚，呈皱褶状或膀胱肌层增厚。

(六)诊断

根据典型的临床症状如尿频、排尿疼痛、膀胱空虚和尿液实验室检查,不难诊断,必要时可采用膀胱镜检查。要注意区别膀胱麻痹、膀胱痉挛和尿石症。

(1)膀胱麻痹　不排尿,无排尿姿势,膀胱高度充盈,按压有尿液排出。

(2)膀胱痉挛　直肠检查膀胱空虚。

(3)尿石症　明显的排尿疼痛,膀胱高度充盈。

(七)治疗

治疗原则:改善饲养管理,抑菌消炎,防腐消毒以及对症治疗。

(1)改善饲养管理　首先应使病畜适当休息,饲喂以无刺激性、富含营养且易消化的优质饲料,并给予清洁的饮水。对高蛋白质饲料及酸性饲料,应适当限制。为了缓解尿液对黏膜的刺激作用,可增加饮水或输液。

(2)抑菌消炎,防腐消毒和对症治疗参考肾炎治疗。

四、尿道炎

尿道黏膜的炎症称为尿道炎。在临床中属于少见的一种泌尿器官疾病,主要发生于牛和马。

(一)病因

尿道的细菌感染:如导尿时,由于导尿管消毒不彻底,无菌操作不严格或尿道受伤被细菌感染;尿结石的机械性刺激和化学药物的刺激损伤了尿道黏膜后,也可导致细菌感染。

此外,邻近器官炎症的蔓延,如膀胱炎、包皮炎、阴道炎及子宫内膜炎时,炎症可蔓延至尿道而发病。

(二)症状

病畜频频排尿,排尿时,尿液呈断续状流出。此时公畜阴茎频频勃起,母畜阴唇不断开张,严重时可见到黏液——脓性分泌物不时自尿道口流出。尿液混浊,其中含有黏液、血液或脓液,甚至混有坏死、脱落的尿道黏膜。

触诊或导尿检查时,病畜表现疼痛不安,并抗拒或躲避检查。

(三)病程及预后

尿道炎通常预后良好。但损伤和感染者,当发生尿路阻塞或形成疤痕组织引起尿道狭窄时,可造成尿闭或继发膀胱破裂,则预后不良。

(四)诊断

根据频尿、排尿疼痛,尿道肿胀、敏感,导尿管插入受阻及疼痛不安,尿液中存在炎性产物但无肾、膀胱上皮细胞,可以诊断为尿道炎。

(五)治疗

治疗原则:消除病因,抑菌消炎、防腐消毒(参看膀胱炎的治疗)。

当严重尿闭及膀胱高度充盈时,可考虑施行手术疗法。

五、尿石症

尿石症是指尿路中的盐类结晶凝结物，刺激尿路黏膜而引起出血、炎症和阻塞的一种泌尿器官疾病。

尿石是在核心物质（黏液、凝血块、脱落上皮细胞、坏死组织片、异物等）的基础上，其外周由矿物质盐类（碳酸盐、磷酸盐、硅酸盐、草酸盐、尿酸盐等）和保护性胶体物质（黏蛋白、核酸、黏多糖等）环绕凝结而形成。前者称为尿石的基质，后者称为尿石的实体。

尿石的形状多样，有的呈球形、椭圆形或多边形，也有呈细颗粒或沙石状者。其大小也不一致，小者如粟粒，大者如蚕豆或更大。

尿石症主要发生于牛，特别是去势后的肉用公牛、水牛，且多呈地区性发病。此外，羊、猪、马也偶有发生。

(一)病因及发病机理

目前普遍认为尿石的形成是多因素的，主要与饲料及饮水的数量和质量，机体矿物质代谢状态，以及泌尿器官，特别是肾脏的机能活动有密切关系。

正常尿液中，含有大量呈溶解状态的盐类晶体及一定量的胶体物质，且晶体盐类与胶体物质之间保持着相对的平衡。一旦这种平衡破坏，即晶体超过正常的过饱和浓度，或胶体物质由于不断丧失其分子间的稳定性结构，且核心物质又不断产生时，则尿中的盐类晶体物质就不断析出，进而凝结成为尿石。饲料与饮水的质量不良：当长期饲喂家畜以大量马铃薯、甜菜、萝卜等块根类饲料，或含硅酸盐较多的酒糟，或喂饲单纯富含磷的麸皮、谷类等精饲料，以及长期给予钙盐丰富的饮水时，均能引起尿中盐类浓度增高，促进尿石的生成。

长期饮水不足时，尿液浓缩，盐类浓度过高也促进尿石的形成。

尿液 pH 值对矿物质结晶的析出具有一定的影响。已知酸性尿可阻碍结石的形成，而碱性尿则能促进结石的形成。

长期或周期性的尿液潴留也是促进尿石形成的因素，因为潴留的尿中尿素分解而生成氨，使尿变为碱性，碱化的尿液能析出大量不易或不能溶解的盐类化合物（磷酸钙、碳酸钙、磷酸铵镁等）而有利于盐类晶体的沉淀。

饲料中维生素 A 或胡萝卜素不足或缺乏时，可引起中枢神经系统机能紊乱，导致盐类形成的调节机能障碍。同时尚可引起肾及尿路上皮形成不全（角化）及脱落，导致尿石的核心物质增多而促进发病。

肾及尿路感染时，尿中细菌和炎性产物积聚，可成为盐类晶体沉淀的核心。特别是肾脏的炎症，使尿液晶体和胶体的正常溶解与平衡状态破坏，导致盐类晶体易于沉淀而形成结石。

此外，近年来曾发现有应用磺胺类药物（某些乙酰化率高的磺胺制剂）治疗病畜时，而出现结石形成的病例。

尿石形成的原始部位主要是肾脏（肾小管、肾盂），以后可转移至膀胱，并在膀胱中继续增大。肾小管内的尿石多固定不动，但肾盂或膀胱内的尿石则可移动，有时可移行至输尿管及尿道等部位而发生阻塞。

当尿石的体积超过这些管腔的内径时，可引起尿路部分或完全阻塞，且以尿道阻塞最常见。但也有因大量体积小的尿石（沙石）积聚而阻塞尿道者。

结石于阻塞部位刺激尿路黏膜，引起局部黏膜损伤、炎症、出血，因而该部敏感性增高，致使尿路平滑肌发生痉挛收缩，患畜呈现肾性腹痛。

由于尿道阻塞导致排尿障碍，如在初期呈现不全阻塞时，见有少量尿液呈滴状流出，以后完全阻塞时，则发生尿闭，膀胱积尿，逐渐膨大而导致麻痹，甚至发生破裂。

病理变化可于肾盂、输尿管、膀胱或尿道内发现尿石，其大小和数量不等，有时固定于黏膜上，有时呈游离状态存在。阻塞部黏膜见有损伤、炎症、出血乃至溃疡。

(二)症状

当尿石的体积细小且数量较少时，一般不呈现任何症状。但体积较大的结石，则呈现明显的临床症状。

尿石位于膀胱腔时，有时并不呈现任何症状，但大多数病畜表现有尿频或血尿，膀胱敏感性增高。公牛、公羊的阴茎包皮周围有干燥的细沙砾样物。

尿石位于膀胱颈部时，可呈现明显的疼痛和排尿障碍。病畜频频呈现排尿动作，但尿量较少或无尿排出。排尿时病畜呻吟，腹壁抽缩。

尿道结石，公马多阻塞于尿道的骨盆部，公牛则多发生于乙状弯曲或会阴部位。当尿道不完全阻塞时，病畜排尿痛苦且排尿时间延长，尿液呈断续或点滴状流出，有时排出血尿。当尿道完全阻塞时，则呈现尿闭或肾性腹痛现象。病畜后肢屈曲叉开，拱背缩腹，频频举尾，屡呈排尿动作，但无尿排出。尿道探诊时，可触及尿石所在部位，尿道外部触诊时有疼痛感。直肠触诊时，膀胱胀满，体积增大，富弹性，按压膀胱也不能使尿排出。长期的尿闭，可引起尿毒症或发生膀胱破裂。

膀胱破裂时，凡因尿闭引起的努责、疼痛、不安等肾性腹痛现象突然消失，病畜转为安静。由于尿液大量流入腹腔，可出现下腹部腹围迅速膨大，以拳触压时，可听到液体振动的击水音。此时若施行腹腔穿刺，则有大量腹液自穿刺针孔涌出。液体一般呈棕黄色，透明，有尿的气味。尿液进入腹腔后，可继发腹膜炎。

(三)诊断

一般均根据病史（对饲料及饮水质量的调查分析结果），临床症状（排尿障碍、肾性腹痛），尿液变化（尿中混有血液及微细沙砾样物质），尿道触诊（公畜尿道阻塞部位膨大，压迫时疼痛不安）以及直肠检查，进行综合诊断。如有条件时，可施行X射线透视或造影检查。

(四)治疗

(1)可通过改善饲养，即给予病畜以流体饲料和大量饮水。必要时可用利尿剂，以期形成大量稀释尿，借以冲淡尿液晶体浓度，减少析出并防止沉淀。同时，尚可以冲洗尿道以使体积细小的尿石随尿排出。

(2)对有草酸盐尿石的病畜，应用硫酸阿托品或硫酸镁；对有磷酸盐尿石的病畜，应用稀盐酸进行治疗而获得良好的效果。

(3)对体积较大的膀胱结石,特别是伴发尿道阻塞或并发尿道感染时,需施行尿道切开手术或膀胱切开手术以取出结石。必要时,可施行尿道改向手术或阴茎切除手术。

(4)为了防止尿道阻塞引起的膀胱破裂,可施行膀胱穿刺排尿。对膀胱破裂的患畜可施行膀胱修补手术。

(5)药物疗法,仅能缓解病情,一般达不到预期的治疗效果。

(五)预防

(1)防止长期单调地喂饲家畜以某种富含矿物质的饲料和饮水。饲料日粮的钙、磷比例应保持为(1~2):1或(1.5~2):1。

(2)家畜日粮中,应含有适量的维生素A,以防止泌尿器官的上皮形成不全或脱落,造成尿石的核心物质增多。

(3)对泌尿器官疾病(肾炎、肾盂炎、膀胱炎、膀胱痉挛等)应及时给予治疗,以免尿液潴留。

(4)平时应适当增喂多汁饲料或增加饮水,以稀释尿液,减少泌尿器官的刺激,并保持尿中胶体与晶体间的平衡。

(5)对舍饲的家畜,应适当地喂给食盐,或于饲料中添加适量的氯化铵(阉牛每日45g,羊每日10g),以延缓镁、磷盐类在尿石外周的沉积。

任务二 脑膜脑炎

脑膜脑炎主要是受到传染性或中毒性因素的侵害,首先软脑膜及整个蛛网膜下腔发生炎性变化,继而通过血液和淋巴途径侵害到脑,引起脑实质的炎性反应;或者脑膜与脑实质同时发炎。一般通称脑膜脑炎,呈现一般脑症状或灶性症状,是一种伴发严重的脑机能障碍的疾病。

本病主要发生于马,间或发生于猪、牛和羊;其他家畜也有发生,但较少见。

(一)病因

主要由于内源性或外源性的传染性因素引起的,也有由于中毒性因素所致。

1. 条件致病菌的侵害

如链球菌、葡萄球菌、肺炎球菌、双球菌、巴氏杆菌、化脓杆菌、坏死杆菌、李氏杆菌、猪流感嗜血杆菌及沙门菌等,当机体防卫机能降低,微生物毒力增强时,即能引起本病的发生。又如中耳炎、化脓性鼻炎、额窦炎、眼球炎、腮腺炎,以及踢伤、角伤、额窦圈锯术、骨质坏疽等蔓延至颅腔;或因感染创、褥疮等过程中转移至脑而发生本病。

2. 寄生虫

受到马蝇蛆、马圆形线虫的幼虫、脑包虫、猪与羊囊虫以及血液原虫病等的侵袭,导致脑膜脑炎的发生和发展。

3. 中毒性因素

铅中毒、猪食盐中毒、马和驴霉玉米中毒等过程中,都具有脑膜脑炎的病理现象。

4. 饲养管理不当

受寒、感冒、过劳、中暑、脑震荡、车船输送、卫生条件不良、饲料霉变或精料(豆类)饲喂过多等，均能促使本病的发生。

(二)发病机理

主要是病原微生物侵入血液，运行到脑，或沿着神经干，或通过淋巴途径，侵入脑的蛛网膜腔和硬脑膜下腔。病原微生物透过血脑屏障，侵入脑膜和脑实质。由邻近器官炎症的病原微生物，侵入颅腔后，从蛛网膜下腔直接蔓延到脑组织，不仅如此，还可以通过脑脊液，或沿着血管的外膜鞘，侵入脑组织和脑室。因而导致本病的发生和发展过程。

本病发展的过程中，由于脑组织血液与脑脊液的循环受到影响，引起脑组织炎性浸润，发生急性脑水肿，脑脊液增多，颅内压升高，脑神经和脑组织受到严重的侵害，因而呈现一般脑症状。病畜神识障碍，精神沉郁，或极度兴奋，狂躁不安；发生痉挛、震颤，以及运动异常；视觉障碍，呼吸与脉搏节律变化。并因病原微生物及其毒素的影响，同时伴发毒血症，体温升高。由于炎性病理变化及其病变部位的不同，导致各种不同的灶性症状。

(三)症状

1. 一般脑症状

急性脑膜脑炎，突然发病，多呈现一般脑症状。病畜神识障碍，精神沉郁，闭目垂头，站立不动，目光无神，不听呼唤，直到呈现昏睡状态。有时突然兴奋发作，特别是马，神识不清，狂躁不安，攀登饲槽，跳越逃窜，甚至挣断绳，不避障碍，向前猛进，往往侵害人、畜；有时腾空，后肢立地，容易摔倒，痉挛抽搐；公马有的阴茎勃起或脱垂，有时鸣叫。继而出现嗜眠，昏睡状态。姿态异常，神情恍惚，迫使运动，步态不稳或共济失调，有时盲目徘徊，或转圈运动。

病牛兴奋发作时，磨牙，眼神凶恶，抵角甩尾，时而鸣叫，鼻发声；病猪，尖叫，磨牙空嚼，口流泡沫。

由传染性因素引起的脑膜脑炎，病的初期，体温升高，颅顶灼热；颅内压升高，头痛。继发感染，往往伴发菌血症或毒血症现象。

所有病畜都具有兴奋期与抑制期交替发作现象。兴奋期，病畜知觉过敏，皮肤感觉异常，甚至轻轻触摸，即引起剧烈疼痛，个别有举尾现象；瞳孔缩小，视觉扰乱，反射机能亢进，容易惊恐。抑制期，呈现嗜眠、昏睡状态，以及各种强迫姿势，瞳孔散大，视觉障碍，反射机能减弱乃至消失。

呼吸与脉搏变化：兴奋期，呼吸急促，脉搏增数。抑制期，呼吸缓慢而深长；脉搏有时减少。在末期濒死前，多呈现潮式呼吸，间断呼吸，脉微欲绝。

饮食状态：食欲减退或废绝，采食、饮水异常，咀嚼缓慢，常常中止，猪有呕吐现象。腹壁紧张，肠蠕动音微弱，排粪迟滞，尿量减少，尿中含有蛋白质、葡萄糖。

2. 灶性症状

灶性症状主要是痉挛和麻痹两个方面。

(1)眼肌痉挛 眼球震颤，斜视，瞳孔左右不同(散大不均匀)，瞳孔反射机能消失。

(2)咬肌痉挛　牙关紧闭，轧齿（磨牙）。
(3)唇、鼻、耳肌痉挛　唇、鼻和耳肌收缩。
(4)项肌和颈肌痉挛或麻痹　项部和颈部的肌肉强直，头向后上方或一侧反张；倒地时，四肢做有节奏的游泳样运动。
(5)咽和舌肌麻痹　吞咽障碍，舌脱垂。
(6)面神经和三叉神经麻痹　唇向一侧或弛缓下垂。
(7)眼肌和耳肌麻痹　斜视、上眼睑下垂；耳弛缓下垂。
(8)单瘫与偏瘫　一组肌肉或某一器官麻痹，或半侧机体麻痹。

上述病症，不一定同时出现，有时某一器官，或某一组肌肉痉挛，或麻痹比较明显，有时则痉挛现象较为多见，或有时有麻痹现象。

(四)病程及预后

急性病例一般在24h内死亡。病程缓和的，病程数天乃至一周后，多预后不良。

(五)病理变化

软脑膜小血管充血、瘀血，轻度水肿，有的具有小出血点。切面，蛛网膜下腔和脑室内的脑脊液增多、混浊，含有蛋白质絮状物；脉络丛充血，灰质与白质充血，并散在小出血点。有的大脑皮层、基底核、丘脑、中脑、脑桥等部位，有针尖大至小米粒大的灰白色坏死灶，脑实质疏松软化。病毒性与中毒性的病例，脑组织与脑膜的血管周围淋巴细胞浸润。结核性脑膜脑炎，具有胶样或化脓性浸润。

慢性病例，软脑膜肥厚，呈乳白色，并与大脑皮层密接。

(六)诊断

根据病史调查、临床症状及病情发展过程，可以做出诊断。

但在临床实践中，有些传染病或中毒性疾病所引起的脑功能障碍，则与本病容易混淆，要注意鉴别。

(1)急性热性传染病　通常由于受到病原微生物及其毒素的侵害，往往引起中枢神经系统机能紊乱，有时与本病容易混淆。但一般脑症状不明显，与本病相区别。

(2)马传染性脑脊髓炎　临床症状很相似，但马传染性脑脊髓炎主要发生于马，而牛、羊、猪等则无感受性，多于秋季流行，除中枢神经系统机能紊乱外，还有高度黄疸，与本病有明显区别。

(3)霉玉米中毒　其临床症状与本病相似，但其主要发生于驴、骡、马，而其他家畜很少发生。虽有明显的神经症状，也有胃肠黏膜充血、出血和坏死，伴发腹痛、下痢，与本病相区别。

(4)李氏杆菌病　神经型的临床症状与本病类似。但其主要侵害羊(绵羊和山羊)、牛和猪，而马属动物少见，多发于春、秋季，有时呈地方性流行，伴发下痢、咳嗽以及败血症现象，与本病相区别。

(七)治疗

治疗原则：加强护理，降低颅内压，保护大脑，消炎解毒，采取综合性的治疗措施。

(1)护理　应将病畜放置在宽敞、通风、安静的畜舍中，多铺褥草，墙壁应平滑，防止兴奋发作冲撞。若系传染性因素引起的，还须隔离观察，严密消毒，加强防疫卫生，防止传播。病的初期，体温高，颅顶灼热，可以用冷水淋头，诱导消炎。

(2)降低颅内压　大家畜放血1 000～2 000mL，再用10%～25%葡萄糖溶液1 000～2 000mL，静脉注射；如果血液浓稠，通常用20%甘露醇溶液或25%山梨醇溶液，按每千克体重1～2g，静脉注射，应在30min内注射完毕，降低颅内压，改善脑循环。若在注射后2～4h内大量排尿，中枢神经系统紊乱现象，即可好转。

(3)镇静安神　用2.5%盐酸氯丙嗪溶液，牛、马10～20mL，猪、羊2～4mL，肌肉注射。也可用10%溴化铵溶液，牛、马50～100mL，静脉注射。

(4)消炎解毒　盐酸四环素，牛、马2～3g，5%葡萄糖生理盐水1 000～2 000mL，静脉注射，但肝脏与肾脏功能障碍时，不宜应用，可改用青霉素，必要时配合链霉素，肌肉注射。

(5)辅助治疗　强心利尿，可以用高渗葡萄糖溶液，小剂量，多次静脉注射；同时用安钠咖、氨茶碱，皮下注射；也可以用40%乌洛托品溶液，牛、马40～50mL，加适量维生素C和维生素B，配合葡萄糖生理盐水，静脉注射，均为有益。

(八)预防

加强平时饲养管理，注意防疫卫生，防止传染性与中毒性因素的侵害。当同槽同圈的家畜相继发生本病时，即应隔离观察和治疗，防止传播，保证家畜健康。

任务三　日射病及热射病

家畜在炎热季节中，头部受到日光直射时，引起脑及脑膜充血和脑实质的急性病变，导致中枢神经系统机能严重障碍现象，通常称为日射病。在炎热季节潮湿闷热的环境中机体产热多，散热少，引起严重的中枢神经系统功能紊乱现象，通常称为热射病。又因大量出汗、水盐损失过多，可引起肌肉痉挛性收缩，故又称为热痉挛。

实际上，日射病、热射病及热痉挛，都是由于外界环境中的光、热、湿度等物理因素对动物体的侵害，导致体温调节功能障碍的一系列病理现象，故都可称为中暑。

本病见于猪、马、牛、羊等，在炎热季节中较为多见，病情发展急剧，甚至迅速死亡。

(一)病因

盛夏三伏，潮湿闷热，溽暑熏蒸，各种家畜常发生日射病及热射病。其发病原因有：饲养管理不当，长期缺少运动，体质虚弱，或因暑热炎天，劳役过度，出汗过多，饮水不足，或因畜舍狭小，通风不良，潮湿闷热等。

(二)发病机理

正常情况，在体温调节中枢的控制下，动物体产热与散热处于平衡状态。但在炎热季节中，气温超过35℃时，由于强烈阳光辐射和高温时，辐射、传导及对流散热困难，只能通过汗液蒸发途径散热。由于蒸发散热常常受到空气中的湿度和机体健康情况等有关因素的影响，以致散热困难，体内积热，发生中暑现象。

(1)日射病　主要是因家畜头部受到强烈阳光辐射的直接作用，引起头部血管扩张、脑及脑膜充血、体温上升、神志异常。脑神经细胞发生炎性反应和组织蛋白的分解，脑脊髓液增多，颅内压增高，引起中枢神经系统调节功能障碍，新陈代谢异常，呼吸浅表，心力衰竭以致卧地不起、痉挛抽搐、神志昏迷。

(2)热射病　主要由于外界环境潮湿闷热，散热少，产热与散热不能保持相对的统一与平衡，体温上升，新陈代谢旺盛，氧化不完全的中间代谢产物大量蓄积，引起脱水和酸中毒。由于脱水、水盐代谢失调、组织缺氧、碱贮下降、脑脊髓液与体液间的渗透压急剧变化，影响中枢神经系统对内脏的调节作用，心肺代偿机能衰竭，静脉瘀血，黏膜发绀，皮肤干燥、无汗，体温下降，最终导致窒息和心脏麻痹现象。

(三)症状

1. 一般性症状

大多数病畜精神沉郁，站立不稳卧地不起，甚至昏迷。但也有的表现兴奋不安，乱冲乱撞，难以控制。随病程恶化，出现心律不齐，血液循环障碍，静脉瘀血，黏膜发绀，呼吸困难，张口吐舌。

2. 日射病

初期，精神沉郁，有时眩晕，四肢无力，步态不稳，共济失调，突然倒地，四肢做游泳样运动。眼球突出，神情恐惧，有时全身出汗。病情发展急剧，心血管运动中枢、呼吸中枢、体温调节中枢的机能紊乱，甚至麻痹。心力衰竭，静脉怒张，脉微欲绝；呼吸急促，节律失调；有的体温升高，皮肤干燥，汗液分泌减少或无汗。瞳孔初散大，后缩小。兴奋发作，狂暴不安。有的突然全身性麻痹，皮肤、角膜、肛门反射减退或消失，腱反射亢进，常常发生剧烈的痉挛或抽搐，迅速死亡。

3. 热射病

体温急剧上升，甚至达到43℃以上；皮温增高，直肠内温度灼手，全身出汗。特别是在潮湿闷热环境中劳役或运动时的牛、马，突然停步不前，鞭打不走，剧烈喘息，晕厥倒地，状似电击。猪，病初不食，喜饮水，口吐泡沫，有的呕吐。继而卧地不起，神志昏迷，或痉挛、战栗。

(四)病程及预后

病程发展十分快，很快死亡。发病后能及时治疗，一般预后良好。

(五)病理变化

日射病及热射病的病理学变化，两者之间有共同的特征，即脑及脑膜的血管高度瘀血，并有出血点；脑脊液增多，脑组织水肿；肺充血和肺水肿；胸膜、心包膜及肠黏膜，都具有瘀血斑和浆液性炎症乃至肝脏、肾脏、心脏和骨骼肌发生变性的病理变化。

(六)诊断

根据发病季节(炎热夏季)，多因使役过度，饮水不足，阳光直接照射或因通风不良，闷热)等发病，症状可以做出诊断。

(七)治疗

治疗原则：防暑降温，镇静安神，强心利尿，缓解酸中毒。

先将家畜放到通风阴凉处,冷敷或用冷水擦洗,并结合饮用大量冷人工盐水,以促进体温散发。同时可用2.5%氯丙嗪,牛、马10~20mL;猪、羊4~5mL,肌肉注射,缓解痉挛,促进散热。

肺充血和肺水肿时,可立即放血,牛、马1 000~2 000mL,猪、羊100~200mL。放血后,用复方氯化钠溶液,牛、马1 000~2 000mL,猪、羊100~300mL,静脉注射,隔3~4h,重复注射1次。若无复方氯化钠溶液,也可用5%葡萄糖生理盐水和维生素C,促进血液循环,缓解呼吸困难,减轻心肺负担,保护肝脏,增强解毒机能。

心力衰竭虚脱时,宜用25%尼可刹米溶液,牛、马10~20mL,皮下或静脉注射。或用0.1%肾上腺素溶液,牛、马3~5mL,10%~25%葡萄糖溶液,牛、马500~1 000mL,猪、羊50~200mL,静脉注射。其后,可用安钠咖或樟脑注射液,每4~6h皮下注射1次,促进康复过程。

有自体中毒现象,5%碳酸氢钠溶液,牛、马500~800mL,静脉注射。

(八)预防

在炎热季节中,必须做好饲养管理和防暑工作,保证家畜健康。

(1)牛、马应经常锻炼其耐热能力。在炎热季节中,不使家畜中暑受热,注意补喂食盐,给予充足饮水,畜舍保持通风凉爽,防止潮湿、闷热和拥挤。

(2)随时注意畜群的健康状态,发现精神迟钝、无神无力或姿态异常、停步不前、饮食减退,具有中暑现象时,即应检查和进行必要的防治。

(3)大群家畜徒步或车船运送,应做好各项防暑和急救准备工作,防患于未然,保护家畜健康。

(4)丘陵、平原乃至沙漠地区,干旱、缺水,对畜群的健康状态,更应注意观察;早晚放牧,也应检查,并须注意饮水,防止畜群中暑,保护畜群健康。

任务四　应激性综合征

应激是机体的一种非特异性反应。所谓应激性疾病,就是机体受到各不良因素(应激源)的刺激时,引起的包括应激的生理病理演变过程在内的一种全身性综合征。应激的种类很多,其性质差别也很大,主要有感染、中毒、创伤、疼痛、疫苗注射、精神紧张、寒冷、高温、缺氧、失血、脱水等。

本病在家畜(禽)中常见,牛、马、猪、羊、鸡、鸭都发生。

(一)病因

一般而言,饲养管理、营养代谢、遗传育种、配种繁殖、分娩、泌乳、生长发育、肌肉运动、神情紧张、血压升高、中毒感染以及微量元素和维生素缺乏等,都可能成为应激源,引起应激反应。又如惊恐、追捕、运输、驱赶、混群、拥挤、斗架、过劳、噪声、电刺激、离群、陌生环境、封闭饲养、强制换羽、预防注射、地震感应、环境污染、环境突变以及手术保定、药物麻醉和治疗等都是应激源,可引起本病的发生。

由于应激源的作用强度、时间以及动物敏感性差异,即使同一性质的刺激因素所产生的效应往往也不同。如果应激过度或应激不足，都不利于畜禽适应性机制的形成，往往可能影响动物的生产性能，乃至引起适应性疾病的发生或死亡。

(二)发病机理

一般认为是应激源作用于动物机体感受器后，通过信号神经传递到低级中枢。低级中枢一方面对感受器的适应具有反馈调节作用；另一方面又将信号向上传送到以下丘脑为中心的信号处理系统，下丘脑受到刺激后，分泌皮质素释放激素(CRH)，刺激分泌促肾上腺皮质激素(ACTH)，ACTH进入血液循环，促进肾上腺分泌糖皮质激素。由于应激源的性质、强度、时间的不同，糖皮质激素分泌所产生的效果也不一样，并具有双向性，一方面若应激源强度小，而分泌增加，以提高适应性，使动物产生适应力；另一方面又可促进分解代谢，抑制炎性和免疫反应，使防卫机能降低，甚至引起疾病和死亡，或降低其生产性能。

(三)症状

动物应激性综合征的临床症状多种多样，归纳起来，一般有以下三种类型。

1. 猝死性应激综合征

动物受到应激源强烈刺激时，并无任何临床病征而突然死亡，如有些畜禽在车船输送中，由于过度拥挤或惊恐，突然死亡，有的乳鸽在抓捕中突然死亡。

2. 急性应激综合征

临床症状随家畜类别和应激源不同而异。

(1)恶性过热综合征 通常见于运送途中的肥猪、肉牛及鸡、鸭等畜禽，主要为运输应激、热应激、拥挤应激以及电击应激等，多表现为大叶性肺炎或胸膜炎症状。对某些敏感性猪，应用氯仿、氟烷等麻醉药，可能引起此种应激综合征，病畜全身颤动、呼吸困难、皮肤潮红、呈现紫斑、体温升高、黏膜发绀、肌肉僵硬，直至死亡。

(2)全身适应性综合征 乳牛、奶山羊、仔猪及繁殖母畜受到严寒、酷暑、饥饿、过劳、惊恐、中毒以及预防注射等诸多因素的刺激和影响，引起应激系统的复杂反应。其中特别是表现为警戒反应，神情紧张，体温降低、血压下降，肌肉弛缓，血液浓缩。

(3)猪应激综合征 通常见于营养佳良猪，多为猝死。肌肉苍白、质地柔软，液体渗出，形成水猪肉。

(4)胃溃疡 常见于猪和牛，胃黏膜发生糜烂和溃疡，病因很复杂。近年来认为神情紧张、缺乏营养、饲养管理不当所引起的应激反应起着主要作用。由于胃泌素分泌旺盛，形成自体消化，导致糜烂和溃疡。

(5)急性肠炎 新生幼畜下痢、猪水肿病及马属动物的盲结肠炎等，多为大肠杆菌引起的，也与应激反应有关。因为在应激过程中，机体防卫机能降低，大肠杆菌即成条件性致病因素，导致非特异性炎性病理过程。

3. 慢性应激综合征

应激源强度不大，但持续或间断反复引起的反应轻微易被忽视。由于动物不断地做出适应性的努力，形成不良的累积效应，致使其生产性能降低防卫机能减弱，容易继发感染，引起各种疾病的发生。这类疾病在营养、感染与免疫应答的相互作用现象比较常见。

(四)病理变化

应激性综合征,主要是胃肠溃疡,胰脏急性坏死,心、肝、肾实质变性和坏死,肾上腺出血、血管炎乃至肺坏疽。猝死的猪、羊和鸡等,肌肉苍白、柔软,液体渗出,特别是猪呈现水猪肉或白肌病的病理现象。

(五)诊断

根据应激源的强度、性质,病畜的临床症状和病理化变可以做出初步诊断。

(六)治疗

临床实践上主要用镇静剂和皮质激素以及抗过敏药物治疗。

氯丙嗪剂量可按每千克体重1~2mg,肌肉注射。由于应激源的刺激引起变态反应性炎症或过敏性休克,可以用皮质激素肌肉注射或静注进行治疗。

在家畜发生应激反应时,肌糖原迅速分解,血液中乳酸升高,pH值下降,导致酸中毒,可用5%碳酸氢钠溶液静脉注射,纠正酸中毒,对缓解应激反应具有一定的效果。

(七)预防

(1)注意选种工作　对于应激敏感的动物,特别是猪、鸡、鸭等,选育抗应激的品种。

(2)改进饲养管理工作

①畜舍,特别是猪舍设计要注意通风,防止拥挤。

②畜群分组合理,避免任意混群,防止破坏原有群体关系。

③保持安静,避免惊恐不安,防止噪声和搔扰。

④注意气候变化,防止忽冷忽热。

⑤车船运输或驱逐,避免过分刺激,防止应激反应。

⑥注意饲养管理,定时定量饲喂,不轻意改变饲养方式。

(3)预防应激药物　在出栏运输前,对应激敏感动物,可用氯丙嗪进行注射或应用抗应激素以及具有一定效果的预防药物,如维生素E、维生素C和碳酸氢钠等,具有一定抗应激作用。

任务五　变应性胃肠溃疡

变应性胃肠溃疡,表现为胃肠运动功能异常、消化不良、腹部疼痛、便秘或下痢,甚至胃肠出血、排泄黑粪的综合征。各种家畜皆能发生,以牛和猪常见,但在牛、猪一般没有明显临床病征,呈现亚临床病征。

(一)病因

病因比较复杂。可能与饲料、饲养管理、环境卫生及使役等因素有着直接的关系和影响。其中可以成为变应原的不独有细菌、真菌,也与饲料、有毒植物、免疫注射、中毒与感染以及畜舍狭小、过于拥挤、任意鞭策、粗暴管理、劳役过度、肉牛与肥猪的驱赶,或车船输送、神情紧张、过度疲劳等应激因素有关。奶牛由于环境卫生不良,或受到异常的声音、光的刺激和影响，从而引起本病的发生和发展。特别是对于牛、猪和鸡的危害大。

(二) 发病机理

(1) 胃酸分泌旺盛，超过胃、十二指肠黏膜所能耐受的水平。

(2) 胃黏液分泌降低，十二指肠液反流减少，对胃酸中和及对胃黏膜保护功能减弱。

(3) 胃排出异常，胃窦部食糜滞积、臌胀、促进胃泌素的分泌。

(4) 胃及十二指肠壁血管痉挛收缩，循环血量减少，从而促进胃液中盐酸和蛋白酶消化黏膜组织作用，导致溃疡的发生和发展。

(三) 症状

以消化性溃疡病为主，临床症状比较轻微，多与消化不良的临床症状相近。病情较为急剧的病例，则表现为病畜有时呕吐，肚腹疼痛，排黑色粪便（血便）。马呈现间歇性病痛，便秘或下痢，粪便带血。牛营养不良，贫血、黄疸，慢性瘤胃臌气、便秘，排泄黑色粪便。猪呈现亚临床表观，一般症状不明显；严重病例，精神沉郁，体质虚弱，消化不良，有时吐血，或呕吐带血，磨牙；便秘，粪中含有血液时多呈黑色。有的病例，不表现任何临床症状而突然死亡，春、秋季较为常见。

(四) 病理变化

一般多发生在胃和十二指肠的起始部，因局部黏膜发生溃疡。牛多数在幽门窦及胃底部黏膜皱襞上，猪常在胃小弯和胃窦部。散在圆形溃疡或消化性溃疡，黏膜血管被侵蚀，甚至形成穿孔和邻近器官粘连。

(五) 病程及预后

病程较为急剧，迅速康复，或突然死亡，其原因多为胃肠穿孔，形成急性穿孔性腹膜炎，引起循环虚脱等。有些病例，病程缓慢，已确诊为胃肠溃疡，预后判定，应加慎重。

(六) 诊断

本病一般没有明显的症状，不易确诊。主要根据消化不良、腹部疼痛、便秘或下痢，甚至胃肠出血、排泄黑粪的症状和春、秋季较为常见进行诊断。

(七) 防治

(1) 加强饲养管理　停喂刺激性较强的饲料（易消化，少抗原，营养全面等）和减少应激。

(2) 药物治疗　宜用抗过敏药物扑尔敏，健胃助消化可用人工盐和酵母，保护胃肠黏膜可用次硝酸铋，如胃肠已发生溃疡时可用鞣酸蛋白、维生素K等药物进行治疗，同时配合抗生素或磺胺药。

任务六　肉鸡猝死综合征

肉鸡猝死综合征又称扑翻病，是快速生长的肉鸡的一种急性致死性疾病，可造成0.5%~5%的死亡率，是肉鸡养殖生产中的一种常见病。

该病在3日龄即可发生，常发生于1~8周龄的肉用仔鸡，3~5周龄死亡率达到高峰，之后逐渐下降。体重大、生长迅速的肉鸡多发,尤以2～3周龄雄性雏鸡多见。刚刚性成熟的肉种鸡、商品蛋鸡和3～5周龄的后备小母鸡也有发生。

(一)病因

一般认为该病与遗传、营养、日粮、酸碱平衡和环境等多种因素有关。

(1)饲养管理因素 与营养、光照、防疫、饲养密度、应激反应等有关。肉用青年鸡,特别是仔鸡阶段由于生长速度快,而自身的一些系统功能(如心血管功能、呼吸系统、消化系统等)发育尚不完善,跟不上其发育速度,导致过快增长与系统功能不完善之间的矛盾。

(2)饲料因素 饲料中蛋白质、脂肪含量过高,维生素与矿物质配比也不合理,是发病重要因素之一。青年鸡由于采食量大,超量营养摄入体内造成营养过剩,呼吸加快,心脏负担加重,相应的需氧量增加,严重造成快速生长与系统功能不完善的不良后果,而发生猝死现象。

(二)症状

以肌肉丰满、外表健康的鸡发生突然死亡为其特征,发病前没有明显症状。直到临死前1min都无任何症状或异常行为,发作时突然失去平衡,剧烈煽动翅膀及肌肉痉挛,尖声鸣叫然后仰面朝天,迅速死亡。死后多呈背卧姿势,头颈扭曲,一腿或双腿外伸或竖起,有些鸡却在伏卧或侧卧时死亡。大多数病鸡死于饲喂时间。

(三)病理变化

死鸡剖检后发现,肝脏增大,易碎,肺肿大、瘀血、水肿。病死鸡体格健壮、肌肉丰满。消化道充满食物,嗉囊和食道内充满刚刚采食的饲料。肌肉色泽苍白,心脏明显扩张,心室通常收缩,紧缩呈长条状,心室内空虚无血;心房扩张松弛,内有血凝块。肺充血、水肿。肝脏、胃肠道及肠系膜高度充血,血管怒张。

(四)诊断

目前尚无特异性诊断方法,一般可通过综合分析进行诊断。可采用如下标准:

①突然死亡、惊叫、背卧姿势、两脚朝天。

②外表健康,发育正常。

③剖检未见感染和压死迹象。

④肺脏瘀血、水肿,右心房瘀血、扩张,心包液增多。要注意该病与急性药物中毒和某些传染病(如急性禽霍乱)的鉴别。

(五)防治

本病目前尚无特效方法,可采取综合措施进行防治:调整日粮,对3～20日龄肉雏鸡限饲,适当降低能量水平,增加维生素含量,尤其是增加维生素A、维生素D、维生素E、维生素B_1、维生素B_6等的含量。采用光照强度低的渐增光照程序,结合限饲进行。以玉米和植物油作为日粮的能量来源。日粮中增加生物素(300μg/kg)和复合多维素、硒和维生素E含量。加强鸡舍通风,降低饲养密度,采用缓和加料方式;在每吨饮水或饲料中加入碳酸氢钾3.6kg进行预防,可降低死亡率。注意是否由于使用离子载体类抗球虫药引起的中毒。

任务七　湿疹

湿疹是表皮和真皮上皮由致敏物质所引起的一种过敏性炎症反应。其特点是患部皮肤发生红斑、丘疹、水疱、脓疱、糜烂、结痂及鳞屑等皮肤损伤，并伴有热、痛、痒症状。

各种家畜皆能发生，一般多发生在春、夏季。

(一)病因

1. 外界因素

(1)机械性刺激　如持续性的摩擦，特别是挽具的压迫和摩擦，昆虫的叮咬等。

(2)物理性刺激　皮肤不洁，污垢在被毛间蓄积，而使皮肤受到直接刺激；或在阴雨连绵的季节中放牧，由于潮湿使皮肤的角质层软化，生存于皮肤表面的裂殖菌及各种分解产物进入生发层细胞中。此外，家畜长期处于阴暗潮湿的畜舍或烈日暴晒，久之使皮肤的抵抗力降低，极易引起湿疹。

(3)化学性刺激　主要是使用化学药品不当，如滥用强烈刺激药涂擦皮肤或用浓碱性肥皂水洗刷局部，均可引起湿疹。长时间被脓汁或病理分泌物污染的皮肤，也可发生本病。

2. 内在原因

外界各种刺激因素，虽然是引起湿疹的重要因素，但是否发生湿疹，还取决于家畜的内部状态。

(1)变态反应　这种反应在湿疹的发病机制上占重要地位。内在因子，如家畜患消化道疾病(胃肠卡他、胃肠炎、肠便秘)并伴有腐败分解产物吸收；由于采食致敏性饲料，病灶感染；或者病畜皮肤发生自体敏感作用等。

(2)由于营养失调、维生素缺乏、新陈代谢紊乱、慢性肾病、内分泌机能障碍等可使皮肤抵抗力降低，而导致湿疹的发生。

(二)发病机理

一般认为湿疹的发生是由于皮肤经常受到外界不良因素的刺激，在变态反应的基础上，通过组胺、胆碱、乙酰胆碱和腺苷化合物的作用引起毛细血管舒张、神经麻痹性扩张和渗透性增高。组织液被含类脂质的粒层所阻拦，生发层的上部比较潮湿，细胞发生膨胀，而导致湿疹的发生。

原发性湿疹的病理变化为表层的水肿、角化不全和棘层肥厚，真皮中的血管扩张、水肿和细胞性浸润。继发性病变包括表皮的结痂，脱屑及真皮的乳头层肥大和胶元纤维变性。因此，湿疹的发生，与内、外因素的刺激有关。

(三)症状

一般可按病程和皮肤损伤表现分为急性湿疹和慢性湿疹两种。

1. 急性湿疹

按病性及经过不同分为以下几期：

(1)红斑期 病初由于患部充血,在无色素皮肤可见大小不一的红斑,并有轻微肿胀,指压时褪色,称为红斑性湿疹。

(2)丘疹期 若炎症进一步发展,皮肤乳头层被血管渗出的浆液性浸润,形成界限分明的粟粒到豌豆大小的隆起,触诊发硬,称为丘疹性湿疹。

(3)水疱期 当丘疹的炎性渗出物增多时,皮肤角质层分离,在表皮下形成含有透明浆液性水疱,称为水疱性湿疹。

(4)脓疱期 在水疱期有化脓感染时,水疱变成小脓疱,称为脓疱性湿疹。

(5)糜烂期 小脓疱或小水疱破裂后,露出鲜红色糜烂面,并有脓性渗出物,创面湿润,称为糜烂性湿疹或称为湿润性湿疹。

(6)结痂期 糜烂面上的渗出物凝固干燥后,形成黄色或褐色痂皮,称为结痂性湿疹。

(7)鳞屑期 急性湿疹末期痂皮脱落,新生上皮增生角化并脱落,呈糠麸状,称为鳞屑性湿疹。

急性湿疹有时某一期占优势,而其他各期不明显,甚至某一期停止发展,病变部结痂或脱屑后痊愈。

2. 慢性湿疹

病程与急性大致相同,其特点是病程较长,易于复发。病期界限不明显,渗出物少,患部皮肤干燥增厚。

由于病畜的种类不同,发生湿疹的部位和形状也不同。

(1)马的湿疹 常发生于凹部、腕关节的后面与跗关节的前面,发生结节或水疱,后转为慢性湿疹。发病后不久,见有瘙痒、摩擦、皮肤增厚。此病常在春天开始发生,春末及夏季增多,病变可能是局限性的,很少波及全身,皮肤干燥,长毛处往往积聚皮屑。由于剧痒,不断啃咬、摩擦,故有脱毛或擦伤。

(2)牛的湿疹 大多数发生于前额、项部、尾根,甚至背腰部、后肢系凹部,病初皮肤略红,继而形成小圆形水疱,小的如针尖,大的如蚕豆,以后破裂,有的因化脓而形成脓疱。由于病变部奇痒而摩擦,使皮肤脱毛,出血,皮肤变厚,粗糙或形成裂创,并有血痕现象,病变范围逐渐扩大。

牛的乳房由于与后肢内侧经常摩擦并积聚污垢,而易发湿疹。

(3)绵羊的湿疹 临床症状与牛相同。多于天热出汗和雨淋之后,因湿热而发生急性湿疹。多发生于背部、荐部和臀部,较少发生于头部、颈部和肩部。皮肤发红,有浆液渗出,形成结痂,被毛脱落,继而皮肤变厚、发硬,甚至发生龟裂。

(4)猪的湿疹 常称沥青痛(煤烟疹、痂疹)。主要发生于饲养管理不当所致或患有寄生虫病、内科病(如卡他性肺炎、佝偻病等)的瘦弱贫血的仔猪。最初毛鬃失去光泽,多发生于全身各处,尤其是股部、胸壁、腹下等处发生脓疱性湿疹。脓疱破溃后,形成大量黑色痂,奇痒。因此,患猪呈现疲惫状态,并逐渐消瘦。

(四)病程及预后

急性的病期常在3周以上,如转为慢性,可经数月,不易痊愈。

(五)诊断

根据病史调查、皮肤特异性变化和比较明显的临床症状,容易诊断。但应与螨病、霉菌性皮炎、皮肤瘙痒症等鉴别诊断。

(1)疥螨病 由于疥螨侵袭所致，瘙痒显著，病变部刮削物镜检时，可发现疥螨虫体。

(2)霉菌性皮炎 除具有传染性外，可查出霉菌孢子。

(3)皮肤瘙痒症 皮肤虽瘙痒，但皮肤完整无损。

(4)皮炎 主要表现皮肤的红、肿、热、痛，多不瘙痒。

(六)治疗

治疗原则：除去病因，脱敏，消炎；禁止使用强刺激性药物。

(1)除去病因 为了除去病因，应保持皮肤清洁、干燥，畜舍要通风良好，使患畜适当运动，并给予一定时间的日光浴，防止强刺激性药物刺激；给予富含营养而易消化的饲料。在用药之前，清除皮肤一切污垢、汗液、痂、分泌物等。为此，可用温水或有收敛、消毒作用的溶液洗涤，如1%～2%鞣酸溶液，3%硼酸溶液。

(2)消炎 根据湿疹的各个时期，应用不同的药物。

①红斑性、丘疹性湿疹：为避免刺激，用胡麻油和石灰水等量混合后，涂于患部。

②水疱性、脓疱性、糜烂性湿疹：先剪除患部被毛，用上述消毒溶液洗涤患部，然后涂布3%～5%甲紫，5%美蓝溶液或2%硝酸银溶液，或撒布氧化锌：滑石粉(混合比例为1：1)，碘仿：鞣酸粉(比例为1：9)等，以防腐、收敛和制止渗出。随着渗出的减少，可涂布氧化锌软膏或水杨酸氧化锌软膏等。

炎症慢性经过时，涂抹可的松软膏或碘仿鞣酸软膏(碘仿10g、鞣酸5g、凡士林100g)。此外，用10%氯化钙溶液，静脉注射(马、牛100～150mL，猪、羊20～50mL)，隔日注射1次，连续应用。也可内服或静脉注射维生素A、维生素C。

(3)脱敏 多用苯海拉明，马、牛0.1～0.5g，猪、羊0.04～0.06g，肌肉注射，每日1～2次。

(4)止痒 患畜出现剧痒时，可用1～2%石炭酸乙醇溶液涂擦患部。

(5)中药疗法

急性者用下列处方：

方一：茵陈60g、生地50g、金银花50g、黄芩25g、栀子25g、蒲公英50g、苦参40g、苍术50g、泽泻40g、车前子40g，剧痒者加蝉蜕25g，共为细末，开水冲调，马、牛一次性灌服。

方二：寒水石、石膏、冰片、赤石脂、炉甘石各等份，共为细末，涂抹患部或用水调涂。

慢性者用下列处方：当归50g、生地50g、白芍40g、薏米50g、丹皮50g、白癣皮50g、地肤子40g、何首乌50g、蝉蜕30g、荆芥30g，共为细末，开水冲调，马、牛一次性灌服。

练习与思考

1. 中暑包括哪两个疾病？这两个疾病的病因是什么？应如何预防与抢救？
2. 肾炎有哪些临床症状？应如何预防和治疗？

3. 膀胱炎和尿道感染临床表现有什么异同？应采取什么措施治疗？
4. 肉鸡猝死综合征的病因是什么？如何预防？
5. 如何诊断、预防、治疗湿疹？
6. 如何减少家畜应激综合征的发生？

项目五
营养代谢疾病

【知识目标】
- 了解畜禽营养代谢疾病的发病机理。
- 掌握畜禽糖、脂肪、蛋白质代谢障碍疾病的病因、发病特点和预防。
- 掌握畜禽矿物质代谢障碍疾病的病因、发病特点和预防。
- 掌握畜禽微量元素缺乏性疾病的病因、发病特点和预防。
- 掌握畜禽维生素缺乏症的病因、发病特点和预防。

【技能目标】
- 熟练地进行畜禽营养代谢疾病的诊断。
- 熟练地进行奶牛酮病、仔猪低糖血症、禽痛风的诊断、治疗。
- 熟练地进行佝偻病、异食癖的诊断、治疗。
- 熟练地进行维生素 A、维生素 E 缺乏症的诊断、治疗。

任务一 概述

畜禽营养代谢疾病包括糖、脂肪和蛋白质代谢障碍，矿物质和水、盐代谢紊乱，维生素缺乏症及微量元素缺乏症四个主要部分。

营养代谢是生物机体体内和外部环境之间营养物质通过一系列同化与异化、合成与分解代谢过程，实现生命活动的物质交换和能量转化的过程。在现代畜牧生产中，要在维持畜禽最佳的营养代谢水平上进行科学的饲养管理和繁殖育种，提高畜禽品种和畜产品的数量和质量，使畜禽的生产性能得到充分的表达，最大限度地满足于人类物质生活的需要。

虽然，现代畜牧生产的规模化、集约化生产方式是按照畜禽各自的生理特征和生产性能，制订出各种饲养标准，以提高它们的生产效率，但不可避免地要受到畜舍建筑结构、管理设施和制度、内外理化生物学环境因素、日粮配合、饲养方法及对营养需求等一系列生产流程的控制和支配，只要产生任何与健康和生产不相适应的内外环境因素的变化，都可能导致这样或那样的代谢失调或营养障碍。例如，生产瘫痪、奶牛酮病、铜中毒、低镁血症、产后血红蛋白尿、猪黄脂病及仔猪低血糖症、良种母猪及其杂交猪的应激综合征等营养代谢疾病,均是现代养殖业中值得关注的问题。一般来说,畜禽营养代谢疾病在大型集约养殖场,具有常发性和群发性特点。因此,研究畜禽营养代谢疾病的病因和防治问题,是现代兽医临床工作中的一项重要内容。

研究畜禽营养代谢疾病的病因、机理和防治问题,要以家畜饲养学、动物营养学、动物生物化学、兽医临床病理学及兽医药理学与治疗学等学科知识为基础,结合畜禽生长、发育、繁殖和生产等自然特性,通过饲养方法、饲料组成及饲料分析的研究,对各种营养物质的摄入量、利用率及其实际消耗量的核算,对照临床病征和临床病理实验室材料,确定各种营养成分在机体内的代谢水平及其平衡关系,最终做出病原学诊断及其合理的防治措施。

近年研究发现,畜禽营养缺乏症的致病因素十分复杂,不仅直接涉及某种特定营养物质的缺乏或不足问题,还常间接地引起某种其他营养物质的缺乏、不足或过剩问题,如铜的缺乏与钼的过剩,锌缺乏与钙过剩或日粮不饱和脂肪酸缺乏,硒缺乏与汞、锡、铜、锌、砷过剩等之间,都存在着一定的内部关联性。在研究营养缺乏症时,不仅须注意原发性或绝对的缺乏症,还须注意条件性或相对的缺乏症,如奶牛原发性骨软病是由于饲料中磷的绝对缺乏所致,而继发性骨软病则是由摄入过量的钙引起条件性磷缺乏所致;马属动物原发性纤维性骨营养不良的病因与奶牛骨软病的相反,磷过剩为原发性,而钙缺乏为条件性的,同时还与维生素D是否缺乏有关。防治钙磷代谢障碍,关键是钙磷比例适当(1:1~2:1),充足维生素D。马的木贼中毒,都可导致硫胺素(维生素B_1)缺乏症,事实上并非由于饲料中缺乏维生素B_1或盲肠微生物合成维生素B_1障碍,而是由于木贼含有较多硫胺素酶。牛的维生素B_{12}缺乏症虽不常见,但当患地方性钴缺乏时,并非由于瘤胃微生物维生素B_{12}合成障碍,而是由于缺钴而使维生素B_{12}不能合成。绝对的缺乏症是因饲料中本来就缺乏某种特定营养因素,相对的缺乏症则由于某种或某些其他物质的参与和干扰,引起某种特定营养因素需要量增高或被破坏而失效。维生素A或维生素E缺乏症既可因饲料中缺乏而发生,也可因被氧化、破坏所导致。维生素E对防治白肌病起作用,就因为它能被过多的不饱和脂肪酸游离根结合,抑制大量脂肪酸代谢产生过氧化物。在维生素E与硒元素之间,两种营养元素在一定条件下具有协同作用,维生素E能阻止脂肪酸过氧化物的生成,硒是谷胱甘肽过氧化酶的组成元素则能参与破坏已生成的过氧化物,从而防止细胞和亚细胞脂膜过氧化,二者对畜禽白肌病的防治具有协同作用。

研究营养代谢疾病的病因和防治问题,要具备许多有关基础学科的知识,从多方面寻找和发现疾病原因,合理地提出一种病原疗法,而不是一种对症疗法。

任务二 糖、脂肪、蛋白质代谢障碍疾病

一、奶牛酮病

奶牛酮病是泌乳奶牛在产犊后几天至几周内发生的以酮血症、酮尿症、酮乳症和低血糖症为特征的一种代谢疾病,临床表现为不食,昏睡或兴奋,体重丧失,泌乳量下降,偶尔发生运动失调。各个牛群的发病率不一样,大多数地区是舍饲高产母牛发病率最高,发

病多在产犊后 6 周以内,少数在 10 周内。高产牛群中,以亚临床酮病的发病率更高,占产后母牛的 10%~30%,表现为血酮和乳酮水平增高,乳量下降,乳质下降,体重减轻,生殖系统疾病和其他疾病发病率增高。

(一)病因

(1)日粮为高蛋白质、高脂肪饲料和低碳水化合物饲料　当母牛摄入高蛋白质、高脂肪饲料和低碳水化合物饲料,能量和葡萄糖不足,奶牛就先动用肝糖原,随后动用体脂肪和蛋白质而产生大量的酮体,称为营养性酮病。

(2)奶牛产前高度营养不良　如果母牛在产前存在高度营养不良,在妊娠后期动用体内大量的体脂和蛋白质产生大量酮体,称为妊娠毒血症。

(3)产前过肥,产后营养不良　当产前过肥,而产后营养不良,奶牛就会动用体内储备导致酮病,称为消耗性酮病。

(4)高产奶牛　高产母牛产犊后的早期泌乳阶段,泌乳高峰出现很快,大约在产犊后 40d 就达到最高峰,而采食量却恢复很慢,直至产犊后 70d 才达最高峰,因此在产犊后 10 周内食欲较差,能量不能满足泌乳消耗的需要,假如饲料日粮中营养不平衡,或者碳水化合物摄入不足及蛋白质和脂肪摄入过多,或者三种营养物质均摄入不足,就产生能量负平衡及生糖先质缺乏,呈现临床和亚临床酮病。

(二)发病机理

牛的能量和葡萄糖,主要来自瘤胃微生物酵解大量纤维素生成的挥发性脂肪酸,其中丙酸生糖,而乙酸和丁酸在转变为乙酰辅酶 A 进入羧酸循环后转化为能量,或因草酰乙酸缺乏而转变到乙酰乙酸和 β-羟丁酸,而产生酮病。

酮病的代谢紊乱主要表现为低血糖症、高酮血症及肝糖原水平降低等。这些表现主要与碳水化合物摄入不足有关,因为碳水化合物摄入减少或吸收减少,动物就会动员肝糖原,随后动用体脂肪和体蛋白。反刍动物摄入各种类型的碳水化合物饲料,葡萄糖吸收量很少,能量来源主要是取自瘤胃中微生物发酵所产生的乙酸、丙酸和丁酸,而丙酸是主要的碳水化合物前质,唯一具有抗酮性质,用于合成乳糖就很少剩余,而在乙酸和丁酸利用为能量时,又须消耗大量葡萄糖前质——草酰乙酸,因此当草酰乙酸缺乏时,由乙酸和丁酸衍生的活性乙酸(乙酰辅酶 A)不能进入三羧酸循环被利用为能量,而生成酮体。

泌乳早期阶段,母牛食欲不振,采食量减少,是导致能量负平衡的主要原因,也是碳水化合物缺乏的主要原因。这与日粮能量蛋白比不平衡有很大关系。如果日粮组成能改变瘤胃微生物群落的变化,使发酵产生的挥发性脂肪酸相对比例(正常发酵产生乙酸+丁酸:丙酸=4:1)倾向于生酮的乙酸和丁酸,而倾向于生糖的丙酸不足,则不能利用乙酸和丁酸产能,并转入生酮途径。因为丙酸是草酰乙酸的先质。当由母牛代谢系统的大量葡萄糖转化为乳糖时,则组织所需的葡萄糖不能从肝糖原分解得到满足,于是迅速动员体脂肪和体蛋白加速糖原异生,同时酮体生成也随之增加,并由于病牛呈现低乳而非无乳,体重显著下降,而组织利用酮体时也须消耗草酰乙酸,在草酰乙酸缺乏的条件下,酮体利用率降低,最后出现低血糖症和高酮血症。

若病程延长,瘤胃微生物群落的变化难于恢复,可引起严重消瘦和持久性消化不良。

当丙酮还原成 β-羟丁酸脱羧后,又可生成异丙醇。丙酮使病牛呼吸、发汗、排尿发出酮味,而异丙醇使病牛兴奋不安,脑组织缺糖使病牛呈现嗜睡。

(三)症状

母牛产犊后几天至几星期出现,食欲不振,便秘,粪便上有黏液,精神沉郁,体重显著下降,泌乳量也随之下降。乳汁易形成泡沫,类似初乳状,并有酮味。尿呈浅黄色,水样,易形成泡沫。呼出的气体和排尿时都可闻到酮味,加热后更加明显。随着病情进一步发展,病牛迅速消瘦,轻度腹痛,呈拱背姿势。大多数病牛嗜睡,少数病牛可发生狂躁不安,表现为转圈、摇摆、空嚼和吼叫,感觉过敏,不愿运动。这些症状间断地多次发生,每次持续 1h。

病理检查特征为低血糖症、酮血症、酮尿症和酮乳症。

(四)诊断

根据病因(高蛋白质和低能量饲料、饲养管理不善等)、发病时间、临床症状(乳汁易形成泡沫,类似初乳状,并有酮味,尿呈浅黄色,易形成泡沫,呼出的气体和排尿时都可闻到酮味)可以做出初步诊断。

(五)治疗

1. 替代疗法

补充能量:一方面提高饲料的能量水平,另一方面直接静脉注射高渗葡萄糖溶液。可用 50% 葡萄糖溶液 500～1 000mL 静脉注射,同时饲喂甘油和乳酸铵,每日 1～2 次,连续 3～5d,效果较好,还要适当减少精料供应。

2. 激素疗法

这种主要用于体质较好的牛,用促肾上腺糖皮质激素效果较好,可用肾上腺素 300～600IU 肌肉注射,或用醋酸可的松 5～10mL,肌肉注射。

(六)预防

保证饲料营养平衡,特别要注意维生素、矿物质的供给,以确保奶牛泌乳的生理需要。

适当的运动,保证充足的阳光照射。

在产奶高峰期可适当在饲料补充乳酸钠,剂量按每日 100g,连用 30～40d。

二、禽脂肪肝综合征

禽脂肪肝综合征是以肝细胞沉积大量脂肪为特征的营养代谢性疾病,主要发生于笼养蛋鸡和肉用仔鸡。

(一)病因

(1)饲料中能量高、蛋白质偏低,家禽由于运动不足,将多余的能量转化为脂肪,沉积于肝脏、皮下、腹膜。

(2)饲料中胆碱、生物素、维生素 B_{12} 不足或油脂含量过高,使脂肪代谢障碍,引起脂肪大量在肝内沉积。

(3)应激也可以促使本病的发生。

(二)症状

鸡群无明显临床症状,主要表现鸡过于肥胖,超正常体重的20%~30%,生产性能下降,蛋鸡产蛋量缓慢下降或没有产蛋高峰。有的鸡突然死亡,应激死亡率更高。肉用仔鸡表现为生长速度不快,脱毛,不愿站立和运动,常伏地等,应激死亡率明显增高。

(三)病理变化

病鸡明显过肥,鸡冠苍白,腹腔、肝脏、肾脏沉积大量的脂肪,肝脏脂肪变性呈土黄色,肝肥大、质地柔软、易碎,肝被膜下有大小不等的出血点。有的肝脏破裂,腹腔中有大量的凝血块。其他脏器一般没有明显变化。

(四)诊断

根据鸡群生产性能下降,过肥,死亡率升高,但鸡无明显症状;病鸡肝脏的病理变化可以做出诊断。

(五)防治

(1)每吨饲料添加氯化胆碱1 000g,维生素E 20 000~30 000IU、维生素B_{12} 10~20g,生物素0.3~0.5g,对本病有良好的防治效果。

(2)保证饲料营养平衡,特别要注意维生素E和B族维生素的添加,肉用仔鸡饲料不要过于强调能量,油脂添加量以不超过5%为好。

(3)减少应激,避免使用霉变饲料。

三、猪黄脂病

猪黄脂病通常称"黄膘",是在屠宰后的猪肉存在一种黄色脂肪性组织。关于"黄膘"问题,早为肉品检验所注意,但"黄膘"肉是可以食用的。

(一)病因

(1)采食过量的不饱和脂肪酸甘油酸(如变质的油渣饼、变质的全脂鱼粉),或生育酚(维生素E)含量不足。当有这两种情况存在时,都可导致色素在脂肪组织中沉积,从而造成了"黄膘"。饲喂鱼油、鱼的零碎块、鱼罐头的废弃品能发生黄脂病,喂蚕蛹也可发生。特别是饲喂比目鱼和鲢鱼的副产品更容易出现黄脂病,因为这些鱼的身体脂肪中约有80%是以不饱和脂肪酸的形式存在。

(2)饲料中黄玉米比例过高或在饲料中添加黄色素(柠檬黄、菊花黄等)也可以引起猪黄脂病。

(二)症状

猪黄脂病在生前很难判断。通常见到的症状包括被毛粗乱,无光泽,倦怠,衰弱和黏膜苍白。大多数病猪食欲不振,生长缓慢,有时发生跛行,眼有分泌物。红细胞计数在正常范围以内,但在严重黄脂病的猪,血红蛋白水平降低。

(三)病理变化

体脂肪呈柠檬黄色,骨骼肌和心肌呈灰白色,质脆。淋巴结肿胀、水肿,可有散在性的小出血。肝脏呈黄褐色或土黄色，有明显的脂肪变性。肾脏呈灰红色，横断面发现髓质呈浅绿色。胃肠道黏膜充血或出血。

(四)防治

(1)调整饲料　禁止饲喂比目鱼、酸败的鱼油、油渣(特别是猪油渣)或蚕蛹。

(2)饲料中添加维生素E　每日每头在饲料中添加800～1 000mg。

(3)减少饲料中色素的含量　适当减低黄玉米的使用量，不在饲料中使用黄色素(柠檬黄、菊花黄)。

如果要消除这种"黄膘"病，使组织中全部的色素都被消除，需要经过一段很长的时间才能见效。

四、仔猪低血糖症

仔猪低血糖症是指一周龄内的仔猪发生的以血糖过低为特征，临床表现为体温下降，黏膜苍白，共济失调，全身发抖等的营养代谢病。死亡率占仔猪总数的1/4左右。

(一)病因

(1)母乳不足、无乳或乳汁品质问题　新生仔猪依靠糖原的储备，最重要的是吃奶，从乳汁中得到足够的各种营养。如果母猪乳汁不足或无乳，仔猪不能及时吃到足够的乳汁，营养不能满足仔猪的生理需要，体内的糖原不断动用而出现血糖浓度下降，呈现低血糖症。其次，母猪患有任何一种泌乳量减少、根本不能产奶的疾病，都会引发生仔猪低血糖症，如母猪子宫炎一乳房炎一无乳症综合征或其他母猪产后疾病，麦角中毒引起无乳症、奶头坏死，乳汁过浓或乳汁中含脓块等乳汁品质问题，仔猪不能从乳汁中得到应有营养而引发低血糖症。还有仔猪头数比母猪奶头数多，有的仔猪始终吃不到奶，导致吃奶不足引发低血糖症。

(2)母猪在怀孕期营养不良　特别是在怀孕后期营养不良，仔猪体内糖原贮存不足，并且产后多乳汁不足，造成仔猪低血糖症。

(3)初生仔猪所处的环境温度过低　新生仔猪所需的临界温度为23～35℃，对寒冷敏感。仔猪皮薄、皮下脂肪少(直至1～2周)，体热散失快，在空气寒冷或潮湿的环境中，其体温的维持需要利用大量糖原储备，消耗大量葡萄糖，当仔猪吃不到足够的奶，不能得到足够的能量物质时，就会发生低血糖症，并可立即引起死亡。

(4)仔猪消化吸收障碍　仔猪出生后因患消化道疾病，如仔猪红痢、仔猪黄痢等，影响仔猪的食欲和对乳汁的消化吸收，也会造成仔猪低血糖症。

(二)症状

多发生在出生后2～3d的仔猪，同窝的大部分仔猪发病。最初是行为上的变化，表现为单独睡着，软弱无力，运动能力弱，低弱的叫声，盲目的游走。皮肤冷湿、苍白，体温降低，肌肉紧张性下降，并对外界刺激反应能力下降。后运动失调，不愿站立，或用鼻唇部抵在地上维持这种站立姿势。随后卧地不起，呈胸卧式或侧卧式，有的被压死。最后，仔猪出现惊厥，伴有空口咀嚼，流涎，角弓反张，眼球震颤，前肢、后肢收缩，全身发抖，昏迷而死亡。

(三)诊断

根据仔猪的发病的时期,环境温度,临床症状,剖解见胃肠空虚、其他器官无明显变化和血糖含量低可以做出诊断。但本病应与新生仔猪细菌性败血症和细菌性脑膜脑炎、病毒性脑炎等引起明显的惊厥症状的疾病进行鉴别诊断。一般而言,根据母猪、环境因素的检查及用葡萄糖对仔猪试探性治疗的效果帮助诊断。而尸体剖检也可从消化道中发现没有食糜,脱水,有的肾盂和输尿管有白色沉淀物。

(四)防治

(1)补糖 用5%葡萄糖溶液15mL腹腔注射,每日4次,进行治疗。或葡萄糖12g内服,每日6次,同时配合肌肉注射樟脑磺酸钠2mL。

(2)护理 应先将仔猪放在温暖的环境中;加强母猪营养,对弱仔猪进行特殊护理,可以进行人工哺乳。

五、禽痛风

禽痛风是一种由蛋白质代谢障碍引起的尿酸血症,尿酸盐在血液中大量蓄积,导致关节囊、关节软骨、内脏和其他间质组织尿酸盐的沉积,临床上表现为运动迟缓,四肢关节肿胀,厌食,衰弱及腹泻,并引起尿酸盐的排泄增高及肛门充血。

本病多在大型集约化鸡场中发生,特别当肉用仔鸡饲喂大量动物性蛋白质饲料时更多见,也可见于火鸡和水禽。

(一)病因

(1)饲料中蛋白质含量过高 禽痛风是在饲喂大量富含蛋白质饲料后发生,饲料粗蛋白质多超过23%以上。这些蛋白质饲料主要是高蛋白饲料,如肉粉、鱼粉、大豆粉、菜粕、棉粕等。

(2)肾功能不全或肾损害的因素 肾功能不全时,使尿酸盐排泄障碍,导致痛风。如钙过多及慢性铅中毒,引起肾病变;维生素A缺乏,引起肾小管、输尿管上皮细胞萎缩、角化和脱落;磺胺类药中毒,引起结晶尿和肾损害,致尿酸盐排泄受阻,发生痛风;其他疾病引起肾损害,也可使机体组织大量被破坏,从而痛风发病率增高,如沙门菌病、传染性支气管炎、传染性法氏囊病、火鸡蓝冠病、单核细胞增多症、盲肠肝炎(黑头病)、艾美耳球虫病等。

(3)环境因素密度过大、鸡舍阴冷潮湿、饮水不足、通风不良、应激等是本病的诱因。

(二)发病机理

主要由于家禽肝脏缺乏精氨酸酶,所以不能形成尿素而以固体尿酸盐的形式排出。此外,家禽还可以氨合成尿酸。正常家禽尿中尿酸多于尿素及肌酸多于肌酸酐。当家禽采食高蛋白质饲料,尤其富含高精氨酸饲料时,不能形成尿素而形成尿酸,肝脏和血液中尿酸盐水平随之升高。这些尿酸盐主要通过肾脏排出,所以粪中有白色的尿酸盐沉积。当血液中尿酸盐升高时,关节囊中也会出现尿酸盐沉积,所以出现跛行。

(三)症状

由于尿酸盐沉积的部位不同,可以分为内脏型禽痛风和关节型禽痛风两种类型。

1. 内脏型禽痛风

精神不振，食欲不良，贫血，鸡冠苍白，消瘦，脱毛。周期性体温升高，心跳加快，气喘，神经症状及皮肤瘙痒，不自主地排泄白色的尿酸盐粪，肛门周围的羽毛常被粪便污染。母鸡产蛋下降或完全停止，个别鸡突然死亡。病鸭不愿下水，或下水后不愿戏水，又马上回到岸上，雏鸭下水后羽毛不易干，腹泻。触诊腹部时，病禽敏感疼痛，有的有液体波动感。多数母鸡腹部拖地。故称为内脏型痛风。

本病多为慢性，往往发生贫血下痢以及进行性消瘦。

2. 关节型禽痛风

脚趾、腿部、翅膀关节肿胀，运动迟缓，跛行，不愿站立，切开关节有灰白色沉着物的积聚（可引起关节面坏死及溃疡），有人称为关节型痛风。死后剖检，胸腹膜、肠系膜、肺、心包内、肝、脾、肠、肾的表面散布着许多石灰样的白色尘屑状物质，腿和翅膀的主要关节内也有相似的沉着物，并往往形成一种所谓"痛风石"。

（四）诊断

诊断要点：消瘦，拉白色石灰水样粪便；关节肿大，跛行；内脏、关节有尿酸盐沉积；饲料中蛋白质含量过高。

（五）防治

(1) 增强尿酸的排泄　为了减少体内尿酸的蓄积和关节疼痛，可以在饲料中添加碳酸氢钠，每吨饲料添加1 000g，停止使用磺胺类药物或其他对肾脏有损害的药物。

(2) 减少日粮中蛋白质的含量　改变饲料配合比例，降低饲料中蛋白质的含量，供给含有丰富维生素A的饲料。如幼火鸡的痛风，当蛋白质含量降低至20％时，病鸡即逐渐恢复。对于肉用仔鸡，凡饲喂动物内脏、肉粉、鱼粉等富含高蛋白质饲料的，可减少高蛋白质饲料的使用，应按照日龄、体重调整饲料配方，能量蛋白比合理。

(3) 补充维生素A、维生素D　可以在每千克饲料中添加维生素A 450IU、维生素D 550IU，或在饲料中添加鱼肝油，或肌肉注射维生素A按每千克体重440IU。同时在饲料中增加黄玉米的含量。

(4) 加强饲养管理　保持适宜的温度，合理的密度，良好的通风和清洁的卫生，减少应激。笼养鸡，若能增加适当运动，可降低本病的发病率。

任务三　矿物质代谢障碍疾病

一、佝偻病

佝偻病是指幼畜和幼禽维生素D缺乏及钙、磷代谢障碍所引起的骨营养不良性疾病。病理特征为成骨细胞钙化作用不全、持久性软骨肥大及骨骺增大等暂时钙化作用不全。临床特征是消化紊乱、异食癖、跛行及骨骼变形。

该病常见于犊牛、羔羊和仔猪，幼驹和幼禽也有发生。

(一)病因

(1)光照严重不足 犊牛由于原发性磷缺乏及舍饲中光照不足而引起,其对原发性磷缺乏十分敏感。仔猪由于原发性磷过多而维生素 D 和钙缺乏而引起。幼驹在自然条件下,佝偻病不常见。在哺乳幼畜对维生素 D 的缺乏要比成年动物更敏感。由于光照不足,维生素 D 原难以转化为维生素 D。舍饲犊牛、羔羊、仔猪和集约化程度高的笼养鸡,有时其发病率颇高。

(2)饲料中钙、磷比例不平衡[钙磷比例高于或低于(1~2):1] 饲料中的钙、磷含量差异很大,母乳中钙、磷含量则变化不大,所以幼年动物的佝偻病常发生于刚断乳之后的一个阶段中。在保证骨骼正常发育、生长所需,猪的钙、磷比例是 1.2:1。

(3)维生素 D 缺乏 维生素 D 缺乏时,容易引起佝偻病的发生,维生素 D 在完成成骨细胞钙化作用中具有特殊意义。由于母畜长期采食未经太阳晒过的干草,干草中植物固醇(麦角固醇)不能转变为维生素 D_2,若母畜长期被关禁饲养(特别是被覆很厚羊毛的母羊),皮肤中 7-脱氢胆固醇则不能转变为维生素 D_3,于是乳汁中出现维生素 D 严重不足,也是哺乳中的幼畜佝偻病的一种主要发病原因。

(4)幼畜消化紊乱 消化紊乱会影响机体对维生素 D 的吸收,而磷和钙代谢障碍会影响维生素 D 的利用率,影响骨骼正常的钙、磷沉积。

(二)发病机理

佝偻病是以骨基质钙化不全为基础所发生的,而促进骨骼钙化作用的主要因子是维生素 D。当饲料中钙、磷比例平衡时,机体对维生素 D 的需要量是很小的;当钙、磷比例不平衡时,哺乳期、幼畜和青年动物对维生素 D 的缺乏极为敏感。

当维生素 D_3 或维生素 D_2 被小肠吸收后进入肝脏,通过 25-羟化酶催化转变为 25-羟骨化醇,再通过甲状旁腺激素,降低肾小管中磷酸氢根离子的浓度,在肾脏通过 1-羟化酶将 25-羟骨化醇催化,转变为 1,25-二羟胆骨化醇,后者既促进小肠对钙、磷的吸收,也促进破骨细胞对钙、磷的吸收,这些钙、磷的吸收增强,血钙和血磷浓度升高,因此,维生素 D 具有调节血液中钙、磷之间最适当比例,促进肠道中钙、磷的吸收,刺激钙在软骨组织中的沉积,提高骨骼的坚韧度等功能。

哺乳幼畜和青年动物的骨骼发育阶段中,当日粮中钙或磷缺乏,或钙、磷比例不平衡时,若出现维生素 D 不足,就会造成成骨细胞钙化过程延迟,同时甲状旁腺使小肠中钙的吸收作用降低,骨基质不能完全钙化,出现骨样组织增多为特征的佝偻病。在佝偻病的病例,骨骼中钙的含量明显降低,骨样组织明显占优势,骺软骨持久性肥大和不断地增生,箭板增宽,钙化不足的骨干突和骺软骨承受不了正常的压力而使长骨弯曲,骺变宽及关节明显增大。

(三)症状

(1)临床症状 早期呈现食欲减退,消化不良,精神不振,然后出现异食癖。病畜经常卧地,不愿起立和运动。发育停滞,消瘦,下颌骨增厚和变软,出牙期延长,齿形不规则,齿质钙化不全(坑凹不平,有沟,有色素),常排列不整齐,齿面易磨损,不平整。严重的犊牛和羔羊口腔不能闭合,舌吐出,流涎,采食困难。最后面骨和长骨(肋骨、四肢骨骼)有变形,并伴有咳嗽、腹泻、呼吸困难和贫血等症状。

①犊牛:低头,拱背,站立时前肢腕关节屈曲,向前方外侧凸出,呈内弧形,后肢跗关节内收,呈"X"形叉开站立,有的呈"O"形站立。运动时步态僵硬,肢关节增大,前肢关节和肋骨软骨联合部最明显。严重时卧地不起。

②仔猪:常跪地,发抖,后期由于硬腭肿胀,口腔闭合困难。

③幼雏和青年小鸡:胸骨由长期躺卧而被压凹,大腿和胸肌萎缩,鸡喙变软和弯曲变形。病程约1～3个月,及时改善饲养管理(补充维生素A、维生素D)和增加光照(晒阳光或白炽灯),可以恢复。若不能改善饲养管理,则可以发展成褥疮、败血症、消化道及呼吸道感染等。

(2)血清学检查 血清碱性磷酸酶活性往往明显升高,由于磷或维生素D缺乏,则血清磷水平将低于正常水平,血清钙水平将在最后阶段才会降低。

(3)X射线检查 能发现骨质密度降低,长骨末端呈现"羊毛状"或"蛾蚀状"外观,外形上骨的末端凹而扁(正常骨则凸起而等平),如发现骨骺变宽及不规则,可证实为佝偻病。

(四)诊断

根据动物的年龄、饲养管理条件、慢性经过、生长迟缓、异食癖、运动困难及牙齿和骨骼变化等特征,做出诊断。

血清钙、磷水平及碱性磷酸酶活性的变化,骨的X射线检查及骨的组织学检查,可以帮助确诊。

(五)治疗

(1)供给充足的维生素D和充足的光照 日粮中应按维生素D的需要量给予合理的补充,并保证冬季舍饲期间得到足够的日光照射和经过太阳晒过的青干草。

补充维生素D:幼驹和犊牛为1～2g,羔羊和仔猪为0.5～1g,内服或肌肉注射。幼雏以0.5%～1%的剂量拌在饲料中。

浓缩维生素D油剂,每日1～5mL(每毫升约含10 000IU),肌肉注射。维生素D_3的油剂(骨化醇)作内服,各种幼畜预防剂量均为每千克体重20～30IU,治疗剂量为预防剂量的10～20倍。

(2)注意钙、磷的平衡 日粮应由多种饲料组成,其中注意钙、磷比例平衡(钙、磷比例应控制在1.2∶1～2∶1范围内)。骨粉、鱼粉、甘油磷酸钙等是最好补充物。除幼驹外,都不应单纯补充石粉、蛋壳粉或贝壳粉(都不含磷)。

(六)预防

保证机体能获得充足的维生素D和钙、磷比例平衡;加强饲养管理和保证充足的阳光;饲喂干酵母、谷类饲料;及时防治消化道疾病。

二、骨软病

骨软病是指成年动物当软骨内骨化作用完成后发生的一种骨营养不良性疾病。由于饲料中钙或磷缺乏及二者的比例不当而发生。在反刍家畜主要由于磷缺乏,猪主要由于钙缺乏。病理特征是骨质的进行性脱钙，呈现骨质疏松，临床特征是消化紊乱，异食癖，跛行，骨质疏松及骨变形。主要发生于牛和锦羊，可偶见于猪。

马、猪和山羊的骨软病，通常是以纤维性骨营养不良为特征。牛的骨软病主要发生于土壤严重缺磷的地区；继发性骨软病，是因日粮中补充过多的钙所致，泌乳和妊娠后期的母牛发病率最高。乳牛的骨粉或含磷饲料补充不足时，特别在大量应用石粉（含碳酸钙99.05%）或贝壳粉以代替骨粉的牧场，高产母牛的骨软病发病率显著增高。

(一)病因

日粮中钙、磷比例不平衡，长期于旱地区和山地、丘陵地区中生长的植物，根部吸收的磷量都是低的。由于磷缺乏可引起骨组织的反应，特别在妊娠、泌乳的母牛和母猪，骨组织对这种反应最敏感。

牛的骨软病通常由于饲料、饮水中磷含量不足，导致钙、磷比例不平衡而发生。

猪的骨软病一般由于日粮中钙缺乏所致。在生产实践中，牛和猪的常用日粮中钙元素总是充足的，所以骨软病的发病率总是牛高于猪。

(二)发病机理

由于矿物质代谢紊乱，骨骼发生明显的脱钙，呈现骨质疏松，同时这种疏松结构又被未曾钙化的骨样基质所代替，它与佝偻病的主要区别在于不存在软骨内骨化方面的代谢障碍。骨质疏松通常开始于骨的营养不足，因此长骨的间隙扩大，骨小梁消失，骨的外面呈齿形及粗糙，结果使骨组织中呈现多孔，且容易折断。无论长骨或扁骨，由于脱钙的同时又出现未钙化的骨基质增加，导致骨柔软弯曲、变形、骨折、骨痂形成以及腱剥离。

(三)症状

主要表现为消化紊乱，异食癖，跛行及骨骼系统严重变化等特征。这些特征大体上与佝偻病相似。首先是消化紊乱，呈现明显的异食癖，病牛舔食泥土、墙壁、用具等，在野外啃嚼石块，在牛栏中采食污秽的垫草。病猪除啃骨头、嚼瓦砾外，有时还采食胎衣。牛表现异食癖时，并(继)发食道阻塞，创伤性网胃炎、铅中毒、肉毒梭菌中毒等疾病。后出现跛行，运步不灵活，四肢僵直，走路后躯摇摆，或呈现四肢轮跛。拱背站立，经常卧地不愿起立。乳牛腿颤抖，伸展后肢，做拉弓姿势。母猪躲藏不动，匍匐姿势，跛行，产后跛行加剧，后肢瘫痪。

随着病情的发展，支持性的骨骼都伴有严重脱钙，脊椎、肋弓和四肢关节疼痛，外形异常变型。

牛：尾椎骨排列移位、变形，呈"串珠状"，重者尾椎骨变软，椎体萎缩，最后几个椎体常消失，人工可使尾椎卷曲，病牛不感痛苦。盆骨变形，严重者可发生难产。肋骨与肋软骨接合部肿胀，易折断，四肢屈曲不灵活，易摔倒或滑倒。

猪、山羊：头骨变形，上颌骨肿胀，硬腭突出，致使口腔闭合困难，影响采食和咀嚼，而当鼻道狭窄时则呈现伴有拉锯声的呼吸困难。

骨质硬度检查，马纤维性骨营养不良时，用诊断穿刺针穿刺病牛额骨，容易刺入，有95%站立在额部不倒(为阳性)。X射线检查长骨，骨影显示骨密度降低，皮层变薄，最后1~2尾椎骨被吸收而消失。

(四)诊断

根据日粮中矿物质含量及饲喂方法，饲料来源及地区自然条件，病畜年龄、性别、妊娠和泌乳情况，发病季节，临床特征及治疗效果，不难诊断。

(五)治疗

对牛、羊的治疗，当病的早期呈现异食癖时，就应在饲料中补充骨粉或磷酸氢钙，可以自愈。病牛每日给予骨粉250g，5～7d为一疗程。对跛行的病例给予骨粉时，在跛行消失后，仍应坚持1～2周的治疗。严重病例，除从饲料中补充骨粉外，同时配合无机磷酸盐的治疗，如牛用20%磷酸二氢钠溶液300～500mL，或3%次磷酸钙溶液1 000mL，静脉注射，每日1次，连续3～5d。妊娠后期和哺乳期的母猪，在病的早期除补充骨粉外，补充鱼粉也有效果。

(六)预防

饲喂钙、磷比例合理的日粮：日粮中钙、磷比例，黄牛按2.5：1、乳牛按1.5：1、猪按(1.2～1.5)：1的比例纠正饲养。粗饲料以花生秸、高粱叶、豆秸、豆角皮为佳，最好是补充苜蓿干草和骨粉，而不应单独补充石粉。脱氟磷酸氢钙或磷酸二氢钙对乳牛有预防作用，在饲料中的氟含量不应超过100mg/kg。

三、牛血红蛋白尿

牛血红蛋白尿通常是指细菌性血红蛋白尿和产后血红蛋白尿。其他一些症候性血红蛋白尿，可见于牛的钩端螺旋体病、双芽巴贝斯焦虫病和某些中毒病。它既是某些疾病的一个症状，又是一种独立疾病。

(一)病因

母牛产后血红蛋白尿主要发生于高产母牛3～6胎的产后4d至4周。肉用牛和3胎以内的奶牛很少发生。可能与动物采食十字花科植物有密切关系，植物(南非及澳大利亚)或铜、磷缺乏(新西兰)是发病的原因。

牛的血红蛋白尿还可由其他溶血性疾病导致，如细菌性血红蛋白尿、巴贝斯焦虫病、钩端螺旋体病、慢性铜中毒、某些药物性红尿、洋葱中毒等。

(二)发病机理

其发病机理还不十分清楚，可能是因为泌乳引起体内磷储备的耗损，在采食低磷饲料基础上促使低磷酸盐血症的发展，呈现突然血管内溶血，但红细胞脆性并未增高，因为缺磷而使红细胞三磷酸腺苷降低。溶血性贫血的结果是导致贫血性缺氧，严重病例可引起死亡。

(三)症状

红尿是本病突出的特征，也是初期阶段的唯一症状。病牛尿液在最初3d内逐渐地由淡红、红色、暗红色，直至紫红色和褐色，然后随症状减轻至痊愈时，又逐渐地由深变淡，直至无色为止。排尿次数增加，但各次排尿量相对减少。而尿沉渣中通常没有红细胞。

病牛体温、呼吸、食欲常无明显的变化，重度贫血时，食欲稍微下降，呼吸次数略有增加，通常脉搏增数，心脏搏动急速而强，发现颈静脉怒张及明显的颈静脉搏动。心脏听诊，偶可发现血液性杂音。随病的发展，贫血加剧。可视黏膜及皮肤（乳房、乳头、股内侧和腋间下）呈淡红色或苍白色。血液稀薄，凝固性降低，血清呈淡红色，红细胞数降低，尿呈深棕红色，通常中度浑浊。尿中没有红细胞。

（四）诊断

根据发病的时期（产后4周内的高产奶牛）和临床症状（血红蛋白尿、无红细胞）做出初步诊断。

（五）治疗

(1) 应用磷制剂　主要是20%磷酸二氢钠溶液，使用剂量：母牛产后用300mL，水牛300~500mL，静脉注射，以后隔12h皮下注射，一般在注射1~2次后红尿消失，有良好效果。

严重病例，主要是20%磷酸二氢钠溶液连续治疗2~3次，并口服骨粉。也可静脉注射3%次磷酸钙溶液1 000mL，效果良好。

(2) 加强饲养管理，调整饲料结构　可饲喂含磷丰富的饲料，如豆饼、花生饼、麸皮、米糠和骨粉。

四、笼养蛋鸡疲劳症

笼养蛋鸡疲劳症又称笼养蛋鸡骨质疏松症，是笼养产蛋鸡的一种全身性骨骼疾病。几乎发生在所有笼养产蛋鸡群中，产蛋期发病率为1%~10%。常发生于产蛋高峰期。

（一）病因

主要由于饲料严重缺钙而引起，钙源无法满足蛋壳形成及维持骨骼强度所需，导致钙负平衡。所以，高产蛋鸡表现体重轻，采食量小，性成熟早。

钙、磷比例失调，或维生素D缺乏，影响钙的吸收。

此外，还可能是甲状旁腺机能亢进或应激，使钙消耗量增加，骨钙下降。

（二）症状

产蛋鸡突然死亡，输卵管中常有软壳或硬壳蛋。初期病鸡食欲、精神状态和被毛均无明显变化，产薄壳蛋、软壳蛋，鸡蛋的破损率增加。一些以育成鸡或预产蛋鸡料饲喂产蛋率达50%的鸡群，破损蛋的比例可能达20%~30%。症状稍重时，病鸡腿部虚弱无力，不能站立或经常呆立在鸡笼的后部。严重时，病鸡脚爪弯曲，运动失调，甚至不能接近饲槽和饮水器，如及时发现，采取适当的治疗措施，大多能在3~5d内恢复。否则，症状加重，易骨折，伴发软组织增生引起骨变形。有些病鸡可因胸椎骨折、凹陷损伤脊髓而部分或全身瘫痪。尽管后期的病鸡仍有食欲，终因不能采食和饮水而死亡。病鸡的血钙水平往往降至0.09mg/mL以下，同群无症状鸡也低于正常值。正常产蛋鸡的血钙水平为0.19~0.22mg/mL，而在0.12~0.15mg/mL时，就经常出现瘫痪。

(三)治疗

可将症状较轻的病鸡挑出，单独喂养，补充骨粒或粗颗粒碳酸钙，一般3~5d可治愈。有些停产的病鸡在单独喂养、保证使其能吃料饮水的情况下，一般不超过一周即可自行恢复。

同群鸡(正常钙水平除外)饲料中添加2%~3%粗颗粒碳酸钙，每千克饲料中添加维生素D_3 2 000IU，经2~3周，鸡群的血钙就可上升到正常水平，发病率明显减少。钙耗尽母鸡的腿骨在3周后可完全再钙化。

(四)预防

全面营养和科学管理，使育成鸡性成熟时，达到最佳的体重和体况。在开产前2~4周饲喂含钙2%~3%的专用预开产饲料，或产蛋率达1%时，及时换用产蛋鸡饲料。

高产蛋鸡饲粮中钙水平应为3.5%，并保证适宜的钙、磷比例，每千克饲料中至少添加维生素D_3 2 000IU。如鸡群采食量较小或遇炎热季节，可将钙含量增到3.8%~4.0%，并增加维生素D_3添加量，使每只母鸡每日的钙摄入量达到3.5g以上。

给母鸡提供粗颗粒(大于0.75mm)石灰石粉或贝壳粉，粗颗粒钙饲料通过肌胃速度较慢，有较大部分在夜间蛋壳形成时被肠吸收，有助于给蛋壳形成提供食源钙。

对处于产蛋高峰期或炎热气候条件下的蛋鸡群，每日下午按饲料消耗量的1%左右将粗颗粒钙均匀地撒在料槽中，既可为蛋壳形成提供食源钙，还能刺激鸡群采食饲料。

五、异食癖

异食癖是畜禽代谢机能紊乱，味觉异常的一种非常复杂的多种疾病的综合征，其临床特征为畜禽舔食、啃咬通常认为不应该采食的东西(异物)而得名。这不只是一种疾病，也是许多疾病(骨软病、慢性消化不良等)的临床症状。

各种家畜都可发生，多发生在冬季和早春舍饲的牛、羊、马等。

(一)病因

原因多种多样，因地区和家畜(禽)的种类而异。一般认为有以下因素：

(1)某种微量元素不足或不平衡 钠、铜、钴、锰、钙、铁、硫等矿物质不足或不平衡，特别是钠盐的不足，通常有异食癖的家畜多喜舔食带碱性物质，钠的缺乏可因饲料中钠离子不足，也可因饲料中钾盐过多，机体要排除过多的钾，必须同时增加钠的排出，导致钠的损失增多而得不到及时补充。

(2)某些维生素的缺乏 特别是B族维生素的缺乏，因为B族维生素是体内许多代谢关系密切的酶和辅酶的组成成分，当其缺乏时，可导致体内的代谢机能紊乱。

(3)氨基酸缺乏或不平衡 某些蛋白质和氨基酸的缺乏多表现异食，如猪吃胎衣和胎儿，鸡啄肛癖等。

(二)症状

1. 共同症状

异食癖一般多以消化不良开始，接着出现味觉异常和异食症状。病畜舔食、咬、吞咽被粪便污染的饲草或垫草，舔食墙壁、食槽，啃吃墙土、砖瓦块、煤渣、破布等物。病畜易惊恐，对外界刺激的敏感性增高，后则表现迟钝。皮肤干燥，弹力减退，被毛极乱无光泽。拱腰、磨牙，天冷时畏寒、战栗。口腔干燥，开始多便秘，其后下痢，或便秘与下痢交替出现。贫血，发生渐进性消瘦，食欲进一步恶化，甚至发生衰竭而死亡。

2. 绵羊

绵羊多为食毛癖。主要发生在早春饲草青黄不接的时候，多见于羔羊，症状类似幼畜胃肠疾病。

3. 猪

猪主要表现为异食胎衣，仔猪出现互相啃咬尾巴、耳朵，生长不良，食欲下降，精神不振等症状。

4. 鸡

鸡有食毛（羽）癖（可能是由于缺硫），啄趾癖，食卵癖（缺钙和蛋白质），啄肛癖等。生长不良，食欲下降，精神不振，产蛋量下降，消瘦等。一旦发生，在鸡群传播很快，可互相攻击和啄食，甚至对某只鸡可群起而攻之，造成伤亡。

5. 幼驹

幼驹特别是初生驹有采食母马粪的恶癖，主要是采食母马刚拉下的有热气的新鲜粪便。采食马粪的幼驹，常继发肠阻塞，严重的若不及时采取手术疗法，多以死亡告终。

(三)病程及预后

异食癖多呈慢性经过，对早期和轻型的患畜，若能及时改善饲养管理，采取适当的治疗措施很快就会好转，否则病程拖得很长，可达数月，甚至1~2年随饲养条件的变化，常呈周期性的好转与发病的交替变化，最后衰竭而亡。

(四)诊断

异食作为症状诊断不困难，要做病原学诊断，则须从病史、临床特征等方面具体分析，异食是若干疾病的一种症状上的表现。

(五)防治

(1)改善饲养管理 提供全价平衡的日粮，根据饲料和土壤情况，缺什么补什么，有条件放牧的要放牧；对土坡中缺乏某种矿物质的牧场，要增施含该物质的肥料，并采取轮换放牧。有青草的季节多喂青草，无青草的季节要喂质量好的青干草、青贮料，补饲谷芽、麦芽、酵母等富含维生素的饲料。

(2)药物治疗 应视病因而定。如氯化钴，牛的用量为40mg，马20mg，猪、幼牛10~20mg，山羊3~5mg；硫酸铜配合氯化钴应用效果较好，其剂量为马、牛300mg，幼牛75~150mg，羊10~20mg。鸡、羊发生食毛癖时，对开始发生的个别鸡、羊应及时隔离，以免在全群传播，同时给饲料里补饲石膏（硫酸钙），鸡每只每日0.5~3g，羊羔酌量增加。也可增补鱼粉、骨粉等矿物质、蛋白质饲料。在鸡同时还可给予镇静药，使其精神安定，可治疗异食癖。

任务四 微量元素缺乏性疾病

一、铜缺乏症

铜缺乏症是动物机体缺铜,可引起贫血、神经机能紊乱、运动障碍、骨和关节变形、被毛褪色以及繁殖力下降等病理变化为特征的代谢性疾病。

铜是日粮中必需的微量元素,为动物体内重要营养物质。健康成年动物体内含铜量约为80mg。铜随同饲料摄入,一般由胃肠道(主要在小肠前段)吸收。铜吸收后大部分进入肝脏,并与肝细胞的线粒体和微粒体相结合而贮存其中,或被释放入血。

铜在血液内主要以结合状态存在,其绝大部分(90%)与α2-巨球蛋白结合形成血浆铜蓝蛋白,小部分(9%)与白蛋白及β-球蛋白结合,还有极小部分与白蛋白呈松弛结合以离子状态存在。

铜在动物体内各个组织中均有分布,一般以肝、脑、肾、心和被毛中含量最高;胰腺、皮肤、肌肉、脾和骨骼含量中等;垂体、甲状腺、卵巢等器官含量最低。成年绵羊体内总铜量的分布为:肝72%~79%,肌肉8%~12%,皮肤和被毛9%,骨骼2%。

体内铜的排泄途径,主要是通过肝脏经胆汁排入肠道随粪便排出体外。

铜是酪氨酸酶、单胺氧化酶、超氧化物歧化酶、细胞色素氧化酶等多种酶的组成成分,同时还参与细胞色素C、抗坏血酸氧化酶、半乳糖酶的合成,因此具有重要的生物学效应。

(一)病因

(1)饲料(或牧草)铜量的不足或缺乏 两类土壤含铜量低下:一类是缺乏有机质和高度风化的砂土;另一类则是沼泽地带的泥炭土和腐植质土。在该类土壤上生长的植物性饲料含铜量不足,导致铜的缺乏。一般认为,饲料含铜量低于3mg/kg便可引起发病(铜的适宜量为10mg/kg,临界值为3~5mg/kg)。

(2)钼与铜的拮抗作用 当饲料中钼含量过多时,可影响铜的吸收、利用。一般牧草含钼量低于3mg/kg(干物质)是无害的。但当饲料含铜量不足,而钼含量过高(3~10mg/kg)时,即可出现铜缺乏的临床症状。饲料中铜钼比低于5:1时,可以促发本病。

(3)某些增微量元素过多 如锌、镉、铁、铅等以及硫酸盐过多时,也能影响铜的吸收而引起发病。

(4)饲料中的植酸盐过多 植酸盐可与铜结合形成稳定性的复合物,从而降低铜的吸收性。维生素C的采食量过多,也会影响铜的吸收率,还会减少铜在体内的留存量。

(二)发病机理

铜参与造血过程,铜不足时会影响铁的吸收、转运和利用。铜是红细胞形成必要的辅助因子,血浆铜蓝蛋白可将二价亚铁氧化成三价的高铁,三价铁与蛋白质结合以促进铁由贮存场所进入骨髓,加速血红蛋白和卟啉的合成,为生成红细胞所利用。长期营养性缺铜使上述造血机能减弱而引起贫血。

缺铜导致含铜的细胞色素氧化酶合成减少，活性降低，从而抑制有氧代谢及磷脂合成。磷脂是神经营养和正常活动所必需的物质。磷脂缺乏时，引起脊髓运动神经纤维和脑干神经细胞变性，引起运动障碍。

铜参与骨基质胶原结构的形成，缺铜时含铜赖氨酸氧化酶和单胺氧化酶合成减少，导致造骨胶原的稳定性与强度降低，出现骨骼变形和关节畸形。

缺铜时含铜的多酚氧化酶合成降低，导致催化酪氨酸转化成黑色素的催化酶减少，使黑色毛褪色变为灰白色。此外，缺铜时影响双巯基减少，使毛的弯曲度减少，伸展力和弹性下降。

(三)症状

1. 共同症状

铜缺乏症有贫血、神经症状、运动障碍、骨和关节变形、被毛褪色以及繁殖力下降等特征。缺铜地区饲养的动物，特别是牛、羊，往往因缺铜引发心肌变性或纤维化而突然发生心力衰竭死亡，国外称为"摔倒症"。

2. 牛

营养不良，被毛粗乱，毛色改变（红色和黑色牛变为棕红色或灰白色），有的还可出现癫痫症状（牛癫痫症），其特征为病牛出现头颈高抬，不断哞叫，肌肉震颤，卧地不起，多数病牛很快死亡。少数病牛可持续一天以上，呈间歇性发作，并以后肢为轴心做圆圈运动，后突然死亡。犊牛生长发育缓慢，消瘦，步态僵硬，四肢运动障碍，掌骨和跖骨的远端骨骺增大，关节肿胀且僵硬，触压疼痛敏感，易发生骨折。消化不良呈持续性腹泻，病犊排黄绿色乃至黑色的水样粪便。

3. 羊

绵羊除运动障碍外，还表现羊毛变直，外观呈线状（称为钢毛），且黑色毛变成灰白色。羔羊营养不良、消瘦、腹泻、贫血，后躯摇摆（羔羊地方性共济失调症）。以3月龄以下（1~2月龄最为多发）营养较差的羔羊为多发。发病时间集中于3~6月，但以5月为高峰，死亡率多达60%以上。病羔羊的早期症状是当驱赶时出现后躯共济失调，呼吸和心跳加快。随病情的发展，病羊站立时后肢叉开且屈曲呈蹲坐状，行走时跗关节僵硬，后肢拖曳。病情加重时，后躯左右摇摆，急转弯时则体躯向一侧摔倒。严重时，后躯呈不全瘫痪或全瘫，最后多因饥饿而衰竭死亡。

4. 猪

仔猪发生贫血，消瘦，生长发育不良，四肢无力，母猪繁殖性能下降，跗关节过度屈曲，呈犬坐姿势。

5. 马

成年马很少见有发生铜缺乏症。幼驹缺铜，生长发育受阻，四肢僵硬，关节肿大，运动障碍。

(四)病理变化

特征性病变是消瘦和贫血，肝、脾、肾呈广泛性黄色素沉着。此外，犊牛见有腕和跗关节周围滑液囊的纤维组织层增厚，骨骺板增宽，骨骼的钙化缓慢。

(五)诊断

根据病史及临床症状(贫血、神经症状、运动障碍、骨和关节变形、被毛褪色以及繁殖力下降)进行诊断。如有怀疑时,可采取饲料或动物组织、体液进行铜含量的测定,有助于诊断。

此外,铜缺乏症病畜乳汁和被毛的含铜量也明显低于健畜。

(六)治疗

治疗措施是补铜。可应用硫酸铜 0.5～1.0g,内服,间隔数日 1 次;或应用甘氨酸铜,牛 120mg,羊 45mg,皮下注射;也可将硫酸铜按 0.5% 的比例混于食盐内,饲喂病畜。铜与钴合并应用,效果更好。

(七)预防

土壤缺铜地带,每年可施用含铜肥。施肥量每公顷为 5～6kg 硫酸铜(具体用量应根据土壤实际缺乏量确定)。

饲料中添铜(硫酸铜、甘氨酸铜、氧氯化铜),一般铜最低需要量,牛为 10mg/kg,绵羊为 5mg/kg,猪为 5mg/kg(干物质)。

缺铜地区的母羊可自妊娠第 2～3 个月开始至分娩后 1 个月期间,应用 1% 硫酸铜液,30～50mL,每间隔 10～15d 给予 1 次。出生的羔羊可投予 10～20mL 药液。

国外采取定期注射含铜药剂:乙二胺四乙酸钙铜、氨基乙酸铜或甘氨酸铜与无菌蜡剂和油混合,剂量牛为 400mg,绵羊为 150mg。

二、锌缺乏症

锌缺乏症是动物体缺锌(低于动物对锌需要的临界值)而出现生长停滞、发育受阻、繁殖力下降、皮肤角化不全以及创伤愈合缓慢等症状的营养代谢性疾病。

锌是动物营养所必需的微量元素,锌具有多方面的生理功能,缺锌时引起机体一系列代谢紊乱,出现相应的病理变化。锌广泛分布于动物组织内,以肝脏、骨骼、肾、肌肉、胰腺、性腺、皮肤和被毛中含量较高。血液中的锌主要存在于血浆、红细胞、白细胞与血小板中。正常动物血浆含锌量因种属差异而不同。

锌在体内是多种酶的组成成分,如碳酸酐酶、羧肽酶、聚合酶、碱性磷酸酶、乳酸脱氢酶、谷氨酸脱氢酶等百余种酶中都含有锌,同时还是许多金属酶的活化剂。锌还参与体内正常蛋白质合成及核糖核酸、脱氧核糖核酸的代谢,还是胰岛素的重要成分,因而对糖代谢具有一定作用。

饲料中锌主要在十二指肠吸收并转运至小肠上皮细胞内临时贮存,大部分的锌随粪便排出,一部分经肾随尿或通过汗液排出体外。

当锌缺乏时,含锌酶的活性降低,部分氨基酸(蛋氨酸、胱氨酸和赖氨酸)的代谢紊乱,谷胱甘肽、DNA、RNA 合成障碍,从而导致一系列病理变化。动物锌缺乏主要表现为生长停滞、发育受阻、繁殖力下降、皮肤角化不全以及创伤愈合缓慢等现象。

(一)病因

一般土壤生长的饲草含锌量多在 30～100mg/kg,基本能满足动物的营养需要(动物一般正常需要量为每千克体重 20～30mg)。但缺锌地区含锌量较低，仅 10mg/kg 左右，易引起动物发病。

还有饲料中钙盐和植酸盐含量过多时，可与锌结合形成不溶性复合盐而降低吸收率以致锌缺乏。此外，饲料中磷、镁、铁、铂、维生素 D 含量过多以及不饱和脂肪酸的缺乏也会影响锌的吸收和利用。

除地理、化学因素外，动物发病可能影响锌的吸收和利用。当机体患有慢性消耗性疾病，特别是慢性胃肠疾病时，可影响锌的吸收引起锌缺乏。

遗传因素对锌缺乏也有一定影响，主要是由于染色体隐性遗传基因的作用而导致锌的吸收量减少。

(二)症状

1. 共同症状

主要表现长发育迟滞，皮肤角化不全或角化过度，骨骼发育异常，创伤愈合缓慢。病畜味觉和食欲减退，消化不良，生长发育受阻。公畜表现为性腺机能减退和第二性征抑制，睾丸、附睾、前列腺与垂体发育受阻，睾丸生精上皮萎缩，精子生成障碍。母畜性周期紊乱，不易受胎，胎儿畸形、早产、流产、死胎、不育等。缺锌动物创伤愈合力受到损害，创伤愈合缓慢，而补锌后则可加速愈合。

2. 猪

猪的皮肤角化不全，多发生于眼、口周围以及阴囊与下肢部位，呈皮炎（缺锌性皮炎）和湿疹样的症状；仔猪股骨变小，韧性降低、强度下降，易骨折。

3. 反刍动物

反刍动物皮肤角化不全，多发生于眼、口周围以及阴囊与下肢部位，且皮肤瘙痒、脱毛；犊牛皮肤粗糙，蹄周及趾间皮肤皲裂；犊牛后腿弯曲，关节僵硬。绵羊表现毛与角的明显变化，角正常环状结构消失，最后脱落；羔羊毛纤维丧失卷曲，松乱且脆弱，易脱落而发生大面积脱毛。

4. 家禽

家禽皮肤出现鳞屑或发生皮炎，骨骼发育异常，骨骼变形，长骨随缺锌程度的不同而成比例地缩短、变粗，形成骨短粗症。雏鸡长骨变短、变粗，关节增大且僵硬，翅发育受阻。繁殖机能障碍，母鸡产蛋及孵化率低下，鸡胚死亡率高，其雏鸡生活力低且易出现畸形。家禽羽毛蓬乱乏光，脆弱易碎，新羽生长缓慢。

(三)诊断

动物锌缺乏症，主要根据病史并结合临床症状进行诊断。饲料、饮水、土壤以及动物组织含锌量的测定结果，可作为辅助诊断的依据。

(四)防治

消除影响锌吸收和利用的因素，调整饲料日粮组成，保证各种微量元素之间的平衡。

适当补给锌盐（硫酸锌、碳酸锌或氧化锌），以提高机体锌水平。牛通常应用一水硫酸锌，其剂量一般均按每千克体重 10mg。家禽可以用氧化锌的醋酸溶液或将杆菌肽锌添加于基础日粮中（14mg/kg），也能获得预防效果。

锌的需要量与动物种属、年龄、生理状态以及饲料组成有所差异。一般需要量，仔猪为每千克体重 4~15mg，母猪为每千克体重 100mg，犊牛为每千克体重 10~14mg，羔羊为每千克体重 18~33mg，禽类为每千克体重 25~40mg。

三、锰缺乏症

锰缺乏症是动物机体缺锰（低于动物对锰需要的临界值）而出现生长发育受阻、骨骼畸形、繁殖机能障碍、新生动物运动失调以及类脂和糖代谢障碍等症状的营养代谢性疾病。

锰是畜禽机体必需的微量元素，猪、禽、羊和牛都有可能发生缺锰症，家畜机体对锰的需要量远比其他元素低，家禽发生锰缺乏症较多。

锰在骨、肝、肾及胰腺中含量最高，肌肉中最低，骨骼含锰量约占体内总量的 1/4。经口摄入的锰在消化道（主要在小肠）吸收后，主要经胆汁随粪便排泄，此外，还通过尿液、汗液和乳液也排出少量的锰。

锰在体内参与多种物质的代谢活动，它是形成骨基质的黏多糖成分，黏多糖是软骨素的主要成分。锰是骨骼形成所必需的微量元素，还是多种酶的组成成分，能激活多种酶的活性。此外，锰还参与类脂和糖类的代谢，促进维生素 K 与凝血酶原的生成。

锰是动物的生长、发育、繁殖以及某些内分泌机能重要的微量元素。补充适量的锰可以使动物生长发育加快，饲料利用率增加，抵抗力增强，发病率下降。动物缺锰时，细胞功能及其超微结构，特别是与线粒体有关的超微结构发生异常，从而导致骨骼形态和生殖机能异常。

(一)病因

饲料中钙、磷、铁以及植酸盐含量过多，影响机体对锰的吸收、利用。家禽高磷酸钙的日粮会加重锰的缺乏。各类土壤和饲料中并不缺锰，有时过剩，一般牧草和干草中含锰量为 50~150mg/kg，有的地区牧草含锰量可多达 1 300mg/kg，引起牛的泌乳性搐搦。缺锰主要是吸收问题。

此外，患慢性胃肠道疾病时，也可影响锰的吸收、利用。

(二)症状

主要表现为生长发育受阻，骨骼畸形，繁殖机能障碍，新生动物运动失调以及类脂和糖代谢障碍等症状。

(1)骨骼畸形　病畜表现为跛行、短腿（桡骨、尺骨、胫骨、腓骨短缩）、弯腿以及关节变形等症状。缺锰导致骨骼畸形的各种动物有不同特征。实验动物表现骨骼生长迟滞，前肢短粗且弯曲；猪可见步态强拘或跛行，腿短粗而弯曲，跗关节肿大；牛、羊有关节疼痛，四肢变形，运动障碍，山羊跗关节肿大，其内有赘生物；禽类，尤其是 2~6 周龄的雏鸡，由于缺锰于 2~10 周龄出现骨短粗症或滑腱症，跗关节粗大和变形（多呈球形），胫骨扭转、弯曲，长骨短缩变粗以及腓肠腱从其踝部滑脱，产卵母鸡蛋壳硬度降低，孵化率下降，鸡胚畸形。

(2)繁殖机能障碍　母牛、山羊发情期延长，不易受胎，早期发生原因不明的隐性流产、死胎和不育。

(3)新生幼畜运动失调　缺锰地区犊牛发生骨骼肌麻痹者较多。主要表现为哞叫，肌肉震颤，甚至痉挛性收缩，关节麻痹，运动明显障碍。死亡率可达16%～26%。

(三)诊断

根据病史和临床症状进行诊断。同时可对饲料、动物器官组织的锰含量进行测定，有助于确诊。

健康牛血液锰含量为1.8～1.9mg/L。禽类血锰含量较低，母鸡开始产蛋时，血浆的锰浓度显著增加，19周龄时为3.0～4.0mg/L，25周龄时升至8.5～9.1mg/L，正常牛和绵羊肝内锰浓度为8～10mg/L。

(四)防治

改善饲养，添加富锰饲料。一般认为青绿饲料和块根饲料对锰缺乏症有良好的预防作用。此外，加喂精饲料，如大麦、小麦、米糠等均含有较丰富的锰。

为预防雏鸡骨短粗症，可于每千克饲料中添加120～240mg硫酸锰，或用1∶3 000高锰酸钾溶液饮水；猪的预防剂量较小，一般只需25～30mg/kg。牛日粮中仅需20mg/kg。

四、硒缺乏症

硒缺乏症是由硒缺乏引起一种以骨骼肌变性、坏死，肝营养不良，以及心、肝纤维素变化为特征的代谢性疾病。以幼畜、雏禽多见，2～5月为发病高峰期。

硒是动物必不可缺少的一种重要营养性微量元素。动物获得的硒是来源于植物体所合成的硒蛋白。硒的吸收与动物对饲料蛋白的消化率、硒的含量及其化合物的形态等有关。经口摄入的硒在十二指肠吸收后，主要由血液迅速转运并结合到蛋白体中，并以含硫氨基酸-胱氨酸硒、蛋氨酸硒的形式分布于体内所有细胞、组织和体液中。动物体内硒营养正常状态下，一般以肾、肝、肌肉中硒含量最高，血液中较低，脂肪中最低。毛羽中硒含量可作为判定硒摄入量和体内硒营养状况的客观指标。

(一)病因

(1)饲料中硒缺乏　主要起因于饲料(植物)中硒含量不足或缺乏及饲料中添加的硒混合不均匀。饲草中硒含量的不足又与土壤中可利用的硒水平相关。碱性土壤生长的植物含硒量较丰富，酸性土壤生长的植物含硒量贫乏。土壤含硒量低于0.5mg/kg，饲料含硒量低于0.05mg/kg，便可引起畜禽发病。因而一般认为硒的适量值为0.1mg/kg。

(2)维生素缺乏，特别是维生素E缺乏　本病主要是硒缺乏引起，还与饲料中维生素、脂肪酸(尤其是不饱和脂肪酸)和含硫氨基酸的数量不足有关，特别是维生素E缺乏而引起硒缺乏。

(3)继发因素　生长过快或应激，动物对硒的需要增大，如果不添加(添加不足)或混合不匀，就会造成硒缺乏。

(二)硒缺乏症的主要特点

1. 发病的地区性

发病地区多半是局部性的，即与缺硒地带相适应的地区性发病。硒缺乏症在流行病学方面有明显地区性和时间连续性特点，是一种地方病。

2. 发病的季节性

硒缺乏症一般是时间连续发生的基础上，较集中于每年的冬末和春天两季，尤以 2～5 月为多发，具有明显季节性，主要反映季节的特定气候因素(寒冷)对发病的影响。

3. 群体选择性

畜禽群体特点上，表现有明显的年龄因素，即畜禽均以其幼龄阶段多发。主要原因是畜禽幼龄阶段抗病力不强，同时处于生长、发育、代谢的旺盛阶段，因而对营养物质的需求量相对增加，以致对某些特殊营养物质的缺乏而表现敏感。

(三)发病机理

机体在代谢过程中产生一些能使细胞、其细胞内的线粒体和溶酶体等脂质膜受到过氧化物破坏，可引起细胞的变性、坏死。硒和维生素 E 具有抗氧化作用，可使组织免受体内过氧化物的影响，保护细胞正常功能发挥作用。硒在体内还可促进蛋白质的合成。当硒和维生素 E 缺乏时，就会影响蛋白质的合成，影响生长。

(四)症状

1. 共同症状

生长发育缓慢，营养不良，贫血，运动障碍，背腰弓起，四肢僵硬，运步强拘，共济失调，心律不齐，呼吸困难，并伴有消化机能紊乱。

2. 猪

多发生于 3 周龄左右的仔猪，生长快、体况良好的仔猪更易发生，突然发病，抽搐，尖叫几声后死亡。病程长的，体温不高，精神沉郁，皮肤黏膜苍白。不食，步态强拘，站立困难，前肢跪地或呈犬坐姿势。心跳、呼吸加快，尿液呈现棕红色。

3. 鸡

全身软弱无力，贫血，可视黏膜、鸡冠苍白，站立不稳，共济失调；腿麻痹，卧地不起，颈、胸成片羽毛脱落，腹下皮肤呈紫蓝色。

4. 反刍动物

肌肉无力，全身发抖，行走困难，不食、反刍停止，可视黏膜苍白，呼吸急促，心跳加快，最后卧地不起，角弓反张，衰竭而死。

(五)病理变化

以肌肉变性、坏死，呈苍白色为特征。猪心室扩大，沿心肌走向出血而呈紫红色，外观如桑葚，故称"桑葚心"。正常的褐色肝小叶和坏死的肝小叶(白色或黄白色)混杂在一起，使肝的外观呈花斑样，故称"花斑肝"。鸡除了肌肉变性、坏死外，胸、腹部皮肤水肿，有蓝色胶冻样物，胸部和股内侧有不同程度的瘀血和水肿。

(六)诊断

硒缺乏症早期阶段亚临床症状缺乏有效的诊断方法。根据病史调查发现有引起缺硒的因素，运动障碍，肌肉变性、坏死及渗出性素质，可以做出诊断。

(七)治疗

(1)补硒　0.1%亚硒酸钠，仔猪、羊 1～4mL，驹、犊 5～10mL、肌肉注射，15d 注射 1 次，共 2～3 次，鸡可用 10mg/L 的亚硒酸钠饮水，连用 3～6d。

（2）补充维生素 E　驹、犊 300～500mg，仔猪、羊 100～150mg 肌肉注射，鸡可在饲料中添加适量的维生素 E。

(八) 预防

加强饲养管理，喂富含维生素 E 和硒的饲料，在缺硒的地区可以在土壤中施硒肥，提高牧草硒的含量，妊娠母猪可以注射亚硒酸钠、维生素 E，牛、马 10～20mL，猪、羊 4～8mL，刚出生的仔猪可以按成年畜的 1/5 量注射。

五、白肌病

白肌病是幼畜的一种以骨骼肌、心肌纤维以及肝组织等发生变性、坏死为主要特征的疾病。病变部肌肉色淡，甚至苍白。白肌病也称"肌变性""肌营养不良""强拘征""急性多发性肌肉变性"及"肌肉风湿"。

多见于羔羊、仔猪、犊牛，也见于禽和驹，有的成年家畜也可发病，且多发生于冬、春气候骤变、青绿饲料缺乏时，其发病率和死亡率比较高。呈地方性流行。

(一) 临床症状

1. 临床症状类型

因家畜（禽）种类和病型不同而异。一般根据病程经过分为急性型、亚急性型、慢性型及隐性型。

（1）急性型　不表现任何明显症状而突然死亡（多死于休克或心猝死），主要表现为心肌营养不良，多见于年幼的犊牛、羔羊和仔猪，偶见于幼驹。

（2）亚急性型　多介于急性型、慢性型之间，主要表现为骨骼肌营养不良，多见于稍年长犊牛和仔猪。

（3）慢性型　生长发育明显受阻，典型的运动障碍和心功能不全，并有顽固性腹泻。

（4）隐性型　通常不见明显或典型症状，一般仅见有瘦弱及原因不明的持续性腹泻。但当遭受某些特殊强烈应激（如过度驱赶、剧烈活动、骚扰惊恐、捕捉挣扎等）时，可促使临床发病。

2. 畜禽白肌病的共同症状

主要是机体衰弱、运动障碍、消化机能紊乱等。

（1）运动机能障碍　表现为新生幼畜体质虚弱，不能站立，不愿活动。轻症者喜躺卧，站立时四肢僵硬，不稳。步态强拘，躯体摇摆，腰背拱起。重症者站立困难，站或运动时，肌肉震颤，行动迟缓，原因不明的跛行，共济失调，当前肢或后肢轻瘫时则呈跪行或爬行，甚至卧地不起。触诊某些肌群（特别是臀部肌肉）坚实或僵硬且疼痛敏感。

（2）心力衰竭　心跳加快，心律不齐，脉搏细弱，尤其当兴奋或运动时更为明显。有时在外界突然刺激或急剧运动的情况下，发生急性心力衰竭，甚至引起心猝死（多发生于患急性桑葚心病、营养良好的仔猪）。

（3）消化机能紊乱　主要是持续性的腹泻，患病畜禽食欲减退，消化不良。有时可见异食和吞咽困难等现象。

(4)幼畜精神沉郁，生长发育缓慢，皮肤、黏膜苍白(贫血)或黄染(溶血、肝病或黄脂病时)。渗出性素质严重的雏禽于脚、腹部皮下见有水肿样变化，呼吸困难，体温一般无明显变化或稍微低下。

3. 各种畜禽症状

(1)羔羊 全身衰弱，肌肉弛缓无力，有的出生后就全身衰弱，不能自行起立。行走不便，共济失调。心脏搏动快，可达200次/min，严重者心音不清，有时只能听到一个心音。一般肠音无明显变化，若肠音弱，病情已严重，多有下痢，但也有便秘的。可视黏膜苍白，有的发生结膜炎、角膜浑浊、软化，甚至失明。呼吸浅而快，80~90次/min，有的呈双重性吸气。尿呈淡红、红褐色，尿中含蛋白质和糖。

(2)犊牛 精神沉郁，喜卧，消化不良，共济失调，站立不稳，步态强拘，肌肉震颤。心脏搏动快，可达140次/min，呼吸多达80~90次/min。多数病犊发生结膜炎，甚至发生角膜浑浊和角膜软化。排尿次数增多，尿呈酸性反应，尿中有蛋白质和糖，肌酸含量增高。病程中可继发支气管炎、肺炎。最后食欲废绝，卧地不起，呈角弓反张等神经症状。多因心脏衰竭和肺水肿而死亡。

(3)仔猪 精神不振，喜卧，行走时步态强拘，站立困难，常呈前腿跪下或犬坐姿势，病继续发展，则四肢麻痹。心跳、呼吸快而弱，心律不齐，肺部常出现啰音，下痢，尿中出现各种管型，血红蛋白尿、尿胆素增高。

(4)驹 精神沉郁，食欲减退，喜卧，低头闭目。起立困难，伫立时肌肉发抖，后肢频频交替负重，运动姿势反常，左右摇摆，似有痛感，背腰、臀部、颈侧、肩胛及肢端部位发生水肿。呼吸喘急，心跳快、心律不齐、有间歇。眼结膜黄白不洁。常有下痢。尿由淡红色至深红色乃至酱油色，尿中有蛋白质。血液混浊似油状，但血沉慢。

(5)禽 雏鸡、雏鸭、雏火鸡均可发病。其特征为全身软弱无力，贫血、冠变白。眼流浆液黏液性分泌物，眼睑半闭，角膜变软。翅松乱下垂，肛门周围污染，腿和胸肌萎缩，步伐迟缓，甚至发生腿麻痹而卧地不起，也可发生颈肌弛缓，不能抬头。

(二)病理变化

主要病变部位在骨骼肌、心肌、肝脏，其次为肾和脑。受害骨骼肌多为腰、背、臀、膈肌等肌肉。病变部肌肉变性、色淡、似煮肉样，呈灰黄色、黄白色的点状、条状、片状不等；横断面有灰白色、淡黄色斑纹，质地变脆、变软、钙化。心肌扩张变薄，以左心室为明显，乳头肌内膜有出血点，心内膜、心外膜下有黄白色或灰白色与肌纤维方向平行的条纹斑。有的猪心脏外观呈桑葚状，有"桑葚心"之称，心脏横径增大，外观呈球形。肝脏肿大，硬而脆，表面粗糙，断面有槟榔样花纹，有的病例，肝脏由深红色很快变成灰黄色，最后呈土黄色。肾脏可见充血、肿胀，肾实质有出血点和灰色的斑状灶。猪可见脑白质软化。鸡小脑表面有出血点、软化、肿胀及脑膜水肿，肌胃切面呈深红色夹黄白色，肠道和食道也有变性坏死灶。

(三)病程及预后

急性型发病突然，未及治疗即死亡。一般病程为1周左右，也有达1~2周，甚至更长。只要能及时发现、及时用亚硒酸钠治疗，治愈率高，否则预后不良或造成死亡。

(四)诊断

根据地方缺硒病史、饲料分析、临床表现(骨骼肌机能障碍及心脏变化)、病理解剖学的特殊病变,以及用硒制剂防治的良好效果等做出诊断。

对羔羊白肌病的诊断,可把羔羊抱起,轻轻掷下,健壮羔羊立即跑去,但有病羔羊则稍停片刻,才向前跑去,可作为早期诊断的参考。

(五)治疗

加强饲养管理的同时,早期用硒制剂治疗效果良好。通常应用 0.1% 亚硒酸钠,皮下或肌肉注射,羔羊、仔猪 2~4mL,犊、驹 5~10mL,每 10~20d 重复注射 1 次;也可对 10 日龄内的羔羊注射 2mL,以后每隔 3~5d 注射 1 次,共注射 2~3 次;10 日龄以上的每隔 5d 注射 4mL,共注射 2~3 次。鸡可用 10mg/L 的亚硒酸钠溶液饮水。在应用硒制剂的同时,配合肌肉注射维生素 E 效果更好(但单独用维生素 E 效果不佳)。其剂量,犊、驹 300~500mg,羔羊、仔猪酌减,鸡在饲料里添加植物油和维生素 E。此外,可适当应用维生素 A、维生素 B、维生素 C 及其他对症疗法。

(六)预防

对妊娠、哺乳母畜及仔畜要加强饲养管理,特别是冬、春季更应注意蛋白质饲料和富硒饲料(如豆科的苜蓿干草等)的供给。对发生过白肌病或有白肌病可疑的地区,冬天给怀孕母畜注射 0.1% 亚硒酸钠,马、牛 10~20mL,猪、羊 4~8mL;也可配合维生素 E,马、牛 200~250mg,猪、羊 50~100mg,每隔半月到一个月注射 1 次,共注射 2~3 次。对 2~3 日龄的羔羊、仔猪注射 1mL,马驹、牛犊出生后注射 5~10mL,鸡用 1mg/L 的亚硒酸钠溶液饮水。

六、碘缺乏症

碘是生物活性较高的一种微量元素,是甲状腺素的主要成分。据初步统计,在严重缺碘地区的牛、羊、猪均有发病者。其中,牛、羊甲状腺肿的发病率高达 50%~80%。

(一)病因

(1)原发性碘缺乏 饲料和饮水中碘的含量不足或缺乏是主要的致病因素,多发生于远离海洋的沙漠土、灰化土、沼泽地区和高山、盆地,水质过软或过硬的地带及土壤富含钙质而腐殖质缺少的地带。

(2)拮抗性碘缺乏 喂饲过多的菜籽饼时,由于其中含有抑制甲状腺对碘吸收和利用的菜籽苷,结果使碘缺乏而致病。

由于大量饲喂含有致甲状腺肿物质——硫代葡萄糖苷和过氯酸盐的植物性饲料,如大豆、亚麻籽、豌豆、花生等,也可引起发病。

(二)发病机理

甲状腺中含有高浓度的碘(占体内碘的 70%~80%)。碘是甲状腺激素——甲状腺素(T_4)和二碘甲状腺原氨酸(T_3)的组成成分。碘与血浆蛋白结合成为蛋白结合碘(PBI),它在血液中的含量随甲状腺的活性而变化。

碘主要通过合成甲状腺激素——甲状腺素发挥其生理作用。经消化道吸收的碘，只有少量随粪便和乳液排出，大部分经肾随尿排出体外。

甲状腺激素可促进基础代谢，增强糖和脂肪的氧化利用和蛋白质的合成，激活多种酶的功能。同时还具有促进中枢神经系统、骨骼、皮毛及生殖系统的正常发育等作用。碘缺乏时，导致机体发生一系列机能紊乱。中度缺碘可引起地方性甲状腺肿。严重缺碘可致生长发育受阻，皮肤、毛羽构造异常，繁殖力降低等病理变化，甚至导致死亡。

饲料日粮缺碘可降低基础代谢率，并引起幼畜发育不良出现"矮小症"，成年畜发生黏液性水肿。

(三)症状

甲状腺组织增生且腺体明显肿大，生长发育缓慢，脱毛或秃毛，消瘦，贫血，繁殖力下降。

1. 牛

成年牛甲状腺肿大，皮肤干燥，被毛脆弱，生殖力下降。公畜性欲减退、精液不良，母畜性周期紊乱、产期延长、流产、死胎。新生胎儿水肿、厚皮、毛粗糙且稀少。犊牛衰弱无力，骨骼发育不全，四肢骨弯曲变形致站立困难，严重者以腕关节触地，弯腕而立，皮肤干燥、增厚且粗糙。甲状腺体明显肿大，可压迫喉部引起呼吸和吞咽困难，最终由于窒息而死亡。

2. 羊

甲状腺肿大，生殖力下降，其他症状不明显。此外，也有被毛生长缓慢，毛质低劣，产毛量下降以及稀毛症者，新生羔羊除上述症状外，见有全身衰弱无力、皮肤大面积脱毛等现象。

3. 猪

仔猪出生后虚弱乏力、无毛，同时颈部皮肤出现黏液性水肿，多于生后数小时内死亡。存活的仔猪，嗜睡、生长发育不良，由于关节、韧带软弱致四肢无力，走路时躯体摇摆。

4. 马

幼驹生后衰弱无力，多不能自行站立，不能自行吮乳，前肢下端屈曲，后肢下端伸展。成年马可发生甲状腺体肿大。

(四)诊断

一般根据病史(流行病学)、临床症状(甲状腺肿大、被毛生长不良等)进行诊断。如有怀疑不能确诊时，可进行下列实验室生化学指标检测以确立诊断。

测定饮水、饲料或食盐的含碘量，对本病的诊断具有重要意义。动物一昼夜需碘量大动物平均为30～50mg，小动物平均为3～10mg。

(五)防治

补碘是最根本和有效的防治措施。

(1)补给碘盐　由食盐1 000g和碘化钾250mg组成。对病区饲养的母牛可于妊娠后期在日粮中加入碘盐，也可添加有10%碘化钾液1mL，饮水。应严格控制用药剂量以免超量中毒。

(2)注射碘油　羊于分娩前7~9周肌肉注射1mL(约含碘475mg)，有良好预防效果。

(3)涂布碘软膏　对肿大的甲状腺部可涂擦碘软膏；对软化或已化脓的甲状腺体可施行手术切开，排脓后用稀碘酊冲洗。

从营养上讲，牛、羊碘的必需量为每千克体重0.002~0.004mg，猪为每千克体重0.22mg。

七、青草搐搦

青草搐搦是反刍动物采食幼嫩的青草一段时间后而突然发生的一种低镁血症。乳用母牛生产瘫痪(急性低钙血症、乳热症)时伴有低镁血症，也呈现搐搦症。母牛的所谓"运输搐搦"则属于应激反应的疾病。

本病多见于乳牛、肉用牛和绵羊，水牛也有发生。在大群放牧牛中，发病率可能只占0.5%~2%，但死亡率可超过70%。冬季舍饲后的泌乳母牛转入丰盛的牧场放牧则发生快，而营养差的肉用牛发生慢。

(一)病因及发病机理

反刍动物采食低镁土壤中生长的牧草，造成血镁浓度的降低，青草中含镁的数量又与植物生长季节有关。所谓"搐搦原性"牧草，尤其是在夏季降雨之后生长较快的青草和牧草，通常含镁、钙、钠离子和糖分较低，而含钾和磷离子较高，幼嫩青草中含蛋白质也较高。高钾的牧草，钾离子和镁离子在动物体内竞争性吸收，于是减少了镁的吸收，促进产生低镁血症。牧草中高钾，并使动物呈现高钾血症，则高钾血症会使动物体内钙的排泄增加，可以造成低钙血症性搐搦，这种性质的搐搦在低镁血症性搐搦中同时出现。

(二)症状

(1)乳牛和肉用牛　发病前吃草正常，急性突然甩头，吼叫，无目的乱跑，呈"疯狂"状态，倒地，四肢划动，惊厥，背、颈和四肢肌肉震颤，牙关紧闭，磨齿，头向后仰，全身阵发性痉挛，耳竖立，尾肌和后肢强直性痉挛，形如"破伤风"。惊厥呈间歇性发作，通常在几小时内死亡。有的突然死亡。不严重的病例呈亚急性，出现只有运动强拘，容易摔倒，对触诊和声音敏感，心音响亮和心律加快。频频排尿，每次尿量少，并可转为急性，惊厥期2~3d。有的并发出现瘫痪和酮病。

(2)绵羊　症状与牛基本相同。

(3)水牛　多呈亚急性。常卧地不起，颈部呈一定程度的"S"形扭转姿势，(是本病特征性的症状)。少数病例呈急性，表现高度兴奋和不安，发狂，向前冲或奔跑，眼充血和呈凶猛状，倒地后搐搦，伸舌和喘息，呼吸加深，流涎，体温正常，心跳加快，心音增强。

(三)诊断

根据发病季节、放牧地域等病史及运动失调、感觉过敏和搐搦等临床症状不难诊断，并且泌乳动物最易首先发病，临床血清镁、钙、磷水平测定可帮助诊断。

要与牛的急性铅中毒、狂犬病、神经型酮病、麦角中毒、破伤风等病进行区别。

急性铅中毒常伴有目盲和疯狂,还有接触铅的病史。

狂犬病则精神紧张,上行性麻痹和感觉消失而无搐搦。

神经型酮病不常伴有惊厥和搐搦,而有显著酮尿。

麦角中毒时其综合征是一种典型的小脑共济失调。

(四)防治

(1)停止饲喂原有低镁饲料,并加强饲养管理　一般反刍动物饲养或放牧中,镁是丰富的不会出现低血镁症,但腹泻时肠道吸收镁的效力比较低时和控制镁代谢稳定性的能力丧失时,加上青草镁含量不足而钾含量很高时,就有可能发生本病。对易感性的牛,如曾经发生过本病的牛,限制在该地域放牧。如果发现牛群中有个别出现发病,应立即停止在该地放牧。

(2)补镁　在日粮中,母牛每日补充镁40g(相当于60g氧化镁或120g碳酸镁中的含镁量),过多地吃入镁,特别是硫酸镁,可引起腹泻,镁宜与精饲料混合喂。

在有发病的危险季节,在精饲料中对牛补充氧化镁60g,对绵羊补10g。对病牛可皮下注射5%硫酸镁溶液400mL,最好注射钙、镁合剂,即葡萄糖酸钙250g,5%葡萄糖酸镁或5%硫酸镁1 000mL,静脉注射。注射时,应同时检查心跳节律、强度和频率,如心跳过快时即停止注射。

(3)对症治疗　镇定:氯丙嗪,牛,羊20~30mL。

任务五　维生素缺乏症

一、维生素A缺乏症

维生素A缺乏症是指维生素A或维生素A原(胡萝卜素)缺乏引起的以生长发育不良、视力障碍和皮肤黏膜损伤为特征的代谢病。维生素A缺乏症最常发生于犊牛和幼禽,其他动物也可发生,但极少发生于马。

(一)病因

(1)饲料中维生素A或维生素A原不足　各种青绿饲料包括发酵的青绿饲料在内,特别是青干草、胡萝卜、南瓜、黄玉米中,都含有丰富的维生素A原,维生素A原能转变成维生素A。但在棉籽、亚麻籽、萝卜、干豆、干谷、马铃薯、甜菜根中,几乎不含维生素A原。犊牛腹泻、瘤胃不全角化或角化过度,都可导致维生素A缺乏症。

(2)饲料中其他成分的影响　饲料中维生素E、维生素C缺乏,会导致维生素A破坏增加;脂肪含量低,会影响维生素A吸收。

(3)继发因素　胡萝卜素是在肠上皮中转变成维生素A,并且主要贮存在肝脏中,当慢性肠道疾病和肝脏疾病时,最容易继发维生素A缺乏症。

(二)发病机理

维生素A缺乏症影响动物视色素(牛为视紫红质,禽类为视紫蓝质)的正常代谢、骨骼的生长和上皮组织的维持。严重缺乏时,会影响胚胎、胎儿正常发育。

正常动物视网膜中的维生素A,在酶的作用下氧化,转变为视黄醛。牛和禽类的视网膜视细胞几乎都是视色素。当维生素A缺乏或不足时,视紫红质的再生更替作用受到影响,动物在阴暗的光线中呈现视力减弱及目盲(夜盲症)。骨骼生长迟缓及异常的主要表现在压迫神经系统和造成颅内水肿。病的后期,由于面神经麻痹和视神经萎缩,引起典型的目盲现象。

维生素A缺乏症能导致所有上皮细胞萎缩,分泌细胞的分裂能力和发生能力的衰竭,所以在缺乏症中,这些分泌细胞逐渐被层叠的角化上皮细胞所代替,成为非分泌性的上皮组织。这种情况主要见于唾液腺、泌尿生殖道(包括胎盘,但不包括卵巢和肾小管)及牙齿(在釉质中齿质母细胞消失),甲状腺素的分泌显著减少,对胃的分泌影响不明显。由于这些上皮变化的结果,在临床上导致胎盘变性、干眼病和角膜变化。

此外,由于维生素A在胎儿生长期间是器官形成的一种必需物质,因此当母畜维生素A缺乏时,能导致胎儿多发性先天性缺损,特别是脑水肿、眼损害等。

(三)症状

各种动物的临床症状基本上相似,只是在组织和器官的表现程度上有一些不同。

维生素A缺乏症的动物,猪皮肤可呈现脂溢性皮炎;牛出现皮肤增厚、粗糙和脱屑;鸡皮肤、嘴角的黄色消失或减退、苍白。公畜和母畜生殖能力,虽然公畜还可保留性欲,但精小管生殖上皮变性,精子活力降低,青年公牛睾丸明显小于正常;母畜受胎盘变性,可导致流产、死产或产下胎儿衰弱及母畜胎盘滞留。当母猪严重缺乏维生素A时,仔猪呈现无眼或小眼畸形及额裂等先天性缺损。也有其他器官缺损,如兔唇、后肢畸形、皮下囊肿、生殖器官发育不全等。尤其是新生犊牛,有发生先天性眼盲及颅内水肿、脊索病和全身水肿,也有发生肾脏异位、心脏缺损等其他先天性缺损。

(1)夜盲症 是一种突出的病征,除猪之外,是最早出现的重要病征。特别在犊牛,当其他症状都不明显时,就可发现在早晨或傍晚或月夜中光线暗时,视力模糊,盲目前进,行动迟缓,碰撞障碍物。猪缺乏维生素A时,夜盲症的病征不明显。

(2)干眼病 是指角膜增厚及云雾状形成,仅可见于犬和犊牛,而在其他动物,则见到眼分泌一种浆液性分泌物,随后角膜角化,形成云雾状,有时呈现溃疡和羞明。成年鸡严重缺乏时,经2~5d,鼻孔和眼有黏液性分泌物,上下眼睑往往黏着在一起,失明,最后角膜软化,眼球下陷,甚至穿孔。由于视神经受压,引起视乳头水肿及失明。失明是由于视网膜变性所致。

(3)神经症状 维生素A缺乏症的动物,还呈现中枢神经损害的病征,颅内压增高引起的脑病,外周神经根损伤引起的骨骼肌麻痹。表现为兴奋不安,盲目运动,尖叫等,运动失调,最初常发生于后肢,然后再见于前肢。猪和犊牛还可引起面部麻痹、头部转位和脊柱弯曲。至于脑脊液压力增高而引起的脑病,通常见于犊牛,也可见于年轻的猪,这些动物则呈现强直性和阵发性惊厥及感觉过敏的特征。

(四)诊断

根据饲养病史和临床特征(夜盲症、干眼病、神经症皮肤变化和生殖力下降等)作为初步诊断。确诊须参考病理损害特征和对饲料中维生素A或维生素A原的含量进行检测。

在临床上，维生素A缺乏症引起的脑病与低镁血症性搐搦、脑灰质软化、产气荚膜梭菌引起的肠毒血症和铅中毒之间难于区别。

(五)防治

(1)补充维生素A　维生素A按每千克体重500IU，肌肉注射。也可在饲料中添加维生素A(各种动物每天正常需要维生素A，最低量是每千克体重30IU，每天正常需要胡萝卜素，最低量是每千克体重75IU)，乳牛在妊娠和泌乳阶段，剂量可增加每千克体重500IU。雏鸡对维生素A缺乏颇敏感，每千克饲料中至少加入维生素A 1 500IU，产卵鸡和种鸡可增加一倍。育肥牛的日粮冬季每天加入维生素A 10IU，每千克种猪饲料应加入1 000IU。

(2)改善饲养管理　供给青绿饲料、黄玉米、胡萝卜，改善饲养条件，减少应激。

(3)对症治疗　幼畜可用麦芽粉、人工盐、陈皮酊等健胃药调整胃肠机能，促进消化吸收。眼有病变时可用3%硼酸洗眼，然后滴入红霉素眼药水等对症治疗。

(六)预防

(1)饲料中应加入适量的防霉剂，防止饲料霉变，及时调整胃肠机能和治疗胃肠疾病。

(2)饲料中添加一定量的维生素A或维生素A原，以满足运动的生理需要。

二、B族维生素缺乏症

B族维生素缺乏症是由于饲料或饲草中B族维生素不能满足其生理需要而引起的代谢疾病。多发生于犊牛、幼畜和雏禽。

(一)病因

(1)饲料中缺乏B族维生素　B族维生素是一组多种水溶性维生素，生物学上作为一些酶的辅酶，它们在化学结构上和生理功能上都是互不相同的。B族维生素的来源很广泛，在青绿饲料、酵母、麦皮、米糠及发芽的种子中含量最高。此外，动物(特别是反刍运动)(胃)肠道中的微生物能合成B族维生素，一般不会缺乏，如果长期饲喂缺乏B族维生素的饲料，或鸡饲料中添加B族维生素不足，就会发病。

(2)继发性病因　饲料发霉或贮存过久，B族维生素受到破坏，高温、应激、磺胺药的应用等因素，B族维生素消耗量过大。胃肠炎，消化障碍，吸收不良，B族维生素吸收减少而发生本病。

(二)症状

1. 硫胺素(V_{B_1})缺乏症

(1)马　共济失调，心脏搏动过速，拱背，牙关紧闭，阵发性惊厥，角弓反张，伏卧不起，但食欲和体温正常。

(2)鸡　主要呈现多发性神经炎。病鸡腿屈曲，坐地，头向后仰，呈"观星姿势"，这是由于颈部的前方肌肉麻痹所致。病雏倒地以后，头部仍然向后仰。成年鸡发病缓慢，鸡冠常呈蓝色。肌肉明显麻痹，开始发生于趾的屈肌，然后向上蔓延，波及腿、翅和颈部的伸肌。

(3)猪　呈现厌食，生长不良，呕吐，腹泻，皮肤及黏膜发绀，可突然死亡。

(4)犊牛　表现衰弱，共济失调及惊厥，有时发生腹泻，厌食及脱水。

2. 核黄素(V_{B2})缺乏症

(1)马　表现不食，生长受阻，腹泻，流泪及脱毛，口角区周围充血，也是周期性眼炎的一种病因。

(2)鸡　雏鸡呈现生长缓慢，衰弱，消瘦，但食欲良好。在1～2周发生腹泻，不能走路，或走路时以飞节着地，翅膀展开，足趾向内蜷曲。

(3)猪　呈现生长迟缓，呕吐，眼白内障，步态强拘，皮肤有红疹、鳞屑、脱毛。

(4)犊牛　很少自然发生的病例，据人工发病观察，在口唇、口角、鼻孔周围区和黏膜呈现明显的充血，伴有厌食，生长不良及腹泻。

3. 维生素B_{12}缺乏症

地方性钴缺乏的地区可能会发生，其他地区极少发生钴缺乏症。犊牛钴缺乏症的综合征，表现厌食，生长停止，营养不良，肌肉衰弱。猪钴缺乏症是个别对维生素B_{12}吸收能力差的猪，表现生殖力降低。鸡钴缺乏时呈现生长迟缓，饲料利用率降低，鸡蛋的出壳率也降低。如雏鸡同时也缺乏胆碱或蛋氨酸，可能发生脱腱症，并且在维生素B_{12}缺乏的条件下，雏鸡对泛酸的需要量增高。

4. 烟酸缺乏

(1)猪　皮肤粗糙，增厚、皲裂，上面有暗色痂皮，采食减少，渐行性消瘦而死亡。

(2)鸡、鸭　飞节肿大，骨粗短、腿弯曲，嗉囊膨胀，下痢。

(3)毛皮动物　食欲下降，口腔黏膜发炎，生长慢，神经机能障碍，出现麻痹。

5. 叶酸缺乏

毛皮动物表现采食量下降，腹泻，贫血，被毛松乱，退色，毛质量差。

鸡：生长停滞，羽毛退色，颈部僵硬，伸直或麻痹，成年鸡产蛋量下降。孵化率下降。

(三)诊断

根据发病史、临床典型症状和饲料检测的结果进行综合诊断。

(四)防治

(1)补充B族维生素　根据病因不同，有针对性地补充B族维生素，按每千克体重补充维生素B_1 0.25～0.5mg、维生素B_2 2～4mg、维生素B_{12} 0.001～0.002mg、烟酸20～30mg、叶酸0.025～0.005mg肌肉注射或内服，每日1次，连续7d。

如是单纯的硫胺素缺乏症，应用硫胺素治疗都是有效的。所有动物，其剂量都按每千克体重0.25～0.5mg计算，皮下或肌肉注射。继发性病例，还须做其他治疗。预防在单胃兽，一般每千克体重需要硫胺素30～60mg。日粮中加入酵母、麦皮和米糠等，在家禽则加入乳、肝和肉粉(也可给猪)，一般能供给足够的硫胺素。

(2)改善饲养管理　除了添加青绿饲料、酵母、米糠外，还要在每吨饲料中添加维生素B_1 200～300mg、维生素B_2 3 000～4 000mg、维生素B_{12} 3～5mg、烟酸10g、叶酸4～6mg，可以预防本病的发生。

三、维生素D缺乏症

维生素D缺乏症是由于饲料中缺乏维生素D或光照不足引起,食欲减退、生长慢、骨发育不良为特征的一种疾病。主要发生于幼龄动物。

(一)病因

(1)饲料中维生素D含量不足　添加不足饲料久贮、霉变,维生素D大量破坏,长期饲喂未经过太阳晾晒的草料,是导致本病的重要因素。

(2)光照不足　光照不足,皮肤内的7-脱氢胆固醇不能转化成维生素D。

(3)继发因素饲料中钙、磷比例不当　动物对维生素D的需要量增加。蛋白质、脂肪缺乏及胃肠疾病,维生素D的吸收减少。

(二)症状

各种动物主要表现为食欲和饲料利用率降低,生产力下降及增重缓慢,后期引起骨营养不良,呈现跛行、运动障碍,站立不稳,甚至长骨弯曲,关节肿大,进一步发展为佝偻病或骨软症。成年母鸡产蛋量减少,产软壳、薄壳蛋,最后产蛋可完全停止。随着病程的延长,病鸡两腿无力,呈蹲坐姿势,行走时动作笨拙。喙、爪、腿、翅、胸骨变脆,容易折断。雏鸡两腿无力,走路不稳,呈企鹅姿势,严重者不能站立,勉强站立时两腿叉开,呈八字形。骨变软,不易折断,喙变形,不便采食。

(三)诊断

(1)通过病史调查,发现有引起维生素D缺乏的原因。

(2)跛行、运动障碍,骨变形、变软或变脆。

(四)治疗

维丁胶性钙,马、牛2.5万~10万IU,猪、羊0.5万~2万IU,犬2 500~5 000IU,肌肉注射。也可用维生素D每千克体重1 500~3 000IU,肌肉注射。

(五)预防

增加畜舍光照,加强户外运动,饲喂日照充足的饲草。经济动物及家禽,每千克饲料可补充鱼肝油5~10mL,有良好的预防作用。

四、维生素E缺乏症

维生素E缺乏症是饲料维生素E缺乏引起的一种以脑软化、渗出性素质和肌肉营养不良为特征的代谢病。各种动物都可以发生,幼龄动物多发,往往与硒缺乏并发。

(一)病因

(1)饲料中维生素E缺乏　长期饲喂经过暴晒的干草,品质不良的草料,造成维生素E缺乏。家禽、猪饲料中添加维生素E不足等。

(2)饲料其他成分的影响　维生素E的化学性质不十分稳定,在饲料中可受到矿物质和不饱和脂肪酸的影响而氧化。与鱼肝油混合,由于鱼肝油的氧化作用,也可使维生素E的活性丧失。若青草和青绿豆科植物中含有过多的不饱和脂肪酸,当瘤胃氢化作用不完全时,则胃肠道吸收不饱和脂肪酸增加,其游离根与维生素E结合,于是有效维生素E减少,导致维生素E缺乏症及发生骨骼肌营养不良,这种情况看成是一种相对的维生素E缺乏症。

(3)继发性病因　慢性消化道疾病,肝功能不全或功能障碍,影响维生素E的吸收和利用。

(二)发病机理

维生素E具有抑制多价不饱和脂肪酸产生游离根及过氧化物的功能,从而防止含有多价不饱和脂肪酸对细胞膜的过氧化(特别是对含不饱和脂质丰富的脂质膜,如细胞的线粒体、内质网和质膜)。硒元素也具有保护细胞膜的脂质的功能,和维生素E有协同作用。因为硒是谷胱甘肽过氧化物酶的活性中心,通过谷胱甘肽及谷胱甘肽过氧化酶而加速破坏过氧化物,从而保护了细胞膜的脂质。二者在保护细胞膜不受损害的作用上是一致的。

(三)症状

幼畜和幼禽白肌病的一系列症状以羔羊和小鸭为严重。脑膜水肿及小脑软化、肿胀,波及大脑半球纹状体、延脑和中脑,表现精神不振,采食减少,共济失调,步态不稳,盲目运动,冲撞。公畜睾丸萎缩、变性,生殖能力下降,精子运动异常,甚至不能产生精子;母畜表现卵巢机能下降,性周期异常,不能受精或受精卵死亡、死产、流产或不孕。猪往往突然死亡。雏鸡、雏鸭和雏火鸡除骨骼肌营养不良外,还表现为站立不稳,头向后伸或头颈歪斜,运动失调,走路时容易跌倒,以受惊吓时更明显。雏鸡呈现广泛性皮下组织水肿,并有血液渗出,腹部皮肤呈蓝绿色,鸡冠苍白。

(四)病理变化

1. 共同症状

主要表现肌肉变性、苍白,脑软化、渗出性素质、不育或不孕等病变。

2. 猪

肝营养不良,肝坏死,胃贲门溃疡,心内膜和心外膜下层沿肌纤维走向呈多发性出血,致心肌斑点状出血,呈"桑葚状"心脏病。

3. 雏鸡

渗出性素质,皮下水肿,有蓝绿色胶冻样物。脑软化,水肿,有出血点,切面有出血点和黄绿色坏死斑。心包及腹腔积液。胸部肌肉和腿部肌肉有灰白色条纹和出血点。肌胃和心肌苍白、柔软。

(五)诊断

根据神经症状,运动障碍、脑软化、肌肉变性和渗出性素质可以做出初步诊断。

(六)防治

(1)补充维生素E　维生素E每千克体重10~20IU,肌肉注射和内服,每日1次。

(2)补充硒　亚硒酸钠每千克体重0.3~0.5mg,皮下注射也可内服,每日1次。

(3)加强饲养管理　每吨饲料中添加维生素E 200~300mg,亚硒酸钠200~300mg,饲料中添加抗氧化剂,防止饲料氧化。

一、仔猪低血糖症的诊治

【实训目的】 通过低血糖仔猪的观察、血糖检测，掌握仔猪低血糖症的发病机理。通过给仔猪注射高渗葡萄糖溶液，掌握仔猪低血糖症的治疗和预防。

【实训材料】 仔猪；注射器、生化仪；高渗葡萄糖溶液、0.1%肾上腺素等。

【实训内容】
(1)先给仔猪禁食1d，保证清洁饮水，致仔猪低血糖症。
(2)采血、生化仪测定血糖值。
(3)肌肉注射高渗葡萄糖溶液。
(4)观察、记录。

【实训报告】 学生记录本人检查的各项结果，分析并总结实训内容。

二、奶牛酮病诊断

【实训目的】 掌握奶牛酮病的诊断和防治。

【实训材料】 实习奶牛；听诊器、注射器、奶牛血酮诊断卡；高渗葡萄糖溶液、地塞米松或醋酸可的松。

【实训内容】

1. 观察奶牛状态

精神、体况、被毛、呼吸。

2. 诊断

询问(高蛋白质和低能量饲料、饲养管理不善；产前过肥或过瘦；高产奶牛等)；发病时间产前或产后；临床症状(乳汁易形成泡沫，类似初乳状，并有酮味，尿呈浅黄色，易形成泡沫，呼出的气体和排尿时都可闻到酮味)；血液、尿液与乳汁中丙酮的检测。

询问记录：乳汁状态与气味，尿液状态与气味，呼出气味，治疗方法。

3. 治疗方法

(1)替代疗法　50%葡萄糖溶液500~1 000mL 静脉注射，同时饲喂甘油和乳酸铵，每日1~2次，连续3~5d，效果较好，还要适当减少精料供应。

(2)激素疗法　这种主要用于体质较好的牛，用促肾上腺皮质激素效果较好，可用肾上腺素300~600IU 肌肉注射，或用醋酸可的松5~10mL，肌肉注射。

【实训报告】 学生记录本人实训操作的各项内容，分析并总结实训内容。

练习与思考

1. 奶牛酮病的发病机理是什么？如何预防和治疗奶牛酮病？

2. 如何预防禽痛风？
3. 如何预防、治疗仔猪低血糖症？
4. 佝偻病和骨软病有什么区别？如何预防、治疗骨软病？
5. 什么是异食癖？其病因是什么？
6. B族维生素缺乏有什么共同特点？家禽缺乏维生素 B_1 和维生素 B_2 临床表现有什么不同？
7. 如何诊断和预防禽维生素 E 缺乏症？
8. 如何诊断和预防禽维生素 A 缺乏症？
9. 如何诊断和预防禽锰缺乏症？
10. 如何治疗仔猪白肌病？

项目六 中毒性疾病

【知识目标】
- 了解毒物的分类和毒物机理。
- 掌握饲料中毒的发病特点、预防和治疗。
- 掌握霉变饲料中毒的发病特点、症状和防治。
- 掌握农药化肥中毒的病因、症状、诊断、治疗和预防。
- 掌握微量元素中毒的发病特点、症状、诊断和防治。

【技能目标】
- 能进行饲料中毒病的诊断、治疗。
- 能进行农药化肥中毒病的诊断、治疗。
- 能进行微量元素中毒病的诊断、治疗。

任务一 概述

当某种物质进入动物机体后，侵害机体的组织和器官，并能在组织和器官内发生化学或物理学的作用，破坏了机体的正常生理机能，引起机体机能性或器官性的病理过程，这种物质被称为毒物。由毒物引起的疾病，称为中毒。毒物的毒性作用是相对的，有些药物过量时，可引起中毒，如阿托品、砷及某些饲料添加剂等；某些非毒性物质，如食盐用量过大也能引起严重的中毒，有些微量的剧毒物质，却可以用于治疗疾病，如硒、铬等。

中毒有很多种，有生物性的，如蛇毒、肉毒、真菌毒素中毒等；物理性的，如一氧化碳中毒；天然元素，如铅、铜、氟、硒中毒等；化学制品，如杀虫剂、除草剂、饲料添加剂中毒等。

毒物的毒性是指毒物的剂量与机体反应之间的关系。毒性的计算单位，通常采用某种物质导致实验动物产生某种毒性反应所需要的数量来表述。引起中毒数量（浓度）越小，说明毒性越大。毒性反应是以动物的致死数量来表示。常用的方式有：

①致死量（LD）或致死浓度（LC）：能使动物致死的剂量或浓度。

②绝对致死量（LD_{100}）或绝对致死浓度（LC_{100}）：使全组实验动物全部死亡的最小剂量

或浓度。

③半数致死量(LD_{50})或半数致死浓度(LC_{50})：能使实验动物50%死亡的剂量或浓度。

④最小致死量(MLD)或最小致死浓度(MLC)：能使实验动物死亡的最小剂量或浓度。

⑤最大耐受量(LD_0)或最大耐受浓度(LC_0)：能使全组实验动物全部存活的最大剂量或浓度。

上述各种剂量通常用毒物的毫克数与动物体重千克数之比来表示，即mg/kg。但禽类LD_{50}是指毒物(mg)在饲料(kg)中的含量；鱼类的LD_{50}是指毒物在水中的浓度。

此外，还有一些有关化合物毒性的，如最高无毒剂量(HNTD)，是指药物的最大剂量对动物不造成血液性、化学性、临床或病理的改变。最低毒性剂量(LTD)是指能诱发机体的病理改变最低的药物剂量，但两倍的LTD不致引起动物死亡。最高毒性剂量(HTD)，指的是一种药物能诱发机体的病理变化的剂量，两倍的HTD可造成死亡。

一、毒物和中毒

(一)毒物分类

根据毒物的来源，可将毒物分为两类：即外源性毒物和内源性毒物。在一定条件下从外界环境中进入动物机体的毒物，称为外源性毒物。在动物体内自身形成的毒物，称为内源性毒物。内源性毒物主要是机体内的代谢产物，它们在机体正常生理活动过程中，通过自体解毒和排泄作用，一般不会引起机体中毒，如果出现代谢或排泄障碍，就可以引起中毒。临床兽医实践中，外源性毒物主要有：

(1)饲料中的毒物　如有些饲料含有硝酸盐、亚硝酸盐、光敏性物质和出血因子以及饼、渣、糟粕等含毒物质。

(2)有毒植物的有毒成分　如含有化学结构较复杂的生物碱、糖苷、皂苷、挥发油、苦味素、毒蛋白等毒性物质。

(3)农药　有机磷农药、有机氯农药、有机氟农药、汞、砷及磷化锌等杀虫剂、灭鼠剂和除草剂等有毒药物。

(4)药物　临床用的镇静剂、中枢神经兴奋剂、驱虫剂、抗生素、磺胺与呋喃类等药物。

(5)霉变饲料　霉变饲料中的某些真菌毒素，如黄曲霉毒素、玉米霉菌素。

(6)微量元素　环境污染以及散布在自然界中的各种微量元素，如氟、锡、铅、铜等。

(7)动物毒素　如蛇毒、蜂毒等。

(8)有毒气体、辐射物质　如一氧化碳、氨气等。

任何毒物的毒性不仅决定于毒物的理化性质、吸收途径和蓄积作用，而且在一定程度上，还与外界环境条件，如气候、光照、温度和湿度有关。有毒植物的成分一年四季的毒性是不一样的，某些植物开花期含毒量多，某些植物开花期前或开花期后含毒量多。植物生长在不同的地区，含毒量多少也不一样，甚至于某些地区生长的有毒，某些地区生长的则无毒。

动物的种类、性别、年龄、体重、毛色、体质强弱、神经系统机能状态以及饲养管理或使役等情况的不同，受到毒物的毒害作用也有差异。如某些地区生长的动物对该地区的某些有毒植物和真菌毒素有一定耐受性。

毒物的毒性与生物转化的改变关系极为密切，因为许多因子可以改变药物和化学品的代谢，这种作用可以使原来化合物毒性加强或减弱。影响生物转化的因子有生物学性的和化学性的。

毒物的毒性还与毒物之间的拮抗作用和协同作用有关。所谓拮抗作用，当某种毒物进入动物机体所产生的毒性作用，同时被另一种毒物减弱或完全消除，呈现出物理的、化学的中和、吸收、破坏或转化成无毒的化合物，这在兽医临床上有重要的实践意义。所谓协同作用，即两个以上的毒物，在机体内互相协同，加强其毒性作用，致使病情急剧恶化。另外，还有些毒物被机体吸收后，对一定的组织器官具有化学亲和力称为选择性毒性作用。当毒物直接侵害组织器官，所引起的器质性病理变化的直接作用。同时，也可以引起其他组织器官机能变化的间接作用。因为，机体所有的组织器官都是相互联系、相互影响、相互制约的。当毒物进入动物机体所引起的组织器官生理改变是多方面的，是比较复杂的。

(二)中毒分类

(1)饲料中毒　包括饲料、饮水中的硝酸盐、亚硝酸盐中毒，含光敏性物质和出血因子的饲料中毒，质量不良、调剂不当、利用失时以及霉变的饼、渣、糟粕等饲料中毒。

(2)有毒植物中毒　包括含有生物碱、糖苷、皂苷、挥发油和苦味素等有毒植物中毒。

(3)农药中毒　包括杀虫剂、灭鼠剂、除草剂和化肥等农药中毒。

(4)药物中毒　包括镇静剂、中枢神经兴奋剂和抑制剂、杀菌剂及驱虫剂等药物中毒。

(5)真菌毒素中毒　包括黑斑病菌、镰刀菌、黄曲霉、青霉菌、赤霉菌及穗状葡萄菌毒素等真菌毒素中毒。

(6)动物毒中毒　包括蛇毒和蜂毒中毒。

(7)环境污染及微量元素中毒　如铅、汞和饲料添加过量的微量元素。

二、毒物机理

毒物进入动物机体后，通过吸收、代谢和排泄，损害机体的组织及影响其正常的生理机能，发生中毒现象。毒物的体内过程，除毒物的理化性质外，与机体许多因素，特别是与细胞膜的通透性和毒物与组织的亲和力有关。因为毒物的吸收、分布和排泄等过程，都涉及细胞膜的运转过程。

细胞膜是由脂肪或类脂质和蛋白质组成的，细胞膜对毒物的离子或分子具有选择性的透过作用。各种毒物作用于细胞膜，改变其生理功能，从而产生毒物的毒理作用。当然，毒物中的脂溶性物质或水溶性小分子物质，总是从高浓度向低浓度方向扩散，这些物质可直接通过细胞膜的脂质层或膜孔。但有些非脂溶性物质，分子较大，却仍能迅速地被许多细胞膜所运转，并且常常出现由低浓度向高浓度方向逆转就是主动运转，主动运转则需要酶参与运转。载体是细胞膜表面的一种蛋白质，当毒物与载体结合形成复合物后，通过消耗生物能量过程，复合物由膜的一侧被吸引到另一侧后自行分解。所以，载体成为运转物质的媒介。其表现形式有以下几种方式。

1. 局部的刺激作用和腐蚀作用

这主要是毒物化学作用的直接损害，如酸、碱和矿物质，可直接腐蚀和刺激皮肤或黏膜。但也有些毒物在吸收部位并不引起腐蚀，却由于吸收过程或进入血液后，引起化学反应，导致机体生理功能的紊乱。

2. 阻止氧的吸收、运转和利用

如一氧化碳与血红蛋白结合，阻止携氧的功能，引起窒息。吸入后迅速地与许多酶结合，干扰细胞的代谢，造成肺水肿，阻止肺泡内的气体交换，引起窒息。如某些惰性气体，在空气中可降低氧分压，引起窒息。

3. 抑制酶系统的活性

许多毒物对酶系统的各个环节能起到破坏作用。某些酶的蛋白质内含有金属离子，如一氧化碳和氰苷类物质对细胞色素氧化酶起抑制作用，前者与 Fe^{2+} 结合，后者则与 Fe^{3+} 结合，使酶的活性都受到影响，引起细胞窒息。毒物还可抑制辅酶的活性，如铅中毒时，机体内的烟酸消耗量增加，结果使辅酶Ⅰ和辅酶Ⅱ都减少，从而抑制了脱氢酶的活性。抑制酶的激活作用，如磷酸葡萄糖变位酶，具有生成和分解肝糖原的作用，但需要 Mg^{2+} 作激活剂，氟中毒时，氟离子与 Mg^{2+} 结合形成复合物使磷酸葡萄糖变位酶的活性受到抑制。毒物与基质竞争同一种酶而产生抑制作用，如在三羧酸循环中琥珀酸脱氢酶可被丙二酸抑制；即丙二酸与脱氢酶结合，从而抑制了琥珀酸的正常氧化。毒物能同基质直接作用，如氟乙酸作用于三羧酸循环中的草酰乙酸产生氟柠檬酸，三羧酸循环即被中断。毒物对酶的抑制有特异性的和非特异性的，如巯基是蛋白的活性基团，不少毒物可与巯基相结合，所以其作用是非特异性的。很显然，一种毒物在不同的条件下，所受到的作用的酶也不相同。

4. 对亚细胞结构的作用

如四氯化碳能直接破坏线粒体的结构，使其所含的谷丙转氨酶（GPT）释放到血液中。急性四氯化碳中毒时，血清谷丙转氨酶可增到几千单位。又如野百合碱能干扰细胞的有丝分裂，引起肝功能障碍，发生腹水，影响铜的代谢等。

5. 放射性物质的毒理作用

主要是由于放射性物质的电离作用产生自由基团—OH、—NO 等所形成的毒性。氧、臭氧和二氧化碳在机体内也都能产生这种自由基团，从而引起致毒作用。

任务二　饲料中毒

一、硝酸盐和亚硝酸盐中毒

硝酸盐和亚硝酸盐中毒俗称"饱潲症"，是由摄入过量的含有硝酸盐或亚硝酸盐的植物和水溶液，引起的化学中毒性高铁血红蛋白血症（变性血红蛋白血症）。临床特征表现为皮肤、黏膜发绀及其他缺氧症状（呼吸困难、脉搏细数、肢体末梢厥冷等）。

各种家畜都可发生，以猪多见，牛、羊、马也可发病。

(一)病因

主要是家畜采食了各种经文火焖煮或堆放长时间的富含有硝酸盐的鲜嫩青草、作物秧苗以及叶菜类等,特别在重施化肥(如大量施用硝酸铵、硝酸钠等硝酸盐类)或农药的情况下更易发生本病。

在自然条件下,亚硝酸盐系硝酸盐在硝化细菌的作用下,还原为氨过程的中间产物,反应发生取决于硝酸盐的数量与硝化细菌的活跃程度这两个条件。硝化细菌广泛分布于自然界,其活性受环境的湿度、温度等条件的直接影响。最适宜的生长温度为20~40℃。在生产实践中,如将幼嫩青饲料成堆放置过久,特别是经过雨水淋湿或烈日暴晒者,极易发酵产热。猪饲料采用文火焖煮,待其缓缓熬熟,或寒冷季为利用锅灶余热、余烬,使饲料保温,让煮熟饲料长时间焖置锅中,给硝化细菌提供了足够的适宜温度和时间条件,致使饲料中的硝酸盐转化为亚硝酸盐。另外,反刍动物采食的硝酸盐,可能在瘤胃中发生这一转化,不需要先在体外形成亚硝酸盐,即能发生中毒。

此外,在少数情况下,还可能误饮含硝酸盐过多的饮水而引起中毒。

(二)发病机理

硝酸盐转化为亚硝酸盐后,其对动物的毒性即随之增剧。如牛硝酸钠最低致死量为0.65~0.75g/kg,亚硝酸钠($NaNO_2$)则为 0.15~0.17g/kg。硝酸盐主要是对消化道产生强烈刺激作用,亚硝酸盐的毒性作用则主要是使血液中正常的氧合血红蛋白(二价铁血红蛋白)迅速地氧化成三价铁血红蛋白(或称变性血红蛋白),即三价铁离子与一个羟基(—OH)结合从而使血红蛋白丧失了的正常携氧功能。亚硝酸盐同时具有扩张血管的作用,使动物末梢血管扩张,而导致外周循环衰竭。不过,亚硝酸盐所引起的血红蛋白变化为可逆性反应,正常血液中的辅酶Ⅰ、抗坏血酸以及谷胱甘肽等,都可促使高铁血红蛋白还原成正常的低铁血红蛋白,并随之恢复其携氧功能,故若只采食少量的亚硝酸盐,其所形成的高铁血红蛋白不多时,体内即可自行解毒并不表现毒性反应。但这种解毒能力或对毒物的耐受性,在个体之间存在很大的差异,如饥饿、消瘦以及日粮的品质低劣等,则可使动物对亚硝酸盐毒性的敏感性升高。

(三)症状

(1)猪 常在采食后的15min至数小时以内发病。最急性者可能仅略显不安,站立不稳,倒地死亡,所以俗称"饱潲症"。有的还表现呼吸困难,脉搏细数,全身皮肤、黏膜发绀,体温正常或偏低,四肢末梢发冷。耳尖、尾尖血管黏滞,呈暗红色或黑褐色。全身颤抖,后期全身出现痉挛或衰竭而死。

(2)牛 采食后1~5h可见发病,除猪所表现的症状外,还有流涎、腹痛、腹泻甚至呕吐等,呼吸困难明显,肌肉发抖及痉挛,步态不稳表现更严重。

(四)病理变化

病猪的尸体多数腹部膨满,口鼻黏膜呈乌紫色,并流出淡红色泡沫状液。眼结膜可能呈棕褐色。血液暗褐如酱油状,凝固不良,暴露在空气中的血液后不转变成鲜红色。各脏器的血管瘀血。胃肠道各部有不同程度的充血、出血,黏膜易脱落,肠系膜淋巴结轻度出血。肝、肾呈暗红色。肺充血,气管和支气管黏膜充血、出血、管腔内充满带红色的泡沫状液。心外膜、心肌有出血斑点。在牛还伴有硝酸盐直接刺激所造成的胃肠道炎性病变。

(五)诊断

根据发病史，饲料情况、临床症状和血液缺氧等可以进行诊断，要确诊可以做变性血红蛋白和亚硝酸盐简易检验。

1. 亚硝酸盐检查

取胃内容物或余下的饲料少量，加入纯水1~2mL(饲料研细)，取一滴滴于滤纸上，加10%联苯胺液1~2滴，如有亚硝酸盐存在，滤纸也呈棕色，否则，颜色不变。

2. 三价铁血红蛋白检查

静脉取血液少量于小试管中，与空气振荡后，有三价铁血红蛋白存在，血液颜色不变，依然为暗褐色，健康畜的血液则由于血红蛋白与氧结合而变为鲜红色。

(六)治疗

现场用特效解毒剂是美蓝(亚甲蓝)。猪的标准剂量是每千克体重1~2mg，制成1%溶液静脉注射；反刍动物按每千克体重8mg。美蓝为一种氧化还原剂，在低浓度小剂量时，它本身先经辅酶Ⅰ的作用变成白色美蓝，而白色美蓝可把变性血红蛋白还原为氧合血红蛋白。但在高浓度大剂量时，辅酶Ⅰ不足以使之变为白色美蓝，于是过多的美蓝则发挥氧化作用，使氧合血红蛋白变为变性血红蛋白，则使病情恶化。

除了美蓝外，也可用甲苯胺蓝。甲苯胺蓝治疗变性血红蛋白症较美蓝更好，其还原变性血红蛋白的速度比美蓝快37%。甲苯胺蓝按每千克体重5mg制成5%的溶液，静脉注射，也可用做肌肉或腹腔注射。

(七)预防

(1)改善青绿饲料的堆放和蒸煮过程。无论生、熟青绿饲料，采用摊开敞放是一个预防亚硝酸盐中毒的有效措施。

(2)接近收割的青饲料不要再施用硝酸盐等化肥农药，以避免提高青饲料中的硝酸盐或亚硝酸盐的含量。

(3)对可疑饲料、饮水，实行临用前的简易化验，没有硝酸盐或亚硝酸盐后才可饲喂。这是一个可取的办法，特别在某些集体猪场尤应列为常规的防范措施之一。

二、棉籽饼中毒

棉籽饼(粕)棉油加工业的副产品，含有36%~42%粗蛋白质，其必需氨基酸的含量在植物中仅次于大豆饼(粕)，可以作为全价畜禽日粮蛋白质来源。然而，由于棉籽饼中含有毒的棉酚，长期过量饲喂可引起畜禽中毒。

非反刍动物及犊牛对棉籽饼的毒性敏感，成年反刍动物抵抗力较强，反刍动物对棉籽饼的主要毒性物质棉酚有一定的解毒能力，可使游离棉酚与瘤胃中可溶性蛋白质结合而丧失毒性。一般情况下，棉籽饼不会引起成年牛中毒。犊牛之所以对棉酚敏感就是因为其瘤胃功能尚不完善，不能有效地结合游离棉酚。

(一)病因及发病机理

主要是家畜采食过量的棉籽饼(棉籽饼的毒性主要决定于游离棉酚含量多少)。一般来说,猪饲料中棉籽饼以不超过4%,棉籽粕不超过7%为宜。仔猪饲料、妊娠母猪饲料一般不使用棉籽饼为好。如果添加适量,当混合不均匀时也可引起中毒。棉酚对非反刍动物的生理作用是积累性的。棉籽饼(粕)中棉酚的含量越高,采食时间越长,中毒的可能性就越大,症状表现就越严重。马属动物对棉酚的耐受性相对较强。

棉籽饼(粕)中至少有15种棉酚或衍生物,已被分离提纯并得到鉴定的约8种,包括棉酚、二氨基棉酚、6-甲氧基棉酚、6,6-二甲氧基棉酚、棉紫素、棉黄素、棉蓝素和棉绿素等。其棉籽饼中棉酚的含量与品种、生长环境以及棉籽加工方式不同而异。一般棉籽饼中的游离棉酚含量为0.02%~0.10%,总棉酚为0.5%~1.2%,棉叶、棉籽皮中也有棉酚存在。

日粮中维生素和矿物质(尤其是维生素A及铁和钙)缺乏以及其他过度刺激均可促使中毒发生或使病情加重。此外,妊娠母畜和幼畜对棉酚比较敏感,幼畜也可能因哺乳而摄入棉酚,发生中毒。

棉酚可与体内的硫和蛋白质结合,出现溶血。棉酚对胸膜、腹膜和胃肠道有刺激作用,能引起这些组织发炎,增强血管壁的通透性,促进血浆和血细胞渗到外围组织,使受害组织发生浆液性浸润和出血性炎症。

(二)症状

1. 共同症状

棉籽饼中毒的共同症状是食欲下降和体重减少,有胃肠炎、视力障碍、排红褐色尿液等临床症状。

2. 猪

猪棉籽饼中毒多呈慢性经过,中毒时精神沉郁,低头,拱腰,后肢软弱,走路摇晃,喜卧于阴湿凉爽之处,呼吸急促。随后心跳明显加快,呼吸困难,虚弱,消瘦,腹泻,皮肤颜色发绀以及夜盲等。

3. 犊牛

中毒时表现食欲反常和呼吸困难以及视力障碍等。常表现间歇性病痛,粪便上有黏液或混有血液。尿呈红色,含有血红蛋白,并有典型的红细胞溶解。血红蛋白及红细胞水平下降,嗜中性粒细胞显著增多。

4. 鸡

中毒表现腿无力。血红蛋白和红细胞数下降,血清蛋白质/球蛋白比下降。产蛋鸡的蛋变小,蛋黄变色(茶青色),孵化率降低。

(三)病理变化

棉籽饼(粕)中毒的病理变化因动物种类不同而异。

1. 猪

一般有体腔积液,胃肠出血性炎症。胆囊肿大,并有出血点。肺充血和水肿。心内外膜有出血,结缔组织有炎性浸润。

2. 犊牛

犊牛许多器官弥漫性充血和水肿,心肌松弛、肿胀,肾脏发生脂肪变性,脾萎缩。肝脏脂肪变性、腹水，血凝时间缩短。

3. 鸡

胆囊和胰增大，肝脏变色，其中有许多空泡和泡沫状间隙，肝、脾和肠黏膜上有蜡质样色素沉积。

(四)病程及预后

棉籽饼中毒多呈慢性经过，常与采食量的多少、时间的长短以及主要侵害的部位关系很大。如轻度中毒，一般病程为1周左右；如严重中毒，特别是伴有心脏功能衰弱而发生水肿，食欲完全废绝的患畜，病程可达10～15d，甚至更长，往往预后不良。

(五)诊断

根据是否采食棉籽饼(粕)、棉叶的病史，胃肠炎、视力障碍、排红褐色尿液等临床症状及相应的病理学变化，可做出诊断。

(六)治疗

目前还没有特效的治疗方法，主要采用消除致病因素、加速毒物的排出及对症疗法。

(1)消除致病因素　停止饲喂棉籽饼(皮)和棉叶或添加棉籽饼(粕)的饲料。

(2)加速毒物排出　可用1∶3 000～4 000的高锰酸钾溶液或5%碳酸氢钠溶液、双氧水洗胃。若胃肠道内容物多，胃肠炎不严重时，可内服硫酸镁等盐类泻剂；胃肠炎严重的，可用消炎剂、收敛剂，如环丙沙星、乳酸诺氟沙星等，牛可用30～40g，猪5～10g。鞣酸蛋白，牛20～25g，猪2～5g，也可用硫酸亚铁，牛7～15g，猪1～2g，一次性内服。还可用藕粉、面糊等以保护黏膜，同时还有人工营养作用，每次250g，每日2次，用开水冲成稀糊状，猪可酌减，可单独应用，可与其他药物混合内服。

(3)辅助治疗　阻止渗出，增强心脏功能，补充营养和解毒，可用25%葡萄糖溶液500～1 000mL，10%安钠咖20mL，10%氯化钙溶液100mL，牛一次性静脉注射。同时注射维生素C、维生素A、维生素D等都有一定的疗效，特别是对视力减退的病畜，注射维生素A疗效很好。

当病畜尚有食欲时，尽量多喂些青绿饲料或青菜、胡萝卜等，对病的恢复效果很好。并应注意增加饲料里的矿物质，特别注意钙的添加。

(4)对症疗法　可用健胃剂、助消化药等，如碳酸氢钠、酵母、乳酶生等。

(七)预防

为了预防棉籽饼中毒，可采取以下措施。

1. 限制喂量

牛棉粕的喂量每日不超过1～1.5kg，猪不得超过0.5kg，怀孕母畜和幼畜最好不要喂。即使这样，也必须喂半月停半月，以免引起蓄积性中毒。

2. 加热去毒处理

榨油时最好能经过炒、蒸，使游离棉酚转变为结合棉酚；生棉籽皮炒了再喂，棉渣必须加热蒸煮1h后再喂。棉叶必须晒干去上压碎，发酵，发酵过的棉叶用清水洗净，再用5%石灰水浸泡10h，软化解毒后再喂猪。

3. 加铁去毒

铁与棉酚结合成不被家畜吸收的复合物，使棉酚的吸收量大大减少。据报道用0.1%～0.2%硫酸亚铁溶液浸泡棉籽饼，棉酚的破坏率达81%～100%。饲喂棉籽饼的家畜同时喂硫酸亚铁，其剂量为铁与棉酚（游离）之比为1∶1；但需注意应使铁与棉籽饼充分混合接触。猪饲料中的铁含量不得超过500mg/kg。

4. 增加日粮中蛋白质、维生素、矿物质和青绿饲料

一般饲料中蛋白质含量越低，中毒越高，当猪日粮中粗蛋白质含量分别为14%、17%、20%时，中毒率分别为55.6%、22.2%、11.1%。饲料里增加维生素（主要是胡萝卜素）、矿物质（主要是钙和食盐）、青绿饲料对预防棉籽饼中毒都有很好的作用。

5. 培育不含棉酚的棉花品种

最近，美国、埃及、叙利亚、伊朗等国都培育出低棉酚的新棉花品种。

三、菜籽饼中毒

菜籽为我国广为栽培的油料作物，有多种品系，十字花科油菜属植物，其种子榨油后的菜籽饼可用作家畜饲料，菜籽饼内蛋白质的含量约为32%～39%，菜籽饼作为蛋白质饲料在饲料中使用越来越广泛。

菜籽饼作为重要蛋白原料，含有黑芥子酸钾、芥子酶、芥子酸、芥子碱等成分，特别是其中的黑芥子酸钾在芥子酶的作用下，可水解形成异硫氰酸丙烯酯或丙烯基芥子油以及硫酸氢钾等物质，引起家畜中毒。

(一)病因

猪、鸡全价饲料中菜籽饼的使用量过多。

菜籽饼的毒性，与油菜的品种有关。家畜在采食含有菜籽饼的饲料后，异硫氰酸丙烯酯刺激消化道黏膜，吸收后可引致微血管壁扩张，量多时会使血容量下降和心率减少，同时伴有肝、肾损害。

(二)症状

(1)呼吸型症候群　具有急性肺气肿和肺水肿。

(2)消化型症候群　表现为精神沉郁，食欲减少，瘤胃蠕动减弱和腹痛、腹泻或便秘等。

(3)神经型症候群　主要表现狂躁不安和长期的视觉障碍。

(4)泌尿型症候群　以发生血红蛋白尿和尿液可溅起多量泡沫为特征。

此外，菜籽饼中毒还可抑制动物生长和引起甲状腺肿胀。雏鸡采食含有5%菜籽饼的日粮时，其生长率降低。

(三)病理变化

尸体剖检可见显著病变为泛发性肝组织坏死。其他组织器官一般没有明显变化。

(四)诊断

主要根据有饲喂菜籽饼的发病史、胃肠炎及血尿等临床特征，做出诊断。

(五)防治

本病到目前为止，没有有效的治疗方法。主要采取对症治疗，采取强心、补液、缓泻和消炎的综合治疗措施。关键在于预防。

(六)预防

严格掌握菜籽饼的用量，主要用在育肥猪饲料中或肉用鸡饲料中。对孕畜和幼畜，不添加。为了安全地饲用菜籽饼，目前国内推广试用下列的祛毒法。

1. 坑埋法

将菜籽饼埋入容积约 $1m^3$ 的土坑内，经放置 2 个月后，据测定约可祛毒 99.8%。

2. 发酵中和法

将菜籽饼经过发酵处理，以中和其有毒成分，本法约可祛毒 90% 以上，且可用工厂化的方式处理。

3. 温水浸泡

将菜籽饼经过用温水和清水进行约半天的浸泡漂洗后，也可使之减毒，而达到安全饲用的目的。

四、马铃薯中毒

马铃薯中毒主要是采食含有毒成分(马铃薯素或龙葵素)的马铃薯所引起一种以神经症状、胃肠炎和皮肤湿疹为特征的中毒性疾病。

以猪最常见，牛、马、羊也可发生。

(一)病因

采食过量的含有马铃薯素的马铃薯引起，尤其是采食变青或发芽的马铃薯。马铃薯毒素主要在马铃薯的花、块根、幼芽及其茎叶内，且其含量差别甚大。幼芽内含 0.5%、绿叶中含 0.25%、花内含 0.73%、皮内含 0.01%、成熟的块根内含 0.004%，完全成熟的马铃薯虽含有马铃薯素，其含量很少，一般不会引起中毒。当贮存时间过长则马铃薯素含量明显增多。保存不当引起发芽、变质或腐烂时，使马铃薯素显著增量(芽内含量达 4.76%，块根内达 0.58%~1.84%)，采食便可能引起家畜中毒。因此，当用大量贮存过久，特别是发芽的或腐烂的马铃薯，以及由开花到结有绿果的茎叶饲喂家畜时，极易引起中毒。

此外，马铃薯茎叶内尚含有硝酸盐，其量可达 4.7%，当转化为亚硝酸盐时，对机体产生中毒作用。

(二)发病机理

马铃薯素主要在胃肠道内吸收，通常在健康完整的胃肠黏膜吸收很慢。当胃肠发炎或黏膜损伤时，则吸收迅速，从而对胃肠黏膜呈现强烈的刺激作用，引起严重的胃肠炎(出血性胃肠炎)。马铃薯素被吸收后，作用于中枢神经系统(延脑和脊髓)致感觉神经和运动神经末梢发生麻痹。

此外，马铃薯素被吸收入血后，能破坏红细胞而呈现溶血现象。

(三)症状

马铃薯中毒病畜的共同症状是神经系统及消化系统机能紊乱。根据中毒程度的不同,其临床症状也有差异。

(1)严重的中毒 多呈急性经过,病畜呈现明显的神经症状(神经型)。病初兴奋不安,表现狂暴,向前猛冲直撞。继则转为沉郁,后躯衰弱无力,运动障碍,步态摇晃,共济失调甚至麻痹。可视黏膜发绀,呼吸无力,次数减少,心脏衰弱,瞳孔散大,全身痉挛,一般经 2~3d 死亡。

(2)轻度的中毒 多呈慢性经过,病畜呈明显的胃肠炎症状(胃肠型)。病初,食欲减退或废绝、口腔黏膜肿胀、流涎、呕吐、便秘。当发生胃肠炎时,出现剧烈的腹泻,粪便中混有血液。病畜精神沉郁,肌肉弛缓,极度衰弱,体温有时升高,皮温不整。孕畜往往发生流产。

由于家畜种类的不同,除见有上述共同症状外,还有各自的特殊症状。

(1)猪 多是采食生的发芽或腐烂的马铃薯所致。一般多在采食后 4~7d 出现中毒症状,病猪神经症状较轻微,呈现明显胃肠炎症状(呕吐、腹泻、腹痛)。病猪垂头呆立或钻入垫草中,腹部、股内侧皮下发生湿疹,头、颈和眼睑部发生水肿。

(2)牛、羊 多在口唇周围、肛门、尾根、四肢的系关节凹部以及母畜的阴道和乳房部位发生湿疹或水疱性皮炎(也称为马铃薯性斑疹)。有时四肢,特别是前肢皮肤发生深层组织的坏疽性病灶。绵羊则常呈现贫血和尿毒症的症状。

(四)病理变化

胃肠黏膜充血、潮红、出血、上皮细胞脱落,小肠腔充满混有血液的稀粪。实质器官也常见有出血。心腔充满凝固不全的暗黑色血液。肝、脾肿大、瘀血。有时见有肾炎的病理变化,表现肾脏轻度肿胀,被膜紧张易剥离,表面及切面呈淡红色,皮质略显增宽,切面上呈灰白色半透明的小颗粒状隆起。

(五)诊断

根据病史调查(对饲料情况的了解,有无采食发芽或腐烂马铃薯的情况),发病后的临床症状(明显的神经机能紊乱,胃肠炎及皮肤湿疹),病理变化(胃肠黏膜充血、潮红、出血、心腔有凝固不全的暗黑色血液等)进行综合分析,可以做出诊断。

(六)治疗

1. 饥饿疗法

当发现病畜有马铃薯中毒的可疑时,应立即改换饲料,停止喂饲马铃薯并采取饥饿疗法。

2. 促进胃肠内容物排出

牛、马等可应用 0.1% 高锰酸钾溶液或 0.5% 鞣酸溶液进行洗胃;猪可应用催吐剂,1% 硫酸铜溶液 20~50mL,灌服,促进呕吐。然后灌服油类泻剂或盐类泻剂,促进胃肠道内有毒物质的排出。

3. 对症治疗

(1)对狂暴不安的病畜 可应用镇静剂:10% 安溴注射液,马、牛 100mL,猪、羊 20~30mL，静脉注射，每日 2 次；用 2.5%盐酸氯丙嗪注射液，牛、马 10~20mL，猪、羊 1~2mL，肌肉注射，或马、牛 5~10mL 静脉注射；硫酸镁注射液，牛、马 50~100mL，猪、羊 10~20mL，静脉或肌肉注射。

(2)对胃肠炎患畜 可应用 0.1%高锰酸钾溶液，牛、马 1 000~2 000mL，猪、羊 100~400mL，内服，后应用黏浆剂、吸附剂灌服以保护胃肠黏膜。同时用 70%阿莫西林每千克体重 0.05~0.08g 内服或 0.5%痢菌净注射液，按每千克体重 1mL，肌肉注射。

(3)对中毒严重的病畜 为了解毒和补液可应用 5%葡萄糖生理盐水溶液静脉注射，牛、马 1 000~2 000mL，猪、羊 250~500mL。

(4)对皮肤湿疹 可采取对患部应用消毒药液洗涤或涂擦软膏。

(七)预防

(1)应用马铃薯作饲料时，饲喂量宜逐渐增加。

(2)不要饲喂发芽或腐烂发霉的马铃薯，如必需饲喂时，应进行无害处理，充分煮熟后并与其他饲料搭配饲喂，发芽的马铃薯应去除幼芽，煮熟后应将水倒掉再与其他饲料配合使用。

(3)用马铃薯茎叶喂饲时，用量不宜过多，腐烂发霉的茎叶不宜作饲料。应与其他青绿饲料混合进行青贮后，再行饲喂。

五、食盐中毒

食盐为重要的饲料成分，当在采食过多或饲喂方法不当时，就会发生中毒。病理特征是以消化道炎症和脑组织的水肿、变性，以神经症状和消化紊乱为临床特征。猪还伴有脑膜和脑实质的嗜酸性粒细胞浸润性脑膜脑炎。

各种动物都可发生，最常见于猪和鸡，其次是牛、羊和马。各个品种、个体间对食盐的耐受性有极大的差异，一般中毒量，牛、马约为 1~2.2g/kg，绵羊 3g/kg，鸡 1.5~2g/kg。

(一)病因

(1)饲料中含盐量过多，由于计算失误，计量器具不准，搅拌不匀等，饲料中加入过多的食盐。不正确地利用腌制食品(如腌肉、咸鱼、泡菜)或乳酪加工后的废水、残渣以及酱渣等。如突然喂量过多或未同其他饲料搭配使用等情况时，极易发生中毒。

(2)对长期缺盐饲养或"盐饥饿"的家畜突然加喂食盐，特别是喂含盐的水，而未加限制时，极易发生异常大量采食的情况。

(3)饮水不足在发病上具有重要意义。如绵羊在饮水充足时，可安全地饲用含盐 2%的日粮，但在严格限制饮水或缺水时，则会发生食盐中毒。又如在自由饮水的条件下，甚至可长期耐受含盐高达 12%的日粮。不过对长期采用"高盐限水"饲喂的家畜，也可由突然地大量给水而促使中毒死亡。

(4)机体水盐平衡状态的稳定性，可直接影响机体对食盐的耐受性。如环境温度较高，使机体大量散失水分时。如泌乳期的高产奶牛，比绵羊、肉用牛或干奶期奶牛对食盐的敏感性较高。

(5)治疗马疝痛，因用食盐过量也可引起中毒。

(6)维生素 E 和含硫氨基酸等营养成分的缺乏，会使猪对食盐的敏感性升高。

(二)发病机理

采食大量食盐后，即有一部分被吸收入血液，其大部分则仍存留于消化道内，且直接刺激胃肠黏膜并引起炎症反应。另外，由于胃肠内容物的渗透压升高，可导致组织失水，故当饮水不足时，出现口渴、少尿和脑机能紊乱。血液中二价离子（Ca^{2+}、Mg^{2+}）增多时，动物呈现抑制；而一价离子（Na^+、K^+）增多时，动物呈现兴奋，在食盐中毒时，血浆中的钠离子、氯离子均显著增高，这就呈现严重的中枢神经兴奋状态。

组织失水除可使病畜在临床上出现饮欲增加、血液浓缩等变化外，并可使机体正常排泄水分和盐分的肾脏、汗腺等器官机能下降，导致血液中的氯化钠成分在体内滞留。氯化钠可广泛地分布于体内各器官组织，可引起组织水肿。而由于下丘脑的受刺激，可引起垂体间叶激素和后叶激素、加压素等抗利尿激素的分泌量增加，这又使肾脏的泌尿机能发生进一步的障碍，与引起氯化钠以及其他尿液成分的严重滞留。故在最急性的中毒病例，其病情发展很快，并即在采食后的数小时或 1~2d 内引起死。

钠离子为脑内葡萄糖无氧酵解的强力抑制剂，其作用机理是促使三磷酸腺苷（ATP）转化为单磷酸腺苷（AMP），同时又由磷酸化作用降低 AMP 的清除率，而所蓄积的 AMP 则将抑制葡萄糖酵解过程。而食盐中毒时，脑组织由于发生水肿变化，以及脑室积液所致的颅内压升高，供氧不足，而必须经由葡萄糖酵解以获取能量供应。故钠离子的毒性作用，即具体表现为引起脑组织的缺氧和能量供应失调，从而导致大脑皮层局部的变性以及其他病理变化；在临床上即呈现为神经机能的异常兴奋和麻痹。

(三)症状

1. 口渴贪饮

喝水多，尿少而黄，鸡一般蹲在饮水器边，拼命饮水，嗉囊胀大。

2. 神经症状

猪兴奋不安，冲撞，后期沉郁，视力下降，无目的地徘徊，转圈，全身发抖，鼻盘歪曲，肌肉痉挛，张口喘气，口吐白沫，呈犬坐姿势。鸡在鸡群中乱窜乱跳，发出"咯咯"的叫声，倒地挣扎，后呈现昏迷而死。

3. 全身症状

食欲下降，反刍动物反刍停止、腹痛、痛泻、粪便中带有黏液、血液或组织碎片。鸡水样腹泻，猪也表现腹泻。体温正常或偏低，心跳加快，呼吸急促或困难，可视黏膜潮红发绀，鸡冠呈暗红色或蓝紫色，后期出现水肿症状。

(四)病理变化

1. 牛

尸体在肉眼下可见胃肠黏膜潮红、肿胀、出血，或甚至脱落，特以第三、四胃较显著。肠道内有稀软带血的粪便，呈暗红色。严重者可发展为纤维蛋白膜性肠炎，也可能无显著病变者。皮下和骨骼肌呈现水肿和有心包积液。肺也可能充血水肿。膀胱黏膜明显发红。

2. 猪

有胃肠炎变化，胃黏膜可见溃疡。脑脊髓各部可能有不同程度的充血、水肿，尤其在急性病例的软脑膜和大脑实质（特别是皮质）最为明显，以致脑回展平和发水样光泽。切片镜检时可见有特征性病变，即软脑膜和大脑皮层充血、水肿，在血管周围出现有多量嗜酸性粒细胞和淋巴细胞集聚。

3. 鸡

嗉囊中充满液体，嗉囊黏膜充血，胃、肠黏膜充血、肿胀、出血，肠道中充满黄色或黄红色水样粪便。脑水肿、脑回展平和发水样光泽。

(五)诊断

根据发病史（采食过多的食盐或含盐过多的饲料或饮水），临床症状（口渴、神经症状、胃肠炎），病理变化（脑及脑膜充血、出血、水肿，胃肠黏膜充血、出血）可以做出诊断。

(六)治疗

1. 停喂高盐饲料

停止饲喂含盐过高的饲料，并大量供水或限水；在发病初期要大量供水，在发病后期出现水肿要定量供水。

2. 促进排盐

溴化钾注射液（0.1g/mL），马、牛 50～100mL，猪、羊 10～20mL；25%葡萄糖，马、牛 500～1 000mL，猪、羊 100～200mL，静脉注射；速尿，按每千克体重 3g 内服，每日 2 次。

3. 制止渗出，减轻颅内压

10%葡萄糖酸钙溶液，马、牛 100～150mL，猪、羊 10～30mL，静脉注射；也可用 20%甘露醇，马、牛 500～1 000mL，猪、羊 100～200mL，静脉注射。

4. 对症治疗

兴奋时用镇定剂，有胃肠炎时，用抗菌药肌肉注射或内服，防止并发感染，也可用蛋清、淀粉糊等黏浆剂，保护胃肠黏膜。

(七)预防

(1)正确加喂食盐，饲料中添加 0.1%～0.4%为宜。

(2)保证充足清洁的饮水。

(3)用盐治疗便秘时，量不能过大，含盐量高的下脚料或料水不要长期使用，一次饲喂量不能太大。

六、氢氰酸中毒

氢氰酸中毒是由于家畜采食富含氰苷配糖体的青饲料，在胃内由于酶和盐酸的作用，产生游离的氢氰酸而发生中毒。氢氰酸中毒的主要特征为呼吸困难、震颤、可视黏膜呈鲜红色、惊厥综合征的组织中毒性缺氧症。

(一)病因

主要由于采食或误食含氰苷配糖体或可产生氰苷的饲料所致。含氰苷的饲料主要有以下几种。

1. 木薯

南方地区的木薯含有很高的淀粉，制成片晒干是猪的良好饲料；但木薯中含有氰苷，根据木薯品种不同，其含量也有差异；木薯中氰苷在一年当中的含量在10月以后逐渐增多。如果对氰苷含量较高的木薯不剥皮，不加水浸渍很容易引起中毒。

2. 高粱及玉米的幼苗

高粱及玉米的新鲜幼苗均含有氰苷，特别是再生苗含氰苷更高。

3. 亚麻籽

亚麻籽含有氰苷，其榨油的残渣（亚麻籽饼）可作为饲料；但由于榨油方法不同，其含氰苷量也有不同，如土法榨油时亚麻籽经过蒸煮则氰苷含量少，不发生中毒；机榨后则相反，易引起中毒。

4. 豆类

海南刀豆、狗爪豆等都含有氰苷，如不用水浸渍也可引起中毒。

5. 蔷薇科植物

桃、李、梅、杏、枇杷、樱桃的叶和种子中也含有氰苷，当喂饲过量时，均可引起中毒。也有马、牛内服中药时，桃仁、李仁、杏仁过量发生中毒。

(二)发病机理

氰苷配糖体本身是无毒的，但当含有氰苷配糖体的植物在动物采食咀嚼时有水分及适宜的温度条件下，在植物的脂解酶作用下产生氢氰酸。氢氰酸进入机体，氰离子能抑制细胞内许多酶的活性，如细胞色素氧化酶、过氧化物酶、脱羧酶、琥珀脱氢酶、乳酸脱氢酶等活性都受到抑制，其中最显著的是细胞色素氧化酶。氰离子能迅速与氧化型细胞色素氧化酶的三价铁离子结合，并阻碍其被细胞色素还原为还原型细胞色素酶二价铁离子，结果失去传递氧的能力，阻止细胞对氧的吸收作用，导致机体缺氧。在这一过程中组织不能从毛细血液中摄取氧，这时无论是动脉血还是静脉血都呈鲜红色，则引起组织内呼吸障碍。由于神经组织对氧特别敏感，所以中枢神经首先受到损害，尤其是呼吸中枢，临床表现为先兴奋，后抑制，呼吸麻痹等症状。

(三)症状

一般在采食后30min发病，表现为严重的呼吸困难，可视黏膜呈鲜红色，呼出的气体有苦杏仁味；口流泡沫样液体，全身或局部出汗，马有腹痛症状，牛、羊伴随有胃肠臌气；中毒家畜首先是兴奋不安，后很快转为抑制，全身衰弱无力，站立不稳，倒地不起，体温下降，后肢麻痹、瞳孔散大，呼吸浅表，脉搏缓慢、细数，反射减弱或消失，迅速死亡。

(四)诊断

根据病史(是否采食了含有氰苷配糖体的植物的病史)、临床症状(严重的病例呼吸困难，可视黏膜呈鲜红色)和病理变化(剖检时血液呈鲜红色，胃、肠内容物有苦杏仁味)，可以做出诊断。

(五)治疗

(1)特效疗法　1%亚硝酸钠，马、牛200～300mL，猪、羊20～30mL，肌肉或静脉注射，随后用10%硫代硫酸钠，马、牛100～200mL，猪、羊10～30mL，静脉注射，马、牛200～300mL，猪、羊20～30mL肌肉或静脉注射。也可用亚甲蓝每千克体重2.5～10mg，配成2%溶液，静脉注射。

(2)强心或兴奋呼吸中枢　10%安钠咖，马、牛10～20mL，猪、羊3～5mL，肌肉或静脉注射；或回苏灵，马、牛40～80mL，猪、羊8～16mL，配入适量的5%葡萄糖生理盐水中，静脉注射。

(六)预防

若要用含有氰苷配糖体的饲料喂家畜时，最好能经流水浸泡24h或漂洗后再加工利用。另外，尽量不要在含有氰苷配糖体的植物地区放牧。

任务三　霉变饲料中毒

一、黑斑病甘薯中毒

牛黑斑病甘薯中毒是家畜由于食入一定量的患有黑斑病、软腐病、橡皮虫病的病甘薯，引起呼吸困难，急性肺水肿及间质性肺气肿，并于后期引起皮下气肿为主要特征的中毒性疾病。

多发生于黄牛、水牛，羊次之。猪也有发生，但因采食量少，中毒症状轻微，难引起注意。在春末、夏初多发。

(一)病因

甘薯黑斑病的病原是一种霉菌，即甘薯黑斑病菌。形态是在刚毛的基部呈球状膨大，有长颈呈纺锤状，即所谓黑斑病菌的子囊壳，在细胞内或细胞间隙中有菌丝，多数以隔膜隔开，幼嫩时无色，老成时呈褐色。被害甘薯的表面的菌丝尖端及分枝上有长棒状分生孢子，为圆筒状。在病变部皮下组织内形成单一的，或者几个连在一起的厚膜孢子。主要侵害甘薯的虫害部分和表皮裂口部位，甘薯受侵害后表皮干枯，凹陷，坚实，有圆形或不规则的黑色斑点，与周围界限明显。贮藏一定时间后，病变部表面密生刚毛，味苦、变黑干硬部分深约2mm，有毒成分是翁家酮、甘薯酮和翁家醇。这些毒素能引起病牛肺水肿、呼吸困难及损害肾脏等。翁家酮，属于芳香族碳氢化合物。这些毒素抗高温力强，虽经高温处理也不容易被破坏，故病甘薯虽经切片、晒干、磨粉、酿酒的酒糟均含有一定数量的毒素，如喂饲家畜均可发病。

甘薯软腐病是甘薯贮藏期损伤部位感染软腐病菌所致，其特征是受害部软化流出有酒味的黄色液体，后期长出白色绒毛状菌丝，顶端有黑色颗粒。

橡皮虫病是由于贮藏不好，被橡皮虫咬伤，在薯的表皮成黑色点状，味苦。

(二)症状

中毒多发生在春末、夏初留种的甘薯出窖时期，也见于晚冬甘薯窖潮湿或温度均高时。牛发生中毒时,一般多突然发生,发病后精神沉郁,肌肉震颤,呼吸困难,食欲及反刍减退或完全停止,体温正常。

1. 牛

明显的症状是呼吸困难,俗称"牛喘病"或"喷气病"。呼吸困难的程度视病牛食入黑斑病甘薯的数量,牛的耐受性和中毒的病程也不同。呼吸次数增至80~100次/min,以后次数逐渐减少,但呼吸运动加深。这阶段的呼吸音粗,如同拉风箱样。初期由于支气管和肺泡充血及渗出,可出现啰音。后来由于肺泡弹性消失,呈现明显的呼气性呼吸困难,造成呼气减少与吸气不足的现象。直到肺泡破裂后,由于气体窜入间质,引起间质气肿。这时听诊肺部发现有破裂音。长呼吸音,在临床上往往被强烈的气管和喉头的拉风箱样呼吸音所掩盖,若不仔细听诊,多不易发现。后期则发现皮下气肿,触诊时有捻发音。有大量鼻液及唾液呈泡沫状,不断流出,病畜张口呼吸,长期站立,不愿卧下。眼球突出,瞳孔散大,呈窒息状态,急性者在发病1~3d内死亡。

2. 羊

发生中毒时,精神沉郁,黏膜充血,食欲及反刍减退至停止。心脏机能减弱,脉搏数增至90~150次/min以上,心脏节律不整。呼吸急促而困难,严重者多由于窒息而死亡。

3. 猪

精神萎靡,食欲废绝,呼吸困难,发生气喘,心悸,脉搏节律不整,腹部膨胀,便秘或下痢,发生阵发性痉挛,运动障碍,步态不稳,约一周后逐渐康复。严重的病例,具有明显的神经症状,头抵墙,或盲目前进,往往倒地抽搐而死亡。

(三)病理变化

早期阶段其特征性病变有肺充血及水肿,多数情况则见到间质性肺气肿;肺间质增宽,灰白色透明而清亮,有时大部分的间质因充气而明显分离与扩大,形成中空的大气腔。严重病例,肺的表面还可见到若干大小不等的球状气囊,胸膜脏层透明发亮,呈现类似白色塑料薄膜在浸水后的外观。在胸膜壁层有时见到小泡。其他变化如胃肠及心脏有出血斑点、胆囊及肝脏肿大、胰脏充血、出血及坏死。在瘤胃可发现病甘薯块等。

(四)诊断

根据病史,发病季节,并查明在有甘薯的现场有吃过或喂过的事实,结合临床症状(呼吸困难,有拉风箱音,皮下气肿)和病理变化(胃内有病甘薯渣,肺水肿、气肿),可以确诊。

(五)治疗

到目前为止本病还没有特效的治疗方法,所以治疗原则为迅速排出毒物、缓解呼吸困难。

1. 排出毒物

(1)洗胃　用生理盐水大量灌入瘤胃内,再用胶管吸出,反复进行,直至瘤胃内容物的酸味消失。洗瘤胃后,用碳酸氢钠500g、硫酸镁500g、克辽林20g,溶于水中投服。

(2)破坏毒物　1%高锰酸钾溶液,牛、马1 500~3 000mL,或1%过氧化氢溶液,500~1 000mL,一次性灌服,氧化毒物,使之失去毒性,同时还可以用6%硫酸钠3 000~

5 000mL内服，促进毒物的排出。

2. 缓解呼吸困难

(1)5%~20%硫代硫酸钠注射液 牛、马100~200mL，猪、羊20~50mL，静脉注射。也可同时加入维生素C，马、牛1~3g，猪、羊0.2~0.5g。此外尚可用输氧疗法。3%过氧化氢溶液125~150mL与3倍以上的生理盐水或5%葡萄糖生理盐水溶液，缓慢静脉注射。

(2)肺水肿时 可用50%葡萄糖溶液500mL，10%氯化钙溶液100mL，20%安钠咖溶液10mL，混合，一次性静脉注射。

3. 缓解酸毒

出现酸中毒时应用5%碳酸氢钠溶液250~500mL，一次性静脉注射。胰岛素注射液150~300IU，一次性皮下注射。

4. 中药疗法

可用白矾散：白矾、贝母、白芷、郁金、黄芩、葶苈子、甘草、石韦、黄连、龙胆各50g，冬蜜20g，煎水调蜜灌服。

(六)预防

首先防止甘薯黑斑病的传染，可用温汤(50℃温水浸渍10min)浸种及温床育苗。在收获甘薯时，尽量不要擦伤表皮。贮藏时地窖应干燥密封，温度应控制在11~15℃。对有病甘薯苗不能做种用，严防被牛误食。禁止用霉烂甘薯及其副产品喂家畜。

二、霉玉米中毒

霉玉米中毒是由于采食了霉玉米引起的以神经症状为特征的中毒性疾病。临床上是以神经症状——狂暴(兴奋)或沉郁(抑制)为特征的真菌毒素中毒性疾病。多发生于马属动物，其中以驴发病率最高，尤以壮龄和老龄的发病为多，约占45%以上，而幼龄的发病相对地较少，但其死亡率高，据统计资料表明，可达50%~80%不等。更为明显的是具有季节性，即多发生于玉米收割过后。

(一)病因

主要是由于喂饲或偷食霉玉米和霉玉米秆引起。霉玉米有许多致病因素，最主要的是以串珠镰刀菌及其产生的毒素引起。

(二)症状

临床症状按经过分急性、亚急性和慢性三种类型；通常也按其明显的神经症状分为兴奋型(狂暴型)和沉郁型两类，个别的上述两种类型交替出现(即混合型)。

1. 兴奋型(狂暴型)

病畜可能由于脑灰质软化占优势所产生的综合征，多属急性病例。先呈现突发神经性兴奋、狂暴，两眼视力相继减弱、失明。当系于饲槽时，以头部猛撞饲槽或围栏或挣断缰绳，盲目地乱走乱跑，步态跟跄，或猛向前冲，直至遇到障碍物则被迫停止，或以头抵住障碍物(如墙壁、围杆等)或猛撞引起皮破血流，眼伤唇肿，遍体伤痕。或就地转圈或顺墙壁、围栏行走。每当失脚跌倒于地后频频用力挣扎站立，站起后跌倒，反复多次，甚至数十次使嘴唇、眼眶等处碰地磨伤。强制被迫卧地后,四肢仍做游泳状划动,将地面刨成凹沟。病畜全身肌肉颤搐,角弓反张,眼球震动,大小便失禁,公畜阴茎勃起。多数病例经过短暂或数天便陷入心力衰竭死亡。一旦耐过的病例,多数转为慢性。

2. 沉郁型

多属慢性病例。病畜可能由于脑白质软化占优势所产生的临床综合征。精神高度沉郁,饮欲、食欲减退或废绝,低头耷耳,两眼无神,唇舌麻痹,松弛下垂,流涎,视力减退,甚至失明。由于吞咽障碍,不能咀嚼,结果采食而吃不进,腹部紧缩、吊腹。病畜可以某种异常姿势达几小时不变而呆立,全身或局部肌肉震颤,不听使唤和驾驭。运动不协调,步态蹒跚,当遇沟或障碍物也不知躲避,以致跌倒而告终。嘴唇松弛、麻痹(摇动病畜头部则上下唇可自由地向左右摆动),肠蠕动音低沉、减弱或消失,大、小便均减少,经数小时后或死亡,或陷于昏睡几天后逐渐好转而康复。

3. 混合型

病畜时而表现兴奋症状,时而又出现沉郁症状,即交替出现神经症状。病畜绝大多数体温无明显地变化,基本上维持在生理范围之内,有的沉郁型病畜,体温往往偏低。

(三)病理变化

主要病变集中于中枢神经系统,大脑血管充血、出血、水肿,颅腔内硬脑膜下脑脊髓液增多。大脑半球一侧或两侧均出现特征性病变——液化性坏死灶,其形状有圆形或不定形,其大小也不等(小米粒、黄豆粒、鸡蛋大小),坏死组织类似豆渣样变,发生在大脑半球白质中最为常见,少见于灰质中。在丘脑、小脑脑桥、延脑和脊髓等处也有类似病变。

本病的中枢神经系统病变,大致分为两类:一类为退行性变化,如细胞变形、溶解,细胞核偏位、浓缩和脱髓鞘现象等,属于原发性变化;另一类为神经胶质细胞增生和噬神经细胞结节现象等,则属代偿性质,即继发性变化。

胃肠道多发生亚急性炎症变化,绝大部分黏膜充血、出血,胃腺部、十二指肠充血、出血,甚至血肿,小肠及盲肠黏膜形成小溃疡,浆膜肌层有许多大小不等的出血点(或斑);心内外膜及冠状沟有出血点,心肌颗粒变性,肺轻度气肿,充血和水肿,肾有时轻度肿胀,膀胱积尿,黏膜小点状出血,除中枢神经系统病变外,其他器官的病变,就本病来说,都属非特征性病变。

(四)病程及预后

其病程的长短与所饲喂玉米霉变程度、数量以及采食时间等成正比。通常情况下,病程短的可在几小时内死亡。一般多在2~4d死亡。少数病例可能逐渐恢复,但也易于复发。凡导致病情进一步恶化病例,其结局多数死亡。康复病畜,则不遗留任何后遗症。

(五)诊断

在同一地区同样饲养情况下,多数家畜同时发病时,就应注意检查饲草、饲料的质量,结合流行病学特点(多发生在玉米收割后,有采食霉玉米的病史),临床症状(精神兴奋、沉郁或交替出现)和病理解剖学变化(脑白质软化,切面有坏死灶)等特征,进行综合性分析,做出诊断。

临床上应与马病毒性脑脊髓炎鉴别诊断,其异同要点见表6-1。

表6-1 马属动物霉玉米中毒和马病毒性脑脊髓炎的鉴别诊断要点

	马属动物霉玉米中毒	马病毒性脑脊髓炎
流行病学特点	发生于9~11月,有喂饲霉玉米病史,同槽发病以壮、老龄马的为多数	发生于吸血昆虫活跃季节,散发,幼畜发病较多
致病原因与临床症状	由真菌产生致病性真菌毒素发病,体温正常或偏低,缺乏黄疸和溶血性特征	由病毒致病,体温偏高,多出现黄疸性变化
病理学变化	脑白质软化,液化性坏死灶,出血斑,神经胶质细胞增生,噬细胞现象,胃肠呈现出血性炎症	脑组织镜检:血管周围由单核细胞浸润形成套管现象,多数病例无胃肠无变化
免疫性	无	有,多数易感家畜康复后不再发病

(六)治疗

一般多采用对症疗法、排出毒素和减少毒素的吸收等。治疗用于中毒较轻的病例,如早期发现并排除病因,加之合理治疗,其疗效可达70%以上。但中毒程度严重,组织病变程度较大的病例,治疗效果极低。

治疗原则:尽量地保护大脑皮层,增强与恢复神经系统的调节机能。保护胃肠不受太多刺激,清理胃肠,促进有毒物质的迅速排出。

1. 改善饲养管理

首先应停止喂给霉变玉米,改喂优质草料。加强护理,使病畜保持安静,避免声音和光线等过强刺激。

2. 促进毒物排出,减少吸收

用0.1%高锰酸钾溶液或1%碳酸氢钠反复洗胃,内服中性盐类泻剂8%硫酸钠溶液,马、牛4 000~6 000mL,促进毒物的排出。

3. 药物疗法

马、骡可用10%氯化钠溶液100~150mL,40%乌洛托品溶液50mL,静脉注射,每日1次,连续2~3d为一疗程。同时用10%葡萄糖溶液300~500mL,静脉注射,每日1次,直至病情有所好转为止。

4. 重症的患畜

可用生理盐水和5%葡萄糖溶液500~1 000mL,静脉注射,并可用40%乌洛托品溶液50mL,同时静脉注射,还可以给予清洁饮水或饲料中加喂食盐(每日20~50g)。

对心脏衰弱的病例,可适当选用10%安钠咖10~40mL,皮下、肌肉或静脉注射。恢复期中的病例,可投服健胃剂,如龙胆酊20~40mL或橙皮酊30~80mL内服。

5. 兴奋不安的病例

多用10%安溴注射液50~150mL,静脉注射;或内服水合氯醛10~20g,也可按每千克体重用40~80mg灌肠。无论水合氯醛内服还是灌肠,都要加淀粉或其他黏浆剂,混匀后再用,以防刺激胃肠黏膜。

若患畜倒地不起,除采用必要的治疗措施外,应当加强护理,防止碰伤和褥疮的发生。

(七)预防

预防本病,关键在于注意饲料的保存,防止霉变。严禁用发霉的玉米饲喂马属动物。

三、黄曲霉毒素中毒

黄曲霉毒素中毒是畜禽采食被黄曲霉污染的饲料引起的一种以全身出血，肝功能和消化功能障碍、神经症状为特征的中毒性疾病。

黄曲霉毒素是黄曲霉的一种代谢产物，目前已发现黄曲霉毒素及其衍生物有20种，它们都具有致癌作用，导致畜禽和人类肝损害和肝癌，其中又以毒素 B_1、B_2、G_1 和 G_2 的毒性最强。在家畜(禽)中，对黄曲霉毒素的易感性由大至小，其顺序是：雏鸭＞仔猪＞犊牛＞肥育猪＞成年牛＞绵羊。最易感染黄曲霉菌的是一些植物种子，其中包括花生、黄豆、棉籽等。畜禽中毒是由于应用被感染的种子及其副产品作饲料所致。黄曲霉菌最适宜的繁殖温度为24～30℃，相对湿度为80％以上。

(一)病因及机理

畜禽采食了被黄曲霉毒素污染的饲料，这些毒素首先损害胃肠道，引起消化功能紊乱。毒素被吸收后，随血液循环到达肝脏，抑制 DNA、RNA 和蛋白质的合成，损害肝细胞的结构，导致肝细胞癌变和功能障碍，从而引起一系列的临床症状。

(二)症状

1. 猪

一般在采食发霉饲料后5～15d出现症状。

(1)急性病例　多发生在2～4月龄的仔猪，可在运动中发生死亡，或发病后2d内死亡。病猪表现精神委顿，不吃食，后躯衰弱，走路蹒跚，黏膜苍白，体温正常，粪便干燥，直肠出血，有时站立一隅或头部抵墙。

(2)亚急性型　多数病猪为亚急性型，主要表现食欲下降，口渴，粪便干燥呈球形，表面有黏液或血液，可视黏膜黄染或苍白，精神沉郁，后肢无力，有时有间歇性抽搐或过度兴奋，角弓反张。

(3)慢性病例　多发生于成年猪，表现精神委顿，走路僵硬。出现异食癖者，喜吃稀食和生青饲料，甚至啃食泥土、瓦砾。常离群独处，头低垂，拱背，蜷腹，粪便干燥。也有呈现兴奋不安，冲跳，狂躁者。体温正常，黏膜黄染，有的病猪眼鼻周围皮肤发红，以后变蓝色。血液检查，早期红细胞数量明显减少，后期可减低30％～45％，凝血时间延长，白细胞总数增多(35 000～60 000/mm^3)。

2. 乳牛

多呈慢性经过，表现厌食，消瘦，精神淡漠及委顿，一侧或两侧角膜浑浊，尤其是犊牛。任何年龄的牛都出现腹水，间歇性腹泻。乳牛泌乳量减少或停止，间或发生流产。严重跛行，死亡时头颈角弓反张，死亡率极高。

3. 家禽

雏禽多呈急性经过，表现为食欲减退，体重减轻，两翼下垂，羽毛松乱，脱落，腹泻，便中带血，精神不振，步态不稳，共济失调，肌肉痉挛，角弓反张，很快死亡。成年家禽多呈慢性经过或耐过，主要表现食欲减少，消瘦，衰弱，贫血，生产能力下降，产蛋率和孵化率下降，恶病质。死亡率升高，多呈零星死亡。病程长久者，有的可发生肝癌。

(三)病理变化

1. 猪

急性病例主要是贫血和出血。胸腹腔大出血，浆膜表面常有血斑点，大腿前和肩胛下区的皮下肌肉发生出血，其他部位也可见到肌肉出血。肠出血，肝脏有时在其邻近浆膜部分有针尖状或斑状出血。心外膜和心内膜常有明显出血。

慢性病例主要是肝硬变、黄色脂肪变性及胸腹腔积液，有时结肠浆膜呈胶样浸润。肾脏常呈苍白、肿胀，淋巴结充血、水肿。组织学变化，急性病例呈急性中毒性肝炎，从脂肪变性到肝小叶伴有胆管增生，肝细胞内往往见到透明样颗粒变性，结缔组织增生。在肝小叶中的外周肝细胞往往呈现再生及肥大。肾变性、萎缩，肾小管扩张。

2. 牛

消瘦，可视黏膜苍白，肠炎，肝脏苍白、坚硬，表面有灰白色区，胆囊扩张，多数病例有腹水。组织学变化主要有肝中央静脉周围的肝细胞严重变性，被增生的结缔组织所代替。结缔组织将肝实质分开，同时小叶间结缔组织也增生，并伸入到小叶内，将肝细胞分隔成小岛状，形成假小叶。更严重的病例，在细胞周围见到纤维化病变。

3. 家禽

肝脏有特征性损害，急性中毒时肝脏肿大，色淡至苍白，有出血斑，病程在一年以上者，可发现肝癌结节。

(四)诊断

根据发病史(采食霉变饲料)、临床症状(消化机能障碍、胃肠炎和神经症状)、病理变化(肝脏肿大、出血、硬化、变性)可做出初步诊断。确诊必须参考病理组织学特征变化及黄曲霉菌毒素测定的结果；为了确定病原，也可做真菌分离培养。

(五)防治

尚无特效解毒方法，主要在于预防，可以采取以下措施：

(1)停用发霉饲料　改喂新鲜的全价饲料，并加强饲养管理。

(2)清理胃肠，促进毒物排出　可以使用盐类泻剂，如硫酸镁、人工盐等。

(3)保肝护肝，防止出血　25%葡萄糖，马、牛1 000～2 000mL，猪、羊500～1 000mL，5%维生素C，马、牛30～50mL，猪、羊10～20mL，静脉注射，同时可使用维生素K_3，马、牛100～300mg，猪、羊30～50mg，肌肉注射。

(4)对症治疗　补液、强心、抗菌消炎，调整胃肠机能。

(六)预防

预防本病的关键是防止饲料霉变，从收获到贮存，不要让其淋雨或受潮。玉米、花生等收获时必须充分晒干，种子或油饼切勿放置阴暗潮湿处而致使发霉。

已被污染的处所可将门窗密闭，采用福尔马林、高锰酸钾水溶液熏蒸(每立方米用福尔马林25mL、高锰酸钾25g、水12.5mL的混合液)或过氧乙酸喷雾进行消毒。如已发现中毒，所有动物都立即停用发霉变质的饲料。

四、赤霉菌毒素中毒

赤霉菌毒素中毒是畜禽采食含有赤霉菌毒素的饲料引起一种以阴户红肿、流产、拒食、呕吐等为临床特征的中毒性疾病。赤霉菌是镰刀菌无性阶段的分生孢子感染小麦、玉米等谷物所致的一种病害。因为分生孢子是无性孢子，其形状像镰刀或新月，故称镰刀菌。主要发生于猪。

(一)病因及发病机理

主要是由于猪采食含有赤霉菌毒素中的饲料(如玉米、小麦等)。赤霉病小麦中存在有几种毒素，至少有五种是主要的。这些毒素是在植物及其种子感染镰刀菌后合成的一种代谢产物，其中有两种毒素对猪产生不良影响。一种是玉米赤霉烯酮(F-2)，作为一种类雌激素物质，导致猪的生殖器官机能上和形态学上的变化；另一种是单端孢霉烯(T-2)及一些单端孢霉烯衍生物，导致猪的拒食、呕吐、流产和内脏器官出血性损害。

当日粮中存在5％的感染颗粒时，猪就可产生拒食。当含有不同数量的单端孢霉烯群的毒素，既可表现为拒食，又可表现为呕吐，因为单端孢霉烯衍生物在种类上和数量上的不同，造成不同程度的病征及不同的毒素协同作用，其中同时存在单端孢霉烯族毒素和玉米赤霉烯酮。

(二)症状

1. F-2中毒

母猪阴户肿胀，乳腺增大，子宫增生。在某些饲料严重感染的猪群，发病率能达100％，但死亡率极低。生殖道的变化是阴户光滑，很坚实，紧张，肿胀，或明显地突出，以后阴唇张开，起初阴道黏膜仅有轻度充血和发红，随后阴户、阴道内部黏膜呈现肿胀，直至过度肿胀时，向阴户挤压，突出到阴户外面为止，甚至发生阴道壁脱垂。脱垂部呈主动性充血和肿大，已暴露到阴户外的部分，由于摩擦引起损伤和感染，有5％～10％的病例，由于经常努责而继发直肠脱垂。小母猪可呈现发情症状，或延长发情周期。公猪或去势猪，可有包皮水肿和乳腺肥大。一般认为，公猪发生包皮炎及6周至7月龄小母猪乳房增大是不常见的症状。更大一些的猪，则有一定的抵抗力。至于F-2对生殖能力的影响，采食霉菌毒素可引起母猪不孕，胎儿干尸化，胎儿被吸收和流产。

2. T-2中毒

在临床上差异很大。一般为拒食和呕吐，体重不见增长，一般性消化不良，有的呈腹泻者，或伴同胃、肠、心、肺、膀胱和肾出血性损害而死亡。T-2口服后由小肠吸收(皮肤也可吸收)，所以导致出血，凝血时间延长。

(三)病理变化

1. F-2中毒

主要病理学变化是生殖生理上的变化，阴道和子宫间质性水肿，阴道、子宫颈黏膜上皮细胞变成鳞状细胞的组织增生及变形，阴户、阴道、子宫颈壁和子宫肌层因水肿而增厚，以及细胞成分的增生和肥大。在开始发情的阶段，小母猪的卵巢明显发育不全，伴有许多小的卵泡而没有黄体。大一点的仔猪，则发现伴随闭锁卵泡的产生而产生许多继发性卵泡。因为没有黄体存在，也没有排卵基础。乳腺和乳头往往明显增大。在组织学上，伴同乳管上皮细胞增生和鳞状上皮组织变形。在发情前期的小母猪，乳腺实质的间质层水肿。

2. T-2 中毒

主要变化是肠道、肝脏和肾脏的坏死性损害和出血，其他单端孢霉烯衍生物也具有同样的出血作用，并且在其他动物中毒时，同样以此为特征。

(四) 防治

目前本病还没有特效的治疗方法。

首先是停用发霉变质的饲料，改善饲料营养，注意维生素的添加，保持环境卫生。

加快霉菌毒素的降解和排出，可使用霉菌毒素处理剂和吸附剂。

对生殖道局部可不做处理。同时可用止血剂。

(五) 预防

不使用被赤霉菌毒素污染的原料，可以大大减低动物中毒的可能性。及时收获和彻底干燥是防止种子霉菌增殖的主要措施。

感染轻微者，可在日粮中搭配其他饲料和在饲料中添加霉菌毒素处理剂和吸附剂，添加比例为 0.05%～0.2%。

对赤霉菌毒素污染的原料进行祛毒，祛毒方法是用 3 倍重量的清水浸泡一昼夜，再换等量清水浸泡，如此连续换水 3～4 次，大部分毒素能被水浸出，然后取出晒干，可作饲料用；或用 10% 石灰水代替清水浸泡，祛毒效果可能更好。也可采用机械方法，除去玉米胚或打掉麦皮，由于大部分的毒素分布在这些部位，也可部分地祛毒。

五、霉稻草中毒

霉稻草中毒俗称"肿脚病"，是由于家畜采食了发霉稻草而发生。临床表现以跛行，蹄部肿胀、溃烂，甚至蹄匣脱落为特征。

本病多发生于水牛，黄牛也能发病，但很轻微。

(一) 病因及发病机理

主要是采食了发霉的稻草，多发生于舍饲，有明显的季节性，一般在 10 月中旬有个别牛只发病，11～12 月达最高峰，次年 3 月以后，自行停止。霉稻草中的有毒成分是镰刀菌的代谢产物丁烯酸内酯，毒素可能主要作用于外周血管，使局部血管发生痉挛性收缩，致管壁增厚，管腔狭窄，血流缓慢与血栓形成，进一步发生脉管炎症变化。由于局部血液循环障碍，而引起水肿出血与肌肉变性、坏死。

(二) 症状

发生突然，多在早晨发现，步态僵硬，部分病牛在前 1～2d 表现患肢间歇性提举。病初蹄冠微肿、微热，系凹部皮肤有横行裂缝，有痛感。数日后肿胀蔓延至腕关节或跗关节,呈明显的跛行。继而肿部皮肤变凉,表面有淡黄白色透明液体渗出。如继续发展,肿部皮肤破溃、出血,化脓、坏死。疮面久不愈合,腥臭难闻。最后蹄匣或指(趾)关节脱落。少数病例肿胀可蔓延至后肢的股部或前肢的肩胛部。肿胀消退后,皮肤硬结,如龟板样。有些病牛,由于肢端肿胀消退,而发生干性坏疽。在腕关节或跗关节以下,病部与健康部的皮肤呈明显的环形分界线。远端的坏死部分,皮肤紧箍于骨骼上。多数蹄部肿烂的病牛,常伴发耳尖和尾尖坏死,病部干硬呈暗褐色,最后可致患部脱落。病牛精神委顿,拱背,被毛粗乱,皮肤干燥,可视黏膜微红,有的病牛鼻黏膜有蚕豆大的烂斑。部分病牛中期流鼻血呈鲜红色,多为一侧性。有的公牛阴囊皮肤干硬皱缩。一般体温、脉搏、呼吸、食欲、瘤胃蠕动和大、小便均无明显变化。

黄牛患病较轻,肿胀部不如水牛明显。病程短的3～7d,治愈率较高。水牛病程长,可达月余,甚至数月,卧地不起,体表多形成褥疮,终因极度衰竭而死亡,或被迫淘汰。病牛血、粪、尿常规化验,除久病牛的红细胞、血红蛋白降低外,未发现其他规律性变化。

(三)病理变化

多数病例尸体消瘦,皮干毛粗,体表多处有褥疮。主要病变在四肢。患肢肿胀部切面流出多量淡黄透明液体,皮下组织因水肿液积聚而疏松。蹄冠与系部血管显著扩张充血,有的血管内形成栓塞,管内填充灰色或暗红色凝固的内容物。病部肌肉致密呈灰或苍白色。病久、皮肤破溃的牛,疮面附着脓、血,肌肉呈污红色,部分牛局部肉芽组织增生,突出疮面。部分病牛尾尖与耳尖初期肿胀,后干枯。患肢淋巴结(肩前淋巴、股前淋巴)明显肿大,切面湿润灰黄色,部分散在出血点。

(四)诊断

诊断主要根据病史(多发生于11～12月,有采食霉稻草的病史)和临床特征(蹄部、耳尖、尾尖等部位肿胀、坏死)可以做出论断。必要时,可做真菌分离。

(五)治疗

1. 停喂霉稻草

加强饲料营养,并做好防寒保暖。

2. 局部处理

病初局部可以用热敷,并灌服白胡椒酒(白胡椒20～30mg,白酒200～300mL),以促进部位血液循环,后期用0.1%高锰酸钾水或硼酸水冲洗,再涂上红霉素或磺胺软膏。

3. 全身疗法

10%葡萄糖1 000～2 000mL。5%维生素C 30～50mL,10%安钠咖10～20mL,静脉注射,每日1次。如果感染了要用抗生素治疗,按每千克体重青霉素5万U和链霉素30mg,或先锋5号20mg,每日2次,进行治疗。

(六)预防

主要为在秋收时应收好、晒好和贮存好稻草,防止稻草发霉。

已发霉的稻草,不要用作饲料。

任务四　有毒植物中毒

一、青杠树叶中毒

青杠树属于壳斗科栎属植物的通称，该属植物类别繁多，分布广泛。我国多以薪炭林或杂材林的形式存在于丘陵地带。以耕牛、犬、羊多发，其他家畜也能发生，其中对耕牛的危害最为严重。目前其发病数已列居于有毒植物中毒的首位。

本病以便秘或下痢，水肿以及胃肠炎和肾的损害为特征。

(一)病因

主要发生于森林、耕地和荒山等复杂交错地区。这些地区有丛生青杠树林，特别是再生林，放牧的耕牛因采食大量的青杠树叶而发病。耕牛采食青杠树叶数量占日粮的50%以上即引起中毒，超过75%则会中毒死亡。也有的由于采集青杠树叶喂牛或垫圈而引起中毒者。尤其是前一年因旱、涝灾造成饲草、饲料缺乏，贮草不足，翌年春季干旱，牧草发芽生长较迟，常大批发病死亡。

(二)发病机理

青杠树叶的有毒成分是栎单宁。青杠树的芽、花、叶、枝条和种子中均含有此种物质，当其进入机体的胃肠内经生物降解产生新的产物——毒性更大的酚类化合物，通过胃肠黏膜吸收进入血液和全身器官组织，从而发生毒性作用。

(三)症状

1. 初期

一般在采食青杠树叶后数天至一周发病，表现为精神沉郁、食欲不振，反刍减少，常喜食干草而厌吃青草。很快发生腹痛综合征：表现磨牙，不安，后退，后坐，回头顾腹或以后肢踢腹等；粪便干结而夹杂有大量的黏稠液，小粪球串联呈"念珠状"，严重的呈腥臭的焦黄或黑红色的糊状便。

2. 中期

以水肿和无尿为特征。食欲明显下降，口内灰白色腻滑的舌苔，有的深部黏膜发生如黄豆大小的浅表溃疡灶。胃肠蠕动减弱，便秘或排出污色腥臭稀粪便，不久尿液转为清亮，排尿频数，这是作为病情加剧的一个标志，饮欲逐渐减少至消失，这时尿少或甚至无尿，同时出现体躯下垂部位的皮下水肿和体腔积液。皮下水肿常有严格的局限性，分布于自会阴、股内、阴鞘、脐下、胸前以至颌下等，也可向下方转移或扩大，由于腹腔积水，则使腹围膨大而均匀下垂。

3. 后期

水肿加剧，采食停止，胃肠蠕动和反刍停止，粪便恶臭带血，膀胱无尿，孕牛可见胎儿死亡或发生流产，并继发子宫内膜炎。由于盆腔器官的水肿，会使体温度上降。四肢无力，卧地不起，最后因极度衰弱而死亡，病程1～2周。

(四)病理变化

自然中毒病牛尸体的下垂部位皮下多积聚有数量不等的淡黄色胶冻样液体,浆膜腔中有大量积液,部分病例的各浆膜泛发出血斑点。

脏器病变主要见于消化道和肾脏。口腔深部黏膜常见有如黄豆至蚕豆大的浅溃疡灶。瓣胃的内容物常较干燥或硬结,黏膜上多有浅溃疡。真胃和小肠黏膜有水肿、充血、出血和溃疡等变化,内容物含多量的黏液和血液而呈咖啡色。大肠黏膜充血、出血,内容为散发恶臭的暗红色糊状,而后段的内容物则可能变为黑色的干粪块,其表面被黏液、血液或为一段褐黄色的伪膜所包裹。直肠壁因水肿而显著增厚,甚者可达2~3cm以上。胆囊壁有充血、水肿,胆汁黏稠,呈茶褐色,如菜油状。肾周围脂肪显著水肿,多有出血斑点,肾肿大,苍白或呈紫褐色而有出血点,切面有黄色浑浊的条纹,皮质和髓质的界限模糊,肾乳头显著水肿,充血,出血,个别的缩小,体积仅正常的1/3,质地坚硬。膀胱多空虚。心包积水,心外膜、内膜均密布有出血斑点,心肌则色淡质脆,如煮熟肉样。

(五)病程及预后

多在出现临床症状后的第二周内死亡。如能恢复排尿、排粪及出现饮食欲,同时病畜的神态转为安静者,则为病情好转的预兆,但随着恢复排尿及其皮下水肿消失,病畜将骤然变得削瘦,且须经历较长的恢复期。

(六)诊断

(1)有无采食或饲喂青杠树叶的情况。

(2)发病的季节性和地区性。

(3)临床检查体温正常,食欲下降,粪便干燥,色暗黑并带有较多的黏液和少量的血丝,水肿和尿液颜色变化等。

(4)尿蛋白检查阳性。尿液淡黄色或微黄白色,有多量沉渣。尿比重下降为1.008~1.017,尿蛋白阳性。尿沉渣中出现肾上皮细胞、白细胞和尿管型等。

(七)治疗

治疗原则:排出毒物,解毒以及对症治疗。

(1)排出毒物 禁止采食青杠树叶,促进胃肠内毒物的排出,可用1%~3%食盐水1 000~2 000mL瓣胃注射。或灌服菜籽油(禁用石蜡油)250~500mL,鸡蛋清10~20个内服。

(2)解毒 硫代硫酸钠8~15g,配成5%~10%水溶液,一次性静脉注射,每日1次,连续2~3次。

(3)对症疗法 补液、强心、提高机体抵抗力。10%葡萄糖,牛1 000~2 000mL,羊250~500mL;10%安钠咖,牛10~20mL,羊3~5mL,静脉注射。发生水肿时,甘露醇,牛1 000~2 000mL,羊200~300mL静脉注射;速尿,按每千克体重1~3mg内服,每日2次。

(八)预防

改造青杠林牧地,改变山区养牛管理粗放的现状,储备越冬度春的青干草,提高放牧牛的体质。有效措施包括：

(1)在发病区积极宣传不在青杠树林区放牧耕牛。

(2)减少青杠树叶在牛日粮中的比例，采取半天舍饲半天放牧或加喂夜草，或人为地青杠树叶和杂草地轮牧等。

(3)补饲添加剂，在春季发病季节可定期使用1%石灰水，每日每头牛灌服500mL。可用0.05%或0.075%高锰酸钾溶液，每次4 000mL灌服，每日或隔日一次，效果良好。

二、醉马草中毒

醉马草中毒是由于误食了醉马草引起的一种心率加快，步态蹒跚为特征的中毒性疾病。醉马草是禾本科友艾草属多年生草本(图6-1)。须根柔韧，茎丛生，平滑，高60～100cm，通常3～4节，节下贴生微毛，基部具鳞芽。花序狭长，花梗短于小穗，小穗呈圆柱形，灰绿色，成熟后变褐铜色或带紫色，外穗厚韧，具芒刺，长约10mm。花果期7～9月。生于河流两岸，气候较暖地带，山脚、草原沙漠地区的低山坡以及干枯河床和河滩地区。

(一)病因

当地生长的家畜能够识别，一般不会采食，偶在过分饥饿时，与其他植物相混而误食中毒。外地新移入家畜，易于误食中毒。家畜误食醉马草或被其芒刺刺入皮肤、口腔、扁桃体、口角、蹄叉、角膜等处，可发生中毒，一般采食此青草量达体重1%即可发病。

图6-1 醉马草

(二)症状

一般采食醉马草后30～60min，即出现症状，轻度中毒，精神沉郁，食欲减退，口吐白沫。较严重中毒时，头低耳耷，颈部僵硬，行走摇晃，蹒跚如醉，知觉过敏，有时呈阵发性狂暴，起卧不安，有时倒地不能站起，呈昏睡状。黏膜潮红或呈蓝紫色，心跳加快，呼吸急促，鼻翼扩张。严重中毒，除上述症状外，尚可见到腹胀，腹痛，鼻出血，急性胃肠炎等症状。芒刺刺伤角膜，可致失明。皮肤刺伤处，发生出血斑、浮肿、硬结或形成小溃疡。

(三)诊断

根据是否在有醉马草的地区放过牧和临床症状(行走摇晃，蹒跚如醉，知觉过敏等)可以做出初步诊断。

(四)治疗

目前没有特效的治疗方法。早期应用酸性药物抢救，有一定疗效。内服各种酸，如醋酸30mL、乳酸15mL、稀盐酸15mL，加水灌服。也可内服食醋或酸奶0.5～1kg，为提高疗效，须配合对症治疗。

严重中毒病畜，多因救治不及时，长期拒食，或因继发病和心力衰竭而死亡。

（五）预防

外地马、骡到达生长醉马草地区后，可将幼嫩的醉马草捣碎，涂于马、骡口腔及牙齿上，使其厌恶，不再采食醉马草。

三、苦楝子中毒

苦楝子中毒是家畜采食苦楝子引起的呕吐、腹痛、呼吸困难为特征中毒疾病。本病主要发生于猪。

（一）病因

苦楝属楝科植物，高大的乔木，生长于温暖地带的村边宅旁（图6-2）。其根、皮、果均可用作灭癣或驱虫药，茎、叶则可用作农业杀虫和灭钉螺药。每年4～5月开淡紫色花，10～11月结成圆形的浆果，成熟后果皮黄色有光泽，果肉多汁而带甜味。故散落地面后常被猪采食而引起中毒。在少数情况下，用苦楝子、根、皮驱虫时因用量过多引起中毒事故。

图6-2 苦楝

（二）机理

苦楝浆果中含三类化合物：即苦楝子醇、苦楝子三醇及苦楝毒碱（有毒生物碱），另在种子中还含有脂肪及楝脂苦素等多种苦味素。采食后对消化道具有刺激性，有毒成分经吸收后则将损害肝脏，并使血液的凝固性降低，血管壁的通透性升高，进而由于内脏出血以及血压降低，导致循环衰竭而死亡。

（三）症状

开始时可见中毒病猪嘶叫、口吐泡沫或呕吐，伴有腹痛表现。很快就见全身发绀，体温降至常温以下，心脏搏动加速，呼吸困难，严重时站立不稳，倒地不起，病程1～2d。

（四）治疗

本病无特效疗法，仅可促进毒物排出和对症进行紧急救治。

常用的疗法是用安钠咖、肾上腺素、葡萄糖等以强心保肝，在此基础上可用鞣酸、稀碘液、高锰酸钾等一般有解毒功能的药剂口服。如能早期发现时，则可采用催吐，泻下等措施。

（五）预防

(1)在冬初注意采收苦楝子，避免其自然散落地面，诱使猪只采食。而在集体猪场周围一概不栽植苦楝树。

(2)凡医药或农业方面使用苦楝时，都应注意用量及其用法，以确保猪只安全（猪的口服剂量应控制在：苦楝子5～10g，苦楝皮5～15g）。

四、闹羊花中毒

闹羊花中毒是动物采食闹羊花的嫩叶或花而引起以口吐白沫，喷射性呕吐，皮温下降和共济失调为特征的中毒性疾病。

主要发生于羊、牛、马，以4～6月多发。闹羊花别名黄杜鹃、老虎花、惊羊花、映山黄等。闹羊花(图6-3)是杜鹃花科植物，山地自生灌木。叶有柄，叶身呈倒披针形，钝头，有微凸端，基脚锐，全缘波状，有疏毛。花顶生，2～8个丛生，花梗有腺花，花冠钟状漏斗形，5裂，叶片呈卵形，花色呈黄色，花期为4～6月。

(一)病因

动物采食闹羊花的嫩叶或花，或在收割牧草中混有闹羊花，被动物采食后引起中毒。闹羊花有毒部分为叶和花，它含有V木毒素和石楠素。具有减慢心率、降低血压、麻醉和致呕吐作用。本病多发生于羊、山羊、马及牛，猪也有发生。

图6-3 闹羊花

(二)症状

1. 牛、羊

闹羊花中毒一般在采食后4～6h发病，首先有泡沫状流涎，呕吐，精神稍差，四肢叉开，步态不稳。严重者四肢麻痹，有的呈喷射性呕吐，腹痛及胃肠炎症状。心跳减慢，脉搏弱不整，心律不齐，血压下降，呼吸迫促，倒地不起，昏迷，体温下降，最后由于呼吸麻痹而死亡。

2. 猪

采食后4～5h发生呕吐，磨牙。行走时后肢开张，步态不稳。严重时全身痉挛，后肢瘫痪，叫声嘶哑，体温正常或稍高。

(三)诊断

根据临床症状(口吐白沫，喷射性呕吐，皮温下降和共济失调)，结合在山区放牧的地方可以找到闹羊花灌木，便可以确诊。

(四)防治

本病无特效治疗方法，主要是对症治疗。硫酸阿托品注射液(1mg/mL)，牛、马10～20mL，猪、羊3～5mL；10%樟脑磺酸钠注射液，牛、马15～20mL，猪、羊4～6mL，皮下注射，每日2次，效果较好。活性炭，牛、马10～30mL，猪、羊5～10mL，加适量的温水内服。

严重病例配合输液和注射氯化钙，可以提高疗效。

(五)预防

尽量避免到有闹羊花大量生长的地方放牧，在多发季节，或在每天放牧前喂活性炭5～10g，可使中毒的发生机率大大降低，有良好的预防效果。

五、毒芹中毒

毒芹中毒是由于动物采食了毒芹引起的以兴奋不安，瘤胃臌气，全身痉挛等为特征的中毒性疾病。毒芹为伞形科毒芹属多年生草本植物(图6-4)。株高1m左右，具有圆形、粗厚、多肉的根茎及枝干。生有一重或三重羽状全裂复叶。夏、秋季节由茎顶、叶腋处抽出茎，开出白色小花，排列成伞形花序。毒芹多生长于低洼的潮湿草地以及沼泽，特别是沟渠、河流、湖泊的岸边。

图6-4 毒芹

毒芹的有毒成分是毒芹素，存在于植物的各个部分，毒芹的致死量：牛为200～250g，羊为60～80g。毒芹中毒多发生于牛、羊，有时也可发生于猪和马。

(一)病因

动物采食了毒芹或青绿饲料中混有毒芹而被饲喂所引起，毒芹在春季比其他植物生长为快。因此，在早春开始放牧时，家畜不仅能采食毒芹的幼苗，而且能采食到在土壤中生长不牢固的毒芹根茎，根茎味甜，家畜喜采食，引起中毒。

(二)发病机理

毒芹素是一种类脂质样物质，能在畜体内吸收迅速并能扩散于整个机体。毒性很强的毒素被吸收后，首先作用于延脑和脊髓引起反射兴奋性增强；作用于脊髓时，引起强直性痉挛；作用于迷走中枢及血管运动中枢，可引起心脏活动和呼吸障碍。

(三)症状

1. 牛、羊

采食毒芹后，一般在2～3h内出现临床症状。中毒病牛、羊呈现兴奋不安、流涎、食欲废绝、反刍停止、瘤胃臌气、腹泻、腹痛等症状。同时，由头颈部到全身肌肉出现阵发性或强直性痉挛。痉挛发作时，病畜突然倒地，头颈后仰，四肢伸直，牙关紧闭，心脏搏动强盛，脉搏加快，呼吸急促，体温升高，瞳孔散大。病至后期，躺卧不动，反射消失，感觉减退，四肢末端冷厥，体温下降(下降1～2℃)，脉搏细弱，多由于呼吸中枢麻痹而死亡。

2. 猪

发生中毒时，呕吐，兴奋不安，全身抽搐，呼吸急促，卧地不起呈麻痹状态。重症病猪多在1～2d内死亡。

(四)病理变化

胃肠黏膜重度充血、出血、肿胀，脑及脑膜充血。心内膜、心肌、肾实质、膀胱黏膜及皮下结缔组织均见有出血现象。血色发暗，血液稀薄。

(五)诊断

毒芹中毒可根据放牧地植被调查的结果(在放牧地发现有毒芹生长、分布)，并结合临床症状(兴奋不安，瘤胃臌气，全身痉挛)以及尸体剖检(胃内容物中混有未嚼碎的毒芹根茎或是毒芹茎叶），进行综合诊断。如仍有怀疑而不能确诊时，可以毒芹的新鲜植株或根茎进行动物饲喂试验，则不难诊断。

(六)治疗

目前对毒芹中毒尚无特效疗法，一般均采取促进毒物排出和对症疗法。

1. 促进毒物排出

应迅速排出含有毒芹的胃内容物。为此可应用0.5%～1%鞣酸溶液，或5%～10%药用碳酸氢钠溶液反复洗胃，洗胃后灌服碘剂(碘1g，碘化钾2g，水1 500mL)，剂量：马、牛200～500mL，羊、猪100～200mL，间隔2～3h后，再灌服1次。也可应用豆浆或牛乳灌服。对中毒严重的牛、羊，为了急救，可施行瘤胃切开手术，借以取出含有毒芹的胃内容物。当清除胃内容物后，为防止残余毒素的继续吸收，可应用吸附剂、黏浆剂或缓泻剂硫酸镁，促进肠内容物的排出。

2. 对症治疗

为缓解兴奋与痉挛发作，可应用解痉镇静剂：用水合氯醛硫酸镁注射液(8%水合氯醛、5%硫酸镁、0.9%氯化钠)牛、马100～200mL，猪、羊20～40mL，静脉注射，也可用氯丙嗪每千克体重1～3mg，肌肉注射。为改善心脏机能，可选用强心剂安钠咖、葡萄糖和维生素C，静脉注射。还可用食盐加白酒，牛：食盐100g，白酒250mL；羊：食盐50g，白酒50mL，灌服，疗效较好。

(七)预防

(1)对放牧草地应详细地进行调查，以掌握毒芹的分布和生长情况。应尽量避免在有毒芹生长的草地放牧。

(2)早春、晚秋季节放牧时，应于放牧前喂饲少量饲料，以免家畜由于饥不择食，而误食毒芹。

(3)改造有毒芹生长的放牧地，可深翻土壤进行覆盖。

六、蕨中毒

蕨中毒是由于动物采食蕨引起的一种中毒疾病，不同的动物表现不一。牛以骨髓损伤和再生障碍性贫血为特征，马以共济失调，运动障碍为特征，故有"蕨蹒跚"之称。

蕨是蕨科蕨属植物，广泛布于山区的阴湿地带(图6-5)。我国的常见品种有蕨和毛蕨两种。

(一)病因

主要放牧饲养或靠收割山野杂草饲养的牛、马，经过冬春的枯草期后，由于蕨类在次年首先萌发，常成为短时期内仅有的鲜嫩饲草，易被家畜采食而引起中毒。

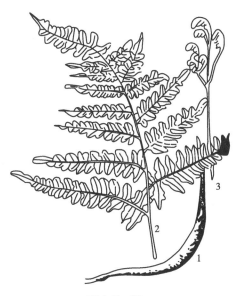

图6-5 蕨
1. 根 2. 嫩茎叶 3. 羽片状叶

(二)发病机理

蕨的有毒成分,主要有生氰配糖体、硫胺素酶、再生障碍性贫血因子、血尿因子和致癌物质。所以导致贫血、硫胺素缺乏和血尿等一系列病变。

牛以再生障碍性贫血为特征,主要损害骨髓,导致血小板减少和嗜中性粒细胞减少为特征的白细胞减少症。如果长期饲喂少量蕨类植物能引起慢性血尿。

马以共济失调和运动障碍为特征,主要由于硫胺素酶引起硫胺素缺乏。

(三)症状

1. 牛

在显露临床症状前,常经历较长的一段潜伏期(可达数周以上)。前驱期症状为精神沉郁,食欲不振,渐进性消瘦,步态摇晃,放牧中常掉队或离群呆立,至体温升高时则病情急剧恶化。其体温可突然升达 40.0～41.7℃或更高,除瘤胃蠕动严重减弱,瓣胃蠕动几近消失,粪便干结,呈暗褐红色外,还呈现明显的腹痛征候。病牛常呈不自然的伏卧,回头顾腹或后肢踢腹,同时有阵发性努责,拉稀软的血色糊样粪便,有的粪便中还混有黏膜。

犊牛中毒后,表现为迟钝和倦怠,鼻孔和口腔周围排出有过量黏液。咽喉部水肿,致使呼吸困难,出现喘鸣音。外部没有出血现象,但经常见有高热。尸体剖检,可见瘀血但很少有明显的内出血。

2. 马

临床表现通常为运动失调和身体消瘦,从初期起即呈现体温升高、脉快速而节律不齐等变化。随着病情的发展,食欲逐渐减退,甚或由于陷入嗜眠状态,其运动障碍更加显著,四肢叉开站立或步态强拘,同时呈现拱背和肌肉震颤,甚至在跌倒后因挣扎而发生损伤。严重者可见阵发痉挛和呈典型的硫胺素缺乏症,角弓反张姿势,最后痉挛死亡。

(四)病程及预后

牛蕨中毒的病情多较严重,特别是病初发高热、腹痛和出血严重,及血液学变化明显的,大多病程较短促,而预后也不良。

慢性型可经数周至一个月以上,且多见病情反复,经过细致调理可能痊愈,但需要较长恢复期。

马蕨中毒如能早期发现和及时加以治疗,预后良好。

(五)诊断

根据当地牧区植被情况、饲养管理方式、发病季节、流行病学资料、严重症状(高热)、全身出血性变化及血液学检查结果等,可做出诊断。

(六)治疗

本病尚无特效疗法,主要是促进毒物的排出和对症治疗。

(1)停止饲喂混有蕨的饲草或不到有蕨生长的地方放牧。

(2)10%鲨肝醇油剂 10mL 皮下注射,连用 5d;配合使用复合维生素 B,10mg,连用 5d;同时使用抗生素,如阿莫西林每千克体重 5～8mg 内服。

(七)预防

(1)蕨类的地下根茎粗大,富含淀粉,于冬季挖掘其地下根茎,并从根本上清除对家畜的危害。

(2)做好春季的牧地植被调查,规划轮牧,将蕨类新叶滋生地,留待其他草类茂发后再加利用,以避免发生家畜中毒的危险。

(3)在春季仅见蕨类首先萌发的短期内组织特别监视,对疑似中毒的家畜,及时救治,还应及时对全群采取紧急防护措施。

任务五 农药化肥中毒

随着我国农业的迅速发展,在农业生产中所需用的农药化肥不断增多,使用也日益普遍。许多农药,特别是一些高效农药对人、畜具有强烈的毒性。往往由于误用、误食、误饮或吸入以及皮肤污染而发生中毒。

农药化肥中毒中以有机磷中毒、有机氯中毒、有机汞中毒、砷及砷化物中毒较为多见。

一、有机磷农药中毒

有机磷农药是磷和有机化合物合成的一类农用杀虫剂的总称。有机磷农药根据毒性可分为剧毒、强毒和弱毒等类型。我国较为常用的有:

(1)剧毒类 对硫磷、内吸磷、甲胺磷等。

(2)强毒类 敌敌畏(DDVP)、乐果、甲基内吸磷、杀螟松等。

(3)弱毒类 敌百虫、马拉硫磷等。

有机磷农药中毒是家畜由于接触、吸入或采食某种有机磷制剂所引起的病理过程,以体内胆碱酯酶活性受抑制,从而导致神经生理机能的紊乱为特征。

(一)病因

家畜误食有机磷农药或采食刚刚施过有机磷农药的农作物。有机磷农药的毒性,除按其化学特性的不同而有较大差异外,还受许多因素影响。

1. 病畜的特点

不同家畜的种类、品系、年龄、性别、体质强弱等条件,毒性反应也不相同。

2. 农药剂量

同一农药在不同的剂量、浓度、用法及所施用的作物种类和生长期等条件下,其效果也有区别。

3. 气象条件

施用农药当时及之后的日照(紫外线照射量)、降水、排灌、风速、干旱及气温等均有不同的效应。

农药中毒的常见原因主要有:

(1)违反农药的保管和使用安全操作规程 如保管、购销或运输中对包装破损未按安全规程处理，或对农药和饲料未加严格分隔贮存，致使毒物散落或通过运输工具和农具间接接触饲料。如误用盛装过农药的容器盛装饲料或饮水，以致家畜中毒，或误食施用有机磷农药尚未超过危险期的田间杂草、牧草、农作物及蔬菜等而发生中毒，或误用拌有磷农药的谷物种子造成中毒，或农药厂附近被污染的牧草和饮水而发生中毒。

（2）不按正规程序使用农药做驱除内外寄生虫等而发生中毒。

（二）发病机理

有机磷农药属于剧烈的接触毒，具有高度的脂溶性，可经完整的皮肤而渗入体内，但通过呼吸道和消化道的吸收较为快速完全。有机磷农药进入动物体内后，主要是抑制胆碱酯酶的活性。在正常机体中，神经末梢所释放的乙酰胆碱，在胆碱酯酶的作用下而被分解。胆碱酯酶在分解乙酰胆碱过程中，先脱胆碱并生成乙酰胆碱酯酶的中间产物，继而水解作用迅速地分离出乙酸，而胆碱酯酶则又恢复其正常生理活性。

有机磷农药可与胆碱酯酶结合而产生对硝基酚和磷酰化胆碱酯酶。前者为除草剂，对机体具有毒性，但可转化成对氨基酚，并与葡萄糖醛酸相结合而经由泌尿道排出，而磷酰化胆碱酯酶则为较稳定的化合物，极缓慢地发生水解，无法恢复其分解乙酰胆碱的作用，使体内发生乙酰胆碱的蓄积；出现神经的过度兴奋现象。但由于健康机体中一般都储备有充分的胆碱酯酶，故少量的摄入有机磷化合物时，尽管部分的胆碱酯酶受抑制，但仍可不显临床症状（如潜在性中毒的初期）。

此外，有机磷化合物尚具有对三磷酸腺苷酶、胰蛋白酶、胰凝乳蛋白酶等的抑制作用。

（三）症状

有机磷农药中毒时，因制剂的化学特性、病畜的种类，以及造成中毒的具体情况等不同。其所表现的症状及程度差异极大，但基本上都表现为神经受乙酰胆碱的过度刺激而引起的过度兴奋现象，临床上又将这些可能出现的复杂症状归纳为三类症候群。

1. 毒蕈碱样症状

当机体受毒蕈碱的作用时，可引起副交感神经的节前和节后纤维以及分布在汗腺的交感神经节后纤维等胆碱能神经发生兴奋，按其程度不同可具体表现为食欲不振，流涎，呕吐，腹泻，腹痛，多汗，尿失禁，瞳孔缩小，可视黏膜苍白，呼吸困难，支气管分泌增多，肺水肿等。

2. 烟碱样症状

当机体受烟碱的作用时，可引起支配横纹肌的运动神经末梢和交感神经节前纤维（包括支配肾上腺髓质的交感神经）等胆碱能神经发生兴奋；但在乙酰胆碱蓄积过多时，则转为麻痹，具体的表现为肌纤维性震颤，血压上升，肌紧张度减退（特别是呼吸肌）、脉搏频数等。

3. 中枢神经系统症状

病畜脑组织内的胆碱酯酶受抑制后，使中枢神经细胞之间的兴奋传递发生障碍，造成中枢神经系统的机能紊乱，表现为病畜兴奋不安，体温升高，抽搐，甚至陷于昏睡等。

当然，并非某一病例都将明显表现所有上述症状，在不同种类的病畜，呈显著的腹泻甚至水泻；在明显呼吸困难的同时，病牛痛苦呻吟，出现眼球震颤，四肢末端厥冷，也可能出冷汗。病情恶化后，则陷于麻痹，由于呼吸肌的麻痹，导致窒息而死亡。

(1) 羊　症状类似于牛，但呈较明显的兴奋不安，甚至出现冲撞蹦跳，全身震颤，渐而步态踉跄，以至倒地不起，在麻痹状态下窒息死亡。

(2) 马　瞳孔变化不明显，但眼球突出、出汗和自鼻孔漏出食糜，步态踉跄，做后退动作如欲卧下状。肠蠕动音普遍亢进，继而腹围膨大出现腹痛、腹泻。进行直肠内触诊，除可见其用力努责外，还出现有阴茎勃起和滴尿的现象。此外，在临床恢复的病马中，有呈视力障碍或后躯麻痹的后遗症者。

(3) 猪　多表现流涎，眼球震颤，肌肉震颤和躺卧，部分病猪则仅见嗜睡和肌肉紧张力下降现象，但一般都少见发生腹泻和呼吸困难。

(4) 临床化验　对可疑的病例除在必要时采取剩余饲料、饮水或胃内容物供检验有机磷农药的存在，或取尿液以检出其分解产物（如敌百虫中毒时，尿中三氯乙醇的含量增高，对硫磷、甲基对硫磷等中毒时，尿中可检出对硝基酚等）外，临床上以采用滤纸法进行胆碱酯酶活性的简易测定，有很大的实用价值。本法的原理，即正常的胆碱酯酶同乙酰胆碱作用后，生成乙酸而使其 pH 值发生变化，通过指示剂溴香草酚蓝（BTB）的呈色反应，而间接反映胆碱酯酶的活性。

(四) 病程及预后

病程和预后根据接触有机磷农药的次数，摄入量的多少，以及是否得到及时的救治等情况不同而异。病程可自数小时拖延至数天，一般在发病后若能即时停止接触或采食，如能耐过 24h 者，多有治愈希望。但至完全康复则需 1 周左右，在未经彻底治愈或重症、慢性病例中，有残留视力障碍、后躯麻痹或幼畜发育受阻等后遗症。

(五) 病理变化

一般认为有机磷农药中毒的病畜尸体，除其组织标本中可检出毒物和胆碱酯酶的活性降低外，缺少特征性的病变。仅在延迟死亡的尸体中可见到有肺水肿、胃肠炎等继发性病理变化。

经消化道吸收中毒在 10h 以内的最急性病例，除胃肠黏膜充血和胃内容物可能散发蒜臭外，常无明显变化。经 10h 以上者则可见其消化道浆膜散在有出血斑，黏膜呈暗红色，肿胀，且易脱落。肝、脾肿大。肾浑浊肿胀，被膜不易剥离，切面呈淡红褐色而界限模糊。肺充血，支气管内含有白色泡沫。心内膜可见有不整形的白斑。

慢性的浆膜下有广泛小点出血，各实质器官都发生浑浊肿胀。胃肠（反刍兽为皱胃和小肠）发生坏死性出血性炎，肠系膜淋巴结肿胀、出血。胆囊膨大、出血。心内、外膜有小出血点。肺淋巴结肿胀、出血。切片镜检时，尚可见肝组织中存在有小坏死灶，小肠的淋巴滤泡也有坏死灶。

(六) 诊断

对呈现有胆碱能神经过度兴奋现象的病例，特别是表现为流涎、瞳孔缩小、肌纤维震颤、呼吸困难、血压升高等综合征者，概须列为可疑，在仔细查清其同有机磷农药的接触史的同时，也应测定其胆碱酯酶活性，必要时更应采集病料进行毒物鉴定，以进行诊断。

同时也应根据本病的病史、症状、胆碱酯酶活性降低等变化特点同其他疑似病例相区别。

(七)治疗

应立即停止使用疑为有机磷农药来源的饲料或饮水。

药物治疗：治疗方案是阿托品结合解磷定的综合疗法。阿托品为乙酰胆碱的生理拮抗药，且是速效药剂，故可迅速使病情缓解。但由于仅能解除毒蕈碱样症状，而对烟碱样症状无作用，故须有胆碱酯酶复活剂的协同作用，疗效较好。常用的胆碱酯酶复活剂有解磷定(PAM)，氯磷定(PAM-Cl)、双复磷(DMO_4)等。通用的阿托品治疗剂量为：牛、马10～50mg，猪、羊5～10mg。

解磷定的剂量可按动物每千克体重20～50mg，溶于葡萄糖溶液或生理盐水100mL，静脉注射或皮下注射或腹腔注射。对于严重的中毒病例，应适当加大剂量，给药次数可同阿托品一致。解磷定在碱性溶液中易水解成剧毒的氰化物，故忌与碱性药剂配伍使用。解磷定的作用快速，但持续的时间短，仅约1.5～2h。本品对内吸磷、对硫磷、甲基内吸磷等大部分有机磷农药中毒虽都有确实的解毒效果，但对敌百虫、乐果、敌敌畏、马拉硫磷等小部分制剂的作用则较差。

氯磷定可做肌肉注射或静脉注射，可参考解磷定的剂量使用。氯磷定的毒性小于解磷定，不过对乐果中毒的疗效较差，且对敌百虫、敌敌畏、对硫磷、内吸磷等中毒48～72h的病例无效。

双复磷的作用较解磷定、氯磷定强而持久，能通过血脑屏障对中枢神经系统症状有明显的缓解作用(具有阿托品样作用)。对有机磷农药中毒引起的烟碱样症状，毒蕈碱样症状及中枢神经系统症状均有效。对急性内吸磷、对硫磷、甲胺磷、敌敌畏中毒的疗效良好；但对慢性中毒效果不佳。剂量按每千克体重40～60mg计算。

对于危重病例，应对症采用辅助疗法，以消除肺水肿，兴奋呼吸中枢，输入高渗葡萄糖溶液等，有助于提高疗效。而在治愈后的一定时期内仍应避免再度接触有机磷农药，以利安全。

(八)预防

(1)首先是健全农药的购销、保管和使用制度，落实专人负责，严防坏人破坏。

(2)开展经常性的宣传工作，以普及和深化有关使用农药和预防家畜中毒的知识，以推动群众性的预防工作。

(3)由专人统一安排施用农药和收获饲料，避免互相影响。对于使用农药驱除家畜内外寄生虫，也可由兽医人员负责，定期组织进行，以防意外的中毒事故。

二、氟化物中毒

氟多以化合物的形式存在。地壳中含氟化合物有100多种，最常见的有萤石(CaF_2)、冰晶石、磷灰石、云母和电石等。

氟是动物机体不可缺少的微量元素之一。氟参与机体的正常代谢，可以促进牙齿和骨骼的钙化，对于神经兴奋性的传导和参与代谢的酶系统都有一定作用。

以氟为原料的无机氟农药(如氟化钠、氟硅酸盐)和有机氟农药(如氟乙酰胺、氟乙酸钠等)是有效的驱蛔虫药、灭鼠剂和杀虫剂。

氟中毒分无机氟化物中毒和有机氟化物中毒两类。

(一)无机氟化物中毒

1. 病因

无机氟化物中毒多是由采食无机氟化物污染的饲料或饮水引起。在工业污染区，还可能因吸入大量含氟空气而引起中毒。各种动物对氟的易感性不同，顺序是：犊、牛、羊、猪、马和禽。

(1)自然条件引起　主要见于西北地区的部分盆地、盐碱地、盐池及沙漠周围。这些地区由于干旱风大，降水量小，蒸发量大，地面多盐碱，地表土壤或盐碱中含氟量高，致使牧草、饮水含氟量也随之升高，达到中毒水平。其次是荧石矿区以及火山、温泉附近等地的溪水、泉水和土壤中含氟量过高，引起人、畜氟中毒。

(2)工业污染　在炼铝厂、磷肥厂、氟化盐厂、多种金属冶炼厂以及大型砖瓦窑等周围地区。从这些工厂排出的废气，如氟化氢和四氟化硅及一部分含氟粉尘，在邻近地区散落，致使该地区的植被、土壤和水系污染。工业烟尘对牧草的污染达 40g/kg(以干物质计)以上时，对放牧动物即有潜在危险。氟病危害很大。

(3)长期使用未经脱氟处理的过磷酸氢钙作畜禽的矿物质饲料，也可引起氟病。

(4)家畜的急性无机氟中毒，偶见于奶牛采食大量过磷酸盐以及猪用氟化钠驱虫而用量过大时。

2. 发病机理

大量氟进入机体后，可以从血液中夺取钙、镁离子，使血钙、血镁降低。因此，急性氟中毒在临床上常表现为低血镁症和低血钙症的症状。

氟在少量、长期进入机体的情况下，同血液中的钙结合，形成不溶性的氟化钙，致使钙代谢障碍。为补偿血液中的钙，骨骼不断地释放钙，从而引起成年家畜脱钙，骨质松脆，易发生骨折。生长中的家畜，则因钙盐吸收减少而使牙齿、骨骼钙化不全，形成对称性斑釉齿(氟斑牙)和牙质疏松，易于磨损。与此同时，骨骼疏松，膨大，变形。由于成骨细胞和破骨细胞的活动，骨膜和骨内膜增生，使骨表面产生各种形状的、白色的、粗糙的和坚硬的外生骨赘。

血钙减少，能引起甲状旁腺分泌增多，一方面，使破骨细胞增加，活动增强，促进溶骨现象，加速骨的吸收；另一方面，还能抑制肾小管对磷的再吸收，使尿磷增高，这些也是影响钙磷代谢的重要环节。

氟本身也是一种腐蚀剂，接触局部可使之发炎、溃烂。在氟污染区放牧的家畜发生结膜炎、角膜炎和皮炎。

3. 症状

根据病情可分急性和慢性氟中毒两类。

(1)急性氟中毒　实质上是一系列腐蚀性中毒的表现。食入过量氟化物半小时后出现临床症状。表现为厌食，流涎，恶心呕吐，腹痛，胃肠炎，腹泻，呼吸困难，肌肉震颤，阵发性强直痉挛，虚脱而死。

(2)慢性氟中毒(也叫氟病) 主要表现为氟斑牙(着色型和缺损型)、骨和关节变型。正常牙齿含氟800g/kg以下,若含量达1 000~1 500g/kg时,则牙齿白如枯骨,无光泽,齿釉质一部分呈淡黄色;含氟量达1 500~2 000g/kg时,则釉质出现碎裂和齿斑,牙齿磨面不齐,乳齿一般无变化。幼畜进入严重污染区半年以上,即可在乳门齿上看到少数淡黄褐色的斑纹。生长中的永久齿变化最突出,左右对称门齿切面常被磨损,白齿过早磨损,齿冠破坏,形成两侧对称的波状齿。有的病畜发生齿漏。牙齿的这些特殊损害,可作为氟中毒与关节炎之间的区别要点。

骨骼的变化异常显著。草食兽在摄入过量氟6~12个月,即出现骨骼的异常变化。首先在趾骨、掌骨、下颌骨和肋骨呈对称性肥厚。乳齿尚未更换的幼羊,可在其下颌骨摸到突起的骨赘。中后期,可见下颌骨肿大。肋骨变粗,隆起。严重病畜,腰椎及骨盆变形。有的病畜上颌骨显著肿大,形成所谓"河马头"。

4. 病理变化

(1)急性氟中毒的主要病理变化 出血性胃肠炎,前胃黏膜易剥离。心肌松软,血液稀薄。腹腔积有红色液体。山羊除上述变化外,黏膜苍白,皮下蜂窝组织胶样浸润,胸腔及心包囊有透明淡红色液体。胆囊肿大,胆囊壁增厚。

(2)慢性氟中毒主要剖检变化 除牙齿的特殊变化外,以头骨、肋骨、挠骨、腕骨和掌骨变化较大。表面粗糙苍白。肋骨松脆,肋软骨连接部膨大,极易折断,骨膜充血。骨质增生和骨赘生长处的骨膜增厚,多孔。羊的骨赘多见于上、下颌骨。马的下颌骨双侧肿大,疏松。

5. 诊断

根据特征症状,尸体剖检及氟的测定,可做出诊断。

(1)急性氟中毒 常突然发生,可结合病史和病状进行分析。

(2)慢性氟中毒 逐渐严重的跛行以及对称性斑釉齿和白齿过度磨面。羊因体躯较轻,跛行轻微,不易觉察。猪卧地不愿起立,强迫站立则步履艰难,尖叫不已。大家畜为减轻关节疼痛,常将大部分体重负于健肢上,久之则使蹄壳变形。牙齿的损害十分明显。

(3)氟的测定 一般情况下,饮水含氟7g/kg可出现斑釉齿。病畜可测定尿氟:含氟8g/kg为正常;10mg/kg为可疑;高于15mg/kg即可能中毒。牧草中含氟超过40g/kg,即为异常。中毒死亡的动物,可测定其骨骼(掌骨、胫骨,肋骨和外生骨赘)的含氟量。正常骨含氟500mg/kg;含氟量超过1 000mg/kg时,即为异常;达3 000mg/kg以上即出现中毒症状。

6. 防治

治疗和预防要区分急性氟中毒及氟病,分别采取措施。

(1)急性氟中毒 立即停喂含氟农药污染的饲料和饮水。对中毒动物应即刻抢救,各类家畜均可用钙盐洗胃,如用0.5%氯化钙溶液或石灰水澄清液。为使钙与氟结合形成难溶性氟化钙,减少吸收。可内服乳酸钙、硫酸钙或葡萄糖酸钙等钙制剂。为补充体内钙的不足也可静注氯化钙或葡萄糖酸钙。用维生素D、维生素B_1和维生素C配合治疗,对疾病的恢复有一定效果。

预防:为加强管理,防止家畜乱饮污水、乱吃杂物。毒鼠药、驱虫药均应妥善保管,防止家畜误食。

(2) 慢性氟中毒（氟病） 多为一种地方性疾病，目前尚无完全恢复健康的方法。首先使病畜脱离病区，供给低氟或无氟的饲料和饮水。每日供给硫酸铝、氯化铝、铝酸钙和硫酸钙等，可减少中毒动物骨中的氟含量。可每日静注葡萄糖酸钙和口服乳酸钙至跛行消失。可每日给予石粉40～50g，每日2次。

预防：可分为自然氟病区和工业污染氟病区。

① 自然氟病区应采取下述措施：

划区放牧：牧草含氟量平均超过60g/kg者为高氟区，应严格禁止放牧；30～40g/kg者为危险区，只允许成年牲畜作短期放牧。

采取轮牧制。在低氟区和危险区进行轮牧，危险区放牧不得超过3个月。

低氟水源（含氟量低于2g/kg）供牲畜饮用。如无氟或低氟水源，可采取简便方法脱氟，如熟石灰法、明矾沉淀法等。

牛每日喂石粉30～40g，分2次拌入饲料中喂服。

② 工业污染区应采取下述措施：

根本措施在于促使工厂回收氟废气，化害为利。

奶牛场、种畜场和大型饲养场均应在远离氟污染区。

加强舍饲，饲料、饲草均应从非污染区购运，并妥善保管，勿使受潮，干草堆顶部应有防雨设施。

日粮中应补给石粉（同前）。

(二) 有机氟化物中毒

有机氟化物主要有氟乙酰胺，氟乙酸钠等，是一类药效高，残效期较长，使用方便的剧毒农药，主要用于防治农林蚜虫、蝇及草原鼠害等。这种化合物只有在动植物组织活化为氟乙酸时才具有活性。

1. 病因

往往是因误食（饮）被有机氟化物处理或污染了的植物、种子、饲料或饮水所致。

氟乙酰胺对各种动物的易感顺序是：犬、猫、绵羊、海猪、兔、马和蛙。对鸟类及灵长类易感性最低。

氟乙酰胺的口服致死量（mg/kg）：马0.5～1.75，牛0.15～0.62，绵羊0.25～0.5，山羊0.3～2.7，猪0.3～0.4，禽11～30，犬0.05～0.2。

2. 中毒机理

氟乙酰胺进入机体后，脱胺形成氟乙酸，氟乙酸经过乙酰辅酶A活化，在聚合酶的作用下，与草酰乙酸聚合，生成氟柠檬酸。氟柠檬酸的结构同柠檬酸相似，它是正常代谢柠檬酸的对抗物，可阻碍柠檬酸的代谢，并且氟柠檬酸可使糖代谢反应中止，三羧酸循环中断。这种作用可发生在所有的细胞中，以脑及心脏机能危害最大。发生毒性作用的只是氟乙酰胺的代谢产物，这种作用称为"渗入作用"，由于上述渗入作用使中毒机体的组织和血液中柠檬酸蓄积，使三磷酸腺苷（ATP）生成受阻，导致严重中毒。使中毒动物表现出痉挛、抽搐等神经症状。

3. 症状

(1)马 食入毒物后约 3～12min 出现症状,并迅速发展。中毒初期,精神沉郁,口红,苔黄,黏膜发绀。随后,肩、肘部肌肉出现颤动。肢端发抖,呼吸急促,心跳表现为快、节律不齐;后变为慢、弱、节律整齐,心跳次数为 80～140 次/min。有时出现轻微腹痛症状。死前惊恐,鸣叫,突然倒地,全身震颤,四肢划动。

(2)牛、羊 有机氟中毒分为下列两型:

①突然发病型:无明显的前驱症状,约经 9～18h,动物突然跌倒,剧烈抽搐,惊厥或角弓反张,迅速死亡,有的可暂时恢复,但心跳快,节律不齐,卧地颤栗而死亡。

②潜伏发病型:中毒 5～7d 后,仅表现食欲降低,不反刍,不合群,单独依墙而立或卧地,有的可逐渐康复,有的可能在静卧中死去。还有些病畜在中毒后,表现沉郁,食欲、反刍减少。约经 3～5d,当外界刺激敏感或突然发作,惊恐,尖叫,狂奔,全身颤抖,呼吸急促,持续 3～6min,表现缓解,后又可重复发作。病畜在抽搐中因呼吸抑制和心力衰竭而死亡。

4. 诊断

根据症状,深入调查,分析病因,做出初步诊断。

与有机磷农药中毒鉴别:有机磷农药中毒,潜伏期短,发病快,中毒症状出现早(肌肉纤维颤动,瞳孔缩小,多汗,流涎,腹痛,粪稀。氟乙酰胺中毒,症状出现较慢,但临床发病却很突然,其主要症状是肌群震颤,阵发性强直痉挛,瞳孔无明显规律性改变。

5. 治疗

(1)停止饲喂可疑的饲料和饮水。

(2)经皮肤中毒者,立即用清水洗涤。经口服中毒者,先用 1∶5 000 高锰酸钾溶液洗胃,然后服蛋清以保护胃黏膜。

(3)特殊解毒 立即肌肉注射解氟灵(乙酰胺),剂量可按每日每千克体重 0.1g 计算,肌肉注射,一般注射 3～4 次抽搐现象消失,与半胱氨酸合用效果更好。

(4)对症治疗 镇静用氯丙嗪,水合氯醛;解除呼吸抑制,可用尼可刹米,可拉明;解除肌肉痉挛,可静脉注射葡萄糖酸钙或柠檬酸钙或高浓度葡萄糖溶液(因有机氟化物中毒动物,血钙降低);控制脑水肿可静脉注射 20%甘露醇溶液(或 25%山梨醇溶液)。必须注意氟乙酰胺中毒病畜的心脏常遭受损害,静脉注射必须十分缓慢,若大量、快速输入,会加速病畜死亡。

还可使用辅助解毒剂,如辅酶 A、三磷酸腺苷以及维生素 B 类制剂,效果更好。

6. 预防

(1)禁喂用氟乙酰胺喷洒过的植物茎叶、瓜果以及被污染的饲草、饲料。施药必须经 60d 以后,方能作饲料用,否则容易发生中毒。

(2)用以防治蚜虫和草原鼠害时,严禁污染饮水。

(3)作为灭鼠的诱饵应妥善放置,以免家畜误食。对毒死的鼠类尸体要深埋,防止家畜吞食。

三、灭鼠药中毒

(一)安妥中毒

安妥也称甲萘硫脲,纯品为白色结晶,商品为灰色的粉剂,通常是将其按2%的比例加于食品内配毒饵,用以毒杀鼠类。安妥给各种家畜做单次口服的致死量(mg/kg)分别为:马30~80,猪20~50,犬10~40,猫75~100,家禽2 500~5 000,大鼠15。

1. 病因

由于保管不严,致使安妥散失,或因同其他药剂混淆,造成使用上的失误,或因投放毒饵的地点、时间不当,导致发生家畜误食的中毒事故。

猫可因偶然捕食中毒鼠类,而间接中毒。

2. 发病机理

安妥经胃肠道吸收,分布于肺、肝、肾和神经组织中。其分子结构中的硫脲部分可在组织液中水解成为CO_2、NH_3等,故对局部组织具有刺激作用。对机体的主要毒害作用则为经由交感神经系统,对血管收缩神经所起的阻断作用,造成肺部微血管壁的通透性增加,以致血浆大量透入肺组织和胸腔,而导致严重的呼吸障碍。此外、还具有抗维生素K作用,即阻抑了血中凝血酶原的生成及其活性,从而降低了血液的凝固性,导致中毒病畜呈现出血。

3. 症状

呼吸急促,体温偏低,有时伴有呕吐(特别在病犬)或作呕。很快呼吸变为困难,鼻孔流出带血色的泡沫状鼻液,咳嗽,听诊肺部有明显的湿啰音。心音浑浊,脉搏增数,同时病畜表现兴奋、不安或嚎叫等症状,最后多因窒息致死。

4. 病理变化

以肺部的病变最为显著,可见全肺呈暗红色,极度肿大,且有许多出血斑,气管内则充满许多血色泡沫。胸腔内有多量的水样透明液体。肝呈暗红色,肿大。脾呈暗红色,并见有瘀血斑。心包有多出血斑,容积稍增大,心脏的冠状血管扩张。肾脏充血,表面也有瘀血斑。

5. 防治

本病缺乏特效的解毒疗法,通常采用对症疗法,以消除肺水肿和排出胸腔积液。结合采用强心、保肝等措施。

6. 预防

加强对安妥的保管。特别是在拟订灭鼠计划时,应将有关人、畜的安全问题,列为必须考虑的因素,并应做好必要的防护措施,由专人负责执行,以免发生意外事故。

(二)磷化锌中毒

磷化锌是灭鼠药和熏蒸杀虫剂,纯品是暗灰色带光泽的结晶,当用来灭鼠时,常按2.5%~5%的比例,同食物配制成毒饵使用。对各种家畜的口服致死量,一般都在每千克体重20~40mg,家禽为每千克体重20~30mg。自然中毒以家禽较多见,其次为猪。

1. 病因

多半是由于误食灭鼠毒饵，或被磷化锌污染的饲料，造成中毒。

2. 发病机理

磷化锌在胃酸的作用下，即释放出剧毒的磷化氢气体，并被消化道所吸收，进而分布在肝、心、肾以及横纹肌等组织，引起所在组织的细胞发生变性、坏死等病变。并在肝脏和血管遭受病损的基础上，引起全身泛发性出血，导致休克或昏迷。

3. 症状

先是食欲明显下降，继而发生呕吐和腹痛，其呕吐物发蒜臭，同时有腹泻，粪中混有血液。病畜迅速变为衰弱，脉数减少而节律不齐，黏膜呈黄色，尿色也带黄，并出现蛋白尿、红细胞；粪便带灰黄色，末期可能陷于昏迷而死。一般家畜病程 2~3d，家禽 1d，如能耐过，其恢复期需 1 周左右。

4. 病理变化

切开胃或嗉囊时，将散发出带蒜味臭气。将其内容物移置在暗外时，可见有磷光。死后静脉扩张，泛发微血管损害。胃肠道呈现充血、出血、肠黏膜脱落。肝、肾瘀血，肿胀。肺间质水肿，气管内充满泡沫状液体。

5. 治疗

无特异解毒疗法。如能早期发现，灌服 0.2%~0.5%硫酸铜溶液催吐，同时静脉内注入高渗葡萄糖溶液和氯化钙溶液。

6. 预防

加强对灭鼠药的保管和使用制度。凡制订和实施灭鼠计划时，均须在设法提高对鼠类的杀灭功效的同时，确保人、畜的安全。

四、尿素中毒

尿素是动物体内蛋白质分解的终末产物，纯品为无色的柱状结晶体。尿素用作反刍动物的蛋白质饲料来源，由于采食（误食）尿素（或尿素溶液）或使用方法不当而引起。多发生于牛、羊。

(一)病因

(1)将尿素堆放在饲料的附近，导致发生误用（如误认为食盐）或被动物偷吃。

(2)尿素使用方法不当。如将尿素溶解成水溶液喂给时，将易于发生中毒；饲喂尿素的动物，第一次就按定量喂给，容易发生中毒。此外，如不严格控制定量饲喂，或对添加的尿素未经搅拌均匀等因素，都是造成中毒的原因。

(3)在个别的情况下，牛、羊因偷吃大量人尿而发生急性中毒死亡的病例。人尿中含有尿素 3%左右。

(二)发病机理

尿素可在反刍动物瘤胃中脲酶的作用下被分解，当瘤胃内容物 pH 值在 8 左右时，脲酶的作用最为旺盛，可使多量的尿素在短时间内被分解为氨，对机体具有毒害作用；氨甲酰铵引起痉挛。

(三)症状

1. 牛

采食尿素后 20～30min 即可能发病。开始时呈现不安,呻吟,肌肉震颤和步态蹒跚等,继则反复发作痉挛,同时呼吸困难,从口、鼻流出泡沫状黏液,心脏搏动亢进,脉数增至 100 次/min 以上。末期则显出汗,瞳孔散大,肛门松弛。急性中毒病例,病程仅 1～2h 即因窒息死亡。如延长至 1d 左右,可能发生后躯不全麻痹。

2. 山羊

开始时可见鼻、唇挛缩现象,反刍和瘤胃蠕动均停止,瘤胃臌胀,后不能站立,同时呈现眼球震颤,全身痉挛,呈角弓反张姿势。有的病例则见呼吸极度困难,甚至死亡,病程 1h 左右。

(四)诊断

采食尿素的病史对于诊断本病有重要意义。对于临床上有可疑为本病的牛、羊病例,测定其血氨值可确诊。

(五)治疗

早期可灌服大量的食醋或稀醋酸等弱酸类,可抑制瘤胃中脲酶的活性,并中和尿素的分解产物氨。推荐量:成年牛灌服 1％醋酸溶液 1 000mL,糖 0.5～1kg 和水 1 000mL,可获得满意效果。

此外,可使用硫代硫酸钠溶液静脉注射,作为解毒剂,同时对症地应用葡萄糖酸钙溶液、高渗葡萄糖溶液、水合氯醛以及瘤胃制酵剂等,可提高疗效。

(六)预防

(1)必须严格饲料保管制度,不能将尿素肥料同饲料混杂堆放,以免误用。在畜舍内尤其应避免放置尿素肥料,以免家畜偷吃。

(2)饲用尿素饲料的畜群,必须制订必要的工作制度,正确控制尿素的定量及同其他饲料的配合比例。而且在饲用混合日粮前,必须先经仔细地搅拌均匀,以避免因采食不匀,引起中毒事故。为提高补饲尿素的效果,尤其要严禁溶在水中喂给。尿素的饲用量,应控制在全部饲料总干物质量的 1％以下,或精饲料的 3％以下,故全天的配合量在成年牛以 200～300g,羊以 20～30g 为宜。

任务六 矿物质中毒

一、铜中毒

铜中毒是畜禽硫酸铅添加过量或长期使用引起的中毒疾病。急性中毒以呕吐、流涎、剧烈腹痛、腹泻为特征,慢性中毒则以瘤胃弛缓、粪少呈褐黑色、黏膜黄疸为特征。多见于牛和羊。

(一)病因

(1)在农业上施用硫酸铜(喷雾防止果树霉菌病,消灭肝片吸虫的中间宿主蜗牛、蹄腐烂和绵羊寄生虫),如使用不慎,可引起急性中毒。慢性中毒常见于在使用过含铜喷雾果园放牧。

(2)饲料中添加铜过量或混合不匀。促进幼畜生长发育,而在饲料中添加铜饲料添加剂,往往因混合不均或添加过量,引起铜的蓄积而致病。

(二)发病机理

铜是动物体必需的微量元素,其含量虽小,但广泛存在于动物所有的组织内。铜随饲料进入胃肠后,只有20%~30%被胃肠黏膜吸收,大部分随粪排出体外。

铜及其化合物对局部皮肤、黏膜有刺激作用,由消化道进入时,也可通过神经反射兴奋呕吐中枢。铜吸收后可损伤肝、肾和神经系统。中毒时间延长者可发生溶血性贫血。

(三)症状

通常分为急性铜中毒与慢性铜中毒。

1. 急性铜中毒

主要症状有呕吐、流涎、腹泻、剧烈腹痛、心脏搏动过速、惊厥、麻痹和虚脱,最后死亡。粪便含黏液,呈深绿色。

2. 慢性铜中毒

临床症状主要表现为精神沉郁、厌食,黏膜黄疸,尿中含有血红蛋白,粪便变黑。

(四)病理变化

主要为接触毒物的局部黏膜充血、水肿和溃疡等,肝、肾有脂肪变性和坏死,肝窦细胞内大量色素沉着,在肾实质细胞内也有同样改变。

(五)诊断

主要根据接触史、典型的临床症状和毒物分析进行综合诊断。

(1)胃内容物和粪便的分析 取胃内容物和粪便加氨水,则由绿变蓝色,可协助诊断。

(2)肝和肾的分析 肝铜量按干重可能超过1 000mg/kg(正常绵羊肝铜量很少含到500mg/kg)。猪的肝、肾铜含量都可达到750~6 000mg/kg。

(六)治疗

主要为消除致病因素,加速毒物的排出以及解毒疗法。

首先把病畜放置于安全处所,改换饲料,加强护理。

食入铜盐过多而引起的中毒,可用0.1%亚铁氰化钾(黄血盐)溶液洗胃,亚铁氰化钾可与铜盐形成不溶性的亚铁氰化铜的沉淀而不被吸收。也可用牛奶、蛋清、豆浆或活性炭等肠黏膜保护剂,以减少铜盐的吸收。

排出已吸收的铜盐可应用乙二胺四乙酸二钠钙,成年猪每头1g溶于20~40mL生理盐水或5%葡萄糖溶液静脉注射,每日1次,3d为一疗程。隔3~4d后可重复使用。也可用二硫基丁二酸钠,成年猪每头2g,溶于生理盐水20~40mL,静脉注射,每日1次,共用4~5d。绵羊慢性铜中毒及时内服钼酸铵50~500mg、硫酸钠0.3~1mg,治疗效果较好。

(七)预防

防止用硫酸铜喷雾污染草料,药用铜制剂要严格掌握用量以及使用补加铜饲料添加剂时,必须混合均匀,控制喂量。

二、硒中毒

硒中毒是畜禽采食或注射过量的硒,引起的一种中毒性疾病,主要表现为无力、恶心、呕吐、腹泻、呼吸和汗液有蒜臭味症状。多种畜禽可以发生,以猪和家禽多发。

(一)病因

(1)畜禽在工业区中吸入有硒烟雾引起的,这些含硒的烟雾主要来自于冶炼、加工、提取硒的企业。

(2)饲料中添加硒过多,或混合不均匀。

(3)预防或治疗注射亚硒酸钠过多或持续使用硒制剂。

(二)症状

猪、羊、牛消瘦、无力、嗜睡、恶心、呕吐、腹泻、呼吸和汗液有蒜臭味;脱毛、脱蹄、失禁、拉稀、呼吸困难、共济失调、唾液过多、磨牙、失明、麻痹和死亡。家禽产蛋率和孵化率降低;生长停滞,发育中的胚胎畸形,不能破壳;羽毛蓬松,倦怠无力、口内有金属味、食欲不振、腹泻、呼吸及汗液有蒜臭味、神经功能紊乱;性成熟延迟,严重时死亡。

(三)病理变化

畜禽日粮中的硒的含量超过每千克饲料 0.5mg 时可能发生中毒,超过 5~10mg 就会出现中毒症状。剖检特征性变化为:肝脏变性,呈杂花色或泥土色;肾脏轻度肿大,有时被膜下有点状出血;心脏内有灰白色的坏死病灶,卵巢萎缩;急性死亡时还会出现皮肤和黏膜发绀,体内各脏器被膜多有出血点。

猪硒中毒,剖检时可见心肌萎缩,肝肺变性坏死等变化。

(四)防治

畜禽硒中毒,可按每千克体重 10mg 的剂量,静脉注射新胂凡纳明或 0.1% 砷酸钠皮下注射,猪和羊 2mg、牛 15~20mg 进行解毒。鸡及其他禽类可用 5~10mg 亚砷酸盐溶液,饮服解毒。

同时注意对症治疗,以改善全身状况。

(五)注意事项

在畜禽饲料中添加硒和使用硒制剂时应特别谨慎,尤其是在高硒地区,盲目添补硒则常见硒中毒发生。

在缺硒地区或已出现渗出性素质症状及白肌病症状的地区则必须补硒。由于硒的生理需要量与中毒量之间的范围较窄,故硒或硒制剂在畜禽饲料中添加,必须以硒预混合料的形式添加,即事先配制成不高于 0.02% 的稀释剂,再加入预混用饲料中,以求混合均匀,保证畜禽硒有足够的摄入量，达到防治缺硒病的目的，又不致发生中毒。

三、铅中毒

铅中毒是畜禽采食高铅物品或被铅污染的饲料引起的中毒疾病。临床以流涎、腹痛、兴奋不安和贫血为特征。多发生于牛、羊、家禽和马，有时也见于猪。

(一)病因

(1)家畜舔食了高铅物品。

(2)采食被铅污染的牧草、饮水。铅矿、炼铅厂排出的废水和废气污染了牧草和饮水。

(3)饲料中添高铅原料，如猪饲料添加了高铅污染的肉松粉。

(二)发病机理

铅中毒的机理目前还不十分清楚，但已知铅对畜体各组织均有毒性，其中以神经系统、造血系统和血管方面的病变为显著。

铅对骨髓有明显的损害，特别是骨髓中的红细胞易受损害，表现为幼稚红细胞增多，如网织红细胞、有核红细胞、多染性红细胞，从而影响了骨髓的造血系统。同时还能引起卟啉代谢障碍，血液和骨髓内卟啉含量增多，导致血红蛋白合成障碍，结果发生贫血。

铅中毒能引起平滑肌痉挛，由胃肠平滑肌痉挛而发生腹痛。小动脉平滑肌痉挛而出现贫血，肝、肾的脏器血量减少，引起肝、肾等组织细胞变性。

神经组织对铅中毒特别敏感，损害小脑和大脑皮质细胞，干扰脑细胞的代谢引起脑细胞的营养障碍，脑内毛细血管内皮细胞肿胀，脑血流量减少，毛细血管通透性增强，发生脑水肿。

(三)症状

铅中毒有急性和慢性两种，这两种类型彼此混合，它们之间没有明显的界限。二者是蓄积中毒的不同状态。

1. 牛

多为急性中毒。病牛初期常发出吼叫声，步态蹒跚并有眼球转动和口吐白沫。在兴奋期表现有肌肉痉挛和抽搐，关节僵硬，牙关紧闭，癫痫样发作，前冲和狂暴、便秘或腹泻等。继而转麻痹期，呈现全身麻痹后则陷于昏睡，红细胞减少。慢性中毒时特征是食欲缺乏，便秘，进行性消瘦，有时能见到急性发作的典型症状。

2. 绵羊

临床症状与牛相似，但没有抽搐。怀孕母羊可能流产。

3. 马

症状不明显，四肢麻痹，食欲缺乏，腹部蜷缩，流鼻和黄疸。喉头肌肉麻痹，发生显著的喘息和支气管水泡音，呈现呼吸困难。

4. 猪

猪对铅中毒具有较大的抵抗力。大剂量引起食欲缺乏、腹泻带血、失明、流涎和神经症状。怀孕母猪可能流产。

5. 家禽

表现食欲缺乏和运动失调，继而兴奋和衰弱。产蛋量、繁殖力和孵化率均降低，而死亡率增高。

(四)诊断

根据临床特征，铅的来源存在、活体内血液和排泄物中的铅含量和死亡动物器官的铅含量(最好是肾皮质)等，可做出动物铅中毒的诊断。

(五)治疗

治疗原则：清除致病因素，加速毒物的排出，解毒以及对症疗法。

首先把动物移入无铅来源的安全处所，立即用1%硫酸钠或硫酸镁洗胃，也可内服蛋清、牛奶、豆浆和黏浆剂后应用盐类泻剂。小家畜可给催吐剂以促进铅的排出。在慢性中毒时，可内服碘制剂使已沉积于内脏的铅质移动，并使之排出体外。

解毒剂可使用依地酸二钠，二乙烯三胺五乙酸三钠钙有较好效果，马、牛可用3~6g，猪、羊1~2g，溶于5%葡萄糖盐水100~500mL，静脉注射，每日2次，连用4d。

对症疗法：如病畜腹痛和兴奋不安时，可给予吗啡、水合氯醛等。

任务七　兽药及添加剂中毒

一、砷及砷化物中毒

砷(As)及其化合物多作农药(杀虫药)、灭鼠药、兽药和饲料添加剂。虽砷本身毒性不大，但其化合物的毒性却极其剧烈。

砷的化合物包括无机砷化物和有机砷化物两大类。

无机砷化物依其毒性强弱的不同，又分为剧毒和强毒两类：

①剧毒类：包括三氧化二砷、砷酸钠、亚砷酸钠、砷酸钙、亚砷酸等。

②强毒类：包括砷酸铅(酸式砷酸铅)等。

有机砷化物则包括退菌特、甲基砷酸锌(稻谷青)、甲基砷酸钙(稻宁)、甲基砷酸铁铵(田安)、胂-37(甲基氰胂)、新胂凡钠明、阿散酸、洛克沙胂等。

一般认为，有机砷化物的毒性比无机砷化物的毒性弱。

(一)病因

(1)畜禽误食以含砷农药处理(浸泡或混拌)过的谷类种子，喷洒过含砷农药的农作物(谷物、蔬菜、青草)或饮用被砷化物污染的饮水而引起中毒。

(2)治疗用药不当　如应用新胂凡钠明或其他含砷药剂治疗畜禽疾病时，由于剂量过大或用法不当也可引起中毒。

(3)有机砷化物添加过量　如猪饲料中添加阿散酸或洛克沙胂过量或长期添加而引起中毒。

(二)发病机理

砷及砷化物，一般经由呼吸道、消化道及皮肤而进入机体。入体的砷化物吸收迅速，多于 3~6h 逐渐分布到其他组织。慢性砷中毒时，毒物主要积聚于骨骼、皮肤及角质组织（被毛或蹄）中。

砷及砷化物属于细胞原浆毒，主要作用于机体的酶系统。亚砷酸离子能抑制酶蛋白的巯基（—SH），尤其易与丙酮酸氧化酶的巯基结合，使其丧失活性，从而减弱酶的正常功能，阻碍细胞的氧化和呼吸作用，导致组织、细胞死亡。

砷能麻痹血管平滑肌，破坏血管壁的通透性，造成组织、器官瘀血或出血，并能损害神经细胞，结果引起广泛的神经性损害。此外，砷化物对皮肤和黏膜也具有局部刺激和腐蚀作用。

(三)症状

1. 急性中毒

畜禽误食砷化物后，迅速出现流涎（吐沫），口腔黏膜潮红、肿胀，严重病例黏膜出血、脱落或溃烂，齿呈黑褐色，有蒜臭样气味。后出现胃肠炎症状，呕吐（猪），反刍减少、前胃弛缓或瘤胃臌气（牛、羊），腹痛、腹泻，粪便混有血丝和脱落黏膜，且带腥臭气味。可视黏膜潮红、混浊。

随病程发展，当毒物被吸收后，出现神经症状和严重的全身症状。表现兴奋不安，反应敏感，随后转为沉郁，低头闭眼，呆立不动，衰弱乏力，肌肉震颤，共济失调，步态蹒跚，有时后躯（肢）麻痹。公畜阴茎下垂。呼吸急促，脉搏细数，体温下降，瞳孔散大，一般经数小时乃至 1~2d，由呼吸或循环衰竭而死亡。

牛、羊剑状软骨后方有疼痛感，偶尔见有化脓性蜂窝织炎。

2. 慢性中毒

畜禽主要表现为消化机能紊乱和神经功能障碍等症候。病畜流涎，呕吐（猪），食欲下降或废绝，反刍减少，前胃弛缓（牛、羊），腹痛，持续性腹泻或与便秘相交替，粪便带血，黏膜和皮肤发炎，如结膜炎、呼吸道炎症、皮炎等，被毛粗乱、蓬松无光泽，有时局部脱毛而出现秃斑。进行性消瘦，营养下降。猪多表现起初突然倒地，呼吸急促，口吐白沫，四肢呈游泳状，经 3~5min 后，症状缓和，慢慢恢复正常，后反复发生。

病畜精神高度沉郁。皮肤感觉减退，四肢衰弱乏力或发生麻痹。最后肝、心、肾等实质器官受损而引起少尿、血尿或蛋白尿以及心脏机能障碍和呼吸困难，最终死亡。

家禽中毒时，主要表现为食欲不振，双翅下垂，羽毛蓬乱，颈部肌肉震颤，头偏向一侧，口流黏液，冠髯发绀，体温下降，排带血稀粪。

(四)病理变化

1. 急性中毒

主要病变集中于胃肠道。胃及小肠黏膜充血、出血、肿胀且有水肿、糜烂等变化，腹腔内有蒜臭气味。牛、羊真胃有糜烂或溃疡，严重病例见有胃壁穿孔。实质器官（肝、肾、心脏）呈脂肪变性，脾增大、充血。胸膜、心内外膜、肾、膀胱有点状或弥漫性出血。

2. 慢性中毒

除胃(或真胃)、肠的炎症病变外,有的病例可见喉及支气管黏膜充血、肿胀以及全身水肿等变化。

(五)诊断

根据病史材料,场地环境特点(附近有无生产砷化物或有关的工厂),饲喂情况,临床症状以及病理解剖结果进行综合诊断。毒物的实验室分析后确诊。

(六)治疗

急性中毒时,首先应用2%氧化镁溶液或0.1%高锰酸钾溶液反复洗胃,停止饲喂含砷的饲料或牧草。

为防止毒物吸收,一般均采用硫酸亚铁10g、氧化镁15g、常水500mL,应用时将混合振荡成粥样,每4h灌服1次。剂量:马、牛500~1 000mL,猪、羊30~60mL,鸡5~10mL。

砷化物已被吸收,可及时应用二巯基丙醇,马、牛15~20mL,猪、羊2~5mL,鸡0.1mL/kg,分点肌肉注射,第一天每隔4h用药1次,以后每日注射1次,6d为一疗程。也可应用二巯基丙磺酸钠或二巯基丁二酸钠,剂量:马、牛每千克体重5~8mg,猪、羊3~5mg。肌肉或静脉注射第一天注射3~4次,以后酌减。

为解除中毒可用5%~10%硫代硫酸钠液每千克体重1~2mL,静脉注射。猪可应用25%硫代硫酸钠注射液10~20mL,每隔3~4h静脉注射1次,同时注射0.1%盐酸肾上腺素5~10mL和0.3%核黄素10mL,效果较好。

对症疗法:强心、补液、保护胃肠黏膜、缓解腹痛、防止麻痹等措施。

砷化物中毒时,禁忌应用碱性药剂,以避免形成易溶性亚砷酸盐,促进砷的吸收。

(七)预防

(1)严格遵守毒物保管制度,妥善贮存,防止含砷农药污染饲料、植物或饮水,并避免畜禽误食。

(2)应用砷剂治疗时,应严格控制剂量,外用时注意防止病畜舔食。如发现有中毒现象时,应立即停药,进行救治。

(3)喷洒含砷农药的农作物或牧草,在一定期间内(30~45d)禁止食用。如需要饲用时,应在碱水中充分浸泡后,再行饲喂。

(4)饲料中添加砷不宜过高和长期使用,猪饲料中以10~15mg/kg为宜,并以脉冲式添加为好。

二、喹乙醇中毒

喹乙醇又叫倍育诺、快育诺等,由于喹乙醇安全范围小,极易引起中毒。以鸡多发,也见于鸭、猪。

(一)病因

(1)治疗疾病时,用药量过大,是造成本病的主要原因。用药量过大,主要由计算不准,称量失误,搅拌不均等因素所致。

(2)由于管理不善,将多种原料药混放在一起,误将喹乙醇当作其他用量较大的药物使用。

(3)重复应用。有的饲料(料精、添加剂)中,以喹乙醇为生长促进剂,有的喹乙醇复方制剂(如复方禽菌灵)拌饲料。

(二)症状

精神沉郁,羽毛蓬乱无光泽,呆立,蹲于一角。食欲降低或不食,渴欲增加,喝水多。病鸡逐渐衰竭死亡,应激时,死亡更多。母鸡产蛋量急剧下降,种蛋受精率、孵化率低。初期,冠、髯有白色水泡,1~2d后,水泡破溃,冠髯呈青紫色,后期坏死、干枯、萎缩(不常见)。猪初期粪便干、硬,呈棒状,后期排粪稀,呈酱油状。

(三)病理变化

以全身出血为特征。血凝不良,口腔、腭裂,内有较多黏液,胃肠道、泄殖腔黏膜充血、出血、溃疡;心外膜充血,冠状脂肪和心肌出血;肝脏肿大,呈暗黑色或淡黄色,质脆易碎;脾、肾肿大,呈紫葡萄样;腿、胸肌有出血斑点。

(四)诊断

诊断要点:

(1)有过食喹乙醇的病史。

(2)鸡冠、粪便有较典型变化。

(3)剖检见各组织、器官广泛出血。

(4)用剩余饲料能复制出相同病例。

(五)治疗

立即停用喹乙醇或含有喹乙醇的饮料,将食槽中吃剩的饲料彻底清理干净。用0.2%高锰酸钾溶液饮水。

三、磺胺类药物中毒

磺胺药物是一类广谱抗菌药,广泛应用于家禽的某些传染病、球虫病、卡氏住白细胞虫病的防治。

(一)病因

(1)用药量过大 一般来讲,磺胺药可按饲料量的0.1%~0.5%添加,或按饮水量0.05%~0.3%添加,由于计算失误,称量错误等原因,导致饲料或饮水中含药量太高,引起中毒。

(2)用药时间过长 应用磺胺类药物,一个疗程3~5d,在有混合感染的情况下,症状难以控制,用药时间超过7d,可致蓄积中毒。

(3)搅拌不均 应用逐级稀释法,将药物均匀混于饲料或饮水中,如果直接将药物混于大量饲料中,则很难混匀,使局部饲料中含药量过高。

(4)用法不当 把一些不溶于水的磺胺药通过饮水法投药,水槽底部沉积了大量药物,鸡饮用后可致中毒。

由于上述原因,鸡采食了大量磺胺药,进入体内,损伤骨髓,影响造血机能;损伤肾脏,导致排泄障碍和尿酸盐沉积。

(二)症状

1. 急性病例

鸡冠、肉髯苍白,皮下广泛出血,有时眼睑和肉髯也有出血,时间较短者为红色斑点,时间较长者为紫斑。有些病鸡出现腹泻,多因出血过多而死亡,死前挣扎,鸣叫。

2. 慢性病例

病鸡精神沉郁,采食下降,生长慢,羽毛蓬乱,鸡冠、肉髯苍白。成年鸡产蛋少,产薄壳、软壳蛋。

(三)病理变化

典型病变是皮下、肌肉广泛出血,尤其是腿、胸肌更为明显,有出血斑、点。血液稀薄如水,血凝不良,骨髓颜色变淡或变黄。胃肠道黏膜有点状出血,肝、脾肿大、出血,胸、腹腔内有淡红色积液。肾脏肿大、苍白,呈花斑状,肾脏及肠管表面有白色、砂粒样尿酸盐沉着。

(四)诊断

根据有过采食磺胺药的病史,有皮下出血和生长不良的临床症状和剖检变化以广泛出血和肾脏尿酸盐沉积为特点进行综合诊断。

(五)治疗

(1)立即停用含磺胺药的饲料及饮水,其他抗菌、抗球虫药也要停用。

(2)用0.1%碳酸氢钠溶液饮水,3~4h后,改用3%葡萄糖水,连饮2~3d。碳酸氢钠能促进磺胺药排出,减轻对肾脏损害,葡萄糖能提高机体的解毒能力。

(3)每吨饲料中添加复合维生素300~500g,可减少出血,提高治愈率。

(六)预防

(1)使用磺胺类药物时,计算、称量要准确,搅拌要均匀,使用时间不宜太长。尤其是给雏鸡使用磺胺二甲嘧啶时,更应注意。

(2)使用磺胺类药物时,应提高饲料中维生素K和维生素B的含量,一般应按正常量的3~4倍添加。

(3)磺胺药与抗菌增效剂同用,可提高疗效,减少用量,防止中毒。

(4)鸡患有法氏囊病、痛风、肾型传染性支气管炎、维生素A缺乏等有肾损害的疾病时,不宜应用磺胺药。

四、马杜拉霉素中毒

马杜拉霉素是聚醚离子载体类抗球虫药,具有作用强、成本低、不易产生耐药性等优点,在生产上得到广泛应用。但由于其安全范围小,应用不当,会引起中毒,临床上以神经症状和运动障碍为特征。

(一)病因

多数是由于药量过大引起中毒。马杜拉霉素用量很少,一般添加量为每千克饲料5~10mg,多用其0.2%的预混剂,如果应用原粉,则很难混匀,极易中毒。另外,称量不准、误用、随意加大药量都可导致本病。

(二)症状

鸡采食了含药量高的饲料后，1~3d 开始出现症状。轻者采食减少，精神不振，闭眼垂翅，羽毛松乱，腿软无力，站立不稳，驱赶时走路摇摆，常跌倒、翻滚；重者卧地不起，翅着地，伏地前行，有的头颈扭曲，震颤，转圈哀鸣；后期病鸡侧卧，两腿呈游泳状划动，死亡后多呈俯卧姿势，腿向后伸直。

(三)病理变化

血液呈鲜红色，血凝不良，腿、胸部肌肉呈粉红色，有米粒大散在的出血点。肝脏边缘呈暗黑色，胆囊胀大，充满胆汁。十二指肠、空肠、回肠弥漫性充血、出血，心冠脂肪出血。脾呈粉红色，略肿，其余脏器未见明显变化。

(四)诊断

根据有过食马杜拉霉素的病史，临床症状有神经症状和运动障碍和剖检以血凝不良，肌肉、脾呈粉红色，有散在出血点为特征进行综合诊断。

饲料检验，马杜拉霉素含量超过 15mg/kg 可以确诊。

(五)治疗

(1)立即停用马杜拉霉素及其他一切抗生素。用 0.02% 高锰酸钾水，3~4h 后，改用 3% 葡萄糖水，连饮 2~3d。

(2)每吨饮水中添加维生素 C 20~30mg，电解多维 2~3g，可有效缓解症状，提高治愈率。

(六)预防

应用马杜拉霉素时，应严格遵守厂家推荐用量，不得任意加大。称量要准确，混合要均匀。许多抗球虫药的有效成分为马杜拉霉素，如抗球王、杜球、加福、克球皇等，用户要加以辨别，避免重复用药。厂家如果在饲料中添加了马杜拉霉素，应当注明。

有机磷农药中毒

【实训目的】 掌握动物(牛、猪、羊、禽)有机磷农药中毒的诊断与治疗(抢救)。

【实训材料】 牛、猪、羊、鸡；有机磷农药、解磷定、阿托品；注射器、洗胃设备、牛鼻钳及保定绳等。

【实训内容】

(1)给实验动物灌服有机磷农药，引起动物有机磷农药中毒。

(2)观察实验动物有机磷农药中毒的症状和诊断方法。

(3)有机磷农药中毒抢救方法。

【实训报告】 记录常用的牛、猪、羊有机磷农药中毒的症状、诊断和抢救方法。

一、名词解释

中毒　半数致死量　致死量　最大耐受量　最小致死量　绝对致死量

二、问答题

1. 急性家畜有机磷农药中毒应采取什么样的急救措施？应注意什么？
2. 常见的玉米霉菌毒素中毒有哪几种？
3. 如何判断牛尿素中毒？平时如何预防尿素中毒？
4. 羊闹羊花中毒有什么临床表现？如何预防和抢救？
5. 如何预防雏鸡喹乙醇中毒？

三、思考题

1. 如何降低玉米中霉菌毒素？谈谈霉菌毒素对畜禽生产的影响。
2. 被厂矿企业污染附近区域的家畜为什么容易出现钙磷代谢障碍性跛行？

模块二

动物外科

项目七
损 伤

【知识目标】
- 掌握创伤的结构和愈合过程及影响因素。
- 掌握血肿与挫伤的症状、诊断、治疗。
- 掌握休克与溃疡的病因、症状、控制和治疗。

【技能目标】
- 正确地进行血肿、挫伤的诊断与治疗。
- 正确地进行休克、溃疡的诊断与治疗。

损伤是由各种不同外界因素作用于机体,引起机体组织器官在结构上的破坏或生理机能上的紊乱,并伴有不同程度的局部或全身反应的病理现象。

损伤的分类如下:

1. 按损伤组织和器官的性质分类

(1)软部组织损伤 为机体软部组织和器官的损伤。根据皮肤及黏膜的完整性是否受到破坏,又分为机体软部组织开放性损伤和软部组织非开放性损伤。

(2)硬部组织损伤 为机体硬部组织和器官的损伤,如关节和骨损伤、关节脱臼和骨折等。

2. 按损伤的病因分类

(1)机械性损伤 因机械性刺激作用所引起的损伤,包括开放性损伤和非开放性损伤。

(2)物理性损伤 由物理性因素引起的损伤,如烧伤、冻伤、电击及放射性损伤等。

(3)化学性损伤 由化学因素引起的损伤,如化学性药品及强刺激剂引起的损伤等。

(4)生物性损伤 由生物性因素引起的损伤,如各种细菌、病毒和毒素引起的损伤等。

在兽医临床上,常把开放性损伤(具有出血、创口裂开、疼痛及机能障碍为主要症状的损伤)称为创伤。

任务一 开放性损伤——创伤

一、创伤的概念

1. 创伤的定义

创伤是因锐性外力或强烈的钝性外力作用于机体组织或器官，使受伤部皮肤或黏膜出现伤口及深层组织与外界相通的机械性损伤。

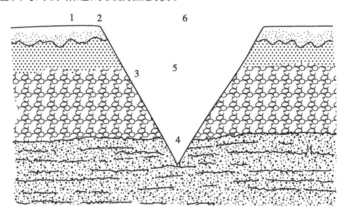

图 7-1 创伤的组成
1. 创围 2. 创缘 3. 创壁 4. 创底 5. 创腔 6. 创口

2. 创伤的组成

创伤一般由创缘、创口、创壁、创底、创腔、创围组成（图7-1）。

(1) 创围　围绕创口周围的皮肤或黏膜。

(2) 创缘　皮肤或黏膜及其下的疏松结缔组织。

(3) 创底　创伤的最深部分，根据创伤的深浅和局部解剖特点，创底可由各种组织构成。

(4) 创腔　创壁之间的间隙，管状创腔称为创道。

(5) 创壁　由受伤的肌肉、筋膜及位于其间的疏松结缔组织构成。

(6) 创口　创缘之间的间隙称为创口。

二、创伤的症状

（一）新鲜创的临床症状

新鲜创是指无菌手术创和8h以内的污染创，主要症状是出血、创口裂开、疼痛及机能障碍。

(1) 出血　是新鲜创的特征性表现，在创伤急救时应特别注意。出血量的多少决定于受伤的部位、组织损伤的程度、血管损伤的状况和血液的凝固性等。

出血根据受伤的时间分为原发性出血、继发性出血；根据受伤的部位分为内出血、外出血；根据受伤的血管分为动脉管出血、静脉管出血、毛细血管出血等。

(2)创口裂开　是因受伤组织断离和收缩而引起的。创口裂开的程度决定于受伤的部位、创口的方向、长度和深度，以及组织的弹性。活动性较大的部位，创口裂开比较明显；长而深的创伤比短而浅的创口裂开大，肌腱的横创比纵创裂开宽。

(3)疼痛及机能障碍　是因为感觉神经受损伤或炎性刺激而引起。疼痛的程度决定于受伤的部位、组织损伤的性状和个体特性。感觉神经分布丰富的部位（如蹄冠、外生殖器、肛门、骨膜等处）发生的创伤，则疼痛剧烈。由于疼痛和受伤部位的组织结构被破坏，临床上常出现肢体的功能障碍。

(二)感染创的临床症状

感染创是指创内有大量的病原微生物侵入，呈现化脓性炎症的创伤。根据感染创的临床特征将其分成两个阶段。

1. 化脓期（化脓创）

创内、创缘和创围内有大量的脓汁是化脓期的重要特征。脓汁是由于感染的进行性发展使创伤组织发生充血、渗出、肿胀、疼痛和局部体温升高等急性炎症症状，随后受创伤的组织发生坏死、分解、液化而成的。

2. 肉芽期（肉芽创）

本期的重要标志是形成肉芽组织。随着化脓后期炎症的消退，症状逐渐减轻，毛细血管的内皮细胞和成纤维细胞大量增生，形成肉芽组织。健康的肉芽组织质地坚硬，呈粉红色颗粒状，表现有少量黏性灰白色脓性分泌物。

三、创伤的分类及临床特征

(一)按伤后经过的时间分类

(1)新鲜创　伤后的时间较短，创内尚有血液流出或存有血凝块，且创内各部组织的轮廓清晰，有的虽被严重污染，但未出现创伤感染症状。

(2)陈旧创　伤后经过时间较长，创内各组织的轮廓不清，出现明显的创伤感染症状，甚至有的排出脓汁，有的还出现肉芽组织。

(二)按创伤有无感染分类

(1)无菌创　通常指在无菌条件下所做的手术创称为无菌创。

(2)污染创　创伤被细菌和异物所污染，但进入创内的细菌仅与损伤组织发生机械性接触，并未侵入组织深部发育繁殖，也未呈现致病作用。污染较轻的创伤，经适当的外科处理后，可能取第一期愈合。污染严重的创伤，又未及时彻底地进行外科处理，常转为感染创。

(3)感染创　进入创内的致病菌大量发育繁殖，对机体呈现致病作用，使伤部组织出现明显的创伤感染症状，甚至引起机体的全身性反应。

(三)按致伤物的性状分类

(1)刺创　由尖锐细长物体（钢丝、木刺、长钉子等）刺入组织内发生的损伤。特点是创口狭小，创腔狭深，内腔积血，极易感染。

(2)切创　因锐利的刀类、铁片、玻璃片等切割组织发生的损伤。特点是创缘平整，出血量多，疼痛较轻，易于愈合。

(3)砍创　由砍柴刀、马刀等砍切组织发生的损伤。特点是创缘挫裂，出血量大，疼痛剧烈，创口哆开。

(4)挫创　因钝性外力的作用（如打击、冲撞、跳踢等）或动物跌倒在硬地上所致的软组织损伤。特点是创形不整，组织挫灭，出血量少，疼痛显著。

(5)裂创　由钩、钉等钝性牵引作用，使组织发生机械性牵张而断裂的损伤。特点是创缘锯齿状，创口裂开很大，出血较少，疼痛剧烈。

(6)压创　因车轮碾压或重物挤压所致的软组织损伤。特点是创形不整齐，出血量少，疼痛不剧烈，易感染化脓。

(7)搔创　因被猫和犬的爪搔抓致伤，皮肤常被损伤，呈线形，一般比较浅表。

(8)缚创　由于保定用绳，特别是粗糙的新绳缚捆时，可引起缚创。

(9)咬创　因动物的牙咬所致的组织损伤，猪和马多见。特点是创缘不整，组织缺损，出血量少，极易感染。

(10)毒创　由于被毒蛇、毒蜂刺蜇等所致的组织损伤。特点是被咬部位呈点状损伤，常不易发现。但毒素进入组织后，患部疼痛剧烈，迅速肿胀，以后出现坏死和分解。

(11)复合创　具备上述两种以上创伤的特征。常见者有挫刺创、挫裂创等。

(12)火器创　因枪弹或弹片致伤所造成的开放性损伤。

四、创伤的愈合

(一)影响创伤愈合的因素

创伤愈合的速度常受许多因素的影响，具体包括外界条件方面的、人为的和机体方面的，应尽力消除妨碍创伤愈合的因素，创造有利于创伤愈合的良好条件。

(1)创伤感染　创伤感染化脓是延迟创伤愈合的主要因素，由于病原菌的致病作用，一方面使伤部组织遭受更大的破坏，延长愈合时间；另一方面机体吸收了细菌毒素和有害的炎性产物，降低机体的抵抗力，影响创伤的修复过程。

(2)创内存有异物或坏死组织过多　当创内，特别是创伤深部存留异物或坏死组织时，炎性净化过程不结束，化脓不停止，创伤就不能愈合，甚至形成化脓性窦道。

(3)受伤部血液循环不良、代谢紊乱　创伤的愈合过程是以炎症为基础的过程，受伤部血液循环不良，既影响炎性净化过程的顺利进行，又影响肉芽组织的生长，从而延长创伤愈合时间。

(4)受伤部不安静　受伤部经常进行有害的活动，容易引起继发损伤，并破坏新生肉芽组织的健康生长，从而影响创伤的愈合。

(5)机体维生素缺乏和营养不良　维生素A缺乏时，上皮细胞的再生作用迟缓，皮肤出现干燥及粗糙；B族维生素缺乏时，能影响神经纤维的再生；维生素C缺乏时，由于细胞间质和胶原纤维的形成障碍，毛细血管的脆弱性增加，致使肉芽组织水肿、容易出血；维生素K缺乏时，由于凝血酶原的浓度降低，致使血液凝固缓慢，影响创伤愈合时间。动物机体营养不良时,尤其是蛋白质严重不足,会影响肉芽组织的再生和创伤的修复。

(6)免疫功能低下　大量用皮质激素、吲哚美辛、细胞毒药物及放射线照射,或者先天性不足等,使中性粒细胞、单核-巨噬细胞、淋巴细胞的功能降低,创伤性炎症和细胞增生受到抑制,影响组织修复。

(7)处理创伤局部不合理　如止血不彻底,施行清创术较晚和不彻底,引流不通畅,不合理的缝合与包扎,频繁地检查创伤和不必要的换绷带,以及不遵守无菌操作规程,不合理地使用药物等,都可延长创伤的愈合时间。

(8)全身治疗不当　免疫抑制剂、细胞抑制剂、激素类抗凝剂对伤口有直接的负面影响,会抑制细胞增生,影响组织的修复。电离辐射等也能破坏细胞,损伤小血管,抑制组织再生,阻止瘢痕形成。

(9)年龄　幼龄动物的组织再生能力强,愈合快。老龄动物则相反,组织再生能力差,愈合慢,与老龄动物的血管硬化、血液供应减少有很大的关系。

(二)创伤愈合的种类

创伤愈合分为第一期愈合、第二期愈合和痂皮下愈合三类。

(1)第一期愈合　创伤第一期愈合是一种较为理想的愈合形式。其特点是创缘、创壁整齐,创口吻合,无肉眼可见的组织间隙,临床上炎症反应较轻微。创内无异物、坏死灶及血肿血块等,组织保持活性,失活组织较少,没有感染,具备这些条件的创伤可完成第一期愈合。无菌手术创绝大多数可达第一期愈合。新鲜污染创,如能及时做清创术处理,也可以期待达到此期愈合。愈合时间为7~10d,在外观形态上和生化变化均不显著,留下线状瘢痕或不留瘢痕即表示痊愈。

(2)第二期愈合　特征是伤口增生大量的肉芽组织,充填创腔,然后形成瘢痕组织与被覆上皮组织而治愈。一般当伤口大,伴有组织缺损,创缘及创壁不整,伤口内有血凝块、细菌感染、异物、坏死组织,以及由于炎性产物、代谢障碍,致使组织丧失第一期愈合能力时,要通过第二期愈合而治愈。临床上多数创伤病例会发生化脓和有坏死组织,只能逐渐由新生的肉芽组织填充创伤的伤口而取第二期愈合。愈合时间一般在3~4周或更长,形成的瘢痕比较大。

(3)痂皮下愈合　特征是表皮损伤,伤面浅在并有少量出血,以后血液或渗出的浆液逐渐干燥而结成痂皮,覆盖在伤部的表面,具有保护作用,痂皮下损伤的边缘再生表皮而治愈,如擦伤、轻度烧伤等,无感染时取第一期愈合。若感染细菌时,则痂皮下化脓取第二期愈合。

(三)创伤的愈合过程

1. 一期愈合

一期愈合是一种理想的愈合形式,是在没有感染以及炎性反应轻微的条件下呈现的愈合形式。愈合以后不留瘢痕,没有器官的功能障碍。

创伤在出血停止以后就开始了愈合过程。首先创腔内充满了淋巴液、血凝块及少量的挫灭组织,共同形成纤维蛋白网,实现了创壁之间的初次黏合。牛、羊、猪的创伤纤维渗出物较多,其初次黏合比马属动物的牢固。随后,创伤部位出现轻度炎症,病灶内出现巨噬细胞及白细胞浸润。创伤内的死灭组织、纤维素、血凝块及微生物均可被白细胞吞噬，这样就净化了创伤，为组织再生创造了良好环境。48h后，创壁的毛细血管内皮细胞及结缔组织细胞增殖，形成肉芽组织，使创壁之间形成牢固的结合。同时，创缘的上皮由病灶的四周向中央生长，覆盖创面而愈合。此时的愈合呈线状、淡红色、较脆弱。再经3~4d，由成纤维细胞合成的胶原纤维增多，肉芽组织逐渐减少。经过6~7d后创伤便形成了一条平滑、暗红色、线状的瘢痕，完成了一期愈合的全过程。

2. 二期愈合

在临床上常根据愈合过程中生物形态、物理学及胶体化学变化的特点，把本期愈合分为两个时期，即化脓期(炎性净化期)和肉芽生长期(组织修复期)。这两个时期不能截然分开，它是由一个时期逐渐过渡到另一个时期，而在表现形式上各有特点。

(1)化脓期　该期是通过炎性反应达到创伤的自体净化。临床上主要表现为创伤部肿胀、增温、疼痛，随后是创内的组织坏死、液化、分解，形成大量的脓汁，并从创口流出。

各种动物的净化过程不尽相同。马和犬以浆液性渗出为主，液化过程完全，消除坏死组织迅速，但易引起中毒；牛、羊则以浆液-纤维素性渗出为主，净化过程慢，但不易引起吸收中毒。

(2)肉芽生长期　肉芽组织是由新的纤维母细胞和毛细血管构成的。其中纤维母细胞是由伤口周围的原始结缔组织细胞分裂增生而来的，这种细胞在伤后的初期增生快，由伤口边缘及底部逐渐向中心生长。与此同时，有大量毛细血管混杂在纤维母细胞之间，自伤口周围向中心靠拢而产生伤口收缩，使伤口缩小，有利于伤口愈合。

肉芽组织中还有中性粒细胞、巨噬细胞和其他炎性细胞，但没有神经纤维生长，因此，肉芽组织无感觉，触之不疼痛。肉芽组织的成熟过程是在伤后5~6d，增生的纤维母细胞开始产生胶原纤维，在2周左右，胶原纤维形成最旺盛，以后逐渐减慢；至3周左右，胶原纤维的增生就很少了，只留下部分毛细血管和细小的动脉及静脉来营养该处。至此，肉芽逐渐成熟为瘢痕组织，呈灰白色，硬韧。

肉芽组织开始生长的同时，创缘的上皮组织增殖，新生的上皮由周围向中心生长，当肉芽组织生长到皮肤表面时，新的上皮也刚好覆盖创面。如果创面较大，上皮不足以覆盖创面时，则会形成上述的瘢痕。瘢痕组织无毛囊、无汗腺、无皮脂腺，会出现功能障碍。

新生的健康肉芽组织为淡红色，呈颗粒状，较坚实，有少量黏稠分泌物；不健康的肉芽组织为灰白色，呈水肿样，易出血，有多量脓汁。临床上应仔细观察肉芽的生长情况，调节肉芽和上皮组织的生长速度，以取得良好的治疗效果。

五、创伤的检查

创伤检查的目的在于了解创伤的性质，决定治疗措施和观察愈合情况。

1. 一般检查从问诊开始

了解创伤发生的时间，致伤物的性状，发病当时的情况和病畜的表现等。然后检查病畜的体温、呼吸、脉搏，观察可视黏膜颜色和病畜的精神状态。检查受伤部位和救治情况，以及四肢的机能障碍等。

2. 创伤外部检查按由外向内的顺序，仔细地对受伤部位进行检查

先视诊创伤的部位、大小、形状、方向、性质，创口裂开的程度，有无出血，创围组织状态和被毛情况，有无创伤感染现象。再观察创缘及创壁是否整齐、平滑，有无肿胀及血液浸润情况，有无挫灭组织及异物。然后对创缘进行柔和而细致的触诊，以确定局部温度的高低、疼痛情况、组织硬度、皮肤弹性及移动性等。

3. 创伤内部检查应胆大心细，并遵循无菌规则

首先创围剪毛、消毒。检查创壁时，应注意组织的受伤、肿胀出血及污染情况等。检查创底时，应注意深部组织受伤状态，有无异物、血凝块及创囊的存在。必要时可用消毒的探针、硬质胶管等，或戴好消毒乳胶手套的手指进行创底检查，摸清创伤深部的具体情况。

对于有分泌物的创伤，应注意分泌物的颜色、气味、黏稠度、数量和排出情况等。必要时可进行酸碱度测定、脓汁及血液检查。对于出现肉芽组织的创伤，应注意肉芽组织的数量、颜色和生长情况等。创面可做按压标本的细胞学检查，有助于了解机体的防卫机能状态，客观地验证治疗方法的准确性。

六、创伤的治疗

创伤的治疗应排除和控制诸多影响创伤愈合的各种因素（如创伤感染、血液循环不良、创内有异物和坏死组织、维生素缺乏、血液中蛋白质浓度降低、引流方法不当等），坚持创伤治疗的一般原则，对各种创伤实施正确的治疗。

(一)创伤治疗的一般原则

(1)正确处理局部与全身的关系　从病畜全身出发，从处理局部着手，既要看到局部症状又要注意全身症状，在局部治疗的同时，应仔细检查全身情况，必要时要做全身治疗。

(2)预防和防止创伤的感染与中毒　对新鲜污染创，应实施彻底的清创术，着力防止创伤感染，力争一期愈合；对化脓创应着重于消除感染和防止中毒，加速炎性净化，促进肉芽增生，缩短创伤愈合时间；但对火器创的处理，原则上只做清创不做缝合。

(3)消除影响创伤愈合的因素　保持创伤部的安静，除去血凝块和坏死组织，使创缘接触，保证创液的畅通流出，保证患部不受继发性损伤。

(4)抗休克　一般是先抗休克，待休克好转后再行清创术，但对大出血、胸壁穿透创及肠脱出，则应在积极抗休克的同时进行手术治疗。

(5)纠正水与电解质失衡　可灌注口服补液盐、静脉注射糖盐水和5%碳酸氢钠溶液等。

(6)保证营养供应　加强饲养管理，增强机体抵抗力，能促进伤口愈合，对严重创伤的患病动物，应给予高蛋白及富含维生素的饲料。

(二)创伤治疗的基本方法

1. 创围清洁法

清洁创围的目的在于防止创伤感染，促进创伤愈合。清洁创围时先用灭菌纱布块覆盖创面，防止异物落入创内。后用剪毛剪将创围被毛剪去，剪毛面积距离创缘周围10cm左

右为宜。创围被毛如被血液或分泌物黏着时，可用3%过氧化氢和2%氨水混合液将其除去，再用酒精棉球反复擦拭紧靠创缘的皮肤，直到清洁干净为止。离创缘较远的皮肤，可用肥皂水和消毒液洗刷干净，但应防止洗刷液落入创内。最后用5%碘酊和75%乙醇以5min的间隔，两次涂擦创围皮肤。

2. 创面清洗法

揭去覆盖创面的纱布块，用生理盐水冲洗创面后，持消毒镊子除去创面上的异物、血凝块或脓痂。再用生理盐水或防腐液反复冲洗创伤，直至清洁为止。创腔较浅且无明显污物时，可用浸有消毒液的棉球轻轻地清洗创面；创腔较深或存有污物时，可用洗创器吸取防腐液冲洗创腔，并随时除去附于创面的污物，但应防止过度加压形成的急流冲刷创伤，以免损伤创内组织和扩大感染。清洗创腔后，用灭菌纱布块轻轻地擦拭创面，以便除去创内残存的液体和污物。

3. 清创手术

用外科手术的方法将创内所有的失活组织切除，除去可见的异物、血凝块，消灭创囊、凹壁，扩大创口（或做辅助切口），保证排液畅通，力求使新鲜污染创变为近似手术创伤，争取创伤的第一期愈合。

4. 创伤用药

(1)抗感染药物　新鲜创经过处理后，撒上青霉素、链霉素等抗生素药或磺胺粉。

(2)加速炎性创口净化的药物　此类药物能改善局部血液循环，加速淋巴净化，消除细菌和毒素。常用的有8%~10%氯化钠溶液、10%~20%硫酸钠溶液和50%葡萄糖溶液等药物。

(3)促进肉芽和上皮生长的药物　促进肉芽生长的有10%磺胺鱼肝油、青霉素鱼肝油、2%~3%红汞鱼肝油、松碘油膏、硫酸铜和高锰酸钾等药物；促进皮肤再生的有氧化锌水杨酸钠膏、水杨酸钠磺胺膏等药物。

5. 创伤缝合

对创伤进行缝合，可以避免发生创伤继发性感染，促进止血，减少哆开，为组织的再生创造良好的条件。创伤的伤口是否缝合，应根据创伤的部位、受伤的时间、污染程度、外科处理是否彻底等因素而决定。缝合可分为初期缝合、延期缝合和肉芽创缝合。

(1)初期缝合　无污染，创缘完整，有活力，不出血的新鲜创伤进行缝合，不影响血液循环。

(2)延期缝合　有感染可疑的创伤，先用药物治疗3~5d，无感染危害后再进行缝合。

(3)肉芽创缝合　对生长良好的肉芽创进行缝合，可加速愈合，减少疤痕。

6. 创伤引流法

多用于深部感染化脓创的炎性净化期，创腔深、创道长、创内有坏死或创底潴留渗出物，用引流布（纱布条、胶管等）将药物导入创内。使药物和创面均匀接触，较长时间发挥作用。同时将创内的炎性渗出物沿着引流条排出体外，当渗出物少和肉芽生长良好时，就应停止引流。

7. 创伤包扎法

经外科处理的四肢下部和新鲜创伤都要进行包扎，包扎的绷带由吸收层（灭菌纱布）、接受层(灭菌脱脂棉)、固定层(绷带)三层组成。若创内有大量脓汁、厌氧性及腐败性感染，炎性净化后有良好肉芽组织，不包扎，采取开放疗法。

8. 全身疗法

对因创伤而引起动物机体出现体温升高、精神沉郁、白细胞增数和局部化脓者，应用抗生素和磺胺药。对局部化脓剧烈，为了减少渗出和酸中毒，静脉注射10%氯化钙100～150mL，5%碳酸氢钠溶液300～500mL。根据病情变化，还应对症治疗，采取抗菌、强心、利尿、补液等方法。

任务二 软组织的非开放性损伤

由于钝性外力的撞击、挤压、跌倒等而致伤，伤部的皮肤和黏膜保持完整，而有深部组织的损伤，非开放性损伤因无伤口，感染机会较少，但有时伤情较为复杂，不能忽视，常见的有挫伤、血肿和淋巴外渗。

一、挫伤

挫伤是机体在钝性外力直接作用下，引起软组织的非开放性损伤。挫伤可发生于任何组织和器官。动物体的各种组织，对损伤各具有不同的抵抗力。皮下结缔组织、小血管及淋巴管抵抗力最弱；肌肉、筋膜、腱及神经较强；皮肤具有很大的弹性和韧性，抵抗力最强。因此，在挫伤时，特别是骨骼浅在的部位，因软组织存在于骨与钝性物体之间，最易受到挫伤，即使是受到不太大的外力作用，也能导致损伤。骨膜发生挫伤时，易伴发骨折。关节发生挫伤时，除关节部软组织发生溢血外，关节腔内也发生溢血且关节韧带的完整性遭到破坏，乃至形成关节血肿、关节软骨破裂及关节内骨折等。内脏器官比较脆弱，局部发生挫伤时，可引起内脏破裂，且危及生命。

1. 病因

主要由于棍棒打击、车辆冲撞、车辙碾压、马属动物蹴踢、角抵、跌倒或坠落于硬地上，都容易发生挫伤。其受伤的组织或器官可能是皮肤、皮下组织、筋膜、肌肉、肌腱、腱鞘、韧带、神经、血管、骨膜、关节、胸腹腔及内脏器官。

2. 症状

患部皮肤可出现轻微的致伤痕迹，如被毛脱落、擦伤等。挫伤的症状表现为溢血、肿胀、疼痛和功能障碍。溢血是由于血管破裂，使血液积聚在组织中，在缺乏色素的皮肤上可见到溢血斑。肿胀是由于局部损伤造成炎症，血液和淋巴液浸润引起。肿胀部增温，呈坚实感，如并发血肿可出现稍有弹性的感觉。损伤周围常伴有弥散性水肿，以肿胀的下部为明显。疼痛是由于神经末梢受损或渗出液压迫所致，当较大的知觉神经干及知觉神经分布丰富的部位受挫伤时，则疼痛显著。一般挫伤疼痛为瞬时性，但重度挫伤有时引起局部感觉丧失现象。若损伤发生于四肢，可出现运动机能障碍。

严重的挫伤，往往伴有骨及关节的挫伤。若发生感染时，全身及局部症状加重，可形成脓肿或蜂窝织炎。有的部位反复发生挫伤，可形成淋巴外渗、黏液囊炎及患部皮肤肥厚、皮下结缔组织硬化。

3. 治疗

治疗原则：制止溢血，镇痛消炎，促进肿胀吸收，防止感染，加速组织的修复能力。初期可用冷敷，两天后改用温热疗法，或用氦氖激光照射、红外线照射等，也可局部涂擦刺激性药物，如10%樟脑乙醇或5%鱼石脂软膏等。局部涂擦复方醋酸铅散，对促进肿胀的消退也有良好的效果。或用中药山栀子粉加淀粉或面粉，以黄酒调成糊状外敷。

应及时治疗并发症和继发病。

二、血肿

血肿是由于各种外力作用，造成血管破裂，溢出的血液分离周围组织，形成充满血液的腔洞。

1. 病因

血肿常见于软组织非开放性损伤，但骨折、刺创、火器创也可形成血肿。血肿可发生于皮下、筋膜下、肌肉间、骨膜下及浆膜下，根据损伤的血管不同，血肿分为动脉性血肿、静脉性血肿和混合性血肿。

2. 症状

血肿的临床特点是肿胀迅速增大，肿胀呈明显的波动感或饱满有弹性。4~5d 后肿胀周围呈坚实感且有捻发音，中央部位有波动，局部增温。穿刺可排出血液，若感染后则形成脓肿，有时可见淋巴结肿大和体温升高等全身症状。

3. 治疗

应从制止溢血、排出积血、防止感染着手。初期患部涂布碘酊，防止继发感染。为制止继续出血，可装压迫绷带或注射止血剂。经 4~5d 后，可穿刺或切开血肿，排出积血或凝血块和挫掉灭活组织，如仍有出血可进行结扎止血。清理创腔后，再行缝合创口或施行开放疗法。

三、淋巴外渗

淋巴外渗是在钝性外力作用下，由于淋巴管断裂，致使淋巴液聚积于组织内的一种非开放性损伤。

1. 病因

为钝性外力在动物体上强行滑动摩擦，致使皮肤或筋膜与其下部组织发生分离，因而淋巴管发生断裂淋巴液流出所致。淋巴外渗常发生于淋巴管较丰富的皮下结缔组织（如颈部、胸前部、肩胛部、鬐甲部、腹侧部、臀部和股内侧等），而筋膜下或肌肉间则较少。跌倒在地、与墙壁门框擦挤、被重物冲撞等都可引起本病。

2. 症状

淋巴外渗在临床上发生缓慢，一般于伤后 3~4d 出现肿胀，并逐渐增大，无明显的界限，触诊呈波动感，皮肤不紧张，炎症反应轻微，全身症状不明显。穿刺液为橙黄色稍透明的液体，或混有少量的血液。时间较久，析出纤维素块，囊壁有结缔组织增生而变厚，有坚实感。

3. 治疗

治疗原则：保持安静，防止淋巴液继续外渗，排出积存的淋巴液。临床上应禁用冷疗、热疗、刺激疗法和按摩疗法等，因为长时间的冷敷能使皮肤发生坏死，温热、刺激药物和按摩均可促进淋巴液流出或破坏已形成的淋巴栓塞。

首先使动物安静，有利于淋巴管断端的闭塞。较小的淋巴外渗可不必切开，在波动明显部位，用注射器抽出淋巴液，然后注入乙醇福尔马林溶液（95%乙醇100mL、福尔马林1mL、碘酊数滴），停留片刻后，抽出注入的全部溶液，以使淋巴液凝固堵塞淋巴管断端，制止淋巴液的流出。一次无效，次日可行第二次注入。较大的淋巴外渗，可行切开，排出淋巴液及纤维素，用乙醇福尔马林溶液冲洗，并将浸泡了上述药液的纱布填塞于腔内，24h取出，局部按创伤处理。

任务三　损伤并发症

一、休克

休克是因强烈的刺激因素引起的机体循环血液量锐减，微循环障碍，导致组织缺血缺氧和器官受损害、代谢和功能障碍的一种综合征，它不是一个独立的疾病。各种动物都可发生。

1. 病因

在临床上，休克多见于重剧的外伤、伴有广泛组织损伤的骨折、神经丛或大神经干受到异常刺激、大出血、大面积烧伤、不麻醉进行较大的手术、胸腹腔手术时粗暴的检查、过度牵张肠系膜等。

按照病因可将休克分为：低血容量性休克、创伤性休克、中毒性休克、心源性休克、过敏性休克、出血性休克、感染性休克等。以上各类休克，与外科临床关系最密切的是出血性休克、创伤性休克和感染性休克。

2. 症状

休克的发展过程可分为三个阶段。

(1) 兴奋期（休克初期）　病畜兴奋期表现时间较短，由于损伤的程度不同，兴奋表现的程度也不一样。此期动物主要是兴奋不安，可视黏膜苍白，出冷汗，四肢末端、耳尖发凉。排尿减少或无尿，心跳加快，血压无变化或稍高。经数分钟，有的达1h而进入沉郁期。

(2) 沉郁期（休克中期）　依据损伤的程度不同，沉郁期可持续数小时或1~2d。动物精神沉郁，食欲废绝，反应迟钝甚至昏睡或消失，对痛觉、视觉、听觉的刺激全无反应；可视黏膜发绀，皮温降低，肌肉紧张力极度减退；少尿或无尿；心率加快，脉搏细弱，心音低钝，血压下降，体温降低1~2℃。

(3) 麻痹期（休克晚期）　由于机体重要器官微循环极度衰弱，脑干缺血缺氧加重，血管通透性增高，引起脑水肿，颅内压升高，使昏迷加深。因心血量极少，心搏出量锐减，血压急剧下降，脉细弱甚至不感于手。体温极度下降，瞳孔散大，各种反射消失而逐渐死亡。

3. 诊断

根据临床检查和生理生化测定指标作为休克的诊断依据。临床上，患畜精神沉郁或昏睡，肌肉颤抖，出冷汗，呼吸快而浅表，可视黏膜发绀或苍白，四肢厥冷，皮温下降，体温也降低，脉搏细数而弱，血压下降，瞳孔散大，最后昏迷等可进行初步诊断。

4. 治疗

应积极消除病因，改善血液循环，提高血压，消除毒血症和缺氧症，恢复机体的新陈代谢。

(1) 消除病因　及时止血、止痛。要根据休克发生的不同原因，给予相应的处置。如为出血性休克，关键是止血，同时也必须迅速地补充血容量，才能收到良好的效果；如为损伤性休克，应立即镇痛；如骨折引起的休克要绑好绷带；如感染性休克，除连续应用大量广谱抗生素外，应积极处理感染病灶，对化脓灶、脓肿、蜂窝织炎等，应施行清创术和切开引流；如中毒性休克，要尽快消除中毒因素；过敏性休克则要注射肾上腺素。

(2) 补充血容量　血容量减少是多数休克的基本病理生理改变，在治疗上首先要恢复正常的循环血容量。在贫血和失血的病例中，输给全血效果很好，因为全血既能增强机体的携氧能力，又能降低血液黏稠度，补充血容量可以达到正常血细胞压积；根据需要还可补充代血浆、生理盐水或葡萄糖生理盐水。

(3) 改善心脏功能　休克后期心脏功能降低，可使用增强心脏功能的药物。如洋地黄，可增强心肌收缩力，减慢心率，混于5%葡萄糖盐水内静脉注入；如异丙肾上腺素和多巴胺，能增强心肌收缩力，但缺点是加速心率；大剂量的皮质类固醇，能促进心肌收缩，降低周围血管阻力，有改善微循环的作用，并有中和内毒素作用，较多用于中毒性休克。

(4) 纠正酸中毒　轻度的酸中毒给予生理盐水，中度酸中毒则必须用碱性药物，如碳酸氢钠、乳酸钠等，严重的酸中毒或肝受损伤时，不得使用乳酸钠。

(5) 抗生素及磺胺类药物疗法　外伤性休克常合并有感染，在休克前期，一般常给予广谱抗生素。如果同时配合皮质激素时，抗生素要加大药量。

(6) 加强护理　加强病畜饲养管理，指定专人护理，使家畜保持安静，注意保温，给予充足饮水。输液时使液体保持与体温相同的温度。

二、溃疡

皮肤或黏膜上久不愈合的病理性肉芽创称为溃疡。溃疡与一般创口不同之处是愈合迟缓，上皮和瘢痕组织形成不良。而正常愈合过程伤口的主要特点是创口的营养状态良好。如果局部神经营养紊乱和血液循环、物质代谢受到破坏，降低了局部组织的抵抗力和再生能力，此时任何创口都可以变成溃疡。反之如果对溃疡消除病因进行合理治疗，则溃疡即可迅速地生长出肉芽组织和上皮组织而治愈。

1. 病因

发生溃疡的原因有：血液循环、淋巴循环和物质代谢的紊乱；中枢神经系统和外周神经的损伤或疾病所引起的神经营养紊乱；某些传染病、外科感染和炎症的刺激；维生素不足和内分泌紊乱；伴有机体抵抗力降低和组织再生能力降低的机体衰竭、严重消瘦及糖尿病等；异物、机械性损伤、分泌物和排泄物的刺激；防腐消毒药的选择和使用不当；急性、慢性中毒和某些肿瘤等。

2. 症状

临床上常见的有下述几种溃疡。

(1) 单纯性溃疡　溃疡表面被覆蔷薇红色、颗粒均匀的健康肉芽。肉芽表面覆有少量黏稠、黄白色的脓性分泌物，干涸后则形成痂皮。溃疡周围皮肤及皮下组织肿胀，缺乏疼痛感。

溃疡周围的上皮形成比较缓慢，新形成的幼嫩上皮呈淡红色或淡紫色。上皮有时也在溃疡面的不同部位上增殖而形成上皮突起，然后与边缘上皮带汇合。与此同时肉芽组织则逐渐成熟并形成瘢痕而治愈。当溃疡内的肉芽组织和上皮组织的再生能力恢复时，则任何溃疡都能变成单纯性溃疡。

(2) 炎症性溃疡　临床上较常见，是由于长期受到机械性、理化性物质的刺激及生理性分泌物和排泄物的作用，以及脓汁和腐败性液体潴留的结果。溃疡呈明显的炎性浸润。肉芽组织呈鲜红色，有时因脂肪变性而呈微黄色。表面被覆大量脓性分泌物，周围肿胀，触诊疼痛。

(3) 坏疽性溃疡　见于冻伤、湿性坏疽及不正确的烧烙之后。组织的进行性坏死和很快形成溃疡是坏疽性溃疡的特征。溃疡表面被覆软化污秽无构造的组织分解物，并有腐败性液体浸润。常伴发明显的全身症状。

(4) 水肿性溃疡　常发生于心脏衰弱的病畜及局部静脉血液循环被破坏的部位。肉芽苍白脆弱，呈淡灰白色，且有明显的水肿。溃疡周围组织水肿，无上皮形成。

(5) 蕈状溃疡　常发生于四肢末端有活动肌腱通过部位的创伤。其特征是局部出现高出于皮肤表面、大小不同、凹凸不平的蕈状突起，其外形恰如散布的真菌故称蕈状溃疡。肉芽常呈紫红色，被覆少量脓性分泌物且容易出血。上皮生长缓慢，周围组织呈炎性浸润。

(6) 褥疮及褥疮性溃疡　褥疮是局部受到长时间的压迫后所引起的因血液循环障碍而发生的皮肤坏疽。常见于畜体的突出部位。

褥疮后坏死的皮肤即暴露在空气中，水分被蒸发，腐败细菌不易大量繁殖，最后变得干涸皱缩，呈棕黑色。坏死区与健康组织之间因炎性反应带而出现明显的界限。由于皮下组织的化脓性溶解是沿着褥疮的边缘开始出现肉芽组织，坏死的组织逐渐剥离最后呈现褥疮性溃疡。表面被覆少量黏稠黄白色的脓汁。上皮组织和瘢痕的形成都很缓慢。

(7) 神经营养性溃疡　溃疡愈合非常缓慢，可拖延一年至数年。肉芽苍白或发见不到颗粒。溃疡周围轻度肿胀，无疼痛的感觉，不见上皮形成。

(8) 胼胝性溃疡　某些药物的不合理使用能引起肉芽组织和上皮组织坏死，或者长期不合理的使用创伤引流布、胶管，以及患部经常受到摩擦和活动而缺乏必要的安静(如肛门周围的创伤),均能引起胼胝性溃疡的发生。其特征是肉芽组织血管微细,苍白、平滑无颗粒,并过早地变为厚而致密的纤维性瘢痕组织。不见上皮组织的形成。

3. 诊断

根据皮肤(或黏膜)上经久不愈合的病理创口,创内有肉芽,表面有脓汁覆盖等即可确诊。

4. 治疗

治疗原则:消除病因,防止感染,促进健康肉芽生长,加速皮肤形成。

(1)单纯性溃疡 治疗的着眼点是精心保护肉芽,防止其损伤,促进其正常发育和上皮形成。因此,在处理溃疡面时必须细致,防止粗暴。禁止使用对细胞有强烈破坏作用的防腐剂。为了加速上皮的形成,可使用2％~4％水杨酸锌软膏、鱼肝油软膏等。

(2)炎症性溃疡 治疗时,首先应除去病因,局部禁止使用有刺激性的防腐剂。如有脓汁潴留时,应切开创囊排净脓汁。溃疡周围可用盐酸普鲁卡因青霉素溶液封闭。为了防止从溃疡面吸收毒素也可浸有20％硫酸镁或硫酸钠溶液的纱布覆于创面。

(3)坏疽性溃疡 此溃疡应采取全身和局部并重的综合性治疗措施。全身治疗的目的在于防止中毒和败血症的发生。局部治疗在于早期剪除坏死组织,促进肉芽生长。

(4)水肿性溃疡 治疗主要应消除病因。局部可涂鱼肝油、植物油或包扎血液绷带、鱼肝油绷带等。禁止使用刺激性较强的防腐剂,如樟脑乙醇、樟脑鱼石脂软膏等。应用强心剂调节心脏机能活动并改善病畜的饲养管理。

(5)蕈状溃疡 治疗时,如赘生的蕈状肉芽组织超出于皮肤表面很高,可剪除或切除,也可充分搔刮后进行烧烙止血。也可用硝酸银棒、氢氧化钾、氢氧化钠、20％硝酸银溶液烧灼腐蚀。有人使用盐酸普鲁卡因溶液在溃疡周围封闭,配合紫外线局部照射取得了较好的治疗效果。近年来有人使用二氧化碳激光聚焦烧灼和气化赘生的肉芽取得了较为满意的治疗效果。

(6)褥疮性溃疡 平时应尽量预防褥疮的发生。对已形成的褥疮,可每日涂擦3％~5％甲紫乙醇或3％煌绿溶液。夏天应当多晒太阳,应用紫外线和红外线照射可大大缩短治愈的时间。

(7)神经营养性溃疡 条件允许时,可进行溃疡切除术,术后按新鲜创处理。也可使用盐酸普鲁卡因周围封闭,配合使用组织疗法或自家血液疗法。

(8)胼胝性溃疡 条件允许时,应首先切除胼胝,再按新鲜创处理。也可对溃疡面进行搔刮,涂松节油并配合使用组织疗法。

三、窦道和瘘管

窦道和瘘管是狭窄不易愈合的病理性管道,其表面被覆盖上皮或肉芽组织。

窦道是以一端与体表相通的盲管状,可发生于机体的任何部位的深在组织(结缔组织、骨或肌肉组织等);瘘管是借助管道使体腔与体表相通或使空腔器官互通,其管道是两边开口。

(一)窦道

窦道常为后天性的,多见于臀部、鬐甲部、颈部、股部、胫部、肩胛部和前臂部等。

1. 病因

引起窦道的病因有：①异物常随同致伤物体一起进入体内，或手术时将其遗忘于创内，如弹片、砂石、木屑、谷芒、钉子、被毛、金属丝、结扎线、棉球及纱布等。②化脓坏死性炎症，如脓肿、蜂窝织炎、开放性化脓性骨折、腱及韧带的坏死、骨坏疽及化脓性骨髓炎等。③创伤深部脓汁不能顺利排出，而有大量脓汁潴留的脓窦，或长期不正确的使用引流等都容易形成窦道。

2. 症状

窦道口不断地排出脓汁。当窦道口过小，位置又高，脓汁大量潴留于窦道底部时，当运动时由于肌肉的压迫而使脓汁的排出量增加。窦道口下方的被毛和皮肤上常附有干涸的脓痂。由于脓汁的长期浸渍而形成皮肤炎，被毛脱落。

窦道内脓汁的性状和数量等因致病菌的种类和坏死组织的情况不同而异。当深部存在脓窦且有较多的坏死组织，并处于急性炎症过程时，脓汁量大而较为稀薄并常混有组织碎块和血液。病程拖长，窦道壁已形成瘢痕，且窦道深部坏死组织很少时，则脓汁少而黏稠。

窦道壁的构造、方向和长度因病程的长短和致病因素的不同而有差异。新发生的窦道，管壁肉芽组织未形成瘢痕，管口常有肉芽组织赘生。陈旧的窦道因肉芽组织瘢痕化而变得狭窄而平滑。一般因子弹和弹片所引起的窦道细长而弯曲。

窦道在急性炎症期，局部炎症症状明显。当化脓坏死过程严重，窦道深部有大量脓汁潴留时，可出现明显的全身症状。陈旧性窦道一般全身症状不明显。

3. 诊断

除对窦道口的状态、排脓的特点及脓汁的性状进行细致的检查外，还要对窦道的方向、深度、有无异物等进行探诊。探诊时可用灭菌金属探针、硬质胶管，有时可用消毒过的手指进行。探诊时必须小心细致，如发现异物时应进一步确定其存在部位、与周围组织的关系、异物的性质、大小和形状等。探诊时必须确实保定，防止病畜骚动。要严防感染的扩散和人为的窦道发生。必要时也可进行X射线诊断。

4. 治疗

窦道治疗的主要着眼点是消除病因和病理性管壁，通畅引流以利愈合。

(1)对疖、脓肿、蜂窝织炎自溃或切开后形成的窦道，可灌注10%碘仿醚、3%过氧化氢等以减少脓汁的分泌和促进组织再生。

(2)当窦道内有异物、结扎线和组织坏死块时，必须用手术方法将其除去。在手术前最好向窦道内注入除红色、黄色以外的防腐液，使窦道管壁着色或向窦道内插入探针以利于手术的进行。

(3)当窦道口过小、管道弯曲，由于排脓困难而潴留脓汁时，可扩开窦道口，根据情况造反对孔或做辅助切口，导入引流物以利于脓汁的排出。

(4)窦道管壁有不良肉芽或形成瘢痕组织时，可用腐蚀剂腐蚀，或用锐匙刮净或用手术方法切除窦道。

(5)当窦道内无异物和坏死组织块，脓汁很少且窦道壁的肉芽组织比较良好时，可填塞铋碘蜡泥膏(次硝酸铋10g、碘仿20g、石蜡20g)。

(二)瘘

先天性瘘是由于胚胎期间畸形发育的结果,如脐瘘、膀胱瘘及直肠阴道瘘等。此时瘘管壁上常被覆上皮组织。后天性瘘较为多见,是由于腺体器官及空腔器官的创伤或手术之后发生的。在家畜常见的有胃瘘、肠瘘、食道瘘、颊瘘、腮腺瘘及乳腺瘘等。

1. 分类及症状

可分为以下两种:

(1)排泄性瘘 其特征是经过瘘的管道向外排泄空腔器官的内容物(尿、饲料、食糜及粪等)。除创伤外,也见于食道切开、尿道切开、瘤胃切开、肠管切开等手术化脓感染之后。

(2)分泌性瘘 其特征是经过瘘的管道分泌腺体器官的分泌物(唾液、乳汁等)。常见于腮腺部及乳房创伤之后。当动物采食或挤乳时,有大量唾液和乳汁呈滴状或线状从瘘管射出时,是腮腺瘘和乳腺瘘的特征。

2. 治疗

(1)对肠瘘、胃瘘、食道瘘、尿道瘘等排泄性瘘管必须采用手术疗法。其方法是用纱布堵塞瘘管口,扩大切开创口,剥离粘连的周围组织,找出通向空腔器官的内口,除去堵塞物,检查内口的状态,根据情况对内口进行修整手术、部分切除术或全部切除术,密闭缝合,修整周围组织,缝合。手术中一定要尽可能防止污染新创面,以争取第一期愈合。

(2)对腮腺瘘等分泌性瘘,可先向瘘管内滴入甘油数滴,再撒布高锰酸钾粉少许,用棉球轻轻按摩,用其烧灼作用以破坏瘘的管壁。一次不愈合者可重复使用。也可向管内灌注20%碘酊、10%硝酸银溶液等。对腮腺瘘可先向管内用注射器在高压下灌注溶解的石蜡,后装置胶绷带。也可先注入5%~10%甲醛溶液或20%硝酸银溶液15~20mL,数日后当腮腺已发生坏死时进行腮腺摘除术。还可将1%福尔马林浸泡的纱布条通入瘘管内放置6h后再取出,使管壁腐蚀后脱落,然后按化脓创处理即可。

练习与思考

一、名词解释

创伤 挫伤 血肿 淋巴外渗 溃疡 坏疽 窦道和瘘

二、问答题

1. 制订一份奶牛新鲜污染创的治疗方案。
2. 影响创伤愈合的因素有哪些?
3. 创伤治疗的一般原则和治疗方法有哪些?
4. 临床上常见的溃疡有哪几种?如何进行合理的治疗?
5. 损伤的并发症包括哪些?
6. 某农户的一头黄牛因外伤大失血引起休克,请你制订一套急救方案。
7. 血肿形成的原因和症状有哪些?应如何进行治疗?

项目八
外科感染

【知识目标】
- 掌握影响外科感染的因素和治疗方法。
- 掌握局部外科感染的症状、治疗和预防。
- 掌握败血症的病因、诊断、治疗和预防。
- 了解外科感染的分类。

【技能目标】
- 熟练进行脓肿、蜂窝织炎的诊断、治疗。
- 熟练准确地进行败血症的诊断、控制和治疗。

任务一　概述

一、外科感染

(一)外科感染的概念

感染是有机体对致病菌的侵入、生长和繁殖造成的一种反应性病理过程。外科感染是一个复杂的病理过程,当病原微生物经皮肤、黏膜的创伤或其他途径侵入动物机体,并在组织中生长、繁殖,产生毒素,对机体呈现病原作用而引起局部或全身反应的病理过程。体内的病原菌根据其致病力的强弱、侵入门户以及动物机体局部和全身的状态而出现不同的结果。

(二)外科感染的分类

1. 根据病原菌感染途径分类

(1)外源性感染　致病菌通过皮肤或黏膜面的伤口侵入动物机体某部,随循环带至其他组织或器官内的感染。

(2)内源性感染　侵入动物机体内的致病菌当时未被消灭而隐藏存活于某部(腹膜粘连部位、形成瘢痕的溃疡病灶和脓肿内、组织坏死部位、做结扎和缝合的缝线上、形成包囊的异物等),当动物机体全身和局部的防卫能力降低时则发生此种感染。

2. 根据感染由几种病原菌引起分类

(1)单一感染　由一种病原菌引起的称为单一感染。

(2)混合感染　由多种病原菌引起的称为混合感染。

3. 根据感染的先后分类

(1)原发性感染　开始即为该种病原菌所引起的感染。

(2)继发性感染　原发性病原微生物感染后,经过若干时间又并发其他病原菌的感染,称为继发性感染。

(3)再感染　被原发性致病菌反复感染时称为再感染。

4. 根据致病菌的种类和病程的演变分类

(1)非特异性感染　又称化脓性感染或一般性感染,如脓肿、蜂窝织炎。他们有化脓性炎症的共同特征,即红、肿、热、痛和功能障碍。防治方法也有共同性。

(2)特异性感染　其致病菌、病程演变和防治方法都与非特异性感染不同。临床上,又将其分为厌氧性感染和腐败性感染。

外科感染与其他感染的不同点是:绝大部分的外科感染是由外伤所引起;一般均有明显的局部症状;常为混合感染;损伤的组织或器官常发生化脓和坏死过程,治疗后局部常形成疤痕组织。

外科感染时,常见的化脓性致病菌有:葡萄球菌、链球菌、大肠杆菌、绿脓杆菌等。

化脓性感染时,常见的致病菌有好气菌、厌氧菌和兼气菌。但常见的化脓性致病菌多为好气菌。它们常存在于动物的皮肤和黏膜表面。这些细菌有的是在碱性环境中易于生长、繁殖,如大肠杆菌(pH 7.0~7.6),另外也有些细菌是喜好在酸性环境中生长繁殖的,如化脓性链球菌(pH 6)。

二、影响外科感染发生发展的基本因素

在外科感染的发生发展的过程中,存在着两种相互制约的因素:机体的防卫机能和促进外科感染发展的因素。

(一)机体防卫机能

机体的防卫机能在动物的皮肤表面,被毛、皮脂腺和汗腺的排泄管内,在消化道、呼吸道、泌尿生殖器及泪管的黏膜上,经常有各种微生物(包括致病能力很强的病原微生物)存在。在正常的情况下,这些微生物并不呈现任何有害作用,这是因为有机体具有很好的防卫机能,足以防止其发生感染。

(1)皮肤、黏膜及淋巴结的屏障作用　在正常的情况下皮肤及黏膜不仅具有阻止致病菌侵入机体的能力,而且还分泌溶菌酶、抑菌酶等杀死细菌或抑制细菌生长繁殖的抗菌性物质。淋巴结和淋巴滤泡可固定细菌,阻止它们向深部组织扩散或将其消灭。

(2)血管及血脑的屏障作用　血管的屏障是由血管内皮细胞及血管壁的特殊结构所构成,它可以一定程度地阻止血液内的致病菌进入脑组织中。

(3)体液中的杀菌因素　血液和组织液等体液中含有补体等杀菌物质。它们或单独对致病菌呈现抑菌或杀菌作用,或同吞噬细胞、抗体等联合起来杀死细菌。

(4)吞噬细胞的吞噬作用 网状内皮系统细胞和血液中的中性粒细胞等均属机体内的吞噬细胞，它们可以吞噬侵入体内的致病菌和微小的异物并进行溶解和消化。

(5)炎症反应和肉芽组织 当致病菌侵入机体后，局部很快发生炎症充血以提高局部的防卫机能。肉芽组织则逐渐增生，在炎症和周围健康组织之间构成防卫性屏障，从而更好地阻止致病菌的扩散并参与损伤组织的修复，使炎症局限化。

(6)透明质酸 透明质酸参与组织和器官的防卫机能，它能对许多致病菌所分泌的透明质酸酶有抑制作用。

(二)促使外科感染发展的因素

进入体内的致病菌在条件适宜的情况下，经过一定的时间即可大量生长繁殖以增强其毒害作用，进而突破机体组织的防卫机能，随即表现出感染的临床症状。而感染发展的速度又取决于外伤的部位、外伤组织和器官的特性、创伤是否遭到破坏、肉芽组织是否健康和完整、致病菌的数量和毒力、是单一感染或是混合感染、有机体有无维生素缺乏症和内分泌系统机能紊乱情况以及病畜神经系统机能状态。这些因素都在外科感染的发生和发展上起着一定的作用。

总之，在外科感染发生和发展过程中，始终贯穿着感染(包括致病菌的致病作用及其他有利于感染的体内外的诸种因素)和抗感染(包括有机体的防卫机能和不利于感染的体内外诸种因素)、扩散和反扩散的相互作用。由于机体内在条件和外界因素的不同而出现不同的结局。有的局部和全身的感染症状都很严重，有的则主要出现局部症状。

三、外科感染的病程演变

致病菌通过损伤的皮肤、黏膜或者经过淋巴管和血管侵入机体后发生感染时，即出现红、肿、热、痛及机能紊乱的临床症状。根据感染后有机体反应发展的快慢可分为急性和慢性两种。根据致病菌的性质可分为化脓性、厌气性和腐败性感染三种。

急性外科感染时机体反应的变化如下：

(1)局部反应 初期局部发生主动性充血，局温增高，以后在炎症病灶的中心由于血液循环停滞而出现被动性充血，继而发生炎性渗出和白细胞游出以及炎症局部的网状内皮系统细胞的明显增生，因而局部出现肿胀、疼痛和机能障碍。当局部急性化脓性感染发展时，机体就形成了一系列的屏障以阻挡感染的发展，如肉芽组织、脓肿的腔壁，原发感染病灶扩散途径上的淋巴管和淋巴结等也起着阻挡作用。急性化脓性感染时，这些淋巴管和淋巴结的炎症变化就是它们抑制致病菌及毒素的标志。当感染由局部病灶向外蔓延时常能直接进入血液循环，在有利条件下能发展成为全身化脓性感染。

(2)全身反应 在局部化脓时，除局部反应外也能出现全身的症状，如体温升高、心跳和呼吸加快、病畜精神沉郁、食欲减退等。

当病畜从原发病灶吸收大量致病菌、毒素及组织分解产物时，则会出现严重的临床症状。此时对感染反应最强烈的器官系统——循环系统、网状内皮系统、神经系统以及毛细血管、肝、肾、脾、肺都将出现严重的机能紊乱，血液化学性质和黏稠度发生改变，血浆蛋白减少，球蛋白增加，体内氧化作用降低，水和无机盐类代谢紊乱，体内抗坏血酸贮存量显著降低。

机体内感染和中毒继续发展的时候，由于骨髓造血机能受到抑制，因而病畜可出现贫血，在血内有时可出现不成熟的幼稚型红细胞。白细胞数量增多，核左移，即嗜酸性粒细胞减少，杆状核白细胞增多，多形核白细胞减少。中度的白细胞增多表示感染的程度不重，白细胞数不见增加，但核出现左移则说明机体反应能力微弱和造血机能受到严重抑制。白细胞数显著减少而临床症状又很严重是预后不良的标志。

四、外科感染诊断与防治

(一)感染的诊断

根据机体感染后表现局部明显的红、肿、热、痛和机能障碍，有的很快化脓。全身反应如体温升高，心跳和呼吸加快等可以做出诊断。

(二)感染的治疗原则

治疗原则：既要治疗局部，也必须注意整个有机体。

1. 局部治疗

治疗化脓病灶的目的是使化脓感染局限化，减少坏死，减少毒素的吸收，使脓汁创液能顺利地排出以利于创伤的愈合，减轻疼痛，促进再生修复过程。

局部化脓感染时，为了阻止致病菌向深部扩散和防止有毒物质的吸收，使病畜充分安静是十分必要的，安静可减少疼痛刺激，避免神经组织进一步遭受损伤，又能恢复病畜的体力和被破坏的代谢机能。为此，局部必须固定限制活动，进行细致的外科处理后根据情况，决定是否包扎。包扎时必须不影响局部的血液循环，在冬季要注意局部保温，可用附有多层棉花的绷带包扎。

某些病例于感染的初期，当软组织肿胀剧痛时，可使用冷敷，但长时间冷敷有可能引起局部贫血而造成坏死。对某些病例可以局部涂擦刺激剂或应用温热疗法使局部发生主动性充血，以利于炎症的消散吸收。当脓肿形成后热敷是禁忌的，因为在这种情况下增加充血能使组织内压增加而引起剧烈疼痛也容易造成脓肿的自溃。某些物理疗法对化脓性感染有较好的疗效，但必须选用得当、应用合理。

手术疗法是治疗化脓性感染的主要方法之一。如果局部化脓灶波动已很明显，疼痛和肿胀及其他全身症状(如体温升高、血液改变、结膜黄染等)都已出现时，应该立即进行手术切开，手术时必须细致，动作要轻，切忌粗暴。既要防止感染扩散，又要引流畅通。

2. 全身治疗

局部发生化脓性感染时常有全身反应，因此在治疗感染病灶的同时也必须进行全身治疗。化脓性感染全身治疗的任务在于保护器官和组织，使其不被致病菌、毒素及分解产物所毒害。必须提高机体的防卫机能，改善中枢神经系统的营养状态，调节机体代谢的平衡。要改善造血器官及排泄器官的机能，改变血氧不足和组织乏氧的状态，抑制致病菌的生长繁殖等。

感染后由于水和电解质代谢的紊乱，病畜常处于脱水状态，特别是重症高热时更为明显。因此必须根据病畜的具体情况大量补液以补充水和电解质的不足，可应用碳酸氢钠疗法调节机体的酸碱平衡，后者对神经系统也能产生良好的影响。应用钙制剂可以改善机体无机盐类代谢的紊乱(化脓性感染时出现明显的低钙血症),并可强壮交感神经系统和调节某些内分泌系统的机能活动。应用葡萄糖疗法可补充糖原以增强肝脏的解毒机能和改善循环。注意饲养管理,对病畜饲喂营养丰富的饲料和补给大量维生素(特别是维生素 A、维生素 B、维生素 C)以提高机体的抗病能力。以解毒和增强机体抵抗力为目的可进行输血、输血浆。以控制病原为目的,可选用对致病菌敏感的抗生素和磺胺制剂。

3. 对症治疗

可应用强心剂、利尿剂和强壮剂等。

任务二 外科局部感染

一、疖

毛囊、皮脂腺及其周围的皮肤和皮下蜂窝组织内发生的化脓性炎症过程称为疖。多数疖同时散在发生或反复出现,而经久不愈者称为疖病。马的疖病常见于四肢,前肢又较后肢常发,其次则见于背部、腰部及臀部。

(一)病因

致病菌常为金黄色葡萄球菌或白色葡萄球菌。家畜的皮肤被粪尿浸渍,污秽不洁,维生素缺乏和皮肤新陈代谢破坏等都是容易发生疖和疖病的原因。

(二)症状

由于家畜的种类和皮肤薄厚的不同,因而所表现的症状也有差异。在皮肤薄的动物或皮肤薄的部位,最初可见到温热而又剧烈疼痛的圆形小硬结节,顶端形成小脓疱,中心部有被毛竖立。以后于其周围出现明显的炎性肿胀。肿胀坚硬,触诊有剧痛。很快即在炎性病灶的中央出现波动明显的小脓肿。此种疖性脓肿具有完整的脓肿膜并突出于皮肤表面。在皮肤厚的动物,首先在毛囊周围组织中迅速地发生浸润。最初不大,触诊有痛,以后则逐渐增大,但并不突出于皮肤表面而是向周围以及深部蔓延,很快也形成小脓肿。

经若干天后,脓肿可自溃流出少量乳汁样微黄白色脓汁,局部则形成一个小溃疡面。表面被覆肉芽组织和脓性痂皮,最后可形成一个小的瘢痕而治愈。

疖常无全身症状,但发生疖病时可出现体温升高、食欲减退、乳牛泌乳量降低等全身症状。

(三)预后

疖经过良好时其炎性浸润可不化脓而逐渐消退。疖性脓肿破溃后一般均可迅速形成瘢痕而治愈。倘若致病菌毒力很强以及机体抵抗力又显著降低时,疖可以继发疖病、化脓性血栓性静脉炎、蜂窝织炎,甚至发生败血症而使病情恶化。

(四)治疗

疖和疖病的治疗应遵循下述二个基本原则:以治疗局部病灶为目的,必须局部和全身疗法并重;消除引起新疖发生的诸种因素;防止致病菌的自由扩散。

局部疗法：病初可用盐酸普鲁卡因青霉素溶液注射于病灶的周围。如局部有剧痛可用红外线照射，能收到较好的效果；或用低功率氦氖激光照射，也可应用樟脑乙醇热敷，外面不加油布以防皮肤发生浸渍。

对浸润期的疖，每日可涂新配制的5%高锰酸钾溶液2~3次，也可局部涂擦厚层的鱼石脂软膏、5%碘软膏等。

当形成疖性脓肿时，应立即切开。不论自溃或手术切开的疖性脓肿均进行开放疗法。

(五)预防

预防疖病关键在于改善饲养管理。经常保持畜舍清洁，不被化脓性致病菌所污染。注意保护家畜皮肤的健康，按时刷拭，促进皮肤的新陈代谢，增强其抵抗力。清除被毛上污染的粪尿及灰土，在饲养方面要注意饲料调配，给予富含维生素的饲料和容易消化的饲料。

二、痈

痈是多数毛囊、皮脂腺及其周围结缔组织的急性化脓性炎症和坏死，是由致病菌同时侵入毛囊和皮脂腺所引起。痈有的是从一个疖发展而来，也有的是由多数疖汇合而成，它是疖和疖病的扩大，其范围可扩及深筋膜而使其受到侵害。

(一)病因及病理

痈的致病菌主要是葡萄球菌，其次是链球菌，有时是葡萄球菌和链球菌的混合感染。它们或同时侵及若干并列的皮脂腺，或最初只侵及一个皮脂腺而发生了疖，此时感染可向下蔓延至深筋膜，也可形成多头疖。由于感染的继续发展而形成了很大的痈。

(二)症状

痈是一个迅速增大有剧烈疼痛和水肿的炎性浸润，在无色素沉着的皮肤上该炎性浸润的周围发红并出现皮肤紧张，这是由于白细胞浸润和有浆液脓性渗出液所造成的。如果炎症不局限化则浸润和水肿可继续发展，因而出现剧烈的疼痛和明显的全身症状。在炎性浸润的中央部形成许多脓塞和混有血液的脓性渗出液的坏死病灶。同时有些区域的皮肤也发生坏死。以后痈的整个中央部都坏死，在它自行破溃或手术切开后就形成很大的腔，腔内含有脓性坏死物。

(三)治疗

痈的初期应用青霉素、红霉素或选用磺胺嘧啶钠，氨苄青霉素。配合使用病灶周围普鲁卡因封闭疗法可获得较好的疗效。如局部水肿的范围很大，并出现全身症状时可进行十字切开。切开时一定要切到健康组织。必要时也可进行双十字切开。术后应用开放疗法。

三、脓肿

在任何组织或器官内形成外有脓肿膜包裹，内有脓汁潴留的局限性脓腔时称为脓肿。它是致病菌感染后所引起的局限性炎症过程，如果在解剖腔内(胸膜腔、喉囊、关节腔、鼻窦)有脓汁潴留时则称之为蓄脓，如关节蓄脓、上颌窦蓄脓、胸膜腔蓄脓等。

(一)病因

引起脓肿的致病菌主要是葡萄球菌,其次是化脓性链球菌、大肠杆菌、绿脓杆菌和腐败性细菌。当静脉内注射水合氯醛、氯化钙、高渗盐水及砷制剂等刺激性强的化学药品时,如将它们误注或漏注到静脉外也能发生脓肿;注射时不遵守无菌操作规程而引起的注射部脓肿;也有由于血液或淋巴将致病菌由原发病灶转移至某一新的组织或器官内所形成的转移性脓肿。牛结核杆菌、放线菌感染,可形成冷性脓肿。

(二)分类及症状

浅在性热性脓肿常发生于皮下结缔组织、筋膜下及表层肌肉组织内。初期局部肿胀无明显的界限而稍高出于皮肤表面。触诊时局部温度增高,坚实有剧烈的疼痛反应。以后肿胀的界限逐渐清晰并在局部组织细胞、致病菌和白细胞崩解破坏最严重的地方开始软化并出现波动。由于脓汁溶解表层的脓肿膜和皮肤,脓肿可自溃排脓。但常因皮肤溃口过小,脓汁不易排尽。

浅在性冷性脓肿一般发生缓慢,局部缺乏急性炎症的主要症状,即虽有明显的肿胀和波动感,但缺乏温热和疼痛反应或非常轻微。

深在性脓肿常发生于深层肌肉、肌间、骨膜下、腹膜下及内脏器官。局部肿胀增温的症状常不明显。常出现皮肤及皮下结缔组织的炎性水肿,触诊时有疼痛反应并常有指压痕。病灶中心无波动感,全身症状明显。

(三)诊断

根据上述症状对浅在性脓肿比较容易确诊,对某些深在性脓肿确诊有困难时可进行诊断性穿刺。当肿胀尚未成熟或脓腔内脓汁过于黏稠时常不能排出脓汁,但在后一种情况下针孔内常有干涸黏稠的脓汁或脓块附着。

在脓肿诊断时,必须与血肿、淋巴外渗、挫伤和某些疝相区别。

根据脓汁的性状可进一步确定脓肿的病原。由葡萄球菌感染所产生的脓汁一般呈微黄色或黄白色、黏稠、臭味小。链球菌,特别是溶血性链球菌感染所产生的脓汁稀薄微带红色。大肠杆菌感染所产生的脓汁呈暗褐色,稀薄有恶臭。绿脓杆菌感染所产生的脓汁呈苍白绿色或灰绿色黏稠,而坏死组织呈浅灰绿色。马流产菌感染所产生的脓汁呈乳脂样黏稠有恶臭。牛结核菌感染所产生的脓汁稀薄有絮状物及乳脂样块。家兔发生脓肿时其脓汁呈白色、软膏样且黏稠。鸡的脓汁常呈灰白色黏稠有干酪样块。腐败性致病菌感染时脓汁呈污秽绿色或巧克力糖色,稀薄而有恶臭。

(四)治疗

(1)消炎、止痛及促进炎症产物消散吸收　当局部肿胀正处于急性炎性细胞浸润阶段可局部涂擦樟脑软膏,或用冷疗法(如复方醋酸铅溶液冷敷,鱼石脂乙醇、栀子乙醇冷敷),以抑制炎症渗出和具有止痛的作用。局部治疗的同时,可根据病畜的情况配合应用抗生素、磺胺类药物并采用对症疗法。

(2)促进脓肿的成熟　当局部炎症产物已无消散吸收的可能时,局部可用鱼石脂软膏、鱼石脂樟脑软膏、温热疗法等以促进脓肿的成熟。待局部出现明显的波动时,应立即进行手术治疗。

(3)手术疗法 脓肿形成后其脓汁常不能自行消散吸收,因此,只有当脓肿自溃排脓或手术排脓后经过适当地处理才能治愈。

四、蜂窝织炎

在疏松结缔组织内发生的急性弥漫性化脓性炎症称为蜂窝织炎。它常发生在皮下、筋膜下及肌间的蜂窝组织内,在其中形成浆液性、化脓性和腐败性渗出液并伴有明显的全身症状。

(一)病因及分类

引起蜂窝织炎的致病菌主要是葡萄球菌和链球菌等化脓性球菌,比较少见的是腐败菌或化脓菌和腐败菌的混合感染。疏松结缔组织内误注或漏入刺激性强的化学制剂后也能引起蜂窝织炎的发生。

临床上常见的分类有:

(1)按蜂窝织炎发生部位的深浅可分为浅在性蜂窝织炎(皮下、黏膜下蜂窝织炎)和深在性蜂窝织炎(筋膜下、肌间、软骨周围、腹膜下蜂窝织炎)。

(2)按渗出液的性状和组织的病理学变化可分浆液性、化脓性、厌气性和腐败性蜂窝织炎,如化脓性蜂窝织炎伴发皮肤、筋膜和腱的坏死时则称为化脓坏死性蜂窝织炎,在临床上也常见到化脓菌和腐败菌混合感染而引起的化脓腐败性蜂窝织炎。

(3)按蜂窝织炎发生的部位可分关节周围蜂窝织炎、食管周围蜂窝织炎、淋巴结周围蜂窝织炎、股部蜂窝织炎、直肠周围蜂窝织炎等。

(二)症状

主要表现为大面积肿胀,局温增高,疼痛剧烈和机能障碍。其全身症状主要表现为病畜精神沉郁,体温升高(马可达39~40℃或以上),食欲不振并出现各系统(循环、呼吸及消化系统等)的机能紊乱。由于发病的部位不同其症状也有差异。

(1)皮下蜂窝织炎 常发生于四肢(特别是后肢),主要是由于外伤感染所引起。病初局部出现弥漫性渐进性肿胀。触诊时热痛反应非常明显。初期呈捏粉状有指压痕,后期则变为稍坚实感。局部皮肤紧张,无可动性。

(2)筋膜下蜂窝织炎 常发生于前肢的前臂筋膜下、鬐甲部的深筋膜和棘横筋膜下,以及后肢的小腿筋膜下和阔筋膜下的疏松结缔组织中。其临床特征是患部热痛反应剧烈,机能障碍明显,患部组织呈坚实性炎性浸润。病程根据发病筋膜的局部解剖学特点而向周围蔓延,全身症状严重恶化,甚至发生全身化脓性感染而引起动物的死亡。

(3)肌间蜂窝织炎 常继发于开放性骨折、化脓性骨髓炎、关节炎及腱鞘炎之后。先发生炎性水肿,患部肌肉肿大、肥厚、坚实、界限不清,机能障碍明显,触诊和他动运动时疼痛剧烈。表层筋膜因组织内压增高而高度紧张,皮肤可动性受到很大的限制。肌间蜂窝织炎时全身症状明显,体温升高,精神沉郁,食欲不振。局部已形成脓肿时,切开后可流出灰色、常带血样的脓汁。有时由化脓性溶解可引起关节周围炎、血栓性血管炎和神经炎。

(三)治疗

治疗原则:减少炎性渗出,控制感染扩散,减轻组织内压,改善全身状况,增强机体抗病能力。要采取局部疗法和全身疗法并重的原则。

1. 局部疗法

(1)控制炎症发展 为了减少炎性渗出可用冷敷(10%鱼石脂乙醇、90%乙醇、醋酸铅明矾液、栀子浸液)，涂以醋调制的醋酸铅散。用0.5%盐酸普鲁卡因青霉素溶液做病灶周围封闭。当炎性渗出已基本平息，为了促进炎症产物的消散吸收可用上述溶液温敷。在蜂窝织炎的治疗上也可外敷雄黄散，内服连翘散。

(2)手术切开 冷敷后炎性渗出不见减轻，组织出现增进性肿胀，病畜体温升高和其他症状都有明显恶化的趋向时，为了减轻组织内压，排出炎性渗出液，应立即进行手术切开。局限性蜂窝织炎性脓肿时可等待其出现波动后再行切开。

手术切开时应根据情况做局部或全身麻醉。浅在性蜂窝织炎应充分切开皮肤、筋膜、腱膜及肌肉组织等。为了保证渗出液的顺利排出，切口必须有足够的长度和深度，做好纱布引流。必要时应造反对孔。四肢应做多处切口，最好是纵切或斜切。伤口止血后可用中性盐类高渗溶液作引流液以利于组织内渗出液的外流。

2. 全身疗法

早期应用抗生素疗法、磺胺疗法及盐酸普鲁卡因封闭疗法。对病畜要加强饲养管理，特别是多给予富含维生素的饲料。注意纠正水和电解质及酸碱平衡的紊乱，进行合理的输液。为了提高机体抵抗力，预防败血症，静脉注射5%碳酸氢钠注射液或40%乌洛托品注射液、葡萄糖注射液、樟脑乙醇注射液(精制樟脑4.0g、精制乙醇200mL、葡萄糖60g、0.8%氯化钠液700mL，混合灭菌)，马、牛一次用250~300mL。

任务三　全身化脓性感染——败血症

败血症也称全身化脓性感染，是机体从感染病灶吸收致病菌及其产生的毒素和组织分解产物所引起的全身性病理过程。败血症主要表现为神经系统、实质器官和组织发生一系列的机能和形态方面的变化。它是损伤感染的一种严重并发症。

(一)病因

(1)致病菌主要有金黄色葡萄球菌、溶血性链球菌、大肠杆菌、绿脓杆菌及坏疽杆菌。可以是单一感染，多为混合感染。

(2)过劳、营养不良以及某些慢性传染病，都是容易引发败血症的因素。

(3)粗暴地处理创伤使其防卫性肉芽面受到损伤，创内存有大量脓汁、创液和坏死组织分解产物不能排出创外以及创内有异物、坏死灶和脓窦等都容易导致败血症。

(二)症状

(1)转移性全身性化脓性感染 其特征是致病菌通过栓子或被感染的血栓进入血液循环而被带到各种不同的器官和组织内，在它们遇到生长繁殖的有利条件时，即在这些器官和组织内形成转移性脓肿。转移性脓肿由粟粒大到成人拳头大，可见于机体的任何器官，如肺、肝、肾、脾、脑及肌肉组织内。这种全身化脓性感染相当于脓血症，常发生于牛、犬、家禽、猪及绵羊，少发于马(主要见于马腺疫)。

败血病灶内出现明显的感染症状。当创伤性全身化脓性感染时，首先在创伤的周围发生严重的水肿、疼痛剧烈，以后组织即发生坏死。肉芽组织肿胀、发绀，也发生坏死。脓汁初呈微黄色黏稠，以后变稀薄并有恶臭。病灶内常存有脓窦、血栓性静脉炎及组织溶解。随着感染和中毒的增进，病畜出现明显的全身症状。最初精神沉郁，恶寒战栗，食欲废绝，但喜饮水，呼吸加速，脉弱而频，出汗，体温升高（马可达40℃以上），有的呈典型的弛张热型，有些则呈间歇热型或类似间歇热型。在体温显著升高前常发生战栗，体温下降后则出汗。倘若由转移性败血灶不断有热源性物质吸收则可出现稽留热，病畜卧地不起而发生褥疮。当病畜体温有明显的变化，且血压下降常常是全身化脓性感染的特征。当长时期发高热，而间歇不大，且其他全身症状加重时，常可导致动物的死亡。

(2)非转移性全身化脓性感染　原发性和继发性病灶有大量致病菌的外毒素、内毒素以及组织坏死和腐败分解产物，进入血液循环而引起的机体中毒称为非转移性全身化脓性感染。在各种毒素的作用下，中枢神经系统发生严重的中毒。新陈代谢引起急剧的变化。网状内皮系统、造血器官及氧化过程都出现抑制。发病的主要因素是毒素，也常称为毒血症，常见于马及山羊。

动物常躺卧，起立困难，运步时步态不稳，体温明显增高（马可达40℃以上），常呈极小的间歇后而一直稽留到死前。肌肉剧烈颤抖，有时出汗，食欲废绝，呼吸困难，脉弱而快，结膜黄染，有时有出血点。马有时能见到中毒性腹泻，有时还出现疝痛症状。尿量减少并含有蛋白。血液方面有明显的改变。败血病灶常含有大量的坏死组织及腐败性脓汁。有的局部化脓并不显著，但组织没有再生现象。

(三)诊断

(1)有局部化脓性病灶，含有大量坏死组织及脓汁。

(2)全身症状重剧，体温40℃以上，呼吸困难，脉快而弱，精神沉郁，食欲废绝，肌肉颤抖，结膜黄染，有时有出血点。

(3)血沉加快，白细胞增数，核左移。

(四)治疗

治疗原则：彻底处理局部败血病灶，控制全身感染，提高机体抵抗力，恢复机体的功能。

(1)局部治疗　彻底清除病灶内的坏死组织，扩大创口，消除创囊，清除异物，排出脓汁。用防腐消毒液彻底冲洗创腔，然后按化脓创处理，创围用普鲁卡因青霉素溶液封闭。

(2)全身疗法　尽早应用抗生素疗法。大剂量应用青霉素、链霉素以及抗菌增效剂，如增效磺胺嘧啶注射液（TMP+SD）、增效磺胺甲氧嗪注射液（TMP+SMP）。及时给患畜输液、补充血容量，纠正机体电解质紊乱、中和毒素，提高机体抵抗力，静脉注射2%葡萄糖1 000mL，40%乌洛托品40mL，生理盐水1 000mL，5%碳酸钠500mL或樟脑乙醇糖溶液300mL。肌肉注射维生素B和维生素C。

(3)对症疗法　当心脏衰弱时应用苯甲酸钠咖啡因或氧化樟脑。肾机能紊乱时应用乌洛托品，败血性腹泻时静脉注射氯化钙。

一、名词解释

外科感染　血肿　败血症　蜂窝织炎

二、问答题

1. 影响外科感染发展的基本因素有哪些?
2. 脓肿与血肿的区别是什么?
3. 引起败血症的原因主要有哪些?

项目九
头、颈、胸、腹部疾病

【知识目标】
- 重点掌握脐疝、腹股沟阴囊疝、直肠脱的发病原因、症状、诊断、治疗。
- 重点掌握瘤胃切开术的适应症、操作方法及注意事项。
- 掌握结膜炎、角膜炎、角折的病因、症状、诊断、治疗。
- 了解眼睑外翻、咽麻痹、扁桃体炎、锁肛的病因、诊断、治疗。

【技能目标】
- 熟练地进行脐疝、腹股沟阴囊疝、直肠脱、结膜炎、角膜炎的诊断与治疗。
- 熟练地进行瘤胃切开术的手术操作及处理术后各种并发症。
- 初步掌握角折、锁肛的治疗技术。

任务一 眼部疾病

一、结膜炎

眼睑结膜和眼球结膜的表层或深层的炎症,称为结膜炎。结膜炎是各种家畜常发生的一种眼病。根据分泌物的性质,可分为浆液性、黏液性和化脓性结膜炎。

(一)病因

由机械性损伤、压迫、摩擦等可致本病,主要是异物的刺激,如风沙、灰尘、芒刺、谷壳、草棒、花粉以及化学药品、烟雾、毒气等,进入结合膜囊而发病。或继发于某些疾病过程中,如马腺疫、流感、牛吸吮线虫病及高温疾病等。

(二)症状

(1)急性结膜炎 初期羞明流泪,结膜潮红,随着炎症的发展,眼睑肿胀闭锁,结膜表面有出血斑,分泌大量的黏性、脓性分泌物。

继发角膜炎时,角膜表面往往呈蓝色或灰白色浑浊状。

(2)慢性结膜炎 一般症状较轻,不羞明,眼结膜暗红,肥厚呈丝状,分泌物浓稠,由于分泌物的经常刺激,于眼内角的下方皮肤发生湿疹、脱毛、发痒。

(三)治疗

治疗原则:除去病因,消炎镇痛,防止光线刺激。

(1)患病眼睛清洗　用3%硼酸溶液或0.1%雷夫奴尔溶液洗涤眼结膜囊,清除异物和分泌物。

(2)消炎镇痛　消炎可用抗生素眼膏或可的松点眼,每日2~3次。镇痛可用1%~3%盐酸普鲁卡因溶液点眼。也可以用数层纱布浸0.1%雷夫奴尔溶液,敷在患病眼睛上,装置眼绷带,每日更换3~4次。分泌物过多时,可用0.5%~1%硝酸银溶液点眼,每日1~2次。或用0.3%硫酸锌溶液点眼。慢性结膜炎,可用0.5%~1%硝酸银溶液点眼,或用硫酸铜棒涂擦眼结膜表面,然后立即用生理盐水冲洗,再施行温敷。对于比较顽固的结膜炎,可用组织疗法或自家血液疗法(犬结膜炎有特效)。

二、角膜炎

角膜炎是角膜上皮的炎症。临床上可分为外伤性、表层性、深层性及化脓性角膜炎数种。当转为慢性时,则形成角膜翳。

(一)病因

角膜多由于外伤(如鞭梢的打击、笼头的压迫、深层性及尖锐物体的刺激)或异物误入眼内(如碎玻璃、碎铁片、沙石)而引起。细菌感染、营养障碍、邻近组织病变的蔓延等,可诱发本病。此外,某些传染病也可继发本病。

(二)症状

角膜炎呈现羞明流泪、疼痛、眼睑闭锁、结膜潮红、肿胀等一般症状。根据损伤部位、程度和有无痒感,临床症状也有差异。

1. 浅在性角膜炎

角膜表层损伤,侧面观看可见表层上皮蜕落及伤痕,炎症侵害到角膜表层,角膜表面粗糙,侧面观看无镜状光泽,变为灰白色浑浊,有时在角膜周围增生很多血管,呈树枝状侵入角膜表面,形成所谓血管性角膜炎。

2. 深在性角膜炎

一般症状与浅在性角膜炎基本相同,主要区别是角膜表面不粗糙,仍有镜状光泽,浑浊部位在深部,呈点状、小棒状及云雾状,其颜色有灰白色、乳白色、淡蓝色等,角膜周围及边缘血管充血,出现明显新生血管增生,有时与虹膜发生粘连。

3. 化脓性角膜炎

初期角膜周围充血,羞明、流泪,疼痛剧烈,进而浸润形成脓肿,角膜上呈现数目不定的、粟粒状至豌豆大的黄色局限性浑浊,在浑浊周围生长有灰白色的晕圈,轻者向外破溃,流出脓液变为溃疡。重者向内破溃,形成眼前房蓄脓症。

当炎症消失转为慢性时,角膜上面形成白斑或色素斑,有的也呈烟雾状,浑浊程度不等,称为角膜翳,呈现不同程度的视力障碍。

(三)治疗

治疗原则：消除炎症，促进浑浊物消散。

(1)消除炎症　用3％硼酸或用0.1％雷夫奴尔溶液冲洗后，再以醋酸可的松或抗生素眼药膏点眼，每日2～4次。外伤性角膜炎可向眼内点抗生素眼药膏，或向眼内吹入适量的硫化汞(反刍兽禁用)。

(2)消散浑浊　可进行热敷或将甘汞与蔗糖等量的混合粉剂吹入眼内。也可用2％黄降汞眼膏(反刍兽禁用)，为加速浑浊吸收，可于眼睑皮下注射自家血液2～3mL，隔3～4d注射1次。也可于结膜下注射氢化可的松与1％盐酸普鲁卡因等量的混合液0.1～0.3mL(马、牛)。继发虹膜炎时，可用0.5～0.1％硫酸阿托品点眼。感染化脓时，经冲洗后涂抗生素眼药膏。

(3)封闭疗法　急性角膜炎，可施行球后封闭疗法，有较好的消炎镇痛作用。其方法是0.5％～1％盐酸普鲁卡因10～15mL，加青霉素20万～40万U，在眼窝后缘向面嵴做垂直线，其交点即注射部位，注射用长10cm左右的针头，垂直刺入眼球后深部7～8cm，缓慢注入药液。每周两次。

(4)手术治疗　角膜穿孔时，应严密消毒防止感染。对新发的虹膜脱出病例，可将虹膜还纳展平；脱出久的病例，可用灭菌的虹膜剪剪去脱出部，涂黄降汞眼膏，装置眼绷带。经验证明，虹膜一旦脱出，即使治愈，也严重影响视力，若不能控制感染，就应行眼球摘除术。1％三七液煮沸灭菌后待冷却点眼，对角膜创伤的愈合起促进作用，且能使角膜浑浊减退。可用青霉素、普鲁卡因、氢化可的松或地塞米松做球结膜下或做患眼上、下眼睑皮下注射，对小动物外伤性角膜炎引起的角膜翳效果良好。

(5)中药治疗　中药成药如拨云散、光明子散、明目散等对慢性角膜炎有一定疗效。征候性、传染病性角膜炎，应注意治疗原发病。

三、瞬膜腺突出

瞬膜腺突出又称樱桃眼，有的则称第三眼睑脱出。多发于小型犬，如北京犬、西施犬、沙皮犬、哈巴犬以及以上各种犬的杂交后代，性别不限，年龄为2月龄至1岁半，个别有2岁的。

(一)病因

病因较为复杂，诱发因素和发生机理也较为复杂。发生该病的犬多以高蛋白、高能量动物性饲料为主。如多喂牛肉、牛肝，有的喂以卤鸭肉、卤鸭肝，个别病例发现在饲喂猪油渣(新鲜)后2～3d即发病，尚未查知有明显的生物性、物理性、化学性的病因。

(二)症状

呈散发性，未见明显传染性，病程短的在一周左右长成0.6cm×0.8cm的增生物，病程长的拖延达一年左右。

本病多发生于两个部位，多数增生物位于内侧眼角，有薄的纤维膜状蒂与第三眼睑相连。有的发生在下眼睑结膜的正中央，纤维膜状蒂与下眼睑结膜相连，二者均为粉红色椭圆形肿物，外有包膜，呈游离状，大小(0.8～1)cm×0.8cm，厚度为0.3～0.4cm，多为单侧性,也有先发生于一侧,间隔 3~7d,另一侧病眼也同样发生而成为双侧性。有的病例在一侧手术切除后的 3~5d,另一侧也同样发生。下眼睑结膜发生的病例多为单侧性。

发生该病的一侧眼睑结膜潮红,部分眼球结膜充血,眼分泌物增加,有的流泪。病犬不安,常因以眼接触笼栏或家具而引起继发感染,造成不同程度的角膜炎症、损伤,甚至化脓。也有眼部其他症状不明显的。一般无全身症状。

(三)治疗

外科手术切除增生物。先以 846 复合麻醉剂做浅麻醉。以加有青霉素的注射用水(每 10mL 加青霉素 10 万 U)冲洗眼结膜,再以组织钳夹住增生物包膜外引,充分暴露增生物及蒂部,以小型弯止血钳钳夹蒂部,再以小剪刀或外科刀剪除或切除增生物。手术中尽量不损伤结膜及瞬膜,再以青霉素水溶液冲洗创口,去除夹钳,以灭菌干棉球压迫局部止血。青霉素 40 万 U 肌肉注射抗感染。术后也可用氯霉素眼药水点眼 2~3d。

任务二 头部疾病

一、角折

角折为反刍兽的特发疾病,主要发生于牛,尤以公水牛为多见,羊与鹿也常有发生。水牛角为一个三棱形的锥体,在基部明显有前、背、腹三面,到角尖部逐渐变为尖细。水牛角的血管特别发达。

(一)病因

主要是由于暴力的损伤,有直接暴力,如发生较多的是牛的角斗,平地奔跑中跌倒在硬地,从高处坠落等。也如保定不慎,将角拴紧在保定架或树上,家畜受惊而强力挣扎;或倒牛时牛角误碰硬物或插入洞穴中而损伤。黄牛和羊由于角较短小,除非受到强大的暴力,一般情况下很少发生角折。鹿角比较脆嫩,有时在锯茸时因头部保定不良或管理不慎,可引起基部角折,影响鹿茸生产。

(二)症状

角折症状明显,常可分为以下四种:

(1)角鞘(角壳)脱落 角鞘活动甚或全部脱落可取下,常同时损伤角根部软组织。角突部骨质表面常有大量混有血液的渗出物积聚,不久出现脓性渗出物,角根部疼痛、灼热,患畜头部常向病侧倾斜。

(2)角鞘破裂 可发现在角的生发层表面出血,在角突骨质上可能出现骨裂或骨折。有时破裂口组织被污染,有时因病期稍长可感染化脓。角鞘保留的角突不全骨折或全骨折,当叩打角鞘或握住角鞘以保定该牛时,均表现疼痛感。

(3)高位角折 指角折部位在角全长的 1/2 以上靠近角尖处,可见到角折处动摇或连同角鞘完全分离,并可从角折处向外流血。

(4)低位角折 是最严重而又常发的一种角折。角折位于角全长的 1/2 以下靠近角基部。较多见于角突颈部。部位越低症状越重,可以看到从损伤的角血管中大量出血,有时甚至还伤及额骨。一般均可见到与额窦相通的角突腔，其中充满血液，甚至从鼻腔流出血液。水牛由于角突腔大，于角折后最初两周内略见缩小，以后则变化甚微。如不及时治疗，长期暴露在外面容易感染而继发化脓性额窦炎，甚至在夏季出现蝇蛆。严重者继发化脓性脑膜炎，使病情更为复杂。但根据其部位与受伤程度差异甚大，预后也很不一致。

(三)治疗

已与角突失去联系的角鞘应取下或切除，在角突上敷用抗生素油膏并加包扎。一般经5～6d更换绷带1次，待创面结痂后自生角质，天热时应在绷带外涂松馏油防蝇。如角鞘破裂尚未脱落则应该利用金属夹板将病角固定于健康的角上，创造条件使破裂的角鞘生长愈合。为了消除感染，要先用消毒药液洗净角鞘、拭干，并切除坏死部分，用碘酊消毒，撒布抗生素粉，用卷轴绷带做8字形包扎。有人主张用石膏绷带固定一个月，经20～30d，断裂的骨质角突可形成坚硬的骨痂。

对于角基部的角折，角突和角壳均已脱落，此时要充分止血，用骨锯修整残端使其平整并充分处理好角突腔。新鲜创用无菌技术处理并加包扎。化脓创应细致处理创口使其整洁清净。待停止化脓，出现肉芽组织，又无臭气，炎症基本消退时才可进行角修补术。各地在封闭角折断端工作中积累了丰富的经验。有些方法虽然一时可以封住断端，而且比较牢固，但不能浸水，并容易变形，所以还有待于今后的努力。现介绍两种角突腔封闭方法。

(1)固齿粉填塞法　取直径1.5mm的骨钻，在距角断面约2cm处平行交叉钻开4个孔，以不锈钢丝从孔中交叉穿入固定。在交叉的钢丝上放置一块形状、大小与角突腔横断面开口完全一致的塑料板(或废X射线胶片)，板四周务必与腔壁密接。在板上再穿一不锈钢丝固定塑料板。把调好的固齿粉(或其他填塞物)填入角突腔内，使之密闭。最后在外浇上沥青或包扎沥青绷带。

(2)补牙　根据角突腔大小，制作牙托粉塞子一个(方法同补牙术)，在角突腔充分消毒处理后，撒布土霉素或四环素5～10g，将适合良好的牙托粉塞子塞紧，边缘缝隙再用调好的牙托粉镶好，使之密闭。在事前根据角断面的形状预制牛角板一块，并在上述牙托粉塞子封闭的基础上用骨钻在角壳断面上钻4～6个孔，并以螺丝钉将牛角板固定，最后也在外面涂一层沥青。

二、咽麻痹

咽麻痹是支配咽部运动的神经或咽部肌肉本身发生机能障碍所致，特征为吞咽困难。常发于犬。

(一)病因

中枢性咽麻痹多由脑病引起，如脑炎、脑脊髓炎、脑干肿瘤、脑挫伤等有时引起咽麻痹。某些传染病(如狂犬病)或中毒性疾病(如肉毒梭菌中毒)的经过中，可出现症候性咽麻痹。

外周性咽麻痹临床上比较少见，起因于支配咽部的神经分支受到机械性损伤或肿瘤、脓肿、血肿的压迫所致。重症肌无力、肌营养障碍、甲状腺功能减退有时也能影响咽部功能，而部分丧失或完全丧失吞咽能力。

(二)症状

病犬突然失去吞咽能力,食物和唾液从口鼻中流出,咽部有水泡音,触诊咽部时无肌肉收缩反应。如果发生误咽造成异物性肺炎,则有咳嗽及呼吸困难的表现。X射线检查可见咽部含大量气体,咽部明显扩张。

(三)治疗

对神经麻痹引起的咽麻痹无特效疗法。可积极治疗原发病,定时补液,同时加强饲养管理,给予流质食物,把食物放到高处有助于吞咽,也可用胃管补给营养。对重症肌无力患犬,用甲基硫酸新斯的明按每千克体重 0.5mg,口服,每日 3 次。多发性肌炎时,口服泼尼松,剂量为每千克体重 1~2mg。

三、扁桃体炎

扁桃体是机体的防卫机能的器官,是有关咽、喉、头部的集合淋巴结装置,其生理机能尚不十分清楚。扁桃体一般随动物成长而逐渐退化。为预防或治疗原发疾病,将扁桃体摘除,对机体并无明显不利的影响。扁桃体炎多发生于犬,其他家畜较少发病。

检查扁桃体时,应将犬仰卧保定,打开口腔,将舌向口外拉出后,再用压舌板将舌根部下压,即可看到粉红色的扁桃体。如发炎时,其颜色变得暗红、肿大、突出,有时可见有出血或坏死斑点,并被覆有黏液或脓性分泌物。

(一)病因

常因动物舔食积雪、骤饮冷水等寒冷刺激或异物(针、骨等)刺入造成的损伤而引发本病。当有细菌感染时,则发生化脓性扁桃体炎。咽炎和其他上呼吸道炎症也能蔓延至扁桃体而发病。通常咽炎与扁桃体炎同时发生。肾炎、关节炎等也可并发扁桃体炎。犬瘟热时,可发生一过性扁桃体炎。

(二)症状

(1)急性扁桃体炎　1~3 岁犬易发,病畜突然体温升高,流涎,精神沉郁,食欲废绝。有时发生咳嗽、呕吐、打哈欠。有的病犬表现抓耳、频频摇头。扁桃体视诊,可发现其肿大、突出,呈暗红色。

(2)慢性扁桃体炎　多发生于幼犬,常反复发作,间隔时间不定。扁桃体突出、肿大、易出血。精神沉郁,食欲减退。反复发作数次后动物表现衰弱,四肢无力,体重下降,被毛粗刚,有时呕吐、咳嗽等。

(三)治疗

对急性扁桃体炎可全身应用广谱抗生素 5~7d,局部涂布碘甘油,咽喉部热敷。当扁桃体肿胀过大而影响吞咽,或反复发作的慢性扁桃体炎时,应行扁桃体摘除术。

方法:通常在全身麻醉下,对患犬侧卧或仰卧保定,充分开口,用长柄止血钳夹住扁桃体基部,于其表面向里注射 1:5 000 肾上腺素溶液 0.2mL,3min 后,在不损伤黏膜的情况下,于扁桃体周围切开并剥离,达其根部时用肠线结扎,除去扁桃体,用浸以肾上腺素的棉球压迫止血或烧烙止血。另外,也可用扁桃体钳子摘除扁桃体。

四、食管切开术

(一)适应症

当家畜食管发生梗塞,用保守治疗法难以除去时可采用食管切开术,另外也应用于食管憩室的治疗。

(二)局部解剖

食管起始于咽,终于胃,其经路开始沿气管的背侧向后行走,约在第四颈椎水平逐渐偏左,直到入胸腔之前,在第七颈椎水平转到气管背左侧,再经胸腔到腹腔,全长125~150cm。食管在颈上1/3处背侧有喉囊、颈长肌,腹侧为气管,两侧有迷走交感神经干、颈总动脉及返神经,并以肩胛舌骨肌和颈静脉相隔。颈静脉的背侧是臂头肌,腹侧是胸头肌,两肌构成颈静脉沟。

在颈中1/3处,食管的背侧为左颈长肌,右腹侧为气管,左侧为迷走交感神经和颈总动脉、胸头肌、臂头肌、肩胛舌骨肌及颈静脉,最外侧为薄的皮肌。在颈的下1/3处,食管仍位于左侧,背侧为左颈长肌,右为气管,左为迷走交感干及颈总动脉。左侧的肌肉与颈中1/3处基本相同,仅肩胛舌骨肌为一腱膜,皮肌较前为厚。

食管在胸腔先由第一肋骨和气管左侧穿过,在第三胸椎水平位于气管背侧,向后横过主动脉弓。在胸纵隔后部,食管背、腹侧有迷走神经的食管背侧干及腹侧干,背侧有食管动脉,在1/4肋骨上端下方10~12cm处,通过膈的食管裂孔和贲门相接。

(三)食管壁构造

食管壁分为四层。

(1)最外层为纤维鞘又名外膜,为白色结缔组织,被深筋膜包围,缺少浆膜。

(2)肌层颈部为横纹肌,到心脏基底部变为平滑肌,颈部食管较薄,胸部食管变厚,管腔变窄,至贲门肌肉更为增厚,称为括约肌。

(3)黏膜下层很疏松,便于黏膜扩张。

(4)黏膜为灰白色,被以复层扁平上皮,以发达的黏膜下层与肌层相连,平时管腔很小,黏膜成纵褶。

(四)术部

食管梗塞在马或牛常发生于特定部位,它们是:在颈上1/3部位,咽转入食管的起始部;胸腔入口;从第一肋骨到动脉弓的一段食管;在反刍兽由于括约肌机能降低而停滞于贲门。

在临床上常根据触诊或用食管探诊的方法确定梗塞位置。

(五)保定

侧卧保定,伸张头颈,也可站立保定,要固定好头部。

(六)麻醉

局部浸润麻醉或全身麻醉。

(七)手术通路(图9-1)及术式

有上方切口与下方切口法。上方切口是沿颈静脉沟的上缘,颈静脉与臂头肌之间,臂头肌下缘0.5~1cm处切口,是距离主手术食管的最近径路。若食管有严重损伤,术后不便于缝合,则应采用颈静脉下方切口,建议在颈静脉下方沿着胸头肌上缘做切口,术后能确保创液顺利排出。不论是上方或下方切口,都必须沿颈静脉纵向切开皮肤12~15cm。

用外科刀切开皮肤和含有皮肌的两层筋膜,以钝性方法分离颈静脉和肌肉(臂头肌或胸头肌)之间的筋膜,以不破坏颈静脉周围的结缔组织腱鞘的前提下,用剪刀剪开纤维性腱膜。在颈下1/3剪开肩胛舌骨肌筋膜及深筋膜,而在上1/3和中1/3必须钝性分离肩胛舌骨肌后再

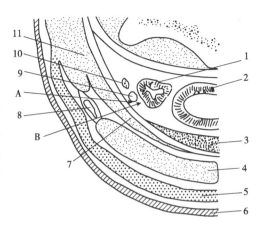

图9-1 马颈部食管手术通路
A. 上方切口 B. 下方切口 1. 食管 2. 气管
3. 胸骨舌骨肌 4. 臂头肌 5. 皮下肌肉 6. 皮肤
7. 肩胛舌骨肌 8. 颈静脉 9. 颈动脉
10. 迷走交感神经干 11. 臂头肌

剪开深筋膜,根据解剖的位置寻找食管。有梗塞的食管呈淡红色易辨认,当缺少异物的食管用手检查有柔软、空虚、扁平、表面光滑,而管的中央有索状(黏膜构造)的感觉。

牛除用上述的颈静脉的范围做切口之外,有人主张在胸头肌与气管之间作为手术通路,沿胸头肌下缘做切口,切开皮肤和浅筋膜之后,用创钩将胸头肌向上拉,再切开深层筋膜,用止血钳向食管方向分离气管和肌膜之间的结缔组织,再用剪刀剪开深筋膜,即发现食管,此手术通路更有利于创液排出。

食管暴露后,小心将食管拉出,注意不得破坏周围结缔组织,并用灭菌纱布使食管与其他部分隔离,切开食道管的全层,擦去唾液,谨慎地取出异物。

食管闭合必须确认局部无严重血液循环障碍的情况下方可进行。第一层用铬制肠线连续缝合黏膜,第二层肌肉等用结节缝合,若食管壁比较完整,只用一次缝合也可以达到目的。

异物在食管内保留48h以上,管壁有坏死的倾向时,食管不得缝合,保持开放,皮肤可部分缝合,用浸消毒液的棉纱填塞。

有的病例是梗塞于胸部食管,手术通路是在胸壁左侧7~9肋骨,把肋骨切断,打开胸腔,用手在食管之外将梗塞物体压碎或推移到胃,必要时也可用带有长胶管的针头,将石蜡油注入到食管内,有助于梗塞物体的排出。牛食管梗塞若发生在贲门,可做瘤胃切开手术,通过瘤胃用手或长钳,将贲门部异物取出。

(八)术后护理

术后第一、二天不给饮水和食物以减少对食管创的刺激,以后给予柔软饲料和流体食物。可静脉注射葡萄糖和生理盐水,也可实行营养灌肠,术后十几天内不得使用食管探子,食管创口一般10~12d愈合,皮肤创于10~14d拆线。

(九)注意事项

食管手术时,尽量避免和周围组织脱离,撕断的组织在筋膜间可形成渗出物蓄积的小

囊，使创伤愈合变得复杂化。

当牛食管切开时，要注意瘤胃发生臌气，术中或术后可进行瘤胃穿刺，以排出气体。

任务三　腹部疾病

一、疝

疝（赫尼亚）是腹部的内脏从自然孔道或病理性破裂孔脱至皮下或其他解剖腔的一种常见病。疝分为先天性与后天性两类。先天性疝多发于初生幼畜，如某些解剖孔（脐孔、腹股沟环等）的扩大，膈肌发育不全等是常见原因。后天性疝则见于各种年龄的家畜。

（一）病因

常因机械性外伤、腹压增大、小母猪阉割不当等原因而发生。各种家畜均可发生，但以猪、马、牛、羊更为常见。小动物犬、猫也不少，野生动物的疝也有报道。

（二）疝的分类

根据向体表突出与否，凡突出体表者叫外疝，不突出体表者叫内疝（如膈疝）。根据发生的解剖部位分为脐疝、腹股沟阴囊疝、腹壁疝、会阴疝等。

根据疝内容物的活动性的不同，分为可复性疝与不可复性疝。当家畜体位改变或压迫疝囊时，疝内容物可通过疝孔而还纳到腹腔，称为可复性疝。不可复性疝是指用压迫或改变体位疝内容物依然不能回到疝囊内。疝内容物不能回到腹腔的原因：疝孔比较狭窄或者疝道长而狭，疝内容物与疝囊发生粘连；肠管之间互相粘连；肠管内充满过多的粪块或气体。

如果疝内容物嵌闭在疝孔内，脏器受到压迫，血液循环受阻而发生瘀血、炎症，甚至坏死等统称为嵌闭性疝。嵌闭性疝又可分为粪性、弹力性及逆行性三种。粪性嵌闭疝是由于脱出的肠管充满大量粪块而引起，增大的肠管不能回入腹腔；弹力性嵌闭疝是由于腹内压增高而发生，腹膜与肠系膜被高度牵张，引起形成疝孔的肌肉反射性痉挛，孔口显著缩小。以上两种嵌闭性疝均是肠血管受到压迫而引起循环障碍、瘀血，甚或肠管坏死。逆行性嵌闭疝是由于游离于疝囊的肠管，其中一部分又通过疝孔钻回腹腔中，二者都受到疝孔的弹力压迫，或造成血液循环障碍。

（三）疝的组成

疝包括疝孔（疝轮）、疝囊和疝内容物。疝孔是自然孔的异常扩大（如脐孔、腹股沟环），或是腹壁上任何部位病理性的破裂孔（如钝性暴力造成的腹肌的撕裂），内脏由此而脱出。

(1)疝孔　呈圆形、卵圆形或狭窄的通道，由于解剖部位不同，病理过程的时间长短不一，疝孔的结构也不一样，初发的新疝孔，多数因断裂的肌纤维收缩，疝孔较薄，但被血液浸润。陈旧性的疝多因局部结缔组织增生，则疝孔增厚，边缘变钝。

(2)疝囊　由腹膜及腹壁的筋膜、皮肤等构成，腹壁疝的最外层常为皮肤。根据各地通过手术治疗的病例，发现腹壁疝的腹膜也常破裂。典型的疝囊可再分为囊口（囊孔）、囊颈、囊体及囊底。疝囊的大小及形状取决于发生部位的局部解剖结构，可呈鸡蛋形、扁平形或圆球形。小的疝囊常被忽视，大的疝囊可达人头大或更大，在慢性外伤性疝囊的底部有时发生脱毛和皮肤擦伤等。

(3)疝内容物　为通过疝孔脱出到疝囊内的一些可移动的内脏器官，常见有小肠肠襻、网膜，其次为瘤胃、真胃，较少为子宫、膀胱等，几乎所有病例疝囊内都含有数量不等的浆液——疝液。这种液体常在腹腔与疝囊之间互相流通。在可复性的疝内此种疝液常为透明、微带乳黄色的浆液性液体。当发生嵌闭性的疝时，起初由于血液循环受阻，血管渗透性被破坏，疝液增多，然后肠壁的渗透性被破坏，疝液变为混浊、血样，并带有恶臭腐败气味。在正常的腹腔液中仅含有少量的中性粒细胞和浆细胞。当发生疝时，如果血管和肠壁的渗透性被破坏，则在浆液中可以见到大量崩解阶段的中性粒细胞，而几乎看不到浆细胞，依此可作为是否有嵌闭现象存在的一个参考指征。当疝液减少或消失后，脱到疝囊的肠管等就和疝囊发生部分或广泛性粘连。

(四)症状

外疝中除腹壁疝外，其他各种疝(如脐疝、腹股沟阴囊疝、会阴疝等)都有其固定的解剖部位发病处。腹壁疝可发生在腹壁的任何部位。非嵌闭性疝一般不引起家畜的任何全身性障碍，而只是在局部突然呈现一处或多处的柔软性隆起，当改变家畜体位或用力压迫疝部时有可能使隆起消失，可触摸到隆起疝孔。当病畜强烈努责或咳嗽时，隆起变得更大，表示疝囊内容物随时有增减的变化。外伤性腹壁疝随着腹壁的组织受伤程度，扁平的炎性肿胀往往从疝孔开始逐步向下向前蔓延，有时甚至可一直延伸到胸壁的底部或向前达到胸骨下方处，压之有水肿指痕。嵌闭性疝则突然出现高度的疝痛，局部肿胀增大、变硬、紧张，排粪、排尿受到影响，或发生继发性臌气。

(五)诊断

外疝诊断并不困难，应注意收集病史，并从全身性、局部性症状中加以分析，要注意与血肿、脓肿、淋巴外渗、蜂窝织炎、精索静脉肿、阴囊积水及肿瘤等做区别诊断。

二、脐疝

肠管通过脐孔而进入皮下形成脐疝。一般是先天性原因为主，见于初生时，或者出生后数天或数周，犊牛的先天性脐疝多数在出生后数月逐渐消失，少数越来越大。

(一)病因

发生原因是脐孔发育不全、没有闭锁，脐部化脓或腹壁发育或缺陷等。各种犊牛为多见，幼驹也不少。

胎儿的脐静脉、脐动脉和脐尿管通过脐管走向胎膜，它们的外面包围着疏松结缔组织。当胎儿出生后脐带被扯断，血管和脐尿管就变成空虚不通，而在四周则结缔组织增生，在较短时间内完全闭塞脐孔。如果不正确的断脐(如扯断脐带血管及尿囊管留得太短)，腹壁脐孔则闭合不全，再加强烈努责或用力跳跃等原因，促使腹内压增加而形成。

(二)症状

脐部呈现局限性球形肿胀，质地柔软，也有的紧张，但缺乏红、痛、热等炎性反应。病初多数能在改变体位时疝内容物还纳回到腹腔，并可摸出疝轮，仔猪在饱腹或挣扎时脐疝可增大。听诊可听到肠蠕动音。犊牛脐疝一般由拳头大小可发展至小儿头大，甚至更大。由于结缔组织增生及腹压大，往往摸不清疝轮。脱出的网膜常与脐轮粘连，或肠壁与疝囊粘连，也有疝囊与皮肤发生粘连的。猪的脐疝如果疝囊膨大，由于皮肤磨破伤及粘连的肠管也能形成肠瘘。肠粘连往往是广泛而多处发生，因此手术时必须仔细剥离。嵌闭性脐疝虽不多见，一旦发生就有显著的全身症状，病畜极度不安，马、牛均可出现程度不等的疝痛，食欲废绝，在犬与猪还可以见到呕吐，呕吐物常常有粪臭。由于肿胀和疼痛很快发生腹膜炎而体温升高，脉搏加快。如不及时进行手术则常会引起死亡。

(三)诊断

应注意与脐部脓肿和肿瘤等相区别，必要时可慎重地做诊断性穿刺。

(四)预后

可复性脐疝预后良好，在幼畜经保守疗法常能痊愈，疝孔由瘢痕组织填充，疝囊腔闭塞而疝内容物自行还纳于腹腔内。嵌闭性疝预后可疑，如能及时手术治疗者预后也良好。

(五)治疗

非手术疗法(保守疗法)适用于疝轮较小，年龄小的幼龄家畜。可用疝带(皮带或复绷带)、强刺激剂(幼驹用赤色碘化汞软膏，犊牛用重铬酸钾软膏)等促使局部炎性增殖闭合疝口。但刺激剂常能扩展炎症至疝囊壁以及位于其中的肠管，引起粘连性腹膜炎。国内有用95%乙醇(碘液或10%~15%氯化钠液代替乙醇)，在疝轮四周分点注射，每点3~5mL，取得了一定效果。国外用金属制疝夹治疗马驹可复性脐疝，疝轮直径不超过6~8cm时可成功。

手术疗法比较可靠，但有时遇到缝合后10d左右又回复至原来状态者，这说明缝合之处并未能按时愈合而重新裂开。本手术应按无菌技术要求仔细切开皮肤，切口为棱形，分离并切开疝囊(根据需要)，特别要注意剥离肠管的粘连部分。若无粘连即可将疝内容物直接还纳(一般做仰卧保定或半仰卧保定时疝内容物可自然还纳至腹腔)，并做袋形(烟包)缝合以封闭疝轮，如病程稍长，疝轮的边缘坚硬而厚者最好将疝轮削薄成为一新鲜创面，再用重叠式褥状缝合，皮肤做结节缝合(如皮肤依然突出很多可以适当整型)。

脐疝的手术方法可用于任何种类的动物，但在猪则有几种情况应加考虑。最常见到疝囊的腹膜上发生脓肿，如手术仔细，可完整摘除脓肿，而不致造成破裂。其次是公猪的包皮可覆盖着疝环，在沿包皮做U形切口，将包皮翻向后方。还可以包皮的侧方做两个椭圆形切口，包括囊的过多的皮肤部分，用钝性分离法将疝囊的腹膜部分与包皮分开，直至囊壁与外围组织剥开游离为止。

马的脐疝手术最好在全身麻醉下仰卧保定进行，将后肢向后伸直保定在地桩上，两侧肩部各垫上一个垫子。按无菌手术操作在脐的两边做两个椭圆形切口，可在其前方与后方连起来，用钳子固定脐部皮肤并拉紧，在脐部沿疝轮的边缘做钝性分离，仅在某些坚硬部位(结缔组织增生)做锐性分离。分开皮肤与疝轮，将腹膜囊推入腹腔，用1号肠线做内翻缝合。腹壁肌肉与筋膜做系列的重叠褥状缝合，一般采用2号或3号铬制肠线双股做重叠褥状缝合，将每个结的缝线穿好后一并逐个拉紧打结。皮肤做减张缝合，两边用乳胶管或纱布卷保持减张。

(六)术后护理

术后不宜喂得过饱，限制剧烈活动，防止腹压增高。术部包扎绷带，保持7~10d，可减少复发。

三、腹股沟阴囊疝

腹股沟阴囊疝多见于公马和公猪。其他公畜比较少见。

(一)病因

公猪的腹股沟阴囊疝有遗传性。猪胎儿的睾丸在卵受精后 80～90d 下降至腹股沟管的下方,在 100d 或更迟些睾丸下降至阴囊内,再经过 10～15d 或刚刚出生时睾丸达到完全发育,此时总鞘膜发育至足够抵抗一定的压力,至出生时或出生后,睾丸下降至阴囊,腹股沟管关闭。若腹股沟环过大,容易发生疝。常在出生时发生(先天性腹股沟阴囊疝),或在出生几个月后发生,如非两侧同时发生则多半见于左侧。后天性腹股沟阴囊疝主要是腹压增高而引起的,如公马配种时,两前肢凌空,身体重心向后移,腹内压加大,有时发生腹股沟阴囊疝,还有发生于装蹄时保定失误,因挣扎而加大腹部压力所引起。

(二)症状

腹股沟疝除内容物发生嵌闭(出现剧烈的疝痛)外,只有当疝内容物下坠至阴囊时才可能引起人们的注意(此时为腹股沟阴囊疝)。此时一侧性阴囊增大,皮肤紧张发亮,触诊时柔软有弹性,但多半不痛,也有的呈现发硬、紧张、敏感。听诊时可听到肠蠕动音。当先天性及可复性疝直肠检查时可触知腹股沟内环扩大(马可以自由通过三指),落入阴囊的肠管即使在站立保定下也可以轻轻牵引,并有回至腹腔的可能。嵌闭性腹股沟疝的全身症状明显,如不能及时发现并确诊后采取紧急措施,往往耽误治疗而发生死亡。病畜出现剧烈的疝痛,一侧(或两侧)阴囊变得紧张,出现浮肿、皮肤发凉(少数病例发热),阴囊的皮肤因汗液而变湿润。病畜不愿走动,并在运步时开张后肢,步态紧张,表示显著疼痛,脉搏及呼吸数增加。随着炎症现象的发生,全身症状加重,体温增高。当嵌闭的肠管坏死时,则并发嵌闭疝综合征,进行急救手术切除坏死肠段,可免于死亡。

猪可发生单纯性的腹股沟疝,疝内容物由腹股沟裂口直接脱至腹股沟外侧的皮下,可发生于一侧或两侧,脱出时间长的可发生嵌闭,造成肠管瘀血、坏死。多发生在阉割的公猪,也见于未阉割的公猪。

猪的腹股沟阴囊疝症状明显,一侧或两侧的阴囊增大,捕捉以及凡能使腹压增大的原因均可加重疝囊增大,触诊时阴囊硬度不一,可摸到疝的内容物(多为小肠),如提举两后肢,常可使疝内容物回缩腹腔则阴囊缩小,但放下后或腹压加大后又恢复原发病的状态。少数也可成为嵌闭性疝,肠管可与阴囊壁发生广泛性粘连。

(三)诊断

直肠检查是大家畜的重要诊断方法,可触摸内环的大小,马以三个手指并拢通过为过大,并可查出通过的内脏。其次是与阴囊积水、睾丸炎与附睾炎相区别。前者触诊柔软,直肠检查触摸不出内容物;后两者局部触诊肿胀稍硬,在急性炎性阶段有热痛反应。还应与阴囊肿瘤相区分。

临床上还容易与马疝痛相混淆,在投给泻剂后而使病情加重时更应考虑是否存在本病。

(四)治疗

嵌闭性疝具有剧烈疝痛等全身性症状,只有立即进行手术治疗(根治手术)才可能挽救其生命。非嵌闭性腹股沟阴囊疝，尤其是先天性者有可能随着年龄的增长其腹股沟环逐渐缩小而达到自愈。但本病的治疗还是以早期进行手术为宜。

除优良的种公畜保留睾丸外，手术时常与公畜去势术同时进行。

中小型动物应该在全身麻醉下进行手术，既可消除努责，又便于整复脱出的内容物。切口选在靠近腹股沟外环处，一般在阴囊颈部下外侧方纵切皮肤，然后剥离总鞘膜，并将其引出创外，立即整复疝内容物，同时也可由助手将手伸向直肠内帮助牵引，或者鉴定整复是否彻底，将总鞘膜及精索捻转数周后于距离腹股沟外环约3～4cm处，用铬制肠线做双结扎精索后连同总鞘膜一并切除睾丸。将切断精索的游离端送回腹股沟管中作为生物填塞，最后用肠线在每边缝1～2针，然后撒布青霉素粉，皮肤结节缝合。有时腹股沟阴囊疝肠管脱出较多，且又发生嵌闭，必须先将腹股沟环扩大，以改善脱出肠管的血液循环，并同时用温热的灭菌生理盐水纱布托住嵌闭的肠管，视其颜色能否由暗紫红色转为鲜红色，肠蠕动能否逐步恢复。根据各地经验凡介于恢复与不能恢复之间特别要慎重，多数勉强保留下来的肠管还是不能避免坏死的结局，所以要果断地做肠切除术与断端吻合术。嵌闭性腹股沟阴囊疝肠管已处于坏死状态的病例，先用肠钳夹住坏死肠管然后才切开腹股沟管，这是目前公认是较为合理的手术方法。

猪的阴囊疝可在局部麻醉下进行手术，切开皮肤和浅、深层的筋膜，而后将总鞘膜剥离出来，从鞘膜囊的顶端沿纵轴捻转，将疝内容物逐渐回入腹腔。猪的嵌闭性疝往往有肠粘连、肠臌气，所以在钝性剥离时要求动作轻巧，稍有疏忽就有剥破的可能。在剥离时浸以温灭菌生理盐水的纱布慢慢的分离，而对肠管则采取轻的压迫，以减少对肠管的刺激和剥破肠管。在确认还纳全部内容物后，在总鞘膜和精索上打一个去势结，然后切断，将断端缝合到腹股沟环上，若腹股沟环仍很宽大，则必须再做几针结节缝合，皮肤和筋膜做结节缝合。术后不宜喂得过早、过饱，适当控制运动。未去势的，可在手术同时进行去势。

公牛阴囊疝的治疗决定于病情。手术可在睾丸上方的阴囊颈部皮肤切口，钝性分离阴囊皮肤与鞘膜，直至腹股沟外环为止。尽量靠近外环处做一个结扎，在结扎线下方适当部位处切除睾丸与总鞘膜，将精索末端推向内环，并用灭菌纱布压住，以便固定断端于内环处，皮肤做一系列褥状缝合以便固定纱布，48h将缝线与纱布拆除。局部按开放创处理。此方法适用于病期较长的大疝病例，这些病例有广泛的粘连，在整复内容物返回腹腔以前应将粘连剥离。

当疝内容物回腹后，缝合腹股沟内环。这种术式的优点：可保留睾丸，保持阴囊形状；可延长公牛配种用途(不过应注意是否属遗传性疾病)。阴囊疝的同侧做剖腹术，戴灭菌长袖手套的手臂经切口伸向腹股沟环。触诊可以触知内容物从腹腔通过腹股沟环而至患侧阴囊，粗大的内容物往往不能立即提起，当助手协助托起阴囊内容物时，术者可能将疝内容物慢慢牵引回至腹腔，有时可发现粘连，妨碍疝的整复，但也可用手指轻轻剥离开。疝环可用弯针引缝线穿过，做成一个线圈，拉紧闭合内环。腹膜与腹肌切口用2号铬制肠线做连续缝合，成肤结节缝合，14d左右拆线。

四、直肠和肛门脱垂

直肠和肛门脱垂是指直肠末端的黏膜层脱出肛门(脱肛)或直肠一部分，甚至大部分向外翻转脱出肛门(直肠脱)。严重的病例在发生直肠脱的同时并发肠套叠或直肠疝。本病多见于猪和犬，马、牛和其他动物也可发生，均以幼龄动物易发。

(一)病因

长时间努责；长期下痢、便秘和肠炎；饲料中缺乏维生素或应激过大。

(二)症状

轻者直肠在病畜卧地或排粪后部分脱出，即直肠部分性或黏膜性脱垂。在发生黏膜性脱垂时，直肠黏膜的皱壁往往在一定的时间内不能自行复位，若此现象经常出现，则脱出的黏膜发炎，很快地在黏膜下层形成高度水肿，失去自行复原的能力。临床诊断可在肛门口处见到圆球形，颜色淡红或暗红的肿胀。随着炎症和水肿的发展，则直肠壁全层脱出，即直肠完全脱垂。诊断时可见到由肛门内突出呈圆筒状下垂的肿胀物。由于脱出的肠管被肛门括约肌嵌压，而导致血液循环障碍，水肿更加严重，同时因受外界的污染，表面污秽不洁，沾有泥土和草屑等，甚至发生黏膜出血、糜烂、坏死和继发损伤。此时，病畜常伴有全身症状，体温升高，食欲减退，精神沉郁，并且频频努责，做排粪姿势。

(三)诊断

可依据临床症状做出诊断。但应注意判断有否并发肠套叠和直肠疝。单纯性直肠脱，圆筒状肿胀脱出向下弯曲下垂，手指不能沿脱出的直肠和肛门之间向盆腔的方向插入，而伴有肠套叠的脱出时，脱出的肠管由于后肠系膜的牵引，而使脱出的圆筒状肿胀向上弯曲，坚硬而厚，手指可沿直肠和肛门之间向骨盆方向插入，不遇障碍。

(四)治疗

病初及时治疗便秘、下痢、阴道脱等。并注意饲予青草和软干草，充分饮水。对脱出的直肠，则依照具体情况，参照下述方法及早进行治疗。

(1)整复　是治疗直肠脱的首要任务，其目的是使脱出的肠管恢复到原位上，适用于发病初期或黏膜性脱垂的病例。整复应尽可能在直肠壁及肠周围蜂窝组织未发生水肿以前施行。方法是先用0.25%温热的高锰酸钾溶液或1%明矾溶液清洗患部，除去污物或坏死黏膜，然后用手指谨慎地将脱出的肠管还纳原位。为了保证顺利地整复，在猪和犬等可将两后肢提起，马、牛可使躯体后部稍高。为了减轻疼痛和挣扎，最好给病畜施行荐尾硬膜外腔麻醉或直肠后神经传导麻醉。在肠管还纳复原后，可在肛门处给予温敷以防再脱。

(2)剪黏膜法　是我国民间传统治疗家畜直肠脱的方法，适用于脱出时间较长，水肿严重，黏膜干裂或坏死的病例。其操作方法是按"洗、剪、擦、送、温敷"五个步骤进行。先用温水洗净患部，继以温防风汤(防风、荆芥、薄荷、苦参、黄柏各12.0g，花椒3.0g，加水适量煎沸，去渣，候温待用)冲洗患部。之后用剪刀剪除或用手指剥除干裂坏死的黏膜，再用消毒纱布兜住肠管，撒上适量明矾粉末揉擦，挤出水肿液，用温生理盐水冲洗后，涂1%~2%碘石蜡油润滑，然后从肠腔口开始，谨慎地将脱出的肠管向内翻入肛门内。在送入肠管时，术者应将手臂(猪、犬用手指)随之伸入肛门内，使直肠完全复位。最后在肛门外进行温敷。

(3)固定法　在整复后仍继续脱出的病例，则需考虑将肛门周围予以缝合，缩小肛门孔，防止再脱出。方法是距肛门孔1~3cm处，做一肛门周围的荷包缝合，收紧缝线，保留1~2指大小的排粪口(牛2~3指)，打成活结，以便根据具体情况调整肛门口的松紧度，经7~10d病畜不再努责时，则将缝线拆除。

(4)直肠周围注射乙醇或明矾溶液　本法是在整复的基础上进行的，其目的是利用药物使直肠周围结缔组织增生，借以固定直肠。临床上常用75%乙醇或10%明矾溶液注入直肠周围结缔组织中。方法是在距肛门孔2~3cm处，肛门上方和左、右两侧直肠旁组织内分点注射75%乙醇3~5mL(猪和犬)或10%明矾溶液5~10mL，另加2%盐酸普鲁卡因溶液3~5mL。注射的针头沿直肠侧直前方刺入3~10cm。为了使进针方向与直肠平行，避免针头远离直肠或刺破直肠，在进针时应将食指插入直肠内引导进针方向，操作时应边进针边用食指触知针尖位置并随时纠正方向。

(5)直肠部分切除术　手术切除用于脱出过多、整复有困难、脱出的直肠发生坏死，穿孔或有套叠而不能复位的病例。

①麻醉：行荐尾间隙硬膜外腔麻醉或局部浸润麻醉。

②手术方法：现将常用的两种方法分述于后。

直肠部分切除术(图9-2)：在充分清洗消毒脱出肠管的基础上，取两根灭菌的兽用麻醉针头或细编织针，紧贴肛门外交叉刺穿脱出的肠管将其固定。若是马、牛等大动物，直肠管腔较粗大，最好先插入直肠一根橡胶管或塑料管，然后用针交叉固定，进行手术。对于仔猪和幼犬，可用带胶套的肠钳夹住脱出的肠管进行固定，且兼有止血作用。在固定针后方约2cm处，将直肠环形横切，充分止血后(应特别注意位于肠管背侧痔动脉的止血)，用细丝线和圆针，把肠管两层断端的浆膜和肌层分别做结节缝合，然后用单纯连续缝合法缝合内外两层黏膜层。缝合结束后用0.25%高锰酸钾溶液充分冲洗、蘸干，涂以碘甘油或抗生素药物。

切除并缝合黏膜下层切除术(图9-3)：适用于单纯性直肠脱。在距肛门周缘约1cm处，环形切开达黏膜下层，向下剥离，并翻转黏膜层，将其剪除，最后顶端黏膜边缘与肛门周缘黏膜边缘用肠线做结节缝合。整复脱出部，肛门口做荷包缝合。

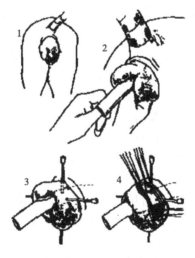

图9-2　直肠部分切除术Ⅰ

1.直肠脱出　2.插入橡胶管　3.穿刺十字针固定　4.切除与缝合

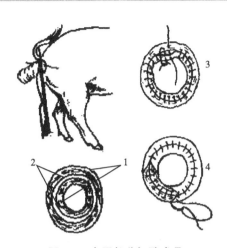

图 9-3 直肠部分切除术 Ⅱ
1. 浆膜 2. 黏膜 3. 直肠的浆膜层和肌层的结节缝合 4. 直肠黏膜层连续缝合

当并发套叠性直肠脱时，采用温水灌肠，力求以手将套叠肠管挤回盆腔，若不成功，则切开脱出直肠外壁，用手指将套叠的肠管推回肛门内，或开腹进行手术整复。为防止复发，应将肛门固定。

(6)封闭治疗 普鲁卡因溶液盆腔器官封闭，效果良好。

(五)护理

手术后喂以麸皮、米粥和柔软饲料，多饮温水，防止卧地。根据病情给予镇痛、消炎等对症疗法。

五、牛瘤胃切开术

牛瘤胃切开术是由于瘤胃因采食异物、毒物、食管胸段梗塞、创伤性网胃腹膜炎等在保守治疗无效的情况下采取的一种手术方法。

(一)适应症

(1)严重的瘤胃积食，经保守疗法治疗无效。
(2)创伤性网胃炎或创伤性心包炎，进行瘤胃切开取出异物。
(3)胸部食管梗塞且梗塞物接近贲门者，进行瘤胃切开取出食管梗塞物。
(4)瓣胃梗塞、皱胃积食，可做瘤胃切开术进行胃冲洗治疗。
(5)误食有毒饲料、饲草，且毒物尚在瘤胃中滞留，手术取出毒物并进行胃冲洗。
(6)网瓣胃孔角质爪状乳头异常生长者，可经瘤胃切开拔除。
(7)网胃内结石、网胃内存留的异物如塑料布、塑料管等，可经瘤胃切开取出结石或异物。
(8)瘤胃或网胃内积砂。

(二)术前准备

对有严重瘤胃臌气者可通过胃管放气或瘤胃穿刺放气以减轻瘤胃臌气；对伴有严重水、电解质平衡紊乱和代谢性酸中毒者，术前应予以纠正；进行胃冲洗者应准备瘤胃内双列弹性环橡胶排水袖筒、温盐水及导管等。

(三)保定

一般采用站立保定,也可进行右侧卧保定。

(四)麻醉

局部浸润麻醉和椎旁神经阻滞传导麻醉(或腰旁神经阻滞传导麻醉),近年常采用电针麻醉。

(五)手术通路

(1)左肷部中切口 是瘤胃积食的手术通路,一般体型的牛还可兼用于网胃内探查、胃冲洗和右侧腹腔探查术。在左侧髋结节与最后肋骨连线的中点,距离腰椎横突下方6~8cm处,垂直向下做25~30cm的腹壁切口。

(2)左肷部前切口 适用于体型较大病牛的网胃内探查与瓣胃梗塞、皱胃积食的胃冲洗术。必要时可切除最后肋骨作为肷部前口。在左侧腰椎横突下方8~10cm,距离最后肋弓5cm左右,做一与最后肋骨平行切口,切口长25cm左右。

(3)左肷部后切口 为瘤胃积食兼做右侧腹腔探查术的手术通路。在左侧髋结节与最后肋骨连线的中点,在第四或第五腰椎横突下6~8cm外做垂直向下25cm左右的腹壁切口。

(六)术式

牛的左肷部切口的腹壁分离与马属动物顺序相同,肷部的腹壁肌层较薄,分离时注意。左肷部按常规切开腹壁,切开腹膜时应按腹膜切开(图9-4)的原则进行,以免误切瘤胃壁。

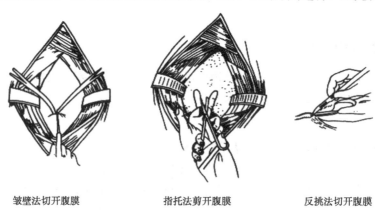

皱壁法切开腹膜　　　　指托法剪开腹膜　　　　反挑法切开腹膜

图9-4 腹膜切开

1. 瘤胃固定与隔离法

瘤胃固定与隔离有以下几种方法:

(1)瘤胃浆膜肌层与皮肤切口创缘的连续缝合固定与隔离法

①瘤胃固定(图9-5):显露瘤胃后,用三角缝针带10号丝线做瘤胃浆膜肌层与皮肤切口创缘之间的环绕一周连续缝合,针距为1.5~2cm,每缝一针都要拉紧缝合线,使瘤胃壁与皮肤创缘紧密附贴在一起,固定瘤胃壁的宽度约8~10cm,缝毕,检查切口下角是否严密,必要时做补充缝合。

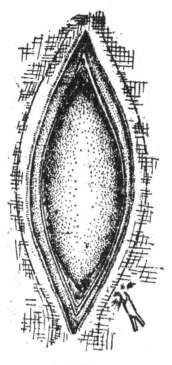
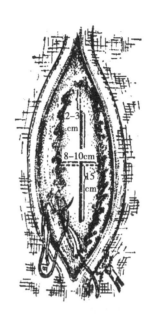

显露瘤胃　　　　　　　　瘤胃浆膜肌层与皮肤切口创缘的连续缝合固定

图 9-5　瘤胃固定

②瘤胃黏膜外翻预置缝合线：用三角缝针带 10 号丝线，在瘤胃预切开线两侧通过瘤胃壁全层各做三个水平钮扣缝合，缝合针再在距同侧皮肤创缘 10～12cm 的皮肤上缝合，暂不抽紧打结，在瘤胃切开线两侧，用温生理盐水纱布垫覆盖。

③瘤胃切开与黏膜外翻固定：瘤胃切口长度为 15～20cm，在切开线上先用外科刀切一小口，慢慢放出瘤胃内气体，改用手术剪扩大瘤胃切口。在瘤胃切开后，助手将切口创缘两侧的预置缝线抽紧打结，使瘤胃黏膜外翻。

(2)瘤胃六针固定与舌钳夹持外翻法(图 9-6)　显露瘤胃后，在切口上下角与周缘，做六针钮孔状缝合将瘤胃固定在皮肤或肌肉上。打结前应在瘤胃与腹腔之间，填上浸有鲁普卡因青霉素的纱布，纱布一端在腹腔内，另一端置于腹壁切口处，打结后胃壁与腹壁切口紧贴，使瘤胃术部明显突出。

胃壁固定后，在突出的瘤胃壁周围与切口之间，都填上浸有鲁普卡因青霉素的纱布，外盖一块小创布，并用固定创布的巾钳固定到皮肤上，最后在小创布周围填上鲁普卡因青霉素的纱布，以便在切开胃壁外翻时，胃壁的浆膜层能贴在纱布上，减少对浆膜的创伤和损伤。

胃壁切开有方法：先在瘤胃切开线的上 1/3 处，用手术刀刺透胃壁(大约 1～2cm)，并立即用舌钳夹住胃壁的创缘，向上向外拉起，防止胃内容物外溢，然后用剪刀向上向下扩大创口，分别用舌钳固定提起胃壁创缘，将胃壁拉出腹壁切口向外翻，随即用巾钳把舌钳夹住，固定在皮肤和创布上，以便胃内容物流出，然后再放置橡胶洞巾。

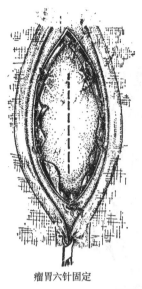 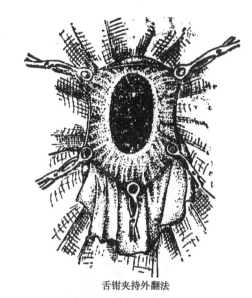

瘤胃六针固定　　　　　　　　　舌钳夹持外翻法

图 9-6　瘤胃六针固定与舌钳夹持外翻法

(3)瘤胃四角吊线固定法(图 9-7)　将胃壁预定切口部分，牵引至腹壁切口处，在胃壁与腹壁切口间，填上大块灭菌纱布，并让纱布牢固地固定在局部，在瘤胃壁切口的左上角、右上角、左下角、右下角依次用丝线穿入胃壁浆膜肌层，做预置缝线，每个预置缝线之间相距 5~8cm。切开胃壁，由助手牵引预置缝线，使胃壁的浆膜紧贴术部皮肤，并将其固定到切口皮肤。

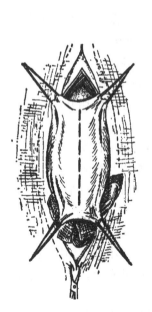 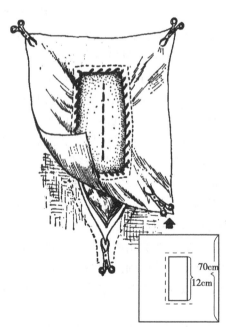

图 9-7　瘤胃四角吊线固定法

放置洞巾(图 9-8)，洞巾系由 70cm 正方形的防水材料(如橡胶布、油布、塑料布)制成。洞巾直径 15cm，洞孔弹性环是用弹性胶管或弹性钢丝缝于防水洞孔边缘制成的。应用时将洞巾四角拉紧展平，并用巾钳固定在隔离巾上，准备掏取瘤胃内容物和进行胃腔探查。

项目九 头、颈、胸、腹部疾病

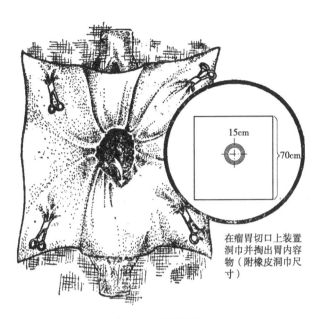

在瘤胃切口上装置洞巾并掏出胃内容物（附橡皮洞巾尺寸）

图 9-8 放置洞巾

2. 胃腔内探查与各种类型病区的处理

瘤胃切开后即可对瘤胃、网胃、瓣胃及皱胃、贲门等部位进行探查，并对各种类型病区进行处理。

(1) 瘤胃腔内探查与处理 由于甘薯藤、花生秧、麦秸等粗纤维引起的瘤胃积食，可取出胃内容物总量的 1/2～2/3。缠结成团的应尽量取出，剩余部分掏松并分散在瘤胃各部。对泡沫性瘤胃臌气，应在取出部分胃内容物后，用等渗温盐水灌入瘤胃，冲洗胃腔，清除发酵的胃内容物。

对饲料中毒病例（如有毒饲料、饲料中混有农药、黑斑病甘薯等），可在早期进行手术，将有毒胃内容物取出，剩余部分用大量温盐水冲洗，并放置相应的解毒药。为了加速毒物的排出，可做胃冲洗，将瓣胃、皱胃内容物尽早洗出。

(2) 贲门的探查 贲门开口于前背盲囊的瘤胃前庭。贲门口可插入 3～4 个手指，黏膜光滑。当牛发生胸部食管梗塞时，其梗塞部多靠近贲门口或距贲门 5～6cm 处的食管内。当用保守法无效时，可做瘤胃切开术，经贲门用手直接取出梗塞物，或用异物钳经贲门取出梗塞物，手术效果良好。

(3) 网胃探查 术者手自瘤胃前背盲囊向前下方，经瘤网胃孔进入网胃，首先检查网胃前壁和胃底部每个多角形黏膜隆起褶——网胃小房。有无异物刺入（如针、钉、铁丝）胃壁有无硬块和脓肿。如探查发现异物，要全部取出。胃壁有脓肿可用刀片小心切开排脓。如网胃壁上硬结多为异物刺入点，注意检查异物是否突出胃壁。向网胃腔方向提拉胃壁，可以确定网胃是否与周围粘连。如硬块有索状瘘管，可以判断异物突出后所损伤器官的位置。

(七)术后治疗与护理

(1)手术后,不能立即喂饲,第二天可以喂少量易于消化的饲料。
(2)消炎抗菌,手术后要抗菌消化补液,防止感染。
(3)适当运动,防止腹壁与胃壁发生粘连。
(4)保持环境卫生,空气清新,冬天要防寒保暖。

六、犬胃切开术

犬胃切开术适应于犬胃内肿瘤切除、胃内异物取出、急性胃扩张(扭转)整复、胃壁坏死切除等疾病。

(一)手术前准备

1. 动物的准备

(1)犬的称重 使用绷带扎口,取绷带一段,先以半结做成套,置于犬上下颌,迅速扎紧,另个半结在下颌腹侧,接着将游离端顺下颌骨后缘,绕到颈部打结。将扎好口的手术犬,置于电子秤上称重,并记录。

(2)犬的麻醉 根据体重及麻醉药使用说明进行全身麻醉,使用1mL注射器进行注射。

(3)麻醉效果和安全判断 针刺皮肤或拉舌头、测量体温、听心肺,判断麻醉效果。

2. 着装准备

(1)手、臂洗刷 用清水洗手到肘部位置,再用肥皂水反复清洗,用指甲刷对指甲缝、关节皮肤刷洗,用清水从手指尖朝肘部流淌,用灭菌手帕从手指朝肘部擦干。

(2)手、臂消毒 将手至肘关节处的手臂置于0.1%新洁尔灭溶液浸泡5min,待自然风干,形成薄膜。

(3)更衣 手术衣以后开身系带的长罩衫为好,长袖紧口,纯棉材质。颜色浅蓝或浅绿色。手术衣应干净,必须经过消毒。由助手打开手术包,无菌操作穿着手术衣:将手术衣轻轻抖开,提起衣领两角,将两手插入衣袖内,两臂前伸,由助手协助穿上,并系上衣带。穿着时,衣服不可以碰触其他物品。

(4)戴手套 将一次性手套由助手撕开,戴无菌手套时,只允许接触手套套口向外翻的部分,不能碰触手套外面。用左手捏住左右两手套套口翻折部,先右手插入右手手套内,注意勿触及手套外面。再用戴好手套的右手指插入左手手套的翻折部分,帮助左手插入手套内。已戴手套的右手不可触及左手皮肤,将手套折部翻回盖住手术衣袖口。用灭菌生理盐水冲洗手套。

3. 保定

犬麻醉后置于手术台做仰卧四肢保定,扎口保定,四肢做猪蹄扣结,头部稍歪向一侧,加胸、腹带固定。

4. 动物术部除毛与消毒

(1)术部除毛 天气寒冷,在除毛时,用温消毒水擦拭,再用干布擦拭干,然后用手术剪剪毛。术部除毛范围要超过切口20~25cm。

(2)术部消毒 术部的皮肤消毒，最常用的药物是5%碘酊和75%乙醇，在消毒时要注意：无菌手术，应由手术区中心部向四周、由内朝外回形涂擦，消毒的范围要相当于剃毛区。碘酊消毒后必须稍待片刻，待完全干后，再以75%乙醇将碘酊擦去，以免碘沾及手术器械，带入创内造成不必要的刺激。

(3)术部隔离 用大块有孔手术巾覆盖手术区，仅在中央露出切口部位，使术部与周围完全隔离。

(二)犬腹腔切开

1. 腹壁切口位置的选择，切开方法与止血方法

(1)腹壁切开位置 脐前腹中线切口——从剑突末端到脐之间做切口，切开原先标记好的切开宽度的皮肤(切忌不可自剑突旁侧切开)。

(2)切开方法 以指压式切开皮肤。

(3)止血 用纱布压迫止血或止血钳钳夹止血。

(4)皮下组织分离 方法正确，分离用器械选择合理，使用无误。用手术刀逐层分离切开皮下组织。

2. 腹膜切开方法正确，切口大小合适

用有齿组织镊夹持腹中线并上提，术者用手术刀在上提的腹中线刺入腹腔内并以反挑式在腹壁切开1~2cm，退出手术刀。术者用手术剪伸入小切口内，将手术剪端上挑撬起的同时剪开腹中线，扩大腹中线切口，切口在8cm左右。用扩张器或腹腔拉钩扩张腹腔。切除镰状韧带，先将镰状韧带牵引拉出，蒂部结扎，在腹壁切口两侧与腹膜连接处剪去镰状韧带，用压迫止血或止血钳钳夹止血。

(三)犬胃部分切开修补

1. 胃壁切口位置合适、方法正确

(1)找到胃器官 胃的切口位于胃腹面的胃体部，在胃大弯和胃小弯之间的无血管区内。

(2)做牵引线与胃部隔离 在胃的腹面胃大弯与胃小弯之间的预定切开线两端，用艾利氏钳夹持胃壁的浆膜肌层，或用7号丝线在预定切开线的两端，通过浆膜肌层缝合两根牵引线。用艾利氏钳或两牵引线向后牵引胃壁，使胃壁显露在腹壁切口之外。用数块温生理盐水纱布垫填塞在胃和腹壁切口之间，以抬高胃壁并将胃壁与腹腔内其他器官隔离开，以减少胃切开时对腹腔和腹壁切口的污染。

(3)切开胃 先用外科刀在胃壁上向胃腔内戳一小口，退出手术刀，改用手术剪通过胃壁小切口扩大胃的切口。胃壁切口长度视需要而定。对胃腔各部检查时的切口长度要足够大。胃壁切开后，胃内容物流出。

2. 胃壁修补缝合方法正确、缝合过程无误

(1)胃部检查 清除胃内容物后进行胃腔检查，应包括胃体部、胃底部、幽门、幽门窦及贲门部。检查有无异物、肿瘤、溃疡、炎症及胃壁是否坏死。若胃壁发生了坏死，应将坏死的胃壁切除。

(2)胃壁切口的缝合 第一层用3/0~0号的铬制肠线或1~4号丝线进行康乃尔氏缝

合，清除胃壁切口缘的血凝块及污物后，用3~4号丝线进行第二层的连续伦贝特氏缝合。拆除胃壁上的牵引线或除去艾利氏钳，清理除去隔离的纱布垫后，用温生理盐水对胃壁进行冲洗。若术中胃内容物污染了腹腔，用温生理盐水对腹腔进行灌洗，然后转入无菌手术操作，最后缝合腹壁切口。

(四)腹壁缝合

(1)缝合方法正确，创缘与针距适宜，闭合切口松口度合适，术后处理方法合适，操作正确。

①腹膜缝合：犬的腹膜用单侧腹膜缝合，0#肠线连续螺旋缝合，腹膜缝合必须完全闭合，不能使网膜或肠管露出或钳闭在缝合处。用缝合后用生理盐水冲洗。

②皮肤缝合：皮肤缝合时创缘必须对好，7#丝线采用结节缝合，缝线要在同一深度将两侧皮下组织拉拢，以免皮下组织遗留空隙，滞留血液或渗出液引起感染。两侧针眼离创缘1~2cm，距离要相等。缝合时在创缘侧面打结，打结不能过紧。缝合后再次将创缘对好，同样用生理盐水冲洗。

(2)清点并排好手术器械、用品，外科器械使用熟练，辅料使用合理。

(五)连贯性与无菌操作

1. 连贯性

(1)流程分配　由助手进行称重、麻醉、保定、去毛、消毒，在此同时手术人员进行无菌操作的消毒准备，约20min时间，保证助手结束操作后，手术人员正好结束无菌准备，由助手辅助手术人员更衣。

在手术过程中，助手负责准备并传递手术器械，同时助手需要帮助手术人员牵拉牵引线，显露深部组织，清理术部等大型难度操作。在手术人员进行胃部检查时，助手准备好所需要的所有缝针和缝线。

(2)流程化　进行手术时，助手的位置设在手术人员的对面，助手熟练性的对下一步进行操作所需物品进行准备，以使整个流程保证顺利进行。

在手术过程中，传递器械动作标准。

2. 无菌操作

(1)术前消毒　所有手术用品及器械进行高温灭菌消毒。参见"手术前准备中着装准备"。

(2)手术过程中无菌　生理盐水纱布的准确使用。生理盐水和抗生素对创口的清洗和防止感染。手术操作中，手术人员对双手的及时清洗。手术操作中，禁止手臂越过术部上空。生理盐水对胃壁和腹腔的冲洗。

一、第三眼睑摘除术

【实训目的】　通过训练，掌握牛、犬第三眼睑摘除术的保定、麻醉、手术等操作。

【实训材料】 牛、犬；注射器、各种规格注射针、各种手术器械、橡皮手套、纱布、脱脂棉；0.1%肾上腺素，表面浸润麻醉药（1%盐酸地卡因溶液），传导麻醉药（3%盐酸普鲁卡因溶液）。

【实训内容】

1. 动物保定

①牛：六柱栏站立保定。

②犬：徒手保定。

2. 麻醉

①牛：眶下孔神经传导麻醉与眼结膜浸润麻醉。

②犬：性情温柔的犬采用眶下孔神经传导麻醉与眼结膜浸润麻醉；性情急躁的犬采用全身麻醉。

3. 手术

先将生理盐水将纱布浸湿，以轻拧不掉水为准，将湿润的纱布将眼睛遮盖好，后用弯嘴止血钳将肿胀的第三眼睑尽量向外轻提，用另一个弯嘴止血钳夹住，然后用手术刀沿止血钳的外缘切除肿胀的第三眼睑，然后用浸有0.1%肾上腺素的纱布压迫止血，然后涂抹消炎药膏，盖上纱布，打上绷带。

【实训报告】 学生记录本人的各项操作过程，总结实训心得。

二、猪脐疝整复手术

【实训目的】 通过猪脐疝整复手术训练，掌握猪脐疝整手术的保定、麻醉、手术等操作。

【实训材料】 猪；注射器、各种规格注射针、各种手术器械、橡皮手套、纱布、脱脂棉；0.1%肾上腺素，浸润麻醉药（2%盐酸普鲁卡因溶液或1%盐酸地卡因溶液）。

【实训内容】

1. 手术准备与动物保定

手术前禁食半天，动物仰卧保定。

2. 麻醉与消毒

①消毒：术部清剪毛洗擦干，采用碘酊＋乙醇消毒。

②麻醉：疝周多点浸润麻醉。

3. 手术

先确保是否是可复性疝还是不可复性疝，小的可复性疝可以采取非手术保守疗法，大的可复性疝应采取手术疗法。不可复性疝只能采取手术疗法。

手术通路：紧张法切开皮肤，公猪必须躲开尿道及包皮口处（注意深度，用手指固定手术刀切的深度，以免伤到内脏）钝性分离皮肤与皮下组织，露出腹膜。如果没有粘连，用手术刀轻轻切除多余皮肤，再连同腹膜和疝内容物一同推入腹腔内用，用肠钳夹疝上腹膜，在肠钳外缝合封闭疝环。如果发生粘连，用镊子或止血钳提起腹膜后小心切一小口，轻轻将剥离粘连部份，注意不要弄破肠管，然后将肠管送入腹腔，荷包缝合封闭疝环，皮肤结节缝合。清理皮肤后用碘酒进行消毒上绷带。

【实训报告】 学生记录本人的各项操作过程，总结实训心得。

三、牛瘤胃切开术

【实训目的】 让学生掌握牛瘤胃切开术的操作方法与紧急状况的处理措施。让学生掌握牛瘤胃切开术的注意事项。让学生掌握牛瘤胃切开后各种疾病的处理方法。

【实训材料】 实习牛；保定栏、常用的外科手术器械(手术刀、缝合线、止血钳、舌钳、持针钳、巾钳、手术推车、白瓷盆)、敷料(创巾、纱布、绷带、洞巾)；药品(盐酸氯丙嗪或3％普鲁卡因或二甲苯胺噻唑、止血药、0.1％肾上腺素、75％乙醇、碘酊、抗生素)。

【实训内容】

1. 保定

采用六柱栏旁站立保定，但应避免病牛卧地。

2. 麻醉

采用腰旁神经干传导麻醉，配合局部浸润麻醉。性情不好的牛，可肌肉注射盐酸氯丙嗪250～350mg，如果手术复杂，可肌肉注射二甲苯胺噻唑，每千克体重0.2～0.4mg。

3. 手术方法

(1)切口部位　在左侧最后肋骨与髋结节中间，自腰椎横突尖端向下3～4cm处。术部常规处理后，做长20～25cm切口，体型较大的牛，其切口部位应稍偏于前方，即最后肋骨后缘3～4cm处，腰椎横突尖端向下8～10cm处，此处便于接近网胃区域。否则术者手臂不易伸入网胃和探查网胃及其周围，切口部位应根据体型大小、手术目的而确定。

(2)腹壁切开　按照开腹术的操作方法切开腹壁后，用生理盐水纱布保护腹壁切口。

(3)腹腔探查　患创伤性网胃炎时，网胃与膈常发生粘连，有时异物也可能穿过网胃或被结缔组织包围。腹壁切开后，伸手入腹腔，检查网胃外壁。如能发现穿出网胃的异物，如针、铁丝等可直接取出，不必再切开瘤胃。

(4)切开胃壁　在腹壁切口之外垫上大块浸有生理盐水的纱布。拉出瘤胃一部分，选择血管较少的一部分，即左侧纵沟之上(瘤胃的上囊)，先于胃壁切口四角用8～10号丝线，分别穿上四条牵引线，借以固定切口部位，四条牵引线均只能穿透浆膜、肌肉层，而不能穿透黏膜层。然后由助手牵引固定胃。

在四条牵引线之间做15cm长胃壁切口，胃壁可一次切开。胃壁切开之后，术者随即用左手将胃壁切口的左侧提起，右侧则由助手提起，将胃壁切口拉到腹壁之外，然后交助手翻转固定在腹壁切口边缘或创巾上，直至胃壁缝合之前不可放松。

此外，也可以用逢合的方法固定胃壁切口。即切开腹壁后，把瘤胃切口部拉出，用8～10号丝线由切口下角开始将瘤胃浆膜、肌肉层与左侧皮肤创缘做螺旋形缝合，缝至切口上角并使胃壁紧贴皮肤创缘。然后由左侧转向右侧创缘，直至缝合完毕。胃壁暴露在皮肤切口内的宽度为8～10cm，周围覆盖生理盐水纱布，然后切开瘤胃壁，装上橡皮洞巾。

(5)取出积食或异物　术者应尽快将瘤胃内容物取出1/2左右，如有其他异物则一并取出，然后伸手入前下方，穿过瘤网孔仔细触摸网胃的各部分，将网胃内的所有异物如金属丝、金属片、沙石等全部取出。如果有刺入胃壁的金属，则应小心取出，切勿损伤胃壁。取完后重新消毒手臂，或助手进行下一步工作。

(6)缝合胃壁切口　取下湿巾用生理盐水冲洗胃壁切口，由助手拉紧胃壁牵引线，使胃壁切口对合整齐。用0~2号肠线，螺旋形缝合法缝合胃壁全层，缝完后用生理盐水冲洗切口。再用1~3号肠线以库兴氏缝合法，缝合胃壁浆膜、肌肉层。缝完后冲洗并擦净，胃壁创口涂油剂青霉素或其他消炎油膏。拆除胃壁牵引线，将瘤胃送入腹腔。

(7)缝合腹壁切口　用0~2号肠线螺旋形缝合腹膜至最后两针时，向腹腔内注入青霉素溶液100万~140万U(每毫升500~1 000U)然后闭合腹膜切口。冲洗后用2~4号肠线以结节缝合法缝合腹内斜肌、腹外斜肌，冲洗后撒氨苯磺胺粉，最后用8~10号丝线减张缝合法闭合皮肤切口，切口涂碘酊，装结系绷带。

4. 术后护理

术后根据身体状况及时输液，24h内禁食，仅给少量饮水，以后视机体状况逐渐给予青草及营养丰富的饲料。术后按常规使用青霉素、链霉素及对症治疗，逐渐给予适当运动，注意全身变化，加强护理直至创口愈合。

瓣胃按摩与冲洗术：当严重的瓣胃阻塞，经临床治疗效果欠佳时，应及时采取手术措施。其手术方法是在瘤胃切开的基础上进行，即首先做腹壁切开术，再做瘤胃切开术，切开后装上橡皮洞巾，取出2/3瘤胃内容物，然后隔着瘤胃按摩瓣胃。随即将胃管通过瘤胃、网胃经网瓣孔送入瓣胃，胃管另一端接上搪瓷漏斗，向瓣胃内灌注温水，泡软干固内容物。随着注入温水松动瓣胃叶间内容物，术者将手退回瘤胃，直接按摩瓣胃，边注水边按摩，使泡软冲碎的瓣胃内容物随水返回瘤胃内，经洞巾口排出体外，如此反复进行，直至瓣胃内容物软化。

体型较大的牛，做胃切开施行瓣胃按摩与冲洗术有困难时，则实行皱胃切开术冲洗，另一只手通过腹腔按摩瓣胃，直至瓣胃变小、变软为止。

5. 注意事项

(1)冲洗时，胃管尖端不可反复冲撞瓣胃，以免引起瓣胃黏膜损伤。

(2)通过瘤胃冲洗瓣胃时，因注入的水量较大，约在200~400L，要严防流入腹腔。水温要与体温相同。

(3)冲洗后，将取出的瘤胃内容物放回一部分，并放入少量青草或软干草，而后再闭合瘤胃。

【实训报告】　学生记录本人实训操作的各项内容，整理并写出实训报告。

四、犬胃切开术

【实训目的】　通过本次实习掌握犬胃切开术的局部解剖、手术麻醉及剖腹术方法。通过本次实习，掌握犬胃切开术的手术操作，熟悉腹部手术的手术通路及胃的缝合方法。

【实训材料】　犬1只(供示教手术用)；开张器1个，犬胃切开术器械1套、注射器、保定绳；舒泰10mL或复方846合剂1.5mL。乙醇、碘酊、抗生素、0.1%肾上腺素。

【实训内容】

1. 动物的准备(助手操作)

(1)犬的称重　使用绷带扎口，将扎好口的手术犬，置于电子秤上称重，并记录。

(2)犬的麻醉　根据体重及麻醉药使用说明进行全身麻醉。一般采用呼吸（吸入）麻醉，也可以采用注射舒泰或宁泰全身麻醉。

2. 着装准备

(1)手、臂洗刷　用清水洗手到肘部位置，再用肥皂水反复清洗，用灭菌手帕从手指朝肘部擦干。

(2)手、臂消毒　将手至肘关节处的手臂置于0.1%新洁尔灭溶液浸泡5min，待自然风干，形成薄膜。

(3)更衣　手术衣应干净，必须经过消毒，也可以用一次性外科手术衣。由助手打开手术包，无菌操作穿着手术衣，穿着时，衣服不可以碰触其他物品。

(4)戴手套　戴无菌手套时，只允许接触手套套口向外翻的部分，不能碰触手套外面。已戴手套的右手不可触及左手皮肤，将手套折部翻回盖住手术衣袖口。用灭菌生理盐水冲洗手套。

3. 保定（助手操作）

犬麻醉后置于手术台做仰卧四肢保定，扎口保定，四肢做猪蹄扣结，头部稍歪向一侧，加胸、腹带固定。

4. 动物术部除毛与消毒（助手操作）

(1)术部除毛　天气寒冷，在除毛时，用温消毒水擦拭，再用干布擦拭干，然后用手术剪剪毛。术部除毛范围要超过切口20～25cm。

(2)术部消毒　术部的皮肤消毒，最常用的药物是5%碘酊和75%乙醇。碘酊消毒后必须稍待片刻，待完全干后，再以75%乙醇将碘酊擦去，以免碘沾及手术器械，带入创内造成不必要的刺激。

(3)术部隔离　用大块有孔手术巾覆盖手术区，仅在中央露出切口部位，使术部与周围完全隔离。

5. 犬腹腔切开

(1)腹壁切口位置的选择，切开方法与止血方法。

①腹壁切开位置：脐前腹中线切口——从剑突末端到脐之间做切口，切开原先标记好的切开宽度的皮肤（切忌不可自剑突旁侧切开）。

②切开方法：以指压式切开皮肤。

③止血：用纱布压迫止血或止血钳钳夹止血。

(2)腹膜切开方法正确，切口大小合适。

①用有齿组织镊夹持腹中线并上提，术者用手术刀在上提的腹中线刺入腹腔内并以反挑式在腹壁切开1～2cm，退出手术刀。

②术者用手术剪伸入小切口内，将手术剪端上挑撬起的同时剪开腹中线，扩大腹中线切口，切口在8cm左右。

③用纱布隔离腹腔和腹壁创缘，用扩张器或腹腔拉钩扩张腹腔。

【实训报告】　学生记录本人的各项操作过程，总结实训心得。

一、名词解释

结膜炎　脐疝　直肠脱出　犬胃切开术　封闭疗法

二、问答题

1. 疝由什么组成？
2. 简述犬胃切开术的操作过程。
3. 简述牛瘤胃切开术的操作过程。

参考文献

褚秀玲,吴昌标,2015.动物普通病[M].2版.北京:化学工业出版社.
顾剑新,陆桂平,2012.动物外科与产科[M].北京:中国农业出版社.
何海健,刘俊栋,石冬梅,2013.动物普通病[M].北京:科学出版社.
胡永灵,胡辉,2011.动物普通病[M].北京:中国轻工业出版社.
邢玉娟,贺生中,2014.动物普通病[M].北京:中国农业大学出版社.